LOS OTROS JUICIOS DE NUREMBERG

VOL. 1

ALBERTO L ZUPPI

Los Otros Juicios de Nuremberg, V. 1 (Capítulo Primero - Sexto)

Copyright © 2024 by Alberto L Zuppi

All rights reserved.

Published by Red Penguin Books

Bellerose Village, New York

ISBN

Print 978-1-63777-618-6

Digital 978-1-63777-617-9

No part of this book may be reproduced in any form or by any electronic or mechanical means, including information storage and retrieval systems, without written permission from the author, except for the use of brief quotations in a book review.

INTRODUCCIÓN

Los doce casos resueltos en Nuremberg por jueces norteamericanos, con posterioridad al juicio seguido contra Hermann Göring y otros altos funcionarios del gobierno de Adolf Hitler, llevado a cabo por el Tribunal Militar Internacional (IMT),[1] apuntaron a llevar a proceso a todas las principales figuras de la estructura nazi, que habían quedado fuera del caso principal.

Estos juicios en manos de Tribunales Militares en Nuremberg (TMN), no fueron los únicos casos instados por los EEUU. Con posterioridad, se llevaron adelante una gran cantidad de procesos menores[2] ante comisiones o cortes militares. Entre estos se destacan, los que han sido llamados *"los juicios de Dachau."*[3] Sin embargo, los doce que son el objeto de esta obra, llevados adelante con el empuje por justicia que se vivió luego de la finalización de la guerra, con el antecedente del primer caso ya decidido por el IMT que había condenado a los principales líderes de la guerra, y había sentado un precedente que debía ser seguido, tienen un interés histórico y jurídico incomparable porque no sólo interpretaron la decisión del IMT, sino que fueron más allá en muchos aspectos, sentando los primeros pasos de lo que es hoy el derecho penal internacional.

Resulta obvio decir que a todos los juicios de Nuremberg no les faltaron ni críticas, ni críticos. Fueron un claro ejemplo de justicia de los vencedores, y de imposición de conductas criminales inexistentes en el orden jurídico de entonces. Todos los juicios llevan el estigma de los llamados "crímenes contra la paz," y la "conspiración," figuras empujadas con arrogancia por los EEUU en la mesa de los vencedores, y que son la página más oscura de lo que podría haber sido un ejemplo de justicia. Sin embargo, más allá de estas críticas, la llama encendida en Nuremberg, lentamente se fue expandiendo con el paso de los años, hasta alcanzar toda su plenitud en el establecimiento actual de una Corte Penal Internacional permanente. Muchos hechos atroces que no existían como figuras encuadradas en conductas penales prohibidas antes de Nuremberg, encontraron su condena, basadas en la moral, la ética y la humanidad que eran un fundamento jurídico tan valedero como el precedente más adecuado.

Los juicios que se analizan en este trabajo abarcan los aspectos más importantes de la maquinaria nazi. Desde los experimentos médicos que se hicieron con los internos de los campos de concentración, pasando por el juicio contra los jueces, los industrialistas, los integrantes del aparato burocrático del Estado nazi, los militares, los banqueros y las SS. Este grupo de juicios, sirve como ninguno para confrontar los documentos originales que acreditan los hechos, los diálogos, las personas, y el horror de la persecución y el crimen inimaginable.

El final de la II Guerra Mundial mostró las fisuras que existían entre los Aliados Occidentales y la Unión Soviética. Por un lado, había nacido la idea conjunta y original de llevar a los culpables al banquillo de los acusados ante el mundo. Por el otro, se decidió, aunque con conflictos entre las potencias intervinientes, llevar a la justicia a todas las estructuras de esa maquinaria infernal que constituyó el régimen nazi. Finalmente, las mejores intenciones chocaron contra el comienzo de la Guerra Fría, la comprobación de los propios crímenes cometidos por los soviéticos, el temor de una nueva confrontación bélica y de la expansión del comunismo que pareció más importante para el gobierno de los Estados Unidos, que concluir la obra que había empezado.

La maldad que se enseña en estas páginas es de tal envergadura, que parece difícil poder encontrar cualquier explicación razonable cuando se investiga sobre las causas que llevaron a un pueblo a aglomerarse detrás de un fanatismo ciego hasta su propia destrucción. Sin embargo, la lectura de estos diálogos terribles, de esos discursos intolerantes y extremistas, termina por brindar una clara idea sobre las convicciones, fanáticas por cierto y desmesuradas, que detrás de una ideología irracional los llevó a estos hombres a actuar como lo hicieron.

En los juicios también aparecieron además todas las contradicciones, por lo menos teóricas, en cuanto a la confrontación de bienes jurídicos tutelados y excusas justificatorias frente a la comisión del crimen, respuestas fáciles desde la moral, pero que debían ser contestadas con argumentos en derecho. Hubo jueces valientes, dedicados, obstinados y otros despreocupados por la clase genial que estaba teniendo lugar y que preferían dejar esa etapa atrás, y empezar la segunda mitad del siglo XX con otra perspectiva, desde la principal potencia del planeta.

El primer capítulo cuenta cómo fue que estos juicios posteriores tuvieron lugar, cómo se decidió llevarlos adelante independientemente por los Aliados en las zonas de ocupación y no ya en un segundo IMT. Luego seguirá el análisis de los casos ordenados numéricamente tal como son conocidos, que no siempre fue por el número del Tribunal que lo decidió.

Es mi esperanza que de la lectura de esas páginas quede la desgarradora imagen de lo que se vivió en la guerra y cómo funcionó la aceitada maquinaria alemana en todos los ámbitos. También confío que, de la lectura de las situaciones planteadas, las argumentaciones presentadas y las decisiones rendidas, se sepa leer del peligro de los gobiernos dictatoriales que no vacilan en mover todas las estructuras de poder para conseguir sus fines. Se sepan descubrir las increíbles similitudes que tienen las dictaduras de cualquier parte del globo con lo que se llevó adelante por Hitler. Se leerán las devastadoras palabras de los culpables, de los testigos, de los que vieron o sufrieron.

Desde mi propia experiencia personal, los descubrimientos de los horrores y atrocidades que fueron cometidas y que surgen de estos doce juicios, supera con holgura cualquier conocimiento previo que tuve sobre la magnitud de la Shoah. No puedo dejar de comentar que escribir este trabajo fue un viaje al peor de los infiernos y que muchas veces estuve tentado de abandonarlo. Fueron las víctimas, algunas identificadas claramente, otras ocultas en la maraña indescifrable de haber sido parte de centenares de miles o millones de muertos, cifras que por su magnitud impiden tomar claramente una idea del horror humano aquí contado, las que me impulsaron, desde su recuerdo, a finalizar esta obra. Algunas veces, revisando las transcripciones de los testimonios que tenía ante mí, leyendo los horrores perpetrados, los inimaginables sufrimientos, pensé que esas palabras merecían ser conocidas y que era una obligación darles un destino diferente a ocultarse entre los miles de páginas de cientos de volúmenes. Para con ellos este trabajo es un compromiso humano.

No puedo negar el malestar que me produjo el comprobar que la gran mayoría de los condenados por estos atroces delitos, se encontraban ya en libertad al finalizar 1958. Las razones que llevaron a las autoridades norteamericanas a reducir las condenas y otorgar perdones a criminales convictos, nacidos de la necesidad de enfrentar la conflictiva relación con la URSS en la comenzada guerra fría, el saber que Alemania sería un aliada imprescindible, la necesidad de regenerar a Alemania, así como las protestas y cartas de apoyo ante las que vaciló la política de los EEUU, están expuestas con claridad en el trabajo de Valerie Hébert, al que me remito.[4] Atento el pobre resultado obtenido con esas conmutaciones, donde criminales condenados quedaron en libertad por la extremadamente generosa laxitud norteamericana al perdonar las penas, deja pendiente la pregunta sobre el sentido que tuvieron estos juicios y el enorme dispendio de tiempo y dinero que significaron. Todos quienes han trabajado el tema coinciden en afirmar que los juicios tenían un fin, además de retributivo, esencialmente didáctico, buscando enseñar a la sociedad alemana de postguerra, hasta donde había llegado la locura nazi. En este aspecto, estoy convencido que ese objetivo no fue logrado. Mucho después, a través de una nueva generación crecida en democracia y pleno ejercicio de los derechos, se puede ver en Alemania al problema del nazismo como superado. No afecta este convencimiento el renacimiento en Europa de ideologías pronazi, que son minorías, inexplicables quizás, pero que se dan en todas las sociedades.

Para este trabajo me he limitado a usar las transcripciones originales en inglés o los documentos originales en alemán, generalmente transcripciones fotostáticas, solo parcialmente disponibles en la red de internet de los juicios y he tratado de seguir su orden de exposición, aunque frecuentemente me he visto obligado a hacer marcha atrás hacia una parte del texto, o avanzar hacia otra que se encontraba más adelante para ordenar el caso. Las transcripciones de los juicios ocupan más de 350.000 páginas en la versión reducida que ha publicado el gobierno de los EEUU. Hubo casos, como el de IG Farben que se estudiará en el Capítulo Séptimo, que tiene 150.000 páginas en la versión completa, y otros como el caso de los Ministerios del Capítulo Décimo Segundo que aparece transcripto en tres volúmenes y que debió ser reducido a sólo doscientas páginas porque podría, sin esfuerzo, tener la extensión entera de este libro. El Gobierno de los EEUU en lugar de publicar esa enorme cantidad de material, en estos y en los demás casos, seleccionó aquel que sería publicado, transcribió las acusaciones, las declaraciones de muchos testigos, produjo copia traducida al inglés de los documentos más importantes usados en el juicio, sintetizó los argumentos de las partes y agregó el fallo íntegro, confiando que esa cantidad de material de una idea acabada del juicio en lo que se podría llamar una transcripción reducida. Los capítulos de esta obra, sintetizan nuevamente los juicios, traduciendo o transcribiendo las partes que estimé de mayor interés. Entiendo que no existe ninguna obra en español que se ocupe del análisis de todos los juicios como lo hace esta obra.

Los argumentos, cuando son expuestos, son hechos por las partes pertinentes y son sus afirmaciones las que se leen en el texto, habiéndome limitado a traducirlas y transcribirlas. Las traducciones textuales han sido siempre citadas entre comillas, y con la referencia a donde se encuentra el texto origen.

No he podido evitar hacer algunas acotaciones que estimé necesarias, pero en general se leerán en notas de pie de página, pues mi objetivo ha sido preservar los textos como fueron expuestos, dejando que las posiciones de la Fiscalía y la Defensa, muestren al lector sus fuerzas argumentativas y expongan los problemas. Como es evidente, esto se basó en una arbitraria selección de los textos que juzgué importantes, omitiendo numerosos documentos o testimonios, pero ello fue inevitable. En inglés, Kevin Jon Keller ha escrito un trabajo muy importante de análisis en inglés,[5] y de proyección de los juicios hacia el derecho penal internacional. En inglés también están las transcripciones de los juicios que organizó el propio gobierno de los EEUU y que han sido la base fundamental de las transcripciones que aparecen en este libro. Mi objetivo ha sido justamente el de ofrecer al mundo hispanoparlante una versión acabada de todos los juicios, y en este sentido esta obra es única en su género.

Cualquier defecto, omisión o error en las traducciones de los documentos, diálogos en los interrogatorios o declaraciones de las partes, y que los hay y muchos, se debe a mi propia torpeza. He buscado el sentido antes que la literalidad, la que he respetado en todo lo posible. Las propias transcripciones publicadas por el Departamento de Estado de los Estados Unidos, adolecen de errores tipográficos y hasta de muchos errores de traducción que he podido constatar, sobre todo cuando he podido contar con el original del documento en alemán, o cuando la traducción provenía de un discurso que estaba registrado. La labor de transcripción fotostática total está pendiente en varias bases de datos y sería imprescindible contar con ella para la exactitud que desearía tuviera este trabajo.

He querido completar cada capítulo con información adicional buscada en múltiples fuentes y consultas bibliográficas así como con fotografías, que permitan tener una visión general de las personalidades de los acusados, y he investigado toda la literatura científica que el caso o los casos produjeron, y cuando se encontró disponible en bases de datos accesibles, he transcripto el sitio donde se puede verificar la información aportada. También cuando ha existido, he llamado la atención sobre videos disponibles en la red, de manera que se pueda tomar un contacto visual con los acusados, los jueces, o con un juicio en particular.

Cuando en la referencia de pie de página se pone una página de un sitio de internet en especial, esa página es la que luce en el documento transcripto la página a la que se hace referencia y no la página que ofrece el sitio generalmente diferente del número impreso. Cuando se indica la edad de los acusados, es la que tenían al momento de iniciarse el juicio. Cuando se han puesto puntos seguidos tras una transcripción es porque lo que se transcribió continúa, pero decidí no transcribirlo. Cuando los puntos son tres asteriscos, en cambio, la interrupción la hace la transcripción.

Los tiempos modernos y la abrumadora acumulación de libros, obliga a trabajar con la lectura electrónica. Muchos trabajos los he tenido disponible únicamente en la edición Kindle y para citar correctamente he debido señalar la ubicación del texto con el número con el que aparece en la tableta.

Agradezco a mi querido amigo Alejandro M. Garro por proveerme de todo el material adicional que he necesitado para llevar adelante este trabajo, y a los amigos que han tenido a bien leer alguno de sus capítulos y enriquecerlos con sus sugerencias.

Este libro está dedicado a la memoria de todas las víctimas de ese terrible capítulo de la historia que aparece retratado en estas páginas; algunas de ellas tienen nombres y apellidos; otras. en cambio, se esfuman en los crudos números, aunque todas fueron personas, borradas, diezmadas de la faz de la tierra, fueron el verdadero motor para que este trabajo les pudiera dar una voz que se ha llevado la historia y el paso del tiempo.

Alberto Luis Zuppi, Buenos Aires, 14 de enero de 2019.

ABREVIATURAS

AEG	*Allgemeine Elektrizitäts-Gesellschaft* (Sociedad General de Electricidad)
A.F. L. Rev	*Air Force Law Review*
A.G. o AG	*Aktiengesellschaft* (Sociedad por Acciones)
AG	*Aktien Gesellschaft* (Sociedad por Acciones)
AGFA	*Aktien-Gesellschaft für Anilin-Fabrikation* (Sociedad por Acciones para la Fabricación de Anilina)
AGK	*Ausführgemeinschaft für Kriegsgerate* (Sociedad de Exportadores de Armamentos)
AGNU	Asamblea General de las Naciones Unidas
AKW	*Anhaltisches Kohlenwerk A.G.* (Planta de Carbón del Anhalt Sociedad por Acciones)
A & M	*Agricultural and Mechanical*
am o a.m.	*Ante Meridien*
Am. J. Int'l L.	*American Journal of International Law*
Am. Political Sci. Rev.	*American Political Science Review*
Am. U. Int'l L. Rev.	*American University International Law Review*
AO	*Auslandsorganisation* (Organización Extranjera)
AOK	*Armeeoberkommando* (Comando Superior del Ejército)
AWA	*Allgemeines Wehrmachtamt* (Oficina General de las Fuerzas Armadas)
BASF	*Badische Anilin und Soda Fabrik* (Fabrica de Anilina y Soda Cáustica de Baden)
BEB	*Böhmische Escomte Bank* (Banco de Descuentos de Bohemia)
BHO	*Berg- und Hüttengesellschaft Ost. m.b.H* (Minería y Acerías del Este Sociedad de Responsabilidad Limitada)

BNSDJ	*Bund Nationalsozialistischer Deutscher Juristen* (Unión Nacional Socialista de Juristas Alemanes)
BRABAG	*Braunkohle-Benzin A.G.* (Sociedad por Acciones Lignito y Bencina)
BYBIL	*British Yearbook of International Law*
Cal. W. Int'l L.J.	*California Western International Law Journal*
Can. J.L. & Soct'y	*Canadian Journal of Law and Society*
Case W.Res.J. Int'l	*Case Western Reserve Journal of International Law*
CC	Consejo de Control Aliado
C.C.	Campo de concentración
CCL 10	Ley nº 10 del Consejo de Control Aliado
Chinese J. of Int´l L.	*Chinese Journal of International Law*
CICR	Comité Internacional de la Cruz Roja
cit.	Citado
CMC	*Centrale de Matières Colorantes* (Central de Materias Colorantes)
Co.	*Company* (Compañía)
Colum. J. Transnat'l L.	*Columbia Journal of Transnational Law*
Columbia L. Rev.	*Columbia Law Review*
Comp.	Comparar
Conf.	Confirmar
Conn. J. Int'l L.	*Connecticut Journal of International Law*
Cornell Int'l L.J	*Cornell International Law Journal*
CPNAI	Comisariado Político Nacional para Asuntos Internos
DAF	*Deutsche Arbeitsfront* (Frente Alemán de los Trabajadores)
DAG	*Dynamit Aktiengesellschaft* (Dinamita Sociedad por Acciones)
DAW	*Deutsche Ausrüstungswerke* (Talleres Alemanes de Equipamiento)
DB	*Daimler Benz*

DEGESCH	*Deutsche Gesellschaft für Schädlingsbekämpfung mbH* (Sociedad Alemana de Responsabilidad Limitada para Combate de las Plagas)
Degussa	*Deutsche Gold- und Silberscheidenanstalt* (Refinería Alemana de Oro y Plata)
DePaul L. Rev	*DePaul Law Review*
DEST	*Deutsche Erd- und Steinwerke GmbH* (Talleres Alemanes de Tierra y Piedra Sociedad de Responsabilidad Limitada)
Dick. J. Int´l L.	*Dickinson Journal of International Law*
Diss.	*Dissertation* (Tesis de doctorado)
DKB	*Deutsche Kohlen Bergbau* (Minas Alemanas de Carbón)
DM	*Deutsche Mark* (Marco alemán)
Dt. Ärztbl.	*Deutsches Ärzteblatt* (Gaceta médica alemana)
DTV	*Deutscher Taschenbuchverlag* (Editorial Alemana de Libros de Bolsillo)
DUT	*Deutsche Umsiedlungs-Treuhandgesellschaft* (Sociedad Fiduciaria de Reasentamiento)
DVA	*Deutsche Verlags-Anstalt* (Institución Editora Alemana)
DVL	*Deutsche Volksliste* (Lista del Pueblo Alemán)
DWB	*Deutschen Wirtschaftsbetriebe* (Empresas Comerciales Alemanas)
Ed./Eds.	Edición/ editor/ Ediciones/ Editores
EEUU	Estados Unidos de Norteamérica
e.g.	*Exempli gratia,* (por ejemplo)
eG	*eingetragene Genossenschaft* (cooperativa registrada)
EK	*Einsatzkommando* (Comando de Tareas)

ELMAG	*Elsassische Maschinenfabrik A.G.* (Fánrica de Máquinas Alsacianas Sociedad Anónima)
et al.	*et alii* (y otros)
Fdo.	Firmado
FDP	*Freie Demokratische Partei* (Partido Democrático Liberal)
FFKG o FKG	*Friederich Flick Kommanditgesellschaft* (Sociedad Comandita Friederich Flick)
Fried.	Friedrich
GFP	*Geheime Feldpolizei* (Policía Secreta de Campo)
Geo	*Georgetown*
Geo L. J.	*Georgetown Law Journal*
German YB Int'l L.,	*German Yearbook of International Law*
Gestapo	*Geheimstaatpolizei* (Policía secreta del estado)
GL	*Generalluftzeugmeister* (Maestro General de la Aviación)
GmbH	*Gesellschaft mit beschränkter Haftung* (Sociedad de Responsabilidad Limitada)
GPU	Policía secreta soviética
Gral.	General
Harvard L. Rev.	*Harvard Law Review*
HGW	*Reichwerke Hermann Göring*
HMS	*His/Her Majesty Ship* (El barco de Su Majestad)
Hofstra L. & Pol'y Symp.	*Hofstra Law and Politics Symposium*
i.e.	*id est.* Esto es.
IG Farben	*Interessen Gemeinschaft Farbenindustrie* (Comunidad de Intereses de la Industria de los Colorantes)
Inc.	*Incorporated* (Corporación)
Ind. Int'l & Comp. L. Rev.	*Indiana International & Comparative Law Review*
Int'l Conciliation	*International Conciliation*
Int'l L.Q.	*International Law Quarterly*

ISIL YB Int'l Human. & Refugee L.	*Indian Society of International Law Year Book of International Humanitarian and Refugee Law.*
JbWG	*Jahrbuch für Wirtschaftsgeschichte*
J. Crim. L. & Criminology	*Journal of Criminal Law and Criminology*
JCS	*Joint Chiefs Staff*, Jefes del Estado Mayor Conjunto
J. Juris	*Journal of Jurisprudence*
Jr.	*Junior*
JZ	*Juristen Zeitung*
IMT	*International Military Tribunal* (Tribunal Internacional Militar)
IvS	*Ingenieurkantoor voor Scheepsbouw* (Oficina de Ingenieros para la Construcción Naval)
kg./ kgs.	Kilogramo/ kilogramos
km./ kms.	Kilómetro/ kilómetros
Krawa	*Krupp Motoren- und Kraftwagenfabriken* (Fábrica de Motores y Vehículos Krupp)
Kripo	*Kriminalpolizei* (Policía Criminal)
La.L. Rev.	*Louisiana Law Review*
La.S/LaS	*Landwirtschaftlischer Ackerbau Schlepper* (Tractor de arrastre agrícola)
Law & Hist. Rev.,	*Law and History Review*
Legal Med. Q.	*Legal Medicine Quarterly*
Liberty UL Rev.	*Liberty University Law Review*
Loy. L.A. Int'l & Comp. L.J.	*Loyola of Los Angeles International and Comparative Law Journal*
L. Quar. Rev.	*Law Quarterly Review*
MAN	*Maschinenfabrik Augsburg-Nürnberg A.G* (Fábrica de Máquinas Augsburgo-Nuremberg Sociedad por Acciones)
m.b.H,	*mit beschränkter Haftung* (con responsabilidad limitada)
Med. & L./ Med Law	*Medicine and Law*

MeFo	*Metallurgischen Forschungsgesellschaft* (Sociedad de investigación metalúrgica)
Mil. L. & L. War Rev.	*Military Law and Law of War Review*
Mil. L. Rev.	*Military Law Review*
Minn. J.L. Sci. & Tech.	*Minnesota Journal of Law, Science & Technology*
N. del A.	Nota del autor
N.C. L. Rev.	*North Carolina Law Review*
New Eng. J. Med.	*New England Journal of Medicine*
New Eng. L. Rev	*New England Law Review*
NJW	*Neue Juristische Wochenschrift*
NKW	*Niederlausitzer Kohlenwerke*
NKVD	*Narodnyi Komissariat Vnutrennikh Del* (Comisariato del Pueblo para Asuntos Internos)
Nº, Nro. o nro.	Número
Nordisk Tidsskrift Int'l Ret	*Nordisk Tidsskrift for International Ret* (Diario Nórdico de Derecho Internacional)
NRW	*Nordrhein-Westfalen* (Renania del Norte-Westfalia)
NSDAP	*Nationalsozialistische Deutsche Arbeiterpartei* (Partido Nacional Socialista de los Trabajadores Alemanes)
NSFK	*Nationalsozialistischer Fliegerkorps* (Cuerpo de pilotos nacionalsocialistas)
NSF/OKW	*Nationalsozialistischer Führungsstab des OKW* (Staff guía nacional socialista del OKW)
NSKK	*Nationalsozialisteches Kraftfahrkorps* (Cuerpo motorizado nacional socialista)
NSRB	*Nationalsozialiitischer Rechtswharerbund* (Unión Nacionalsocialista de Guardianes del Derecho)
NSV	*Nationalsozialistische Volkswohlfahrt*

	(Bienestar del Pueblo Nacional Socialista)
N.Y.U. J. Int'l L. & Pol.	*New York University Journal of International Law and Politics*
N.Y.U. Rev. L. & Soc. Change	*New York University Review of Law and Social Change*
OKH	*Oberkommando des Heeres* (Comando Supremo del Ejército)
OKM	*Oberkommando der Marine* (Comando Supremo de la Marina)
OKW	*Oberkommando der Wehrmacht* (Comando Supremo de las Fuerzas Armadas)
OMGUS	*Office of Military Government, United States* (Oficina del Gobierno Militar, Estados Unidos)
Oqu	*Oberquartiermeister* (Jefe de Superintendencia)
O.T.	*Organisation Todt*
P	Pregunta
pág. o págs.	Página o páginas
párr.	Párrafo
PG/PGs	Prisionero/s de guerra/ Plenipotenciario General
pm o p.m.	*Post Meridien*
Pol. Sci. Q.	*Political Science Qurterly*
Pub.	*Publisher/ Publication/s*
R	Respuesta
RCADI	*Recueil des Cours de la Académie de Droit International de La Haye*
RGBl	*Reichgesetzblatt* (Boletín Oficial Imperial)
RKFDV	*Reichskommissar für die Festigung des deutschen Volkstums* (Comisario Imperial para el Fortalecimiento del Germanismo)
RM	*Reichmark* (Marco imperial)
RmfRuK	*Reichsministerium für Rüstung und Kriegsproduktion* (Ministerio Imperial para el Armamento y Producción de Guerra)

RSHA	*Reichsicherheitshauptamt* (Dirección Principal de Seguridad del Imperio)
RuS	*Rasse und Siedlung* (Raza y Colonización)
RuSHA	*Rasse- und Siedlungshauptamt* (Dirección Principal de Raza y Colonización)
RV	*Rüstungsvertretung* (Representación para Armamentos)
RVE	*Reichvereining Eisen* (Unión Imperial del hierro)
RVK	*Reichvereining Kohle* (Unión Imperial del Carbón)
RWKS	*RheinischWestfaelisches Kohlensyndikat* (Sindicato del Carbón de Rin-Westfalia)
RWM	*Reichswehr Ministerium* (Ministerio Imperial de Defensa)
SA	*Stürmabteilung* (Fuerza de choque)
S.A.	Sociedad Anónima
SAW	*Sonderabteilung-Wehrmacht* (División Especial de las Fuerzas Armadas)
SD	*Sicherheitsdienst* (Fuerza de seguridad)
sic	*Sic erat scriptum* (así estaba escrito)
Siemag	*Siegener Machinenbau* (Fábrica de Máquinas de Siegen
sig. o sigts.	Siguiente/s
SIPO o SiPo	*Sicherheitspolizei* (Policía de seguridad)
SK	*Sonderkomando* (Comando Especial)
SKL	*Seekriegsleitung* (Departamento de Marina de Guerra
Sr./Sres.	Señor/ Señores
St.	*Saint* (San)
StGB	*Strafgesetzbuch* (Código Penal)
StPO	*Strafprozessordnung* (Código procesal penal)
SRL	Sociedad de Responsabilidad Limitada
SS	*Schutzstaffel* (Guardia de prevención)
SSHA	*Schutzstaffel Hauptamt* (Dirección Principal de las SS)
T.	Tomo

TEKO	*Teknische Komitee* (Comité Técnico)
TESTA	*Tesch und Stabenow Internationale Gesellschaft für Schädlingsbekämpfung mbH* (Sociedad de Responsabilidad Limitada para Combate de Plagas Internacional Tesch y Stabenow)
The Judge Advocate J.	*The Judge Advocate Journal*
Temp. Int'l & Comp. L.J.	*Temple International and Comparative Law Journal*
T. Jefferson L. Rev.	*Thomas Jefferson Law Review*
T. Marshall L. Rev	*Thurgood Marshall Law Review*
Ton	Toneladas
Touro Int'l L. Rev.	*Touro International Law review*
Tul. J. Int'l & Comp. L.	*Tulane Journal of International and Comparative Law*
U/ Univ.	*University/* Universidad
UP	*University Press*
URSS	Unión de Repúblicas Socialistas Soviéticas
U.S.	*United States* (Estados Unidos de Norteamérica)
U. Tol. L. Rev	*University of Toledo Law Review*
VDA	*Verein fur Deutschtum im Ausland* (Unión por la identidad alemana en el extranjero)
VfZ/ VfZG	*Vierteljahrshefte für Zeitgeschichte*
Virginia J. of Int'l. L.	*Virginia Journal of International Law*
Vlg.	*Verlag* (Editorial)
Vol.	Volúmen
VoMI	*Volksdeutsche Mittelstelle* (Oficina de Medios del Pueblo Alemán)
VoWI	*Volkswirtschaftliche Abteilung* (Sección de Economía Popular)
vs.	*Versus*
WED	*Wiedereindeutschung* (Regermanización)
WFSt	*Wehrmachtfuehrungsstab* (Staff de Operaciones de las Fuerzas Armadas)

WGB	*Wissenschaftliche Buchgesellschaft* (Sociedad de Libros Científicos)
WGE	*Wirtschaftsgruppe Eisenschaffende Industrie* (Grupo Económico de la Industria del Acero)
WIPO	*Wirtschafts-und Politische Abteilung* (Departamento político-económico)
Wm. Mitchell L. Rev	*William Mitchell Law Review*
WR	*Wehrmachtrechtsabteilung* (Departamento Legal de las Fuerzas Armadas)
VSWG	*Vierteljahrschrift für Sozial- und Wirtschaftsgeschichte*
WVHA	*Wirtschafts-und Verwaltungshauptamt* (Departamento Principal Económico y Administrativo
WW	*Werschen Weissenfels* (Rocas Blancas de Werschen)
ZfG	*Zeitschrift für Geschichtswissenschaft*

ÍNDICE GENERAL

VOLÚMEN PRIMERO
   INTRODUCCIÓN
   ABREVIATURAS
   INDICE GENERAL

CAPÍTULO PRIMERO: LA CONSTITUCIÓN DE LOS TRIBUNALES POSTERIORES - JUSTIFICACIÓN DE LA JURISDICCIÓN - 1
   I. INTRODUCCIÓN - 1
   II. EL STATUS JURÍDICO DE ALEMANIA TRAS LA RENDICIÓN - 9
   III. LA LEY SOBRE LA QUE SE APOYARON LOS FALLOS - 12
      a. La CCL 10 - 13
      b. Los crímenes contra la paz rusos - 16
   IV. LA IMPUTACIÓN POR EL DELITO DE CONSPIRACIÓN - 17
   V. LA PROHIBICIÓN EX POST FACTO - 21
   VI. CRÍMENES CONTRA LA PAZ, CRÍMENES DE GUERRA Y CRÍMENES CONTRA LA HUMANIDAD - 30

BIBLIOGRAFIA - 35

CAPÍTULO SEGUNDO: EL CASO "UNITED STATES v. KARL BRANDT ET AL.", O EL "CASO DE LOS MÉDICOS" - 39
 I. ANTECEDENTES DEL CASO - 42
 II. EL JUICIO - 61
 III. LAS EVIDENCIAS - 73
  a. Los experimentos de altitud. - 73
  b. Experimentos de congelamiento - 76
  c. Experimentos sobre la malaria - 78
  d. Experimentación sobre los efectos del gas mostaza - 79
  e. Experimentos sobre sulfanamidas y gangrena - 80
  f. Experimentos sobre trasplantes de huesos y de miembros - 84
  g. Experimentos sobre el consumo del agua de mar - 85
  h. Experimentos sobre la hepatitis epidémica - 88
  i. Experimentos sobre transmisión del tifus, aplicación de vacunas y plasma vencido - 89
  j. Experimentos sobre veneno - 92
  k. Experimentos sobre fósforo y sobre los efectos de las bombas incendiarias - 92
  l. Experimentos sobre la septicemia - 94
  m. Experimentos sobre coagulación - 94
  n. Experimentos con fenol - 94
  o. Experimentos para la esterilización en masa - 95
  p. Creación de una colección de esqueletos y cráneos judíos - 98
  q. Exterminación de prisioneros polacos - 99
  r. Exterminación en masa y eutanasia - 100
 IV. EVALUACIÓN DE LOS ARGUMENTOS DE LAS PARTES - 106
 V. LA SENTENCIA - 115
 VI. LAS PETICIONES DE MODIFICACIÓN DE PENA - 139
 BIBLIOGRAFÍA - 140

CAPÍTULO TERCERO: EL CASO "UNITED STATES v. ERHARD MILCH ET AL." - 147
 I. LA ACUSACIÓN - 149

II. EL JUICIO - 152
III. LA SENTENCIA - 209
a. El cargo de crímenes de guerra - 210
b. El cargo de crímenes contra la humanidad - 214
BIBLIOGRAFÍA - 215

CAPÍTULO CUARTO: EL CASO DE LA JUSTICIA, o "UNITED STATES v. JOSEF ALTSTÖTTER ET AL." - 217
I. INTRODUCCIÓN - 217
II. LA ACUSACIÓN - 231
III. EL JUICIO - 236
IV. LOS CARGOS DE CRÍMENES DE GUERRA Y CRÍMENES CONTRA LA HUMANIDAD - 247
a. Homicidios cometidos en violación de la Convención de La Haya - 248
b. El decreto "*Noche y Niebla* - 250
c. Transferencia ilegal a los campos de concentración - 254
d. Homicidios judiciales en violación del derecho internacional - 256
e. Consideraciones sobre la evidencia - 262
f. La profesión legal durante el gobierno Nazi - 263
V. PARTICIPACIÓN EN UNA ORGANIZACIÓN CRIMINAL - 266
a. Pertenencia a las SS - 266
b. Pertenencia al cuerpo dirigente del Partido Nazi - 267
c. Conclusión - 268
VI. ALEGATO DE LAS DEFENSAS - 269
VII. EL FALLO - 274
a. El principio *nullum crimen sine lege* - 277
b. Crímenes contra la humanidad como violaciones al derecho internacional - 280
c. La sentencia - 285
BIBLIOGRAFÍA - 288

CAPÍTULO QUINTO: EL CASO DE LAS SS o "UNITED STATES v. OSWALD POHL ET AL." - 297

I. INTRODUCCIÓN - 297
II. LA ACUSACIÓN - 309
a. El cargo por conspiración o designio común - 310
b. Crímenes de guerra - 311
c. Crímenes contra la humanidad - 313
d. Pertenencia a una organización criminal - 313
III. EL JUICIO - 314
a. Los campos de concentración - 320
b. Los experimentos médicos - 326
c. El programa de eutanasia - 327
d. Trabajo esclavo - 328
e. Los proyectos de las SS - 335
f. El exterminio de los judíos - 339
g. Adquisición y disposición de propiedades y valores de los judíos evacuados - 372
IV. EL TURNO DE LA DEFENSA - 373
V. ARGUMENTACIONES FINALES - 384
VI. EL VEREDICTO - 387
BIBLIOGRAFÍA - 392

CAPÍTULO SEXTO: "UNITED STATES v. FRIEDRICH FLICK ET AL." - EL PRIMER CASO CONTRA LOS INDUSTRIALISTAS - 401

I. INTRODUCCIÓN - 401
II. LA ACUSACIÓN - 408
III. EL CARTEL FLICK - 412
IV. EL JUICIO - 414
a. Mano de obra esclava - 418
b. Expoliación de propiedades - 425
c. La "*arianización* - 427
c.1 El apoderamiento de los Altos Hornos Lübeck - 428
c.2 Los Putsches y las minas de lignito - 428
d. Ayuda e instigación a las actividades ilegales de las SS - 432
e. Pertenencia a las SS - 434
V. LAS DEFENSAS - 434
VI. EL FALLO - 436

a. El primer cargo - 437
b. Segundo cargo: la expoliación - 441
c. Tercer cargo: crímenes contra la humanidad - 447
d. Cargos cuarto y quinto - 449
BIBLIOGRAFÍA - 452

NOTAS - 461
I. INTRODUCCIÓN - 461
II. CAPÍTULO PRIMERO - 462
III. CAPÍTULO SEGUNDO - 466
IV. CAPÍTULO TERCERO - 475
V. CAPÍTULO CUARTO - 479
VI. CAPÍTULO QUINTO - 489
VII. CAPÍTULO SEXTO - 491

ÍNDICE TEMÁTICO

VOLÚMEN SEGUNDO
ABREVIATURAS
CAPÍTULO SÉPTIMO: EL CASO IG FARBEN o "UNITED STATES v. CARL KRAUCH ET AL." - 1
I. INTRODUCCIÓN - 1
II. LA ACUSACIÓN - 16
a. Guerra de agresión - 17
b. Segundo cargo: Expoliación y saqueo - 24
c. Tercer cargo: Esclavitud y asesinatos en masa - 27
d. Cuarto cargo. Pertenencia a las SS - 35
e. Quinto cargo. Plan común o conspiración - 35
III. PRIMERAS OBJECIONES DE LAS DEFENSAS - 35
IV. LAS EVIDENCIAS DE LA FISCALÍA - 36
a. Evidencias relativas al crimen contra la paz del primer cargo - 38
b. Cargo segundo: saqueo y expoliación - 47
b.1. Polonia - 48
b.2. La Unión Soviética - 51
b.3. Francia - 52
c. Tercer cargo: Trabajo esclavo y asesinatos en masa - 53

c.1. Farben y el programa de trabajo esclavo - 54
c.2. Farben y Auschwitz - 55
V. LAS DEFENSAS - 63
VI. LA PRUEBA - 97
a. Decorando las palabras - 97
b. Destrucción de documentos - 100
c. Moción de la Defensa para declarar los acusados inocentes del cargo de guerra de agresión - 103
d. Réplica de la Fiscalía a esta moción de la Defensa - 108
d.1. Primera parte: Los cargos uno y cinco - 108
d.2. La posición de la Defensa contradice la CCL 10 - 114
d.3. Segunda Parte: El saqueo de Austria y Checoslovaquia - 116
e. La alianza entre Farben y Hitler y el Partido Nazi - 117
f. Propaganda e inteligencia por IG Farben - 117
VII. EL SAQUEO Y LA EXPOLIACIÓN - 119
a. El rechazo de los cargos sobre Austria y Checoslovaquia - 119
b. Polonia - 119
c. Francia y Unión Soviética - 123
VIII. TRABAJO ESCLAVO Y PERTENENCIA A LAS SS - 123
IX. ARGUMENTACIONES FINALES - 138
a. La provisión de gas por Farben para el exterminio - 140
b. Provisión de material para los experimentos médicos criminales - 141
c. Farben y Auschwitz - 141
X. EL FALLO - 142
a. Los cargos uno y cinco - 142
b. El cargo por saqueo y expoliación - 149
b.1. Saqueo y expoliación en Polonia - 149
b.2. Expoliación en Noruega - 150
b.3. Expoliación en Francia - 151
b.4. Rusia - 152
c. El cargo por trabajo esclavo - 152
c.1. La provisión de gas venenoso Zyklon B - 153
c.2. La provisión de drogas para experimentación médica - 154
c.3. Trabajo esclavo - 154
c.3.1. La defensa de estado de necesidad - 155

c.3.2. Auschwitz y Fürstengrube - 157
d. El cargo cuatro: pertenencia a las SS - 162
e. Declaración del Juez Hebert sobre voto separado y disidencia - 163
BIBLIOGRAFÍA - 165

CAPÍTULO OCTAVO: EL CASO DE LOS REHENES, o "UNITED STATES v. WILHELM LIST ET AL." - 177
I. INTRODUCCIÓN - 177
II. LA ACUSACIÓN - 185
a. El primer cargo - 187
b. El segundo cargo - 191
c. El tercer cargo - 195
d. Cuarto cargo - 197
III. PRESENTACIÓN DE LA FISCALÍA - 199
a. La invasión de Grecia y Yugoslavia - 201
b. La ocupación de Noruega - 221
IV. ASPECTOS LEGALES - 222
a. Cumplimiento de órdenes superiores - 222
b. La condición de "beligerante" - 229
V. LAS DEFENSAS - 234
a. Actuar bajo órdenes - 234
b. Las ejecuciones como represalias - 237
c. Destrucción arbitraria de propiedad e internación de la población en campos de concentración - 245
VI. ARGUMENTACIONES FINALES - 247
a. La Acusación - 247
b. La Defensa - 251
c. Alegato de List en nombre de todos los acusados - 257
VII. LA SENTENCIA - 258
a. El derecho internacional y sus fuentes - 258
b. Obediencia a las órdenes superiores - 260
c. Las fuerzas de ocupación - 264
d. La toma de rehenes - 267
BIBLIOGRAFÍA - 273

CAPÍTULO NOVENO: EL CASO RuSHA. o "UNITED STATES v. ULRICH GREIFELT ET AL." - 283
I. INTRODUCCIÓN - 283
II. LOS CARGOS -292
a. Crímenes contra la humanidad - 292
b. Crímenes de guerra - 299
c. Pertenencia a una organización criminal - 300
III. LA ACUSACIÓN - 300
a. Ascenso al poder por las SS - 305
b. La RSHA, el RKFDV, la VoMi y la RuSHA - 306
c. El plan de germanización - 310
c.1. El procedimiento DVL - 312
c.2. El procedimiento WED - 314
d. Expoliación de propiedad pública y privada - 318
e. La persecución de los judíos y la expoliación de la propiedad judía - 319
f. El secuestro de los niños extranjeros - 325
g. Abortos - 332
h. Impedimentos a la reproducción de nacionales enemigos - 333
i. Castigo a las relaciones sexuales con alemanes - 333
j. Pertenencia a una organización criminal - 336
IV. LAS DEFENSAS - 337
V. EL FALLO - 341
a. Secuestro de niños extranjeros - 346
b. Abortos de trabajadoras extranjeras - 349
c. Secuestros de niños de trabajadoras extranjeras - 349
d. Castigo por mantener relaciones sexuales con alemanes - 351
e. Impedir la reproducción de nacionales enemigos - 352
f. Evacuación forzada y reasentamiento de poblaciones Germanización de enemigos nacionales - Trabajo esclavo. - 353
g. Conscripción forzada de nacionales enemigos para las fuerzas armadas - 356
h. Saqueo de propiedad pública y privada - 356
i. Persecución y exterminio de los judíos - 358
j. Crímenes de guerra y crímenes contra la humanidad - 359
BIBLIOGRAFÍA - 361

VOLÚMEN TERCERO
   ABREVIATURAS
   CAPÍTULO DÉCIMO: EL CASO DE LOS GRUPOS DE ASALTO (*EINSATSGRUPPEN*), o "UNITED STATES v. OTTO OHLENDORFF ET AL." - 1
   I. INTRODUCCIÓN -1
   II. LA ACUSACIÓN - 19
   a. La doctrina nazi de la raza superior - 20
   b. La organización de los Grupos de Tareas - 22
   c. La naturaleza de los cargos por crímenes contra la humanidad - 27
   d. Pertenencia a una organización criminal - 29
   III. LA DEFENSA - 29
   IV. PRUEBAS DE LA ACUSACIÓN - 32
   a. Los *affidavits* de los acusados - 32
   a.1. *Affidavit* de Ohlendorf - 33
   a.2. *Affidavit* de Heinz Hermann Schubert - 34
   a.3. *Affidavit* de Kurt Lindow - 35
   b. Los Reportes de los Grupos de Tareas - 35
   b.1. Transcripción parcial del informe del Grupo de Tareas A y del Comando de Tareas 1a en Tallín del Grupo de Tareas C 12 de octubre de 1941. - 35
   b.2. Transcripción parcial del informe de los Comandos de Tareas y Comandos del 7 de octubre de 1941. - 39
   b.3. Transcripción parcial del informe 128 del 3 de noviembre de 1941. - 43
   b.4. Transcripción parcial del Informe del Grupo de Tareas A cubriendo sus actividades entre el 23 de junio y el 15 de octubre de 1941. - 47
   b.5. Transcripción parcial del informe sobre la situación en la URSS del 14 de noviembre de 1941**. - 60**
   b.6. Transcripción parcial del informe del 19 de noviembre de 1941 sobre la situación en la URSS. - 64
   b.7. Transcripción parcial del informe del 8 de diciembre de 1941 sobre la situación en la URSS. - 69

b.8. Transcripción parcial del informe del 2 de enero de 1942 y el del 14 de enero de 1942 sobre la situación en la URSS. - 71

b.9. Transcripción parcial del informe del 1 de marzo al 31 de marzo de 1942. - 73

b.10. Memorando secreto de Kube del 31 de julio de 1942. - 75

b.11. Informe de la situación de operaciones en la URSS del 18 de febrero de 1942. - 78

b.12. Reporte de la situación operacional en la URSS del 8 de abril de 1942 . - 80

b. 13. Proyecto de memorando del Grupo de Tareas A relativo a la ejecución de judíos. - 82

c. *Affidavits* de Adolf Ott y Otto Ohlendorf - 82

d. *Affidavit* de Hermann Schubert y de Ernst Biberstein - 84

e. *Affidavits* de Paul Blobel y de Rudolf Werner Braune - 87

V. PRUEBAS DE LA DEFENSA - 89

a. Testimonio de Ohlendorf - 90

b. Testimonio de Hänsch - 115

c. Testimonio de Braune - 122

VI. ALEGATOS DE LAS DEFENSAS - 127

a. Cumplimiento de órdenes superiores - 127

b. Justificación de la orden de Hitler - 129

c. Justificación en razón del bombardeo Aliado matando no combatientes - 145

d. Justificación de medidas contra los partisanos y represalias - 148

VII. ALEGATO FINAL DE LA FISCALÍA - 154

VIII. ALEGATO FINAL DE LOS ACUSADOS - 160

IX. EL FALLO - 164

BIBLIOGRAFÍA - 194

CAPÍTULO DÉCIMO PRIMERO: EL CASO CONTRA EL GRUPO KRUPP, o "UNITED STATES v. ALFRIED KRUPP ET AL." - 205

I. INTRODUCCIÓN - 205

II. LA ACUSACIÓN - 212

a. Primer cargo: crímenes contra la paz - 212

b. Segundo cargo: saqueo y expoliación - 220

c. Tercer cargo: Deportación, explotación y abuso de mano de obra esclava - 225
d. Cargo cuarto: plan común o conspiración - 230
III. EXPOSICIÓN DE LOS CARGOS POR LA FISCALÍA - 231
a. La participación de Krupp en la guerra de agresión - 233
b. El saqueo y la expoliación - 246
b.1 Francia - 247
b.2 Holanda - 248
b.3 Unión Soviética - 248
c. Deportaciones, explotación de personas y trabajo esclavo - 250
IV. LAS DEFENSAS - 256
V. LAS EVIDENCIAS - 275
a. Crímenes contra la paz - 275
b. El segundo cargo: Expoliación - 276
c. Tercer cargo: trabajo esclavo - 296
c.1. Muerte de niños por desnutrición - 331
c.2. Obtención y tratamiento de internas de campos de concentración - 336
c.3. Empleo y tratamiento de prisioneros de guerra - 344
VI. LA SENTENCIA - 350
a. La propiedad Austin en Liancourt, Francia - 352
b. La planta ELMAG en Mulhouse - 354
c. Máquinas tomadas de la fábrica ALSTHOM - 356
d. Máquinas tomadas de otras fábricas francesas - 357
e. Máquinas y materiales removidos de Holanda - 357
BIBLIOGRAFÍA - 372

CAPÍTULO DÉCIMO SEGUNDO: EL CASO DE LOS MINISTERIOS, o "UNITED STATES v. ERNST VON WEISZÄCKER ET AL." - 379
I. INTRODUCCIÓN - 379
II. LOS CARGOS CONTRA LOS ACUSADOS - 395
a. Primer cargo: Planeamiento, preparación, iniciación y llevar adelante guerras de agresión e invasión a otros países. -
b. Segundo cargo: Plan común y conspiración. - 404

c. Tercer cargo: Crímenes de guerra asesinato y maltrato de beligerantes y prisioneros de guerra. - 405

d. Cuarto cargo: Crímenes contra la humanidad: crímenes y atrocidades cometidos contra nacionales alemanes por razones políticas, raciales y religiosas. - 408

e. Cargo quinto: Crímenes de guerra y crímenes contra la humanidad: atrocidades y crímenes cometidos contra la población civil. - 414

f. Cargo sexto: Crímenes de guerra y crímenes contra la humanidad: saqueo y expoliación. - 422

g. Cargo séptimo: Crímenes de guerra y crímenes contra la humanidad: trabajo esclavo. - 426

h. Octavo cargo: Pertenencia a organizaciones criminales. - 430

III. PRESENTACIÓN DEL CASO POR LA FISCALÍA - 431

a. Crímenes contra la paz - 434

b. Crímenes de guerra y crímenes contra la humanidad - 447

b.1 Saqueo y expoliación - 450

b.2 Crímenes raciales - 453

c. Responsabilidad individual de los acusados - 455

IV. LAS DEFENSAS - 474

V. CRÍMENES CONTRA LA PAZ - 504

a. El Anschluss con Austria - 522

b. La cuestión de los Sudetes y la anexión de Checoslovaquia - 528

c. La Invasión a Polonia - 540

d. La Invasión a Dinamarca y Noruega - 547

e. La invasión a Holanda, Bélgica y Luxemburgo - 549

f. La invasión a la Unión Soviética - 554

VI. ASESINATOS Y MALTRATOS DE BELIGERANTES Y PRISIONEROS DE GUERRA- TERCER CARGO - 557

a. Asesinato de prisioneros de guerra fugados - 558

b. El asesinato del General francés Mesny - 561

VII. ATROCIDADES Y CRÍMENES COMETIDOS CONTRA LA POBLACIÓN CIVIL – CARGO QUINTO - 566

VIII. SAQUEO Y EXPOLIACIÓN – CARGO SEXTO - 585

IX. TRABAJO ESCLAVO – CARGO SÉPTIMO - 587

X. PERTENENCIA A ORGANIZACIONES CRIMINALES – CARGO OCTAVO - 594

XI. ARGUMENTACIONES FINALES - 594
a. La Fiscalía - 594
1. Distinción entre cometer el crimen contra la paz y la conspiración. - 594
2. Crímenes de guerra, asesinatos y maltrato de beligerantes y prisioneros de guerra. - 597
3. Crímenes de guerra y crímenes contra la humanidad. Crímenes y atrocidades cometidos contra la población civil. - 598
4. Expoliación y saqueo. - 598
5. Crímenes de guerra y crímenes contra la humanidad Trabajo esclavo. - 600
6. Pertenencia a organizaciones criminales. - 600
b. Las Defensas - 600
XII. EL FALLO - 604
BIBLIOGRAFÍA - 630

CAPÍTULO DÉCIMO TERCERO: EL CASO DEL ALTO MANDO, o "UNITED STATES v. WILHELM VON LEEB ET AL." - 637
I. INTRODUCCIÓN - 637
II. LA ACUSACIÓN - 648
a. Crímenes contra la paz - 648
b. Segundo cargo: Crímenes de guerra y crímenes contra la humanidad: crímenes contra beligerantes enemigos y prisioneros de guerra - 655
b.1. La orden "Comisario" - 656
b.2. La orden "Comando" - 656
b.3. Trabajo prohibido de prisioneros de guerra. - 657
b.4. Homicidio y maltrato a prisioneros de guerra. - 657
c. Tercer cargo: Crímenes de guerra y crímenes contra la humanidad cometidos contra civiles. - 658
c.1. Deportación y esclavización de civiles. - 660
c.2. Saqueo de propiedad pública y privada, destrucción sin sentido y devastación no justificadas por necesidades militares. - 661
c.3. Homicidios, malos tratos y persecución de la población civil. - 662

d. Cuarto cargo: plan común o conspiración. - 663
III. PRIMERAS ARGUMENTACIONES DE LA FISCALÍA Y DE LA DEFENSA - 664
a. La Fiscalía y el crimen de agresión - 664
a.1. El ejército imperial y la República de Weimar - 665
a.2. Las fuerzas armadas y el Tercer Imperio - 666
a.3. Las invasiones de Austria y Checoslovaquia - 668
a.4. La invasión de Europa - 669
b. Crímenes de guerra y crímenes contra la humanidad - 673
b.1. Los crímenes en el oeste y sud de Europa - 673
b.2. Decretos para castigo - 675
c. Tercer cargo: Civiles, rehenes y represalias - 675
d. Segundo cargo: Beligerantes y prisioneros de guerra– La "Orden Comisario" - 677
e. El exterminio de los judíos y el trabajo esclavo - 681
f. Argumentaciones iniciales de las defensas - 684
IV. LAS EVIDENCIAS - 694
a. Evidencias con relación al cargo de crímenes contra la paz. - 695
b. Evidencias sobre crímenes de guerra y crímenes contra la humanidad. - 701
V. ARGUMENTACIONES FINALES - 707
a. Alegato de la Fiscalía - 707
b. Las Defensas - 710
VI. LA SENTENCIA - 714
BIBLIOGRAFIA - 750

1
CAPÍTULO PRIMERO

LA CONSTITUCIÓN DE LOS TRIBUNALES POSTERIORES: JUSTIFICACIÓN DE LA JURISDICCIÓN

I. INTRODUCCIÓN

El libro del Brigadier Telford Taylor, que actuó como Fiscal sucesor de Jackson, tras el juicio principal del IMT, es un relato vivo de las dificultades que debieron superar los Aliados para la conformación de ese primer Tribunal Militar Internacional.[1] El juicio principal, y único que llevó adelante el IMT, fue sin duda trascendente y revolucionó la historia del derecho internacional,[2] y a pesar de las innumerables controversias que desató y que siguen vigentes, ese juicio hizo un aporte al derecho del que poco puede discutirse.

El 7 de mayo de 1945, Jodl firma en Reims la rendición ante los Aliados. En la foto de izquierda a derecha, Oxenius, Jodl y von Friedeburg.

El día 8 de mayo de 1945, Keitel debe volver a firmar la rendición ante los rusos en Berlin. En la foto, de izquierda a derecha, Stumpf, Keitel y Friedburg.

Tras la derrota y la rendición incondicional alemana, la administración de Alemania quedó en manos del Consejo de Control Aliado (CC), una organización integrada por los cuatro gobiernos de las principales potencias vencedoras de la II Guerra Mundial.

El 20 de diciembre de 1945, el CC dictó la ley Nº 10 (CCL 10),[3] destinada a dar cumplimiento la Declaración de Moscú de 1943,[4] y al acuerdo de Londres del 8 de agosto de 1945,[5] por el que se dejó en manos de cada uno de los Aliados, para que llevaran adelante dentro de sus zonas de ocupación, los juicios contra las personas acusadas de delitos cometidos durante la dictadura nazi.

Aunque alguna vez se especuló con la conformación de otro IMT, las divisiones que mostraron los Aliados hicieron que ese segundo

Tribunal nunca llegara a formarse. Los inconvenientes que surgieron durante el desarrollo del primer gran juicio, el descubrimiento de pruebas que comprometían gravemente a la URSS en la comisión de crímenes similares a los que eran atribuidos a los nazis, las profundas diferencias políticas entre los Aliados, así como en sus expectativas en lo relativo al futuro de Alemania, convencieron a Jackson para sugerir al presidente Truman, la realización de Tribunales zonales. Esa era la idea de su sucesor, Telford Taylor y que tanto él como Jackson, veían como la más rápida y efectiva forma de obtener resultados satisfactorios,[6] para no dejar sin castigo la innumerable cantidad de crímenes que quedaron fuera del juicio del IMT, así como para enseñar a Alemania las atrocidades cometidas por un régimen que había sido apoyado largamente por la población.

El IMT que tuvo a su cargo el primer juicio de Nuremberg contra los principales jerarcas nazis.

Habían transcurrido menos de tres meses desde la sentencia del IMT, cuando el 21 de noviembre de 1946 dio comienzo el primero de estos procesos a cargo de los Tribunales Militares Norteamericanos. El juicio contra Brandt, fue el primero de una docena de juicios, que abarcaron todas las estructuras del poder nazi, desde los médicos que participaron en experimentos con los prisioneros de guerra, los jueces que avalaron las desapariciones forzadas y dictaron sentencias contrarias a derecho, los industrialistas que fueron el poder económico detrás de Hitler, pasando por los Grupos de Tareas y su tarea de exterminio, las SS, los militares y los miembros de los ministerios de todo el gobierno nazi que no había sido enjuiciado ante el IMT. En estos doce juicios, 185 personas fueron juzgadas. Todos los procesos tuvieron lugar en el Palacio de Justicia de Nuremberg, el mismo lugar donde en una de sus salas, tuvo lugar el juicio ante el IMT. A diferencia de lo que ocurrió con el IMT, las sentencias de muerte por ahorcamiento fueron ejecutadas en la prisión de Landsberg situada a más de 220 km. de Nuremberg, la misma prisión en la que estuvo detenido ocho meses Adolf Hitler en 1924, y donde escribió la primera parte de su libro "Mi Lucha."

Todos los juicios se llevaron a cabo de acuerdo con el sistema adversarial anglosajón, al que debieron acomodarse los acusados y sus defensores, que en algún caso llegaron a contratar con abogados provenientes del *Common Law*.

Comentaristas posteriores han considerado a estos doce juicios como "*notas de pie de página*" al fallo del IMT.[7] Creemos que esa calificación no les hace justicia, pues es nuestro convencimiento que en muchos aspectos estos juicios han ido mucho más allá del IMT, y han formado las bases de interpretación del moderno derecho penal internacional, como lo enseñan las reiteradas citas a los mismos en fallos de los Tribunales *ad hoc* para la ex Yugoslavia y Ruanda, así como por la hoy establecida Corte Penal Internacional. Es cierto que estos procesos no se iniciaron con una *tabula rasa,* como sí sucedió con el IMT, que debió dictar derecho sobre cuestiones previas fundamentales como el derecho aplicable, la jurisdicción y el principio de irretroactividad de las leyes.

Una foto conjunta de los jueces que intervinieron en los doce juicios.

Los tiempos que les fueron impuestos a estos procesos por las autoridades norteamericanas, no fueron los que deseaban sobre todo los abogados de los acusados, que debían lidiar con falta de transporte propio, viajes en tren agotadores, salas de trabajo atestadas, la falta de secreto en la correspondencia en virtud de la censura, la falta de acceso a documentación para la defensa, el límite en cuanto al número de defensores, los tiempos breves para la preparación de los casos y otros problemas semejantes, todo lo cual mostró a las claras una evidente desproporción entre los medios con los que contaba la Fiscalía en cada caso, en relación con aquellos puestos a disposición de las defensas.[8] Esta crítica es irrebatible, más allá de la circunstancia que quizás poco hubiera podido cambiar en la consideración de cada Tribunal, los aportes que con una mejor y más detenida defensa se hubieran presentado, atento la magnitud y desproporción de los delitos que se investigaron. Por estas circunstancias, fue habitual en cada uno de los casos, los abogados defensores se repartieron las tareas de las defensas, de manera que cada uno o por grupo, atacaran los cargos de la acusación. Como podrá advertirse de la lectura de las exposiciones de los defensores, hubo argumentos ingeniosos, algunos francamente infantiles y otros de seriedad científica.

Un grupo de fiscales junto con Telford Taylor sentado en la extrema derecha.

La Fiscalía, por su parte, contó con el apoyo de abogados y estudiosos del régimen nazi como el caso de Robert M. W. Kempner o de determinados aspectos como sucedió en el caso de los médicos,[9] pero además con un acceso ilimitado a la documentación secuestrada a los nazis que tuvo tal magnitud, que en varios de los casos se verá -como sucede por ejemplo con el de los Grupos de Tareas- la acusación se basó esencialmente en documentos. La gran mayoría de los testimonios brindados en estos procesos, fueron casi todos de testigos propuestos por las defensas, quienes no contaban con el acceso ilimitado a la documentación como sí lo tenía la Fiscalía. Todas las partes sufrieron las dificultades para la ubicación de testigos y víctimas, lo que no debe de extrañar en una Alemania arrasada.

Un comentario debe ser hecho respecto del trabajo de la Fiscalía que comandó Telford Taylor. A diferencia de lo que sucedió con los abogados defensores, la Fiscalía tuvo tiempo, personal y oportunidad para elegir y formular las acusaciones. Sin embargo, a pesar de ello, y quizás movidos por la falsa suposición, bastante común lamentablemente, de creer que las estructuras e instituciones del derecho norteamericano son lo mejor que el universo jurídico puede ofrecer, se produjeron lagunas importantes, y se dejaron de probar temas de envergadura por buscar conspiraciones y configurar el crimen de agresión como sucedió en el caso IG Farben, tema este sobre el que ya nos hemos referido en otra oportunidad y adonde nos remitimos.[10] A veces, ese dispendio inútil de esfuerzos en lugar de concentrarse en lo principal, le resultó cara a la Fiscalía cuando el Tribunal reconoció que no se había probado la acusación para superar una duda razonable.

Finalmente, un punto que no puede ser olvidado al analizar estos juicios, es el hecho de que el IMT absolvió a varios de los procesados en el juicio principal, algunos de los cuales, como fue el caso del Ministro Imperial de Economía Hjalmar Schacht, se encontraron en una actitud mucho más comprometida con el régimen nazi, que varios de los acusados en los juicios que se estudiarán, vinculados también con manejos económicos del régimen nazi.

Capítulo Primero

Schacht al lado de un policía militar durante el juicio del IMT.

Aunque se trataron de casos independientes, es imposible concebir una total separación entre lo decidido por el IMT, y sobre todo, las absoluciones hechas por el IMT, con la forma en que se resolvieron los juicios en este trabajo.

Los protagonistas de estos doce juicios, más allá de los acusados, merecen ser destacados. Por el lado de los miembros de los tribunales, nos encontramos con una amplia gama de jueces norteamericanos. Se ha mencionado que quienes actuaron como jueces carecieron las credenciales que podían mostrar los jueces federales de los EEUU, cuya participación fue vedada por las propias autoridades norteamericanas.[11] Sin embargo, contemplando el resultado general obtenido, y más allá de las condonaciones posteriores de penas, los jueces estuvieron a la altura de los requerimientos. En su gran mayoría, fueron miembros de las cortes supremas estaduales o de las cámaras de apelaciones, o simples jueces de distrito, abogados y hasta en el caso I.G. Farben, fue nombrado como juez el decano de la facultad de derecho de Luisiana, Paul M. Hebert, quien había escrito una disidencia memorable pero que cambió a último minuto por una menos conflictiva.[12] Algunos jueces intervinieron en varios de los juicios como fue el caso del Juez Michael Musmanno que participó en el caso Milch, en el caso Pohl y en el caso Ohlensdorf y cuya pintoresca conducta en el Tribunal ha merecido comentarios por parte de los estudiosos,[13] el Juez Toms participó en Milch y en el caso Pohl, el juez Dixon fue suplente en Flick y juez en Ohlensdorf, el juez Speigh fue suplente en Pohl y juez en Ohlensdorf. Jueces suplentes fueron designados en los primeros juicios, pero luego esa práctica se descontinuó. Telford Taylor estuvo presente en todos los juicios, pero derivó lógicamente, mucho del trabajo a los fiscales suplentes Benjamin Ferencz, Robert M. W. Kempner, James McHanney, Charles M. LaFollete, Henry T. King y otros que tuvieron a su cargo los interrogatorios y alegatos.

Entre los defensores hubo algunos que participaron en el juicio principal como fue el caso de Otto Kranzbüher, que fuera defensor de Dönitz ante el IMT, y que participó en los casos Krupp e I.G. Farben ante los NMT. o Alfred Seidl, que defendió a Rudolf Heß y Franck ante el IMT, y tuvo actuación en estos juicios en el caso de los médicos, en el de Pohl y en el de los Ministerios, y que más tarde defendería a Ilse Koch, esposa del comandante de Buchenwald poseedora de una colección de objetos hechos con piel de las víctimas.

Otto Kranzbühler exponiendo en el juicio principal.

También debe mencionarse a Robert Servatius, que participó en el caso Pohl y en el de los Ministerios y luego sería defensor de Adolf Eichmann su juicio en Jerusalem. Rudolf Aschenauer actuó en Farben, en el caso de los jueces y en el de los Grupos de Tareas, y luego fue defensor en el juicio conocido como caso Auschwitz.[14]

. . .

II. EL STATUS JURÍDICO DE ALEMANIA TRAS LA RENDICIÓN

Los Tribunales constituidos en base a la CCL 10 encontraron el fundamento de su jurisdicción en el poder asumido por los Aliados sobre Alemania al finalizar la II Guerra Mundial. ¿Pero cómo sería asumido ese poder? ¿Alemania había dejado de existir como Estado? ¿Quién sucedía al Estado Alemán que al momento de la rendición era conocido como "*Tercer Reich*"? Varias de estas preguntas fueron planteadas y resueltas en estos juicios. Otras precisaron de muchos años para ser contestadas de manera final, como sucediera con la cuestión relativa a la sucesión del Tercer Reich y la reunificación alemana.[15]

La rendición incondicional alemana se firmó el 7 de mayo de 1945 en Reims.[16] De acuerdo con dicho instrumento firmado por Jodl ante los Aliados, todas las operaciones de guerra por parte de Alemania cesarían al día siguiente para lo cual se librarían las órdenes pertinentes de inmediato. Tras la rendición siguió la total desintegración del gobierno alemán, en todos sus niveles. El ejército cesó de hecho de existir. No había tropas que se opusieran a los Aliados y los oficiales alemanes que los habían dirigido estaban muertos, o presos o prófugos.

La declaración del 5 de junio de 1945[17] expresó la asunción del poder, de "*la suprema autoridad*," sobre Alemania por parte de los Aliados lo que equivalía a la asunción de todos los poderes antes poseídos por el gobierno alemán ahora derrotado.

> "No existen un gobierno o autoridad central en Alemania capataz de aceptar la responsabilidad por la manutención del orden, la administración del país, y con el cumplimiento de los requerimientos de las potencias victoriosas."[18]

La desintegración de todas las estructuras de poder que sufrió Alemania fue lo que permitió la asunción por parte de los Aliados del control supremo sobre el país ocupado y que abrió la discusión sobre si Alemania había o no desaparecido como estado.[19]

Vista de Dresden tras la rendición.

El 2 de agosto de 1945, Truman, Stalin y Atlee, sucesor en el cargo de Churchill, reunidos en la Conferencia de Postdam, firmaron un documento que establecía los principios por los que se regiría la vida alemana en esos primeros tiempos, estableciendo. entre otras cosas. la voluntad de los Aliados de llevar a los criminales nazis ante la justicia.[20]

En el preciso momento de la rendición incondicional del Tercer Reich, cesó la ocupación beligerante de Alemania por parte de los Aliados y la aplicación de las Regulaciones de La Haya que regulaban al derecho humanitario bélico vigente en la época, para transformarse Alemania en un país totalmente subyugado bajo los términos de la institución entonces vigente de la conquista.[21]

Hasta el 7 de mayo de 1945, los Aliados estuvieron en Alemania como ocupantes beligerantes de un Estado existente. Luego de la rendición se produce la subyugación de Alemania lo que importó cambiar drásticamente el carácter jurídico de la ocupación.[22]

La subyugación como institución jurídica fue tratada en el juicio del IMT como defensa. Los acusados habían señalado que Alemania no se encontró ligada por las reglas del derecho humanitario bélico de la época sobre los territorios ocupados, pues Alemania había subyugado totalmente a esos países incorporándolos al Imperio. El IMT sostuvo que la doctrina de la subyugación depende de la conquista militar:

"La doctrina nunca fue considerada aplicable en tanto hubiera un ejército en el campo tratando de devolver los territorios ocupados a sus legítimos dueños, y en este caso, en consecuencia, la doctrina no se puede aplicar a ningún territorio ocupado antes del 1 de septiembre de 1939."[23]

Lo expuesto significó que las reglas de la guerra terrestre se aplicarán a la conducta de un beligerante en territorio enemigo, en tanto haya un ejército en el territorio intentando devolver los territorios ocupados a quienes fueron sus dueños, pero que estas reglas no se aplican ya cuando el estado de beligerancia ha concluido, cuando ya no hay un ejército combatiendo en el territorio, y cuando, como sucedió en Alemania, se operó una completa subyugación del Estado mediante la conquista militar victoriosa. Esta conclusión fue apoyada por una nutrida doctrina de la época.[24] Esta es la esencia de la distinción entre la ocupación que ejercían las potencias vencedoras de Alemania, y la ocupación de un país por un ejército invasor cuyo gobierno todavía existe y cuyos ejércitos todavía están aún en el campo de batalla. En este último caso, el poder ocupante está sujeto a las reglas de la Convención de La Haya y por las leyes y costumbres de la guerra. Los Aliados no estaban ya sujetos a esas limitaciones.

Una posición diferente sostenida por los británicos en la cabeza de Lord Wright, afirmaba que la rendición incondicional alemana importó una transferencia de soberanía a favor de los Aliados. El IMT entendió que era innecesario expedirse sobre la llamada "*soberanía residual.*" Era suficiente sostener que, por imperio de la rendición incondicional, los Aliados estaban en ejercicio provisional de la suprema autoridad sobre Alemania, -soberanía total de hecho- la que sería válida y efectiva hasta que, mediante un Tratado o de otra manera, se le permitiera a Alemania volver a ejercer sus atributos soberanos.

La disolución institucional alemana tocó todos los ámbitos y esferas de la vida del país, desde el gobierno al ejército, pasando por la industria, la agricultura, el comercio, y el aprovisionamiento de alimentos. Se les impuso a los Aliados el deber humanitario de reorganizar un gobierno democrático local y de extenderlo en el territorio. El objetivo fue logrado con éxito, y la recuperación de Alemania como estado comenzó de inmediato.

Desde que tanto la Carta del IMT como la CCL 10, fueron productos que surgieron de la labor legislativa de una autoridad legítima, por necesidad no puede la previsión constitucional de un Estado ocupado invalidar las disposiciones sustantivas de tal legislación. y esas disposiciones ligaban al Tribunal como la constitución obligaría a una corte doméstica.[25] Estos principios fueron luego reconocidos por la Asamblea General de las Naciones Unidas (AGNU) recién constituida buscándose por esta vía adquirir consenso universal.[26]

III. LA LEY SOBRE LA QUE SE APOYARON LOS FALLOS

Quizás en ninguno de los casos que se estudian en este trabajo, se trató este tema con la profundidad con la que lo hizo el Tribunal que resolvió el caso Altstötter.[27] El Tribunal se propuso demostrar en su fallo que la Carta de Nuremberg y la CCL 10 caracterizaban ciertos hechos como crímenes contra la humanidad, cometidos antes de la ocupación de Alemania, de los que el de genocidio llevado a cabo, era un ejemplo de la falta de principios morales sobre los que sentó el ejercicio del poder. La justificación moral y legal bajo los principios del derecho internacional que autoriza el amplio espectro de autoridad bajo la CCL 10, se basaba en el hecho de que las cuatro potencias ahora no eran ya una ocupación beligerante sujetas a las limitaciones de La Haya y a las reglas de la guerra terrestre. La rendición incondicional alemana y el caos subsecuente, requirió que las potencias vencedoras asumieran la autoridad suprema en el destruido Imperio o *Reich* alemán. Al declarar la determinación de los vencedores de castigar a aquellos oficiales alemanes que asesinaron a sus connacionales y civiles de las poblaciones ocupadas, haciéndolo en consonancia con el derecho internacional, no se estaba usurpando ningún poder. El hecho que la CCL 10 se limitara al castigo de los alemanes, no transformó al Tribunal actuante en uno que se apoyara en derecho alemán, o una prerrogativa o soberanía alemana. El Tribunal absorbió su poder y jurisdicción de la voluntad y comando de las cuatro Potencias Aliadas ocupantes.

En el caso del Alto Mando, que se estudia en el Capítulo Décimo Tercero, se planteó un tema de competencia, ya que tratándose todos los acusados militares, la defensa sostuvo que el Tribunal no era competente, pues debían ser juzgados por sus pares.[28] El 5 de febrero de 1948 el Tribunal denegó la moción de la Defensa. El Tribunal utilizó el precedente Yamashita,[29] que sostuvo que la moción era pertinente únicamente en el caso de un prisionero de guerra que debe ser juzgado por crímenes cometidos durante su tiempo de prisionero de guerra. Por el contrario, la moción no tenía efecto si los crímenes por el que se lo juzga son anteriores a esa situación.

a. La CCL 10

La CCL 10 es una verdadera ley que define crímenes y castiga su violación, estableciendo penas y medidas procesales, procedimientos para el envío de testigos y sospechosos, así como principios generales para el enjuiciamiento. Otorga quizás un poder demasiado extenso a los Comandantes de Zona para los criterios actuales, pero adecuado quizás, para el momento en el que esta norma fue emitida.

Como tal, fue producto legislativo del único órgano existente en ese momento que tenía el poder y la autoridad para dictar normas de aplicación en el Imperio ocupado. El IMT reconoció a su Carta como el ejercicio del poder legislativo por los países ante los cuales el Imperio Alemán se había rendido incondicionalmente. Desde que la Carta de Nuremberg y la CCL 10 eran productos legislativos de una autoridad internacional ocupante del estado subyugado, se sigue que no existía disposición constitucional nacional de ningún estado que pudiera ser invocada para invalidar las previsiones normativas de tal legislación, o para esgrimir el argumento de la prohibición *ex post facto* con relación a los crímenes contra la paz.[30] El IMT dijo:

> "La carta determina que el planeamiento o ejecución de una guerra de agresión en violación de tratados internacional es un crimen; y entonces, no es estrictamente necesario considerar si y hasta qué extensión la guerra de agresión era un crimen antes de la ejecución del Acuerdo de Londres."

La Carta es un claro ejemplo del ejercicio de este supremo poder legislativo en y para Alemania y no pretendió crear crímenes nuevos de aplicación internacional. También fue expresión del derecho internacional existente al tiempo de su creación. Ya el propio Acuerdo de Londres, antecedente de todas estas disposiciones, se refirió a su propósito de perseguir aquellos hombres y oficiales alemanes del Partido Nazi que fueron responsables de atrocidades.

El Tribunal refiriéndose a los cargos de la acusación en el caso Altstötter dijo:

"Todos los crímenes de guerra y muchos, sino todos, los crímenes contra la humanidad imputados en la acusación en el caso ante nosotros, fueron como demostraremos, violaciones de principios preexistentes del derecho internacional. En tanto lo dicho es cierto, la CCL 10 debe ser vista como una codificación antes que como legislación sustantiva original. En la medida en que la CCL 10 puede haber sido pensada para ir más allá de los principios establecidos del derecho internacional, su autoridad, queda en el ejercicio del 'poder legislativo soberano' de los países ante los que el Reich alemán se rindió incondicionalmente."[31]

En el caso Altstötter, el Tribunal consideró que la CCL 10 y la Ordenanza N° 7,[32] proveyeron los medios procesales que faltaban anteriormente para la ejecución dentro de Alemania de ciertas reglas del derecho internacional,

"que existen a través del mundo civilizado independientemente de cualquier nueva legislación sustantiva."[33]

Esta afirmación del Tribunal, citando de apoyo al caso *ex parte Quirin*,[34] constituye una primera afirmación de una jurisdicción universal para cualquier país con independencia de su legislación doméstica, y así la hemos señalado en otro trabajo.[35]

"El derecho internacional no es el producto de una ley. Su contenido no es estático. La ausencia en el mundo de cualquier cuerpo gubernamental autorizado a promulgar reglas sustantivas de derecho internacional no ha impedido el progresivo desarrollo de ese derecho. A la manera del Common Law inglés se ha desarrollado para encontrar las exigencias de las condiciones cambiantes. Debe concederse que la circunstancia que dan a los principios de conducta internacional la dignidad y autoridad de la ley, es su aceptación general como tal por las naciones civilizadas, cuya aceptación se manifiesta a través de tratados internacionales, convenciones, textos de doctrina autorizada, la práctica y las decisiones judiciales."[36]

El fallo citado, sostiene que de lo expuesto no se sigue que la aceptación general de una regla internacional de conducta debe ser manifestada a través de la adopción expresa de la misma por parte de los estados civilizados. Basta con que se pueda probar la aquiescencia por parte de varios estados independientes,[37] la que puede incluso inferirse del fracaso de los estados interesados en objetar las aplicaciones prácticas de la misma. El cambio en la ley internacional es gradual e imperceptible, como la acreción en la frontera de un río.[38] Esta imagen le gustó a Lord Wright que señaló que la acreción se había acelerado mucho desde la I Guerra Mundial.[39] Adicionalmente, el requisito de la aprobación internacional pudo ser advertido cuando 23 países, incluyendo a los representantes de las grandes potencias, aprobaron al Acuerdo de Londres y la Carta de Nuremberg a través de una decisión de la Asamblea General de las Naciones Unidas (AGNU) recién constituida.[40]

Como señaló el IMT:

"La Carta no es el ejercicio arbitrario del poder de parte de las naciones victoriosas, pero en la opinión del Tribunal como será mostrado, es la expresión del derecho internacional existente al tiempo de su creación; y en ese sentido es en sí misma una contribución al derecho internacional."[41]

El Tribunal en el caso Altstötter, afirmó las reglas vigentes en ese momento: las reglas relativas a la ejecución del derecho internacional se encontraban limitadas por consideraciones prácticas, pues dentro de los límites territoriales de un Estado que tiene un gobierno funcionando y reconocido ejerciendo su poder soberano dentro de su territorio, el violador del derecho internacional puede ser castigado sólo por la autoridad de los oficiales del Estado. El derecho es universal, pero ese Estado se reserva para sí mismo el exclusivo poder dentro de sus fronteras para aplicar o no sanciones.[42] Estas reglas en el siglo XXI se encuentran superadas. Hoy donde se operan con laxitud los principios de la jurisdicción universal para los crímenes contra el derecho internacional, así como el principio *aut dedere aut iudicare* para aquél estado que no quiere castigar.[43] Pero el razonamiento le sirvió al Tribunal para sostener que el poder para castigar a los violadores del derecho internacional en Alemania había sido asumido por el CC Aliado.

b. Los crímenes contra la paz rusos

Un razonamiento sobre la ilegitimidad de estas leyes totalmente diferente, fue el que se planteó en el caso contra IG Farben, que se estudia en el Capítulo Séptimo, y que apareció reiterado en otros juicios simultáneos, que recibían las noticias de lo que se iba resolviendo en otros tribunales dentro del mismo edificio.

El razonamiento hecho por el Defensor de uno de los imputados y que había sido intentado en su momento ante el IMT sin éxito, fue que las leyes sobre las que se basaban el funcionamiento de los Tribunales estaban afectadas por una nulidad esencial que afectaba a su legitimidad. Tanto la Carta de Nuremberg como la CCL 10, que habían sido creación de las potencias vencedoras en la II Guerra Mundial, entre sus autores se encontraba la URSS, quien, violando un pacto previo de no agresión firmado con Polonia en 1932, en 1939 acordó por un Protocolo secreto adjunto al pacto Ribbentrop-Molotov[44] la partición de Polonia entre Alemania y la URSS, lo que claramente demostraba la participación de la URSS en la guerra de agresión y teñía de nulidad los Tribunales creados. Esto era consecuencia de que al haber sido su constitución producto de un acuerdo internacional en el que una de las partes -la URSS- era culpable de los crímenes que ella misma iba a juzgar como juez en el IMT, el juicio se afectaba de toda parcialidad.

Capítulo Primero

El 17 de septiembre de 1939, tropas soviéticas ocupan la parte de Polonia pactada en el acuerdo Ribbentrop-Molotov.

El argumento expuesto fue inobjetable al analizar la conducta de la URSS, durante y con posterioridad a la guerra y ciertamente colocó a los EEUU en la incómoda situación de tener que hacerse cómplice de los crímenes perpetrados por los rusos para respaldar lo ya hecho y lo que iba a hacerse. La respuesta que se dio a esta argumentación defensista, y que será reiterada en varios de los juicios cronológicamente finales de esta docena, fue que la circunstancia que el crimen que se investigaba, hubiera sido también cometido por otro país. no le quitaba criminalidad al acto. Ciertamente, este argumento resolvía la mayoría de los planteos que se hicieron ante los Tribunales de los EEUU en Nuremberg, pero no le quitaba el teñido de nulidad que por lo menos presentaba el delito de crímenes contra la paz en el juicio del IMT, cuestión que a nuestro criterio, solamente fue obviada con la respuesta dada, pero no resuelta.

IV. LA IMPUTACIÓN POR EL DELITO DE CONSPIRACIÓN

La exigencia norteamericana para que se incluyera en la Carta de Nuremberg como figura penal "*los crímenes contra la paz*" y la conspiración para cometerlos, ha sido tema que estudiamos en otro trabajo, donde hemos hecho saber nuestras críticas que ahora reiteramos y al que nos remitimos.[45] Bástenos señalar las enormes dificultades que crea en el orden jurídico de derecho continental, la idea de agresión como delito internacional, lo que fue puesto de manifiesto en las conferencias de Roma y de Kampala, en el ámbito de la Corte Penal Internacional (CPI).[46] La circunstancia de que finalmente se haya acordado una definición de agresión en Kampala para integrarse al modificado Estatuto de Roma, no le da más validez a esta figura a la que probablemente nunca veremos acusada, a pesar de encontrarse ya el crimen en plena aplicación en el Estatuto de Roma.

En casi todos los juicios que se estudiarán en este trabajo, la Fiscalía acusó como cargos al delito de conspiración para la comisión de crímenes contra la paz y la comisión de crímenes contra la paz por separado, posición que trajo varios problemas, no sólo por la diferente actitud tomada por los propios Tribunales entre sí, sino por la confusión que generaba la imputación, atento lo que había dispuesto el IMT, en el juicio principal. Como se recordará, el veredicto del IMT dispuso:[47]

> "El primer cargo, sin embargo, importa no sólo la conspiración para cometer una guerra de agresión, sino también para cometer crímenes de guerra y crímenes contra la humanidad. Pero la Carta no define como un crimen separado ninguna otra conspiración salvo la hecha para cometer actos de guerra de agresión. El artículo 6 de la Carta dice: 'Líderes, organizadores, instigadores y cómplices participando en la formulación o ejecución de un plan común de conspiración para cometer cualquiera de los crímenes citados son responsables por todos los actos realizados por personas en ejecución de dicho plan.'
>
> En la opinión del Tribunal, estas palabras no adicionan un nuevo crimen separado de aquellos ya listados. Las palabras son designadas para establecer la responsabilidad de las personas participantes en un plan común. El Tribunal, en consecuencia, deja de lado el cargo primero que los acusados conspiraron para cometer crímenes de guerra y crímenes contra la humanidad, **y considerará sólo el plan común para preparar, iniciar y llevar adelante una guerra de agresión.**"(La negrilla nos pertenece)

Este texto será citado por varios defensores a lo largo de los diversos juicios para lograr hacer desistir al Tribunal de considerar esa imputación,[48] algunas veces con éxito como sucedió en el caso von

Leeb contra el Alto Mando, donde tanto los crímenes contra la paz y la conspiración para cometerlos fueron descartados por el Tribunal. En el juicio seguido contra Pohl y las SS que se estudiará en el Capítulo Quinto de este trabajo, el Defensor Seidl dijo después de reproducir esta cita:

> "Entonces, no puede haber duda que de acuerdo con la Carta del Tribunal Internacional Militar en ningún caso, constituye delito una conspiración común para la comisión de crímenes de guerra y crímenes contra la humanidad."[49]

La Defensa sostuvo en ese caso, que la cuestión que debía examinarse era si la CCL 10 proveía de base suficiente para la acusación. El defensor sostenía que la respuesta debía ser negativa por varias razones:

a) la Carta del IMT era parte integrante de la CCL 10 por lo que era improbable que ésta última contradijera las previsiones de la primera; y

b) considerando cada ley como una unidad en sí misma, la expresa mención al Acuerdo de Londres que contenía como Anexo a la Carta del IMT declarándola parte esencial e inseparable de la ley, permite descartar que contradiga la Carta. Este instrumento, por otra parte, menciona una única vez la existencia de un plan común o conspiración, en el artículo VI inciso 1 (a) cuando define el crimen contra la paz,[50] aunque no contiene ninguna explicación posterior sobre lo que significa conspiración o plan común. El artículo II párrafo 2 de la CCL 10, que reproduce el texto tampoco lo hace. De la lectura del artículo II incisos (a) y (b) de la CCL 10[51] no hay otras referencias a la existencia de un plan común o conspiración. Para la Defensa fue claro que esto no podía significar la creación de la institución jurídica del *"plan común o conspiración"* en sentido técnico aplicable a todas las figuras. Las palabras de la CCL 10 y su relación con la Carta del IMT, así como la interpretación de la Carta a la que llegó el veredicto del IMT, le permitieron a la Defensa concluir con certeza que esa ley no podía constituir base legal para el primer cargo de la acusación, como un crimen solitario.

La Ordenanza N° 7 del Gobierno Militar en Alemania no

pretendió introducir nuevos estándares, sino regular la constitución de los tribunales, aunque se señala que su artículo I contiene la afirmación de que:

> "El propósito de esta Ordenanza es el de proveer por el establecimiento de los tribunales militares que tendrán el poder de juzgar y castigar personas acusadas con las ofensas reconocidas como crímenes en el artículo II de la Ley Nro. 10 del Consejo de Control, incluyendo la conspiración para cometer esos crímenes...".

En consecuencia, la Defensa preguntó si este último texto podía ser visto como suficiente base legal para el primer cargo de la acusación, desde que la CCL 10 excluyó esa posibilidad y la Ordenanza Nº 7 usó el plural. La respuesta a esa pregunta la Defensa también la dio negativa. El propósito de la Ordenanza Nº 7 fue el de suplementar a la CCL 10 en cuestiones de procedimiento y organización como lo preveía la CCL 10 misma. En su artículo III inciso 2, en efecto, decía:

> "El Tribunal ante el que serán juzgadas las personas acusadas por las ofensas mencionadas será determinado o designado por cada Comandante de Zona en su respectiva Zona. Nada de lo dicho pretende disminuir o limitar la jurisdicción o el poder de cualquier corte o tribunal establecido ahora o después en cualquier Zona por el Comandante respectivo, o el Tribunal Militar Internacional establecido por el Acuerdo de Londres del 8 de agosto de 1945."

De tal manera, señaló el Defensor, que si se parte de suponer que la función de la CCL 10 fue emitir regulaciones legales uniformes y garantizar la uniformidad de la ley en todo el territorio alemán ocupado por las Potencias Aliadas, entonces se debe excluir totalmente la posibilidad de que un comandante de zona individual,[52] tenga el derecho de cambiar y agrandar las regulaciones penales emitidas por el CC, que eran obligatorias para todo el territorio ocupado. Este último párrafo sólo podría ser interpretado en el sentido que los comandantes de zona tenían el derecho de emitir regulaciones para el castigo y el procedimiento en aquellos casos en que las previsiones hechas por la CCL 10, que no eran exhaustivas, no incluyeran conductas reprochables. Del texto de la CCL 10, en consecuencia, resultó claro que sólo el plan común para llevar adelante una guerra de agresión debía ser castigado. Si la intención de la CCL 10 hubiera sido hacer punible igualmente una intención general, una conspiración, dirigida a cometer un crimen de guerra o uno contra la humanidad, lo hubiera dicho, por lo que, argumentando en contrario, se concluyó que esa no había sido la intención del CC. Si se admitiera que uno de los comandantes de zona pudiera cambiar por su propia autoridad la ley penal del CC, ello hubiera sido una violación de uno de los principios fundamentales de mantener una ley penal uniforme en todo el territorio ocupado, el que no podía ser modificado por una previsión penal subsidiaria sobre la que la CCL 10 tenía prioridad. Como puede advertirse, el argumento fue serio y fundado.

Otra cuestión que planteó la Defensa fue relativa a la irretroactividad de la ley penal. Tanto la CCL 10 como la Ordenanza Nº 7 fueron dictadas mucho tiempo después que los actos fueron cometidos. A criterio de la Defensa, el principio de que la validez teórica y práctica de la ley debía ser idéntica, iba más allá del principio "*nulla poena sine lege*," pues excluía la aplicación de una ley penal teórica, aún cuando en la práctica no contradijo a la ley válida al tiempo que el acto fue cometido, sino a la ley que contenía la amenaza de castigo y que se intentó hacer pasar como la base del fallo, la que fue promulgada sólo después que el acto había sido cometido.

V. LA PROHIBICIÓN EX POST FACTO

El tema de la violación a la prohibición *ex post facto*, fue un *leit motiv* de las defensas en Nuremberg, tanto en el IMT como en los juicios restantes. Ninguna de las dos figuras principales de las acusaciones, esto es, ni los crímenes contra la paz, ni los crímenes contra la humanidad, estaban prohibidas por leyes anteriores, y el hecho de que esas conductas hayan justificado procesamientos y condenas ha sido siempre un motivo para invocar que la justicia en Nuremberg fue un caso de justicia de vencedores.

De las exposiciones de las defensas sobre este tema, quizás la más interesante fue la usada por el Profesor Eduard Wahl para todos los acusados en el caso I.G. Farben que se explica en el Capítulo Séptimo:

> "Deberé comenzar con la pregunta de si este Alto Tribunal está autorizado y obligado a tomar en consideración las grandes dudas que han sido levantadas por las críticas internacionales contra la opinión contenida en el fallo IMT, especialmente en América.
>
> Anticipando el resultado, la defensa adopta la posición de que las cortes norteamericanas están obligadas, sólo por razones legales, a absolver a los acusados en el juicio contra los industriales por lo menos, desde que el Acuerdo de Londres es la única base para el juicio del IMT y esto debe ser descripto como una 'bill of attainder,'[53] esto es, legislación subsecuente para el castigo de acciones pasadas, y una ley ex post facto como es entendida en derecho norteamericano, y consecuentemente no le da poder a una corte norteamericana a imponer una pena.
>
> Estas concepciones del derecho constitucional norteamericano no juegan ningún rol en el fallo del IMT por la naturaleza internacional del Tribunal, y en ese sentido en vista de la diferente naturaleza del problema no existe precedentes. Si la intención del Artículo 10 de la Ordenanza Nº 7[54] fue prohibir a un Tribunal Militar Norteamericano de examinar el fallo IMT desde el punto de vista de la preservación de los derechos constitucionales antes de aceptar sus constataciones, esa regulación, por sí misma, sería inválida porque violaría la Constitución Norteamericana. Pero aún si la corte en cuestión es una internacional, la objeción mantiene su fuerza, pues no hay que olvidar que, de conformidad con los principios inherentes en la obligación de respetar el precedente, la obligación cesa siempre si las condiciones materiales que se manejaron en el precedente difieren esencialmente de los hechos ahora bajo consideración. Ese es el caso aquí. Mientras que en el IMT se vieron involucrados líderes del estado y otras figuras políticas en posiciones dirigentes, este tiempo es de castigo para las personas privadas. Esta distinción no es de impor-

tancia menor, especialmente en conexión con la prohibición contra leyes penales retroactivas."[55]

Wahl señaló que el famoso jurista Hans Kelsen, en ese tiempo, profesor en la Universidad de California escribió:

"...el causar un mal que no es hecho como reacción a un mal, es un mal en si mismo. La no aplicación de la regla contra leyes ex post facto es una justa sanción infligida a aquellos que han violado esta regla y han perdido el privilegio a ser protegidos."[56]

En opinión de Wahl esto demostraría que el castigo de los acusados nazis fue guiado por la idea de represalia. Con relación a la guerra de agresión, Wahl señaló que el fallo del IMT de hecho castigó por una presunta violación del Pacto Briand-Kellogg.[57] Pero uno de los huecos del Pacto que pretendió declarar la ilegalidad de algún tipo de guerra, era justamente que carecía de sanción contra el Estado que incumpliera esa obligación. El Defensor decía de hecho que una prohibición sin pena en caso de violarse la prohibición, era una falacia. El Secretario de Estado Kellogg mismo, informó ante el Comité de Relaciones Exteriores del Senado de los EEUU:

"¿Como puede uno asumir que los Estados Unidos estaba bajo la obligación moral de ir a Europa para castigar al agresor de la parte beligerante, cuando no existió tal propuesta a través de las negociaciones y ninguno acordó tal arreglo, de hecho, no existe tal obligación según mi comprensión? No puedo entenderlo. Como veo la cuestión, no tenemos ninguna obligación más vinculante para castigar a alguien por violar el pacto de no agresión de la que tenemos para castigarlo por la violación de cualquier otro acuerdo celebrado con nosotros."[58]

También cita las palabras del Secretario de Estado Stimson:

"El pacto Briand-Kellogg no prevé ninguna sanción compulsiva. No requiere de ningún signatario que deba usar fuerza en caso de una violación del acuerdo. Más bien le da suprema importancia a la sanción de la opinión pública, la cual puede ser una de las más poderosas sanciones en el mundo."[59]

Estas opiniones, junto con otras llevan al exponente a concluir que el IMT violó la prohibición *ex post facto*. Parece ser difícil no coincidir con estas conclusiones por lo menos en lo referente a los crímenes contra la paz y específicamente, la guerra de agresión.[60]

De todas las exposiciones que se produjeron a su vez por la Fiscalía, queremos destacar la hecha sobre este tema por Telford Taylor en el caso contra Friedrich Flick,[61] que se estudia en el Capítulo Sexto de esta obra, especialmente en lo relativo a la inclusión de conductas criminales perpetradas *antes* del inicio de la guerra el 1º de septiembre de 1939, a pesar del límite temporal fijado en esa fecha por el IMT. De hecho, los primeros proyectos de redacción de la Carta de Nuremberg partían en considerar los crímenes desde 1933.[62] Algún autor, sostiene que ello se debió a dejar los hechos anteriores a 1939 en un estado de duda que benefició a los acusados.[63] Lo concreto es que la decisión del IMT de limitar los hechos sólo a los posteriores al 1 de septiembre de 1939, fue muy criticada.[64] Taylor, hizo un denodado esfuerzo para modificar esa jurisprudencia del IMT que a los ojos del siglo XXI es incorrecta. Sostuvo, para comenzar, que la mayoría de los actos cubiertos por las definiciones eran crímenes al momento de perpetrarse, aún bajo las propias leyes del Tercer Reich. El régimen nazi nunca legalizó al asesinato, a la tortura y otros actos inhumanos, a pesar de que el gobierno instigó y apoyó tales actos. Mucho de esto se hizo abusando del poder de policía, por organizaciones extralegales como las SS, por el ejército, o mediante la prostitución de la justicia. Incluso mediante aquellas persecuciones legalizadas que surgían de las leyes de Nuremberg.[65] Sus autores sabían que actuaban bajo el peligro de una justa retribución si la dictadura nazi era derrocada y se restauraba la democracia y la vida del derecho. Justamente con el fin de evitar cualquier distinción basada en "*legislación*" del tipo de las leyes raciales de Nuremberg de 1935, es que tanto la Carta de Londres como la CCL 10, declaran ciertos actos como crímenes contra la humanidad, "*en violación o no de la legislación doméstica del país donde fueron perpetrados.*" La confiscación de propiedad judía o la deportación no podían ser legalizadas por las leyes raciales de Nuremberg, o por cualquier otra ley alemana. Las leyes eran esencialmente ilegales y discriminatorias. Ese programa antisemita violó usos largamente establecidos entre pueblos civilizados, y fue criminal bajo la ley de las Naciones.

Desde que la frase había sido eliminada en la CCL 10, la Fiscalía no estimó necesario extenderse sobre la conclusión del IMT si la frase "*en ejecución de o en conexión con cualquier crimen dentro de la jurisdicción del Tribunal*" que limitó las definiciones de crímenes contra la humanidad a los conectados con crímenes contra la paz o crímenes de guerra. Ciertamente no fue la única interpretación posible y parece mucho más probable que la cláusula en cuestión pusiera en claro que la definición no abarcó a los crímenes privados u ocasionales, sino a las campañas de erradicación como son condenadas por los usos civilizados y son contrarias a la ley de las Naciones y, en consecuencia, "*dentro de la jurisdicción*" de un Tribunal establecido para aplicar y ejecutar la ley de las naciones. Taylor, entonces, construyó el siguiente silogismo:

> "Asumiendo la validez de la conclusión a este respecto del Tribunal Militar Internacional, parece ser más difícil seguir esa decisión fijando arbitrariamente septiembre de 1939 como la fecha antes de la cual ninguno de los actos mencionados en la definición de crímenes contra la humanidad son punibles como tales, y luego de la cual todos son punibles. Es al menos teóricamente posible que algunos de esos crímenes que fueron cometidos luego de 1939 no tengan una conexión substancial como crímenes contra la paz o crímenes de guerra. Es más que posible - es muy seguro - que muchos crímenes antes de la guerra estén íntimamente conexos con preparación y planeamiento de una guerra de agresión. La Fiscalía insiste encarecidamente que el grado de conexión debe haber sido comprobado sobre la base de evidencia constatando el crimen en particular, antes que recurriendo a una fecha plausible pero arbitraria. Tal vez en un

proceso de tan ancho espectro como el juicio internacional, esto habría sido extremadamente complicado. En el caso de von Schirach, el Tribunal Militar Internacional sostuvo que Austria fue ocupada 'siguiendo un plan común de agresión' que era un crimen dentro de la jurisdicción del Tribunal y por eso, base para imputar crímenes contra la humanidad en conexión con la ocupación. Sin embargo, von Schirach no se volvió Gauleiter de Viena hasta julio de 1940. Es justo decir que el cargo de crímenes contra la humanidad no juega un rol importante en el fallo del Tribunal Militar Internacional y que esos puntos pueden ser examinados provechosamente de nuevo."[66]

Stimson, a quien Taylor cita, dijo que el límite temporal de las condenas importa una reducción del significado de los crímenes contra la humanidad hasta un punto en que se vuelven prácticamente sinónimos de crímenes de guerra.[67]

También el miembro francés del IMT, Donnedieu de Vabres, en una conferencia de marzo de 1947 dijo:

"La noción general de conspiración es peculiaridad de la ley británica. ... La noción de crímenes contra la humanidad es también una innovación, en tanto alcanza la medida en que va más allá de las infracciones de derecho común -asesinatos, asaltos, y apaleamientos- para alcanzar hechos malsanos que el derecho común no castiga, como las persecuciones políticas, religiosas o raciales. ... Pero es digno de mención si el Tribunal, obligado por la Carta, no rechazó expresamente estas dos nociones, no extrajo de ellas ninguna consecuencia política. Las vació de su substancia. Crímenes contra la humanidad se confunden con crímenes de guerra, de manera que infracciones de esta naturaleza, cometidas ante el comienzo de las hostilidades, están más allá de la jurisdicción del Tribunal, y sólo actos reconocidos y castigados por la ley existente son declarados criminales."[68]

Las raíces son mucho más antiguas, pero la expresión identificable de crímenes contra la humanidad se encuentra en los trabajos de Groscio. Groscio, el padre de la distinción legal entre guerras *"justas"* e "*injustas*," describe como "*justa*" la guerra emprendida con el propósito de defender a los individuos de un estado extranjero de los delitos infligidas por su soberano. Esta doctrina fue aceptada y aplicada en el siglo XIX.[69] Inglaterra, Francia y Rusia intervinieron en 1827 para poner fin a las atrocidades cometidas durante la guerra Greco-Turca.[70] El Secretario de Estado del Presidente de los EEUU van Buren, intervino diplomáticamente ante el sultán de Turquía en 1840 en nombre de los judíos perseguidos de Damasco y Rodas.[71] Los franceses intervinieron con la fuerza en razón de atrocidades religiosas en El Líbano en 1861.[72] Taylor, también resaltó una serie de protestas rusas y rumanas en la última parte del siglo XIX y hasta 1915 por pogromos contra judíos y al gobierno turco por persecuciones de las minorías cristianas. En 1902, el Secretario de Estado de los EEUU John Hay envió una nota "*en el nombre de la humanidad*" con relación al Tratado de Berlín y la actitud de Rumania contra judíos sin nacionalidad.[73] La masacre de Kishinev y otras brutalidades en Rusia en 1903 llevaron al presidente Theodore Roosevelt en su mensaje anual al Congreso de los EEUU a sostener:

> "Sin embargo, hay crímenes ocasionales cometidos en tan gran escala y de tal peculiar horror como para hacernos dudar de si no es nuestro deber manifiesto esforzarnos al menos para mostrar nuestro desacuerdo con el hecho y nuestra solidaridad con aquellos que han sufrido por ello. Los casos deben ser extremos para los que este curso es justificable. ...
>
> Pero en casos extremos, la acción puede ser justificable y adecuada. Qué acción tomará se tomará debe depender de las circunstancias del caso; es decir, del grado de la atrocidad y sobre nuestro alcance para remediarlo. Los casos en los que podíamos interferir por la fuerza de las armas, como hicimos para poner fin a las intolerables condiciones en Cuba son necesariamente muy pocos."[74]

El discurso hizo referencia también a la intervención de los EEUU en Cuba en 1898. En aquella oportunidad, fue el presidente norteamericano McKinley que en su mensaje del 11 de abril de 1898 pidiendo la declaración de guerra contra España y enumerando las justificaciones para una intervención armada dijo:

"Primero. En la causa de la humanidad y para poner fin a la barbarie, el derramamiento de sangre, al hambre, y las horribles miserias ahora existentes allí, y que las partes en el conflicto son o bien incapaces o no quieren detener o mitigar."[75]

Taylor cita un párrafo de Johann K. Bluntschi, profesor en la Universidad de Heidelberg, quien en 1878 escribió:

"Los Estados están autorizados para intervenir en el nombre del derecho internacional, si los derechos humanos son violados en detrimento de una sola raza."[76]

Como señaló Sir Hartley Shawcross, Fiscal en jefe británico ante el IMT:

"… Los derechos de intervención humanitaria en nombre de los derechos del hombre pisoteados por un estado de una manera sorprendente para el sentido de la humanidad, se ha considerado durante mucho tiempo formar parte de la ley reconocida de las naciones."[77]

No puede haber dudas, que la persecución asesina y las masacres contra grupos de la población civil fueron vistos como hechos contrarios a Ley de las Naciones, mucho antes de la I Guerra Mundial. En esa época, la intervención diplomática o la militar era la forma de responder a esos crímenes, circunstancia que para el tiempo en que tenían lugar los juicios, era quizás anticuada, pero no por ello dejaba de reconocer al delito cuando lo veía. En opinión del Fiscal, quizás llegó el momento de pensar en intervenciones colectivas de los Estados, a través de las Naciones Unidas, mediante una corte mundial, representante de todas las naciones.

En el juicio seguido contra Pohl lo planteó la Defensa que llevaba Seidl.[78] Recordó que el principio se remontaba al artículo 39 de la

Carta Magna del Rey Juan en el año 1215 y se encuentra en el artículo 8 de la Declaración de los Derechos del Hombre y del Ciudadano de la Revolución Francesa de 1789. Estimó que no podían caber dudas de que el artículo II, párrafo primero de la CCL 10 contiene una regulación criminal contradictoria con las regulaciones penales que eran vinculantes para los acusados antes del 8 de mayo de 1945.

En el caso contra IG Farben,[79] la Fiscalía contestó al argumento de la Defensa en los siguientes términos:

"La Defensa argumenta también que, si la Ley Nº 10 del Consejo de Control es interpretada como siendo más amplia que la Carta de Londres interpretada por el IMT, esto significaría 'castigo de crímenes sin una ley preexistente.' La posición de la defensa aparentemente es que la Carta de Londres y el IMT codifican completamente al derecho internacional tal como existió al tiempo que los crímenes fueron cometidos. No hay base para tal afirmación. El Acuerdo de Londres incorporando la Carta fue firmado el 8 de agosto de 1945, y la Ley Nº 10 del Consejo de Control fue firmada por las Cuatro Potencias el 20 de diciembre de 1945. Ni la Carta de Londres ni la Ley Nº 10 del Consejo de Control pretendieron codificar totalmente al derecho internacional existente al tiempo, sea con relación a crímenes contra la paz, crímenes de guerra o crímenes contra la humanidad. Cada uno de ellos, en las palabras del Juez Stone debe ser tratado como 'reconocimiento de una política por el cuerpo supremo legislativo,' y 'ambos como una declaración y una fuente de la ley y como premisa para el razonamiento legal.' Como hemos visto, la Carta solo define tales crímenes al establecer la jurisdicción del IMT. Las previsiones de la Ley Nº 10 del Consejo de Control no son más ex post facto en razón del hecho que fueron insertadas en la Ley Nº 10 del Consejo de Control en diciembre de 1945, que lo serían si hubieran estado incluidas en la Carta de Londres de agosto de 1945. En ambos casos, asumiendo que el principio de ex post facto es aplicable aquí, el único examen sería si tales previsiones pretendieron ser más que una codificación del derecho internacional como existía al tiempo en el que los crímenes fueron cometidos. ... La fiscalía no puede creer que la defensa desea sostener que, cuando los actos involucrados fueron cometidos, el mundo no había condenado el uso de la fuerza por el pueblo de una nación para apropiarse de lo que pertenecía a otra nación; sino que sólo condenó la participación en encuentros estratégicos en donde se sostuvieron discusiones como quién debía ser atacado primero y cuando tal ataque tendría lugar."[80]

Finalmente, cabe mencionar que en el caso de los Ministerios, el defensor de Dietrich planteó que el pacto Briand-Kellogg que era la base de la Carta de Londres y de la CCL 10 prohibía la guerra, por lo que cuando la Carta y la CCL 10 prohíben la guerra de agresión, van más allá de lo autorizado violando el principio de legalidad.[81]

VI. CRÍMENES CONTRA LA PAZ, CRÍMENES DE GUERRA Y CRÍMENES CONTRA LA HUMANIDAD

Telford Taylor remarcó en el caso contra Flick que las definiciones de estos crímenes en la CCL 10 y las definiciones del Acuerdo de Londres y la Carta de Nuremberg, son afirmaciones y declaraciones sobré cuál era la ley de las Naciones en ese tiempo y antes de ese tiempo. Ellas no crearon nuevos crímenes. El artículo II de la CCL 10 afirma que ciertos actos *"son reconocidos"* como crímenes. Remarcó Taylor que el derecho internacional no surge de la legislación, pues no hay un parlamento universal. El derecho internacional es costumbre o ley común (*Common Law*) desarrollada desde los usos establecidos por las naciones civilizadas y los dictados de la conciencia pública.

"Según se desarrollan, estos usos y costumbres se vuelven la base y razón para actos y conductas, y de tanto en tanto, son reconocidos en tratados, acuerdos, declaraciones y por la doctrina."[82]

Citando una frase de Stimson, Taylor continuó:

"El derecho internacional no es un cuerpo de códigos y leyes obligatorios; es la expresión gradual, caso por caso, del juicio moral del mundo civilizado. Como tal, se corresponde con precisión con el

Common Law de tradición anglo-americana. Podemos entender la ley de Nuremberg sólo si la vemos como lo que es - un nuevo gran caso en el libro del derecho internacional, y no una formal ejecución de leyes codificadas."[83]

Los crímenes de guerra, de acuerdo con la acusación hecha ante el IMT, se refiere a los crímenes cometidos luego del 1 de septiembre de 1939. Una interpretación estrecha, explica Taylor, pues el propio IMT sostuvo que la ocupación de Bohemia y Moravia en marzo de 1939 fue un acto agresivo resultando en una ocupación militar cubierta por las leyes de la guerra, argumento que pudo haberse usado para la ocupación de Austria y de los Sudetes en 1938. La idea de crímenes contra la humanidad basados en usos y costumbres es más antigua que aquellas ideas que dieron nacimiento a los crímenes contra la paz. La idea de la guerra de agresión como acto criminal fue sospechada por Groscio, pero no puede suponerse que ganó aceptación universal sino hasta la parte temprana del siglo XX, donde fue recogida por tratados y declaraciones luego de la I Guerra Mundial. Pero la idea de "*conciencia pública*" se remonta a la Revolución Francesa y a la Revolución Norteamericana. De acuerdo con la interpretación del IMT, los crímenes contra la humanidad adquieren individualidad cuando son cometidos en conexión o ejecución de crímenes contra la paz o crímenes de guerra. El IMT dijo:

"La política de persecución, represión y asesinato de civiles en Alemania antes de la guerra de 1939, de aquellos que eran hostiles al gobierno, fue llevada a cabo de la forma más despiadada. La persecución de los judíos durante el mismo período de tiempo se ha probado más allá de toda duda. Para constituir crímenes contra la humanidad, los actos llevados a cabo antes del comienzo de la guerra deben haber sido en ejecución de o en conexión con cualquier crimen dentro de la jurisdicción del Tribunal. El Tribunal es de la opinión que por horribles y repugnantes que fueron muchos de esos crímenes, no se ha probado satisfactoriamente que fueron hechos en ejecución o conexión con aquellos otros. El Tribunal en consecuencia no puede hacer una declaración general que los actos anteriores a 1939 fueron crímenes contra la humanidad dentro del significado de la Carta, pero desde el comienzo de la guerra en 1939, crímenes de guerra fueron cometidos en vasta escala, los que fueron también crímenes contra la humanidad; y en tanto los actos inhumanos atribuidos en la acusación y cometidos luego del inicio de la guerra, no constituyan crímenes de guerra, todos ellos fueron cometidos en ejecución o en conexión con la guerra de agresión y constituyen, en consecuencia, crímenes contra la humanidad."[84]

Taylor, sostuvo que la interpretación de la CCL 10, permite sostener que los crímenes contra la humanidad perpetrados antes del ataque a Polonia en 1939, inclusive hasta después de la toma nazi del poder en Alemania en 1933, deben ser incluidos como crímenes dentro de la jurisdicción del Tribunal. Sostuvo que esa era la interpretación mas consistente con los obvios propósitos de la CCL 10, como un texto para la administración de justicia en Alemania. Pero, de nuevo, las previsiones del artículo II párrafo 5 de la CCL 10 no dejan lugar para la duda. El texto dice:

> "En cualquier juicio o proceso por un crimen de los que aquí se refieren, el acusado no tendrá el derecho de beneficiarse de ninguna prescripción que pudiera haberse operado en el período del 30 de enero de 1933 al 1 de julio de 1945, ni tendrá inmunidad, perdón o amnistía dada durante el régimen nazi será admitida como impedimento para el juicio o castigo."

Taylor dijo que ese artículo no tenía aplicación para crímenes de guerra puesto que las reglas de la guerra no entraron en juego sino hasta, como muy temprano, antes de la anexión de Austria en 1938. Esta disposición estaba claramente, en su opinión, dirigida a ser primariamente aplicada a crímenes contra la humanidad, y explícitamente reconocía la posibilidad de la comisión el día 30 de enero de 1933 o después. Si se viera a la CCL 10 como una promulgación para el gobierno de Alemania ¿cuál es el espectro de crímenes contra la humanidad ahí definidos? La definición condena al homicidio, a la violación y a otros crímenes, pero obviamente no todos los homicidios y violaciones son crímenes contra la humanidad en el sentido de esta ley. Pero las campañas a lo largo y ancho de la nación, apoyadas por el gobierno, para hacer la vida intolerable, para expulsar, degradar, esclavizar o exterminar a grandes grupos de la población civil, estas conductas sí caen dentro de la definición y son punibles, sea que estén o no que estén en conexión con crímenes contra la paz o crímenes de guerra. No puede extraerse otra conclusión de la desaparición de la frase "*en ejecución o en conexión con cualquier crimen dentro de la jurisdicción del Tribunal.*" Ninguna otra conclusión estaría en consonancia con los declarados propósitos de la ocupación de Alemania, tal como se expresaron en la conferencia de Postdam, y central dentro de ellos estaba la abolición de la criminal discriminación racial del régimen nazi y la preparación

> "para la eventual reconstrucción de la vida política alemana sobre una base democrática y para la eventual cooperación pacífica de la vida internacional en Alemania."[85]

Estos propósitos, en opinión de la Fiscalía, no podrán ser cumplidos si los alemanes que participaron en esas persecuciones de sus connacionales durante el régimen de Hitler quedan impunes.[86] Por estas consideraciones, los crímenes contra la humanidad como están definidos en la CCL 10, tienen vida propia con independencia de los crímenes contra la paz y los crímenes de guerra. Pero no puede olvidarse que la dictadura de Hitler estaba firmemente entrelazada e integrada por lo que sería un grave error no advertir esta estrecha relación entre los crímenes contra la humanidad imputados en los cargos tres y cuatro de la acusación[87] y el planeamiento y ejecución de una guerra de agresión y crímenes de guerra. El Tribunal, sin embargo, rechazó el argumento con contundencia, Dijo que se argumentó que la ausencia de esa frase en la CCL 10 evidencia el intento de ensanchar la jurisdicción de este Tribunal para incluir tales crímenes. Pero el Tribunal no encontró apoyo para ese argumento en el lenguaje expreso de la CCL 10. Para alcanzar esa conclusión sus abogados debían resolver la ambigüedad mediante un proceso de interpretación de leyes. El Tribunal dijo:

"La jurisdicción no puede presumirse. Una corte no debe buscar poder fuera de los límites claramente definidos de su legislación fundacional."[88]

La Carta de Nuremberg no fue adjunta al Acuerdo de Londres sino declarada parte integral del mismo. El único propósito del Acuerdo de Londres era traer a juicio "*criminales de guerra,*" por lo que sólo será competencia del Tribunal lo que pase dentro de la guerra o en conexión con ella. Los crímenes cometidos antes y que no tienen conexión con ella no son contemplados.

Con estos argumentos volvió la Fiscalía en el caso contra IG Farben,[89] aunque suavizando su posición anterior. Señaló que el IMT había indicado que actos cometidos antes del "*inicio de la guerra*" pueden caer dentro de la jurisdicción del Tribunal cuando se prueba que fueron en ejecución de, o en conexión con un crimen de la jurisdicción del Tribunal, pero no había hecho una declaración general que actos anteriores a 1939 fueran crímenes contra la humanidad en el significado de la Carta. Austria fue ocupada siguiendo un plan de agresión. Su ocupación fue en consecuencia un crimen dentro de la jurisdicción del IMT, y los crímenes contra la humanidad cometidos en conexión con la ocupación son crímenes de acuerdo con la Carta. En opinión de la Fiscalía los crímenes contra la humanidad cometidos en Austria y Checoslovaquia durante sus ocupaciones caen dentro de la jurisdicción del Tribunal.

En el caso de los Grupos de Tareas,[90] se señaló que los crímenes contra la humanidad son actos cometidos en el curso de una extendida y sistemática violación de los derechos a la vida y la libertad. Esos crímenes no se aplica a las conductas previstas en los códigos penales, sino que integran el código básico de la humanidad, ya que el Estado involucrado, debido a indiferencia, impotencia o complicidad fue incapaz o rehusó ponerle fin a los crímenes y castigar los criminales. En la 8ava. Conferencia para la Unificación de la Ley Penal que tuvo lugar el 11 de julio de 1947, el representante del Vaticano definió los crímenes contra la humanidad como los derechos esenciales e inalienables del hombre que no pueden variar en el espacio o en el tiempo. No pueden ser interpretados y limitados por la conciencia social de un pueblo, o de una época particular, ya que son esencialmente inmutables y eternos. El IMT, bajo la Carta de Londres, consideró los crímenes contra la humanidad cometidos en ejecución o conexión con crímenes contra la paz o crímenes de guerra. La CCL 10 removió esa limitación por lo que el Tribunal tiene jurisdicción para investigar y castigar todos los crímenes contra la humanidad como han sido conocidos y entendidos bajos los principios generales del derecho penal.

Bibliografía

BASSIOUNI, M. Cherif & WISE, Edward, Aud dedere aut iudicare: The Duty to Extradite or Prosecute in International Law, Nijhoff, The Hague, 1995.

BLUNTSCHI, Johann K., Das Moderne Völkerrecht der Zivilisierten Staaten als Rechtsbuch dargestellt, 3ª Ed., Beck, Nördlingen, 1878.

BORGWARDT, Elizabeth. "A New Deal for the Nuremberg Trial: The Limits of Law in Generating Human Rights Norms," 26 Law and History Review (2008), 67.

DOUGLAS, Lawrence, "From IMT to NMT. The Emergence of a Jurisprudence of Atrocity," en PRIEMEL cit. Loc 7637 Kindle.

EARL, Hilary, "A Judge, a Prosecutor, and a Mass Murderer. Courtroom Dynamics in the SS-Einsatzgruppen Trial," en PRIEMEL cit. Loc 1415 Kindle.

FIEDLER, Wilfried, "Staats- und Völkerrechtlihe Probleme des Staatsuntergangs: Zum rechtlichen Selbstverständnis der Bundesrepublik nach dem Grundvertrag," 20 Zeitschrift für Politik (1973), 150.

FREEMAN, Alwyn V., "War Crimes by Enemy Nationals Administering Justice in Occupied Territory," 41 Am J. Int'l L. (1947), 579

FRIED, John H. E., "Transfer of Civilian Manpower from Occupied Territory," 40 Am. J. Int'l L. (1946), 303.

HYDE, Charles Cheney, International Law Chiefly as Interpreted and Applied by the United States, Little, Brown & Co., Boston, 1945.

KELSEN, Hans, "The Legal Status of Germany According to the Declaration of Berlin," 39 Am. J. Int'l L. (1945), 518.

"The Rule Against Ex Post Facto Laws and the Prosecution of the Axis War Criminals," 2 The Judge Advocate J. (1945), 8.

KUNZ, Josef, "Ending the War with Germany," 46 Am J. Int'l L. (1952), 114.

MANN, F. A., "The Present Legal Status of Germany," 1 Int'l L.Q. (1947), 324;

MARRUS, Michael R., "Foreword" en PRIEMEL, Kim & STILLER (Eds.), Alexa, Reassessing the Nuremberg Military Tribunals. Transitional Justice, Trial Narratives and Historiography, Berghan, New York, 2014, cit. PRIEMEL, Loc 215 Kindle.

MENZEL, Eberhard, "Wie souverän ist die Bundesrepublik?," 4 Zeitschrift für Rechtspolitik (1971), 178.

MOSLER, Hermann, "Der Einfluss der Rechtsstellung Deutschlands auf die Kriegsverbrecherprozesse, 2 Süddeutsche Juristen Zeitung (1947), 362.

"Deutschlands Rechtslage von Rolf Stödter," 75 Archiv des öffentlichen Rechts (1949), 385.

PENDAS, Devin O., "The fate of Nuremberg. The Legacy and Impact of the Subsequent Nuremberg Trials in Postwar Germany,"en PRIEMEL cit. Loc 6891 Kindle.

PRIEMEL, Kim C. & STILLER, Alexa (Eds.), Reassessing the Nuremberg Military Tribunals - Transitional Justice, Trial Narratives, and Historiography, Berghahn, New York, 2012, cit. PRIEMEL.

PRIEMEL, Kim C. & STILLER, Alexa, "Introduction – Narratives – Revising the Legacy of the 'Subsequent Trials,'" en PRIEMEL cit., loc 375 Kindle.

RUMPF, Helmut, "Deutschland Rechtslage nach 1973," 22 Zeitschrift Fúr Politik (1975), 111.

SCHLOHAUER, Hans Jürgen, Zur Frage eines Besatzungsstatuts für Deutschland," 1 Archiv des Völkerrecht (1948), 188.

STIMSON, Henry L., "Pact of Paris: Three Years of Development," 77 Foreign Affairs 10 (1932), disponible en <https://www.foreignaffairs.com/articles/1932-10-01/pact-paris-three-years-development>.

"The Nuremberg Trial: Landmark in Law," 25 Foreign Affairs (1946), 180.

STÖDTER, Rolf, "Die völkerrechtliche Stellung Deutschlands," 48 Die Friedens-Warte (1948) 111.

TAYLOR, Telford, The Anatomy of the Nuremberg Trials, Little, Brown & Co., New York, 1992.

VAN SCHAAK, Beth, "The Definition of Crimes Against Humanity: Resolving the Incoherence," 37 Colum. J. Transnat'l L. (1999), 787.

VON MÜNCH, Ingo, "Die Folgen des Zweiten Weltkrieges: politisch, rechtlich, moralisch," 23 Archiv des Völkerrechts (1985) 205.

WECHSLER, Herbert, "The Issues of the Nuremberg Trial," 52 Pol. Sci. Q. No. (1947), 14.

WRIGHT, Lord, "War Crimes Under International Law," 62 L. Quar. Rev. (1946) 40.

WRIGHT, Quincy, "The Status of Germany and the Peace Proclamation," 46 Am. J. Int'l L. (1952) 299.

ZUPPI, Alberto L., "La prohibición `ex post facto` y los crímenes contra la humanidad," 131 El Derecho, (1989) 765.

"La jurisdicción universal para el juzgamiento de crímenes contra el derecho internacional," Cuadernos de Doctrina y Jurisprudencia Penal, 9 (1999) C, XIV, 371.

Jurisdicción universal para crímenes contra el derecho internacional. El camino de Nuremberg al Estatuto de Roma, Ad Hoc, Buenos Aires, 2002.

"Immunity v. Universal Jurisdiction. The Yerodia Ndombasi Decision of the International Court of Justice," 63 La. L. Rev. (2003), 309.

"Slave Labor in Nuremberg's I.G. Farben Case: The Lonely Voice of Paul M. Hebert," 66 La. L. Rev. (2006) 495.

"Aggression as International Crime. Unattainable Crusade or Finally Conquering the Evil?," 26 Penn St. Int'l L. R, (2007), 101.

Derecho Penal Internacional, Abeledo Perrot Thompson, Buenos Aires, 2013.

2

CAPÍTULO SEGUNDO

EL CASO "UNITED STATES v. KARL BRANDT ET AL." o, EL "CASO DE LOS MÉDICOS"

Este caso es citado también como el "Caso no. 1." Fue juzgado por el Tribunal I, y el primero del listado de doce procesos que llevaron a cabo por los Tribunales Militares de los EEUU, luego de concluido el caso principal contra los jerarcas nazis, tras lo que suele ser llamado como el "*juicio de Nuremberg.*"[1] Estos Tribunales Militares en la zona de ocupación fueron creados de acuerdo a la Ordenanza no. 7 del Gobierno Militar para el juzgamiento de crímenes reconocidos como tal por la CCL 10.

Imagen de la sala mientras tenía lugar el juicio contra los médicos

Como se explicó en el capítulo anterior, aunque se había tomado la decisión de conformar tribunales zonales de las fuerzas de ocupación en lugar de uno conjunto de las cuatro fuerzas, no existía un criterio uniforme entre el grupo de asesores norteamericanos, sobre cuál iba a ser el primer caso que abriría sus procesos. En el caso concreto de los experimentos médicos sobre detenidos en los campos de concentración, los Aliados con un criterio realista y más allá de las consideraciones humanitarias, estaban más interesados en conocer los resultados de las investigaciones llevadas a cabo por los médicos nazis, que en castigar el uso de seres humanos como conejillos de Indias y haberlos sometido a innombrables torturas y a la muerte.[2] En ese estado de cosas, un conocido neurólogo norteamericano, el Dr. Leo Alexander, quien había estado investigando entre mayo y junio de 1946 en Alemania las actividades de los médicos nazis, publicó sus conclusiones en dos informes en Londres, publicación que causó un gran impacto.

Los informes de Alexander así como el de otro médico norteamericano, el Dr. Andrew Conway Ivy, los testimonios de las víctimas sobre los experimentos hechos en los campos de concentración que empezaban a ser recogidos por los periodistas, y las reiteradas referencias hechas en el juicio de Nuremberg sobre la conducta de varios médicos como autores de atrocidades que eran crímenes contra la humanidad, llevó al Brigadier General Telford Taylor, sucesor de Robert Jackson quien había actuado como Fiscal en el juicio principal, a tomar la decisión de que el primer caso para un Tribunal Militar de EEUU investigaría la labor de los médicos nazis.[3]

Cuando el material de evidencia comenzó a acumularse, se pensó incluso en un segundo juicio contra los médicos,[4] aunque luego se descartó esa idea.

El caso presenta en toda magnitud una guerra descarnada, y los formidables argumentos encontrados entre el estado de necesidad y el derecho a la vida, más allá de las barbaridades perpetradas por quienes creían en la raza superior, y la presencia de sádicos criminales entre los acusados.

Muchos de los imputados defendieron sus desempeños esgrimiendo que:

a) no existía un estándar ético-médico bajo el cual juzgarlos en la realización de sus experimentos, estándar que como veremos, fue creado a partir de este proceso;

b) ellos actuaron de conformidad con la ley vigente;

c) el uso de prisioneros para los experimentos era una práctica vigente y común, seguida incluso en algunas cárceles de los EEUU y

d) la forma en que los experimentos se llevaron a cabo debía medirse contra la extrema necesidad que imponía una guerra devastadora.[5]

I. ANTECEDENTES DEL CASO

El Tribunal I, fue establecido el 25 de octubre de 1946 bajo la

Orden General no. 68 emitida por el Gobierno Militar de los EEUU en Alemania.

Tribunal Nro. I

El caso de los médicos, que tuvo lugar en el mismo edificio del juicio contra los principales jerarcas nazis en la ciudad de Nuremberg, fue dirigido contra veintitrés acusados, imputados de haber participado en experimentos médicos efectuados sobre prisioneros de campos de concentración.[6] Veinte de los acusados eran médicos y los restantes tres eran miembros de las SS, quienes tuvieron participación directa en los crímenes investigados.[7]

Los acusados en el caso contra los médicos. Karl Brandt ocupa el puesto que tuvo Göring en el juicio principal.

El proceso se desarrolló durante siete meses, entre el 21 de noviembre de 1946 y el 20 de agosto de 1947, cuando el veredicto fue dado a conocer.[8] Fue presidido por el juez Walter Burgers Beals, que era miembro de la Suprema Corte del estado de Washington, secundado por los Jueces Johnson Talmadge Crawford, antiguo juez de Distrito de la Oklahoma, Harold Leon Sebring, juez asociado a la Suprema Corte de Florida y Victor Clarence Swearingen como juez suplente, quien había sido un asistente especial del Procurador General de los EEUU. El hábito de nombrar jueces suplentes será luego dejado de lado.

De izquierda a derecha, Harold L. Sebring, Walter B. Beals que presidía, Johnson T. Crawford y Victor C. Swearingen.

La acusación estuvo a cargo del Jefe del Consejo para los Tribunales Militares en Nuremberg, el entonces Brigadier General Telford Taylor, secundado por James McHaney, Alexander G. Hardy, Arnost Horlik-Hochwald y otros adjuntos. Taylor, sin embargo, actuaría en el caso sólo como supervisor, dejando la tarea de campo durante el desarrollo del proceso en manos de sus segundos.

Brigadier General Telford Taylor

Un grupo de veintisiete defensores alemanes tuvo a su cargo la defensa de los acusados, algunos de ellos con experiencias anteriores en el IMT, circunstancia que se repetirá en los juicios posteriores.

La presentación de evidencia comenzó el 9 de diciembre de 1946 por parte de la Fiscalía y concluyó con la de las defensas el 3 de julio de 1947. Durante las semanas siguientes, el Tribunal escuchó los alegatos de las partes y las declaraciones personales de los acusados, concluyendo esas presentaciones el 19 de julio de 1947. El juicio, como todos los doce juicios que estudiamos en este trabajo, se desarrolló en inglés y en alemán con traducciones simultáneas; consumió 139 días, se presentaron 85 testigos, y se analizaron 1471 documentos introducidos por las partes.

Foto de los acusados. Karl Brandt ocupa la extrema izquierda.

Los prisioneros se sentaron en dos filas en la misma sala que tuvo lugar el IMT, y Karl Brandt, quien era el acusado más importante, ocupó el primer sitio, en la misma posición que había tenido Göring en el juicio del IMT. Handloser, segundo en importancia, a su lado, mientras que en las filas posteriores se sentaron los que habían tenido un rol menos prominente a criterio de la Fiscalía.

La acusación se compuso de cuatro cargos: el primero, acusaba de participación en la decisión común o conspiración para cometer crímenes de guerra o crímenes contra la humanidad; el segundo, era específicamente por crímenes de guerra; el tercero, por crímenes contra la humanidad y el cuarto, acusaba a los procesados por ser miembros de las SS, una organización criminal según había declarado el IMT.[9]

El Tribunal desechó el primer cargo ya que entendió que la conspiración para la comisión de crímenes de guerra o crímenes contra la humanidad, no había sido definido como crimen por el IMT o por la CCL 10. Este tema ha sido tratado con detenimiento en el primer capítulo de este trabajo y a esos comentarios y conclusiones nos remitimos.

Los acusados fueron. en el orden en que los enuncian las actas del proceso en esta instancia, los siguientes:

1) **Karl Franz Friedrich Brandt**, de 42 años, médico cirujano de Adolf Hitler desde 1934 luego de ayudar exitosamente en un accidente automovilístico al asistente y a la sobrina de Hitler. Desde 1934, él y su mujer que era una campeona alemana de natación, pertenecieron al círculo íntimo del Berghof en Obersalzberg donde Hitler tenía su lugar de retiro. Brandt tenía el cargo militar más alto en las *Waffen SS,* era Comisionado Imperial para Salud y Sanidad y era, sin dudas, el más importante en jerarquía de los acusados.

Karl Franz Friedrich Brandt

Brandt había sido condenado a muerte en los últimos días de la guerra por Hitler mismo, al haber trasladado a su mujer e hijo tras las líneas de las tropas norteamericanas que avanzaban en Turingia, para escapar del avance ruso, lo que fue considerado como prueba de derrotismo y cobardía. De su ejecución por un pelotón de fusilamiento, fue salvado a último minuto por el jefe de las SS, Heinrich Himmler, quien demoró la conclusión del proceso invocando la necesidad de la presencia un testigo, interrumpiendo así la ejecución que quedaría abandonada al llegar el final de la guerra. Fue condenado a la horca.

2) **Sigfried Adolf Handloser**, de 61 años, médico bacteriólogo, Teniente General de los Servicios Médicos de las Fuerzas Armadas alemanas, ocupando una de las posiciones más importantes dentro de los servicios médicos nazis junto al acusado Brandt.

Capítulo Segundo 47

Sigfried Adolf Handloser

Era un militar muy condecorado por sus servicios tanto en la I como en la II Guerra Mundial. En la I Guerra tuvo ya ocasión de trabajar en medicina aérea y sobre los efectos de la altura en la hemoglobina. En la II Guerra participó en las campañas contra Polonia y Francia. Condenado a prisión perpetua.

3) **Paul Ludwig Ernst Rostock**, de 54 años, médico cirujano, ingresó al partido nazi en 1937.

General de reserva de los Servicios Médicos de las Fuerzas Armadas alemanas, autor de numerosos libros de medicina y reconocido científico. Fue absuelto.

Paul Ludwig Ernst Rostock (Foto de www.elholocausto.net)

4) **Oskar Schröder**,[10] de 58 años, médico bacteriólogo, era uno de los pocos acusados que no había sido miembro del partido nazi. Se desempeño como médico de infantería en la I Guerra Mundial. En 1935 ingreso a trabajar como médico de la fuerza aérea alcanzando el rango de Teniente General. Participó en las experimentaciones llevadas a cabo en el campo de concentración de Dachau. Condenado a prisión perpetua.

Oskar Schröder

5) **Hermann Becker-Freyseng**,[11] de 36 años, médico investigador, miembro del partido nazi desde 1933, llegó a ser profesor de medicina aérea y jefe de médicos de la fuerza aérea alemana (*Luftwaffe*). Participó en experimentos sobre altitud y cámaras de baja presión de la fuerza aérea en Rumania. Fue acusado de tener un rol en los experimentos con seres humanos. Condenado a 30 años de prisión.

Capítulo Segundo 49

Hermann Becker-Freyseng

6) **Karl August Genzken**, de 61 años, divorciado, médico especialista en medicina general. Sirvió en la I Guerra Mundial como oficial en la marina. Ingresó en 1926 al partido nazi y en 1933 a las SS.

Karl August Genzken

Acusado por haber participado en los experimentos con tifus y fiebre amarilla en Buchenwald y fósforo. Condenado a cadena perpetua, su pena se redujo a 20 años y en 1957 se le concedió la libertad.

7) **Karl Gebhardt**,[12] de 49 años, médico cirujano y profesor universitario, prisionero de los ingleses durante la I Guerra. Miembro del partido nazi desde 1933 y de las SS desde 1935.

Karl Gebhardt

Director de la Clínica de Hehenlychen, tuvo activa participación en los experimentos que se llevaron a cabo en el campo de concentración de Ravensbrück que se encontraba a doce kilómetros de su clínica. Fue presidente de la Cruz Roja alemana, posición desde la que minó todos los esfuerzos de la Cruz Roja internacional para denunciar los experimentos médicos llevados a cabo en los campos de concentración. Médico personal de Albert Speer y amigo personal de Himmler, fue enviado por éste a Praga para tratar de salvar la vida de Reinhard Heydrich, segundo en las SS, que había sido víctima de un atentado del que moriría. Fue condenado a la horca.

8) **Herta Oberheuser**, 35 años, médica dermatóloga, miembro del partido nazi e integrante de las organizaciones femeninas, fue la única mujer entre los acusados.

Capítulo Segundo

Herta Oberheuser

Médica del campo de concentración de Ravensbrück, donde se llevaron a cabo experimentos sobre mujeres detenidas. Condenada a 20 años de prisión.

9) **Fritz Ernst Albert Fischer**, de 34 años, médico cirujano miembro del partido nazi y de las SS, a quienes asistió como médico en combate siendo herido y perdiendo un brazo.

Fritz Ernst Albert Fischer

Asignado al campo de concentración de Revensbrück participó en los experimentos quirúrgicos y amputaciones llevados a cabo. Condenado a prisión perpetua.

10) **Kurt Blome**,[13] de 62 años, médico dermatólogo, miembro del

partido nazi desde 1931. Fue condecorado por su participación en la I Guerra Mundial. Tuvo actividad política partidaria dentro del nacional-socialismo. Durante la II Guerra fue ayudante del médico Leonardo Conti quien será reiteradamente citado en el proceso.

Kurt Blome

Escribió un libro autobiográfico sobre sus experiencias durante la guerra.[14] Supo de los experimentos que se llevaban a cabo, pero no pudo probarse debidamente su participación, aunque se supone que se especializaba en la guerra bacteriológica y química por lo que se lo vincula a la "Operación Paperclip" de rescate de científicos alemanes para los EEUU. Fue absuelto.

11) **Siegfried Ruff**,[15] de 39 años, médico investigador, autor de numerosas publicaciones científicas, tuvo un rol protagónico en los experimentos sobre altitud y baja presión, desarrollando incluso un asiento expulsor para aviones. Fue absuelto.

Capítulo Segundo 53

Siegfried Ruff

12) **Joachim Mrugowsky**, 41 años, médico bacteriólogo, miembro del partido nazi desde sus inicios y luego de las SS, fue designado como médico director del Departamento de Higiene de las SS. Padre de cuatro hijos, fue profesor en la Universidad de Berlín, reconocido bacteriólogo y editor de un pequeño libro homenaje sobre los valores de la medicina.[16]

Joachim Mrugowsky

De acuerdo al juicio principal, fue el encargado de las compras, a través del instituto que dirigía, del gas Zyklon B que se usaba en las cámaras de exterminio de Auschwitz, aunque este tema no surgirá durante este proceso. Participó en los experimentos con proyectiles con veneno que se disparaban sobre prisioneros de guerra de los campos de concentración. Condenado a morir en la horca.

13) **Rudolf Hermann Brandt**, de 37 años, abogado de profesión, se unió al partido nazi en 1932 y a las SS en 1933. Era un hábil estenógrafo y eficiente dactilógrafo, famoso por su puntualidad y trabajo, méritos que lo convirtieron en un administrativo cercano a Himmler que lo acompañó en su escape hasta ser detenido.

Rudolf Hermann Brandt

Participó en la implementación de la eutanasia y tuvo a su cargo la colección de esqueletos que será una de las acusaciones en el juicio. Condenado a morir en la horca.

14) **Helmut Poppendick**,[17] de 40 años, médico, miembro del partido nazi desde 1932 y de las *SS* desde 1934, casado y con cuatro hijos, de especialidad genetista fue considerado una autoridad en la investigación racial. Condenado a 10 años de prisión.

Helmut Poppendick

15) **Wolfram Sievers**,[18] de 41 años, se unió al partido nazi en 1929 y a las SS en 1935.

Wolfram Sievers

Era el único acusado que no tenía un título universitario. Miembro directivo de la organización Ahnenerbe[19] y Director del Instituto Militar para la Investigación Científica, tuvo activa participación en la provisión de medios económicos, laboratorios e instalaciones para la realización los experimentos sobre los que se basó la acusación. Condenado a morir en la horca.

16) **Gerhard August Heinrich Rose**, de 50 años, médico bacterió-

logo, se unió al partido nazi estando en China en 1930 especializándose en medicina tropical, continuando con esa especialización luego de su regreso a Alemania.

Gerhard August Heinrich Rose

Fue médico de la Legión Cóndor que actuó en la Guerra Civil española. Se unió a la fuerza aérea alemana donde alcanzó como médico el grado de General de reserva. Rose brindó detallados informes a los aliados sobre los experimentos que se practicaban sobre los prisioneros de los campos de concentración de Dachau y Mühlhausen. Condenado a prisión perpetua.

17) **Viktor Brack**,[20] de 42 años, médico, miembro del partido nazi y de las SS desde 1929, era el enlace con la Cancillería del grupo de acusados. Padre de seis hijos.

Viktor Brack

Se le atribuye haber organizado el programa de eutanasia. así como la esterilización por rayos X en varios campos de concentración. Condenado a morir en la horca.

18) **Hans Wolfgang Arthur Bernhard Romberg**,[21] de 35 años, médico, ingresó al partido nazi en 1933, especializado en cuestiones de medicina aérea y altitud.

Hans Wolfgang Arthur Bernhard Romberg

En 1942 condujo experimentos en el campo de concentración de Dachau sobre los efectos de la altitud en el cuerpo humano.[22] El co-procesado Sievers lo recomendó para la Cruz de Guerra al mérito.[23] Absuelto.

19) **Konrad Wilhelm Schäfer**,[24] de 35 años, médico investigador, no era miembro del partido nazi.

Konrad Wilhelm Schäfer

Enrolado en 1941 en la fuerza aérea, fue asignado al Instituto de Investigaciones de Medicina Aérea de Berlín. Trabajó sobre los medios de potabilización del agua de mar. Absuelto.

20) **Waldemar Hoven**,[25] de 43 años, médico especialista en medicina general.

Waldemar Hoven

En 1937 se unió al partido nazi pero ya en 1934 a las SS. Actuó en el campo de concentración de Buchenwald en investigaciones sobre vacunas y eutanasia. Condenado a morir en la horca.

21) **Wilhelm Franz Josef Beiglböck**,[26] de 51 años, austríaco, médico especialista en medicina interna, miembro del partido nazi desde 1932 donde tuvo un rol activo. Tuvo a su cargo los experimentos con agua de mar con los prisioneros del campo de concentración de Dachau.

Wilhelm Franz Josef Beiglböck

Profesor de medicina en Viena redactó un centenar de artículos científicos y otras publicaciones. Condenado a 15 años de prisión.

22) **Adolf Pokorny**,[27] de 51 años, médico dermatólogo y especialista en enfermedades venéreas, autor de artículos científicos.

Adolf Pokorny

No era miembro del partido nazi, su mujer era judía y emigró con sus dos hijos a Inglaterra. Condenado a 10 años de prisión.

y 23) **Georg August Weltz**,[28] de 57 años, médico radiólogo, piloto de aviación durante la I Guerra Mundial, se unió al partido nazi en 1937.

Georg August Weltz

Durante la II Guerra Mundial sirvió con la fuerza aérea desde 1939, especializándose en medicina aérea y rayos X. Absuelto.

Como se advierte de la reseña precedente, los acusados Karl Brandt, Genzken, Gebhardt, Rudolf Brandt, Mrugowsky, Helmut Poppendick, Viktor Brack, Hoven and Fritz Fischer, eran todos miembros de las SS antes de 1939, con lo que se cumplía el cuarto punto de la acusación, esto es, la pertenencia a una organización criminal -las SS- que había sido declarada como tal por el IMT.

II. EL JUICIO

El primer día del juicio se inició con la lectura de la acusación,[29] tras lo cual cada uno de los acusados fue interrogado sobre su nombre y si había tenido la oportunidad de leer la acusación, luego se les preguntó si se consideraba culpable o inocente, respondiendo todos ser inocentes concluyendo esa primera jornada. Un diagrama gráfico mostrando la organización de servicios médicos nazi se desplegó en la sala detallando la posición que ocupaba cada uno de los acusados.[30]

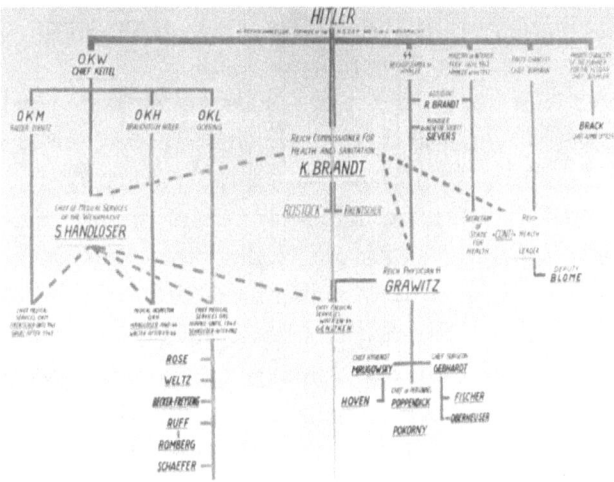

Al día siguiente, el Presidente del Tribunal estableció que el juicio comenzaría con el alegato fiscal. Si la fiscalía pretendía utilizar algún documento o archivo escrito como prueba lo haría saber y daría copia de los mismos a los acusados, así como al Tribunal, adjuntando la debida traducción si el documento fuera en idioma diverso del inglés. Si se presentaran testigos, debería anticiparse por escrito el nombre del mismo, nacionalidad, profesión o rango, y domicilio o lugar de estacionamiento. Debería ser aclarado si se los llama como experto, o testigo de hechos, así como un sumario sobre lo que será interrogado. El juicio sería público, pero por la limitada capacidad del auditorio se expedirían pases para los asistentes.

Luego Telford Taylor tomó la palabra.

Los acusados en este caso, dijo, están acusados por homicidios, torturas y otras atrocidades cometidas en nombre de la ciencia médica. Las víctimas de estos crímenes se cuentan por cientos de miles de los que han sobrevivido sólo un puñado, algunos de los cuales declararán ante el Tribunal.

Luego pasó a referirse a los acusados describiendo brevemente su importancia y jerarquía. Los tres principales responsables del servicio médico alemán eran Karl Brandt, que estaba directamente a las órdenes de Hitler desde 1942 y constituía la más alta autoridad médica del régimen nazi, Siegfried Handloser y Leonardo Conti, pero éste último se había suicidado en octubre de 1945.

Explicó Taylor que las tres ramas de las fuerzas armadas alemanas -aire, mar y tierra- tenían su cuerpo médico propio. A los efectos de este caso no tenía mucha importancia el cuerpo médico de la Marina, a pesar de la realización de experimentos que tuvieron interés para esa fuerza. Durante gran parte de la guerra el acusado Handloser fue el jefe del servicio médico del ejército alemán hasta 1944, y coordinaba todos los servicios médicos. El jefe del servicio médico de la fuerza aérea alemana hasta 1943 fue Erich Hippke, que fue reemplazado desde enero de 1944 hasta el fin de la guerra por el acusado Schröder, que ocupó el lugar más destacado como médico dentro de esa fuerza, alcanzando el equivalente del rango de Teniente General, el mismo que Handloser. Dentro de la estructura del régimen nazi, las SS tenían su propio cuerpo médico encabezado por el acusado Grawitz quien ostentaba el título de "*Médico Imperial de las SS*." Otros seis acusados estaban a sus órdenes: Gebhardt, que era el médico personal de Himmler y presidente de la Cruz Roja alemana. Dirigía un hospital en Hohenlychen secundado por los acusados Oberheuser y Fischer. Poppendick, era el jefe del cuerpo médico de Grawitz, junto con Mrugowsky.

Las SS, a su vez, se dividían en varios departamentos del que el más importante era el de la Armada SS -*Waffen SS*-, que a su vez, tenía un cuerpo médico dirigido por el acusado Genzken. El acusado Rose era consejero de Schröder en temas de medicina tropical, tenía una cátedra en un renombrado instituto, y se lo tenía como uno de los más destacados científicos en su área. Weltz era jefe del Instituto de Medicina Aérea en Munich. Hoven era el médico del campo de concentración de Buchenwald y Pokorny era un médico privado sin conexión con el servicio médico estatal. El acusado Sievers, que fue coronel en las SS, dependía directamente de Heinrich Himmler, junto al cual pertenecía a la sociedad "*Ahnenerbe*" que significa "*herencia ancestral*" y que se dedicó a investigaciones pseudo-científicas de antropología para la preservación de la raza aria y que sería luego reiteradamente citada en el proceso.

Taylor continuó enumerando los experimentos realizados por los acusados que se detallan siguiendo el orden que presentó:

a) **Experimentos de altitud:** Este tipo de experimentos, llamados también "de baja presión," se realizaron en el campo de concentración de Dachau en 1942, y nacieron de una carta que el médico Rascher escribió a Himmler, señalándole que lamentaba no poder hacer experimentos de elevada altitud por el considerable riesgo que aparejaban para la vida y la falta de voluntarios. Los experimentos que se habían realizado con monos no eran conclusivos y solicitó se pusieran seres humanos a su disposición, aunque dejando en claro que la realización de los mismos acarrearía la muerte del que sufriera la experiencia. La carta fue respondida por el acusado Rudolf Brandt, señalando que estarían muy satisfechos de poner prisioneros a su disposición por lo que Rascher solicitó experimentar en Dachau. En el planeamiento de estos experimentos participaron también los acusados Weltz, Romberg y Ruff que eran miembros del cuerpo médico de la fuerza aérea.

Las víctimas fueron colocadas en cámaras de baja presión en donde la presión fue alterada para simular las condiciones prevalecientes a grandes altitudes. Como ejemplo, Taylor reproduce las partes más importantes de los comentarios sobre el experimento hecho sobre un prisionero judío de 37 años:

> "El tercer experimento de este tipo tomó un curso tan extraordinario que llamé a un médico de las SS del campo como testigo... Era un experimento continuo sin oxígeno a una altitud de 12 kilómetros... La respiración continuó por 30 minutos. Luego de 4 minutos el sujeto comenzó a transpirar y mover su cabeza, luego de 5 minutos ocurrieron calambres, entre los 6 y 10 minutos se aceleró la respiración y el sujeto se desmayó; entre los 11 y los 30 minutos la respiración desaceleró hasta tres respiraciones por minuto hasta detenerse. Una severa cianosis se produjo entonces y apareció espuma por la boca. Con intervalos de 5 minutos se tomaban electrocardiogramas (ecg) con tres electrodos. Luego de cesar la respiración se continuó con los

ecg hasta una completa detención. Cerca de media hora después de la detención de la respiración comenzó la disección... Se encontró un grave edema cerebral. En las venas y arterias del cerebro se encontró una gran cantidad de aire. Adicionalmente los conductos sanguíneos al corazón se encontraban muy obstruidos por embolias."[31]

Luego de leer este reporte, Himmler ironizó que si un prisionero volviera a la vida luego de soportar este experimento, debía ser perdonado modificando su pena por cadena perpetua en el campo de concentración. Rascher respondió que los sujetos utilizados eran todos rusos o polacos, y que algunos de ellos habían sido condenados a muerte, preguntando si el perdón también se extendía a ellos. La respuesta del procesado Rudolf Brandt, confirmó el convencimiento de Rascher de que los rusos y polacos estaban fuera de cualquier amnistía, aunque significara una condena de por vida en un campo de concentración.

Un extenso reporte escrito de 1942 por Rascher, que buscaba su habilitación como profesor con este tema del que Taylor leyó alguna de sus partes más importantes, le hizo suponer al Fiscal que las víctimas que no morían en estos experimentos, seguramente hubieran deseado haber muerto. Un prisionero fue elevado con máscara de oxígeno hasta una altura simulada de 47.000 pies, momento en el que se le quitó la máscara y se simuló un descenso en paracaídas. El informe describe las reacciones de la víctima: "espasmos convulsivos", "respiración agónica convulsiva," "gemidos y convulsiones crónicas," "fuertes gritos," "convulsión de brazos y piernas", "distorsión del rostro, se muerde la lengua", "no responde al habla", "da la impresión de alguien totalmente loco."

El acusado Sievers presenció estos experimentos durante todo un día y dio un informe oral a Himmler. Hubo también un extenso intercambio de correspondencia sobre la disponibilidad de la cámara de presión que se había provisto a Dachau. A criterio de Taylor, la responsabilidad de los acusados por la evidencia acumulada iba a ser debidamente demostrada durante el juicio.

. . .

Capítulo Segundo

b) Experimentos de congelamiento: El interés de la fuerza aérea alemana de aprovechar la disponibilidad de prisioneros para los experimentos, quedó también demostrado por otro grupo de experimentos llevados a cabo en Dachau con posterioridad a los de altitud, entre 1942 y 1943. Aquí también el acusado Weltz estuvo directamente a cargo, con Rascher como asistente. El presunto propósito de estos experimentos fue tratar de encontrar la forma más efectiva de reanimar a los aviadores alemanes que se podían ver forzados a lanzarse en paracaídas en las gélidas aguas del Mar del Norte. La evidencia muestra que, durante estos experimentos, las víctimas debieron permanecer bajo un clima gélido, sin ropas, en el exterior de las barracas, entre nueve y catorce horas. También se hicieron pruebas sumergiendo a los prisioneros en agua helada, donde se comprobó que cuando los sujetos sometidos al experimento bajaban su temperatura corporal a 28 grados, morían a pesar de todos los intentos de resucitación. La reanimación probó ser exitosa cuando, inmediatamente de llevarlos casi a punto de congelamiento, se los sumergía en un tanque con agua muy caliente.

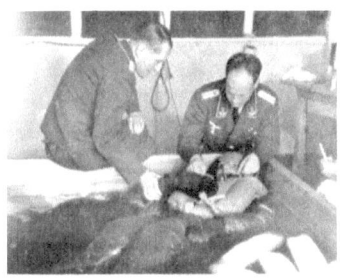

Estos experimentos fueron ampliamente difundidos en los círculos médicos alemanes y se dieron conferencias sobre el tema. La responsabilidad de los acusados involucrados fue semejante a la de los experimentos de altitud. Una vez que se dispuso la clausura de estos experimentos, Rascher los continuó por su cuenta ya que eran objeto de su trabajo de doctorado.[32]

c) Experimentos sobre malaria: En Dachau se experimentó con más de mil doscientos prisioneros sobre la enfermedad de la malaria. Sievers y otros acusados participaron en estos experimentos.

Personas saludables entre los detenidos, entre los que hubo varios sacerdotes católicos, fueron inyectadas con la enfermedad, o picadas por mosquitos que eran portadores de la enfermedad. El acusado

Gebhardt mantenía informado a Himmler de los progresos. Luego que las víctimas se infectaban, fueron tratadas con varias drogas: quinina, neosalvarsam, fenasona y otras combinaciones de estas drogas. Muchas muertes ocurrieron por exceso de dosis de las drogas utilizadas. Treinta internos murieron de malaria y entre 300 y 400 por otras complicaciones subsecuentes.

d) Experimentos con gas mostaza: Los experimentos con este gas eran llevados a cabo en los campos de concentración de Sachsenhausen, Natzweiler y otros. Una forma principal del experimento consistió en herir voluntariamente a las víctimas y e infectar las heridas producidas y abiertas con el gas mostaza. Otros internos eran obligados a inhalarlo, a beberlo en formas líquidas y hasta se les inyectó por vía endovenosa el mortífero gas. El anunciado propósito de estos experimentos era encontrar un efectivo tratamiento de las quemaduras que producía este gas. En marzo de 1944 una orden directa de Hitler profundizó las investigaciones con este y otros gases tóxicos.

e) Experimentos con sulfamida y otras drogas: Estos experimentos llevados a cabo en el campo de concentración de Ravensbrück sobre prisioneras fueron especialmente bárbaros. La dirección estuvo a cargo del acusado Gerbhardt, y colaboraron con él los acusados Fischer y Oberheuser. Las víctimas fueron prisioneras de guerra polacas que pertenecieron al Movimiento de Resistencia Polaca. Un grupo de experimentos consistió en producir incisiones en las piernas de las prisioneras con el propósito de simular las infecciones producidas durante la batalla. Se introdujeron luego en las heridas, cultivos de bacterias, fragmentos de madera o vidrio, y luego de varios días las heridas fueron tratadas con sulfamida. El acusado Grawitz visitó el campo de concentración de Ravensbrück y ordenó que las heridas que se les produjeran a las prisioneras fueran más severas, para que las condiciones se semejaran a las que se veían en las líneas del frente. Para poder obtener la infección que buscaban, se ataron los extremos del torrente sanguíneo en cada incisión y se introdujeron cultivos de gangrena. Dentro de las

24 hs. se producía una grave infección, tras lo que la paciente era operada y tratada con sulfamida, mientras que otras no eran tratadas, para comparar las reacciones.

También se realizaron operaciones de trasplantes de huesos y de regeneración de nervios, músculos y huesos. Oberheuser debía seleccionar a las internas para los experimentos, presenciar las operaciones y ocuparse de los cuidados post-operatorios. Se llevaron a cabo en Dachau otros experimentos, para investigar la coagulación de la sangre. Las heridas que les producían a las internas fue mediante disparos o de otras formas, y fueron luego tratadas con una droga llamada "polygal," a base de pectina que es el elemento gelatinoso de la mermelada.[33] Generalmente se envenenaba la sangre, y recién luego de tres o cuatro días se administraban las drogas. Varios curas católicos polacos fueron también víctimas de estos experimentos, muriendo muchos de ellos y otros fueron dejados inválidos.

f) Experimentos con agua de mar: Estos tuvieron lugar en Dachau y el propósito presunto fue estudiar los efectos de su ingesta. Los internos fueron alimentados con las raciones de sobrevivencia para naufragios de las fuerzas armadas y divididos en cuatro grupos: un grupo no bebería agua ninguna, el segundo grupo bebería sólo agua de mar, el tercer grupo bebería agua de mar tratada con el llamado "método Berka," que no le quitaba la salinidad del agua, aunque modificaba el gusto, y el cuarto grupo tomaría agua de mar a la que se le había quitado toda la salinidad. Los test se llevaron a cabo en julio de 1944 sobre internos gitanos, y fueron supervisados por el acusado Beiglböck.

En el curso de estos experimentos, los internos sufrieron terriblemente, desarrollaron convulsiones y delirios, y algunos murieron.

g) Hepatitits o ictericia epidémica: Los experimentos, instigados por el acusado Karl Brandt, se llevaron a cabo en los campos de concentración de Sachsenhausen, Auschwitz y Natzweiler teniendo en mira las infecciones que se producían en el frente ruso.

. . .

h) Esterilización forzada: Los experimentos tuvieron lugar en Auschwitz, Ravensbrück y otros campos de concentración. El objetivo presunto tenido en cuenta, era descubrir un método barato y rápido de esterilización que pudiera servir para eliminar a rusos, polacos, judíos y otros pueblos. La esterilización quirúrgica se había visto como muy lenta y cara para ser usada en gran escala. En Auschwitz, se llevaron a cabo experimentos sobre mujeres, inyectándoles una substancia irritante que se uso con éxito en varios miles de gitanos. En Buchenwald, se llevaron a cabo operaciones quirúrgicas de remoción y trasplante de órganos sexuales y varios de los internos fallecieron. También se usaron altas dosis de rayos X y el acusado Brack sugirió que se usara en gran escala cuando los internos eran recibidos en fila, utilizándose este sistema propuesto por Brack en Auschwitz.

i) Experimentos con tifus y otras enfermedades: Los internos de los campos de concentración de Buchenwald y Natzweiler, sufrieron experimentos realizados por los alemanes con el fin de investigar nuevas vacunas. Esta investigación fue sobre varias enfermedades como el tifus, la fiebre amarilla, paratifoidea de tipo A y B, cólera, difteria y viruela. Algo más de una docena de los acusados se vieron involucrados en estos experimentos que produjo la muerte de cientos de personas. En general, se les inyectó a un grupo de internos con una vacuna contra el tifus, cuya eficacia iba a ser probada. Luego se infectó al grupo de internos de tifus, como así también se infectó a otros internos que no habían sido vacunados y que funcionaron como puntos de comparación o "grupo de control." Taylor señaló que, quizás lo más atroz de este programa, fue que también se inyectó el tifus a un tercer grupo de prisioneros para mantener vivo al germen y disponible para otros experimentos.[34] La tarea mayor la hacía un médico que Taylor no identificó, pero dice era conocido como "Dr. Ding"[35] y que se suicidó tras la guerra, del que sobrevivió su diario donde el 29 de diciembre de 1941 escribió:

"Desde que el test en animales carece de suficiente valor, deben llevarse a cabo estos experimentos en seres humanos."

Peor aún consistió el método usado para determinar la vitalidad del germen del tifus. el que fue inyectado a seis pacientes por vía endovenosa, a seis pacientes por vía subcutánea y seis personas por vía intramuscular. De los seis del primer grupo murieron cinco, determinándose que era el mejor método para mantener al germen vivo. En Buchenwald esas pruebas se hicieron a gran escala, logrando 90% de muerte y el 10% sobreviviente fue usado para probar diferentes vacunas.

j) Experimentos con veneno: En Buchenwald se les administró veneno en la comida a los prisioneros rusos, y los médicos contemplaron tras una cortina las reacciones de los prisioneros. Los pocos sobrevivientes fueron asesinados para practicarles autopsia. El acusado Mrugowsky dió cuenta en una carta que Taylor leyó al Tribunal, como se utilizó veneno en las municiones para experimentar con los prisioneros, que recibieron disparos que atravesaron limpiamente sus piernas. A los 90 minutos se advirtieron los primeros síntomas y a las dos horas se produjo la muerte de los heridos.

k) Experimentos con bombas incendiarias: Entre noviembre de 1943 y enero de 1944 se llevaron a cabo diversos experimentos en el campo de concentración de Buchenwald, para investigar las quemaduras con fósforo que se extraía de las bombas incendiarias y se aplicó a los prisioneros. Los acusados Genzken, Gerbhardt, Mrugowsky y Poppendick fueron acusados por estos hechos.

Además de estos experimentos, los acusados fueron responsabilizados por otros hechos atroces.

l) Colección de esqueletos: Entre junio de 1943 y septiembre de 1944 se seleccionó a ciento doce judíos con el propósito de completar una colección de esqueletos y cabezas de judíos, con presuntos propósitos antropológicos para la colección de la Universidad de Estrasburgo. Luego de ser asesinados, se sometió los cuerpos a medidas y comparaciones antropométricas, tanto del cuerpo como de sus órganos y cerebros, enviándose los cuerpos a Estrasburgo para ser diseccionados. Taylor leyó a los jueces un extracto de un informe preparado por el acusado Sievers y enviado a Himmler a través del acusado Karl Brandt:

"Tenemos una casi completa colección de calaveras de todas las razas y gentes a nuestra disposición. De la raza judía, sin embargo, sólo se encuentran disponibles unos pocos especímenes de cráneos con el resultado de que es imposible llegar a precisas conclusiones tras examinarlos. La guerra en el Este nos presenta ahora a nosotros la oportunidad de superar esa deficiencia."[36]

Esta *"colección"* fue, luego de considerar varias alternativas, finalmente destruida en 1944 por los propios alemanes.

m) La sistemática persecución de los médicos judíos: Al poco tiempo de que los nazis asumieran el poder en Alemania, la política racial del régimen se hizo sentir sobre los médicos judíos. Ya en abril de 1933, en Berlín, los miembros de una sociedad de medicina proclive a las ideas nazis, irrumpió en las viviendas de sus colegas judíos miembros de una sociedad antagónica llamada *"Sociedad Socialista de Médicos"*, y llevó a muchos de ellos a punta de pistola, acusándolos de subversivos para someterlos a diversos vejámenes. Las compañías de seguros, separaron del listado a los médicos judíos y no les pagaron honorarios por sus servicios. Luego, los médicos judíos fueron excluidos de toda sociedad profesional o científica. Con el comienzo de la guerra, los médicos judíos fueron degradados al estatus de "terapeutas," obligados a llevar una insignia azul junto a la Estrella de David, y adicionarse – como todos los judíos- un segundo nombre semítico como "Sarah" o "Israel," de acuerdo a su género. Sus recetas debían llevar la Estrella de David lo que suponía una tortura adicional para sus pacientes, pues las farmacias se negaban a atender a los judíos. En 1944 se les prohibió la práctica profesional. Los médicos arios rehusaron seguir tratando pacientes judíos, y las instituciones mentales tenían lugares especiales para los internos judíos, solían ser llevados rápidamente a los centros de exterminio.

n) Exterminación en masa de los polacos y eutanasia: Los acusados por la exterminación de prisioneros polacos fueron Rudolf Brandt y Blome, aunque el instigador principal, fue el Gobernador General de Polonia durante la ocupación nazi, Greiser. En una carta a Himmler, Greiser cuenta de que en una población de 230.000 personas en el distrito de Warthegau, 35.000 estaban infectadas con tuberculosis lo que supone un riesgo para sus tropas y familias cuestión que fue reconocida, entre otros, por el acusado Blome. Sugiere la exterminación de los enfermos lo antes posible y apoya esta solicitud Rudolf Brandt. La respuesta positiva de Himmler al pedido de Greiser sólo requería discreción para proceder al exterminio, lo que acarreó muchas dificultades. Ello llevó a Blome a responder a Himmler, remarcándole la imposibilidad por poder garantizar una discreción o secreto que salvaguarde la operación.[37] Consecuentemente la operación fue autorizada para proceder a la exterminación a la que se llamaba "*tratamiento especial*" -"*Sonderbehandlung.*" Desde el mismo día de comienzo de la II Guerra tras la invasión a Polonia, Hitler emitió órdenes a Rudolf Brandt para proceder a la "muerte piadosa" de aquellas personas que sufrían enfermedades terminales incurables. Se montó, en consecuencia, una organización para el cumplimiento de esta orden, en la que participaron los acusados Rudolf Brandt, Hoven, Brack y Blome. Los directores de asilos para enfermos mentales recibieron, también, la orden de poner los internos a disposición de la llamada "Corporación Especial para el Transporte de Pacientes" que ocultaba bajo ese nombre la realidad de sus actividades. Los pacientes fueron transportados a una estación de eutanasia donde fueron muertos inmediatamente, sin conocimiento de los propios familiares de los pacientes, incluso de aquellos que pertenecían al partido Nazi, quienes recibían una partida de defunción donde la causa de la muerta había sido falsificada, y ponían a disposición las cenizas de los cuerpos cremados. Esta política de eutanasia, fue también aplicada como método de aniquilamiento de judíos y fue objeto de consideración por el IMT.[38] En su fallo el IMT expresó:

> "Durante la guerra, casas de cuidados, hospitales y asilos donde se practicó la eutanasia como es descripta en otra parte de este fallo, cayeron bajo la jurisdicción de Frick. Él sabía que los insanos, enfermos y ancianos, 'consumidores inútiles' eran sistemáticamente llevados a la muerte. Quejas sobre estos asesinatos llegaron a él pero no hizo nada para detenerlos. Un informe de la Comisión Checoslovaca de Crímenes de Guerra estima que 275.000 enfermos mentales, deficientes y ancianos, de cuyo bienestar era responsable, fueron víctimas."[39]

III. LAS EVIDENCIAS

Algunos de los documentos usados por la Fiscalía en este caso, ya habían sido utilizados en el juicio de los principales jerarcas nazis ante el IMT. Para ellos, se proveyó a las partes y al Tribunal, de una fotocopia autenticada de los documentos, certificados con un informe de la Oficina del Jefe del Consejo para los Crímenes de Guerra, emitido por el Jefe de la Rama de Control de Documentos; para documentos que no habían sido presentados ante el IMT, se certificó su autenticidad mediante un informe del Mayor Coogan, quien estuvo a cargo de la clasificación de los documentos secuestrados por las tropas de los EEUU durante la invasión a Alemania y otros países ocupados, así como por otros informes emitidos por oficiales competentes. Los documentos y su exhibición, ocuparon un lugar destacado en el juicio. Fueron pruebas irrefutables que confrontaron a los acusados con lo que habían hecho o escrito, y adicionalmente, ponían la carga de contradecirlos sobre los hombros de las defensas.[40] Casi todos los acusados hicieron -como es tradición procesal norteamericana- una declaración jurada previa voluntaria -affidavit- que Taylor leyó al tribunal. En este documento constaron el nombre completo, fecha y lugar de nacimiento, así como los estudios realizados, y puestos ocupados tanto en el mundo médico como en la jerarquía militar. Tratándose de un documento donde la persona acusada, reconoció bajo juramento alguna circunstancia, si la defensa del acusado quería negarla cargaba con el peso de la prueba.

Veamos las evidencias con relación a los experimentos realizados.

a. Los experimentos de altitud

Los acusados Karl Brandt, Handloser, Schröder, Gebhardt, Rudolf Brandt, Mrugowsky, Poppendick, Sievers, Ruff, Romberg, Becker-Freyseng, y Weltz estaban acusados de haber participado en el primer grupo de experimentos de altitud. La fiscalía presentó el *affidavit* del acusado Romberg como primera prueba.[41] En el mismo, Romberg señaló que, entre marzo de 1942 y el final de mayo de ese mismo año, se llevaron a cabo experimentos de altitud en el campo de concentración de Dachau, los que fueron realizados por Rascher, Weltz, Ruff y Romberg mismo. Se trajeron para ello dos cámaras de presión que podían reproducir las condiciones de presión atmosférica sobre las que se deseara investigar. La mayor, acomodaba a doce personas al mismo tiempo y la más pequeña, que se usó para descompresión explosiva o súbita, a sólo dos. Los prisioneros, de todas formas, fueron testados de a uno por vez y midiéndoseles en cada caso las pulsaciones cardíacas.

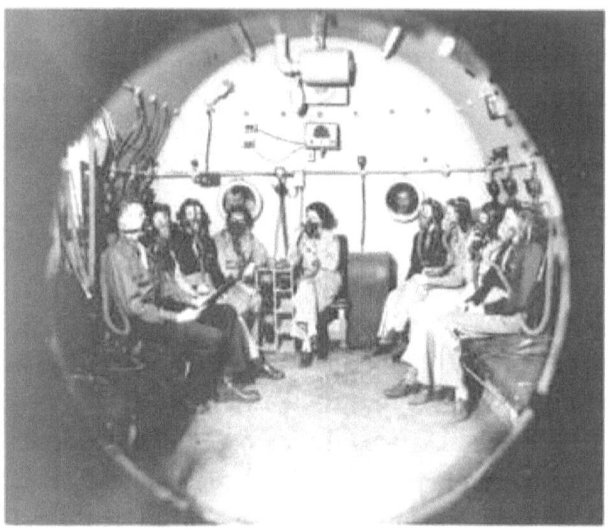

Se llevaron a cabo cuatro series de experimentos: a) descenso lento, sin oxígeno, b) descenso lento, con oxígeno, c) caída libre, sin oxígeno y d) caída libre, con oxígeno. Las dos últimas series de experimentos pretendían simular la caída desde un avión, antes de que se abriera el paracaídas. Varias veces las series de experimentos fueron repetidas con el mismo prisionero. Romberg reconoció que vio morir a un prisionero con el que se experimentaba -de lo que informó a su superior-, y tuvo conocimiento de otras dos muertes estando él ausente. El acusado señaló que, nadie en la fuerza aérea alemana levantó objeciones de ningún tipo sobre los experimentos.

La Fiscalía presentó a continuación un número considerable de fotografías de prisioneros sometidos a los experimentos, así como de las autopsias,[42] las que fueron encontradas entre las posesiones del fallecido Rascher, y que fueron reconocidas en el *affidavit* de Romberg. Algunos defensores objetaron las fotografías - de evidente impacto visual -, sosteniendo que no se podía probar su autenticidad, aunque la objeción fue rechazada por el Tribunal.

El representante de la acusación McHaney, presentó el affidavit del procesado Ruff sobre estos experimentos,[43] que ratificó al anterior de Romberg. También se presentó una declaración jurada del procesado Rudolf Brandt,[44] quien puso en cabeza del difunto Rascher, la idea de estos experimentos. Los experimentos que Brandt autorizó por orden de Himmler, se llevaron a cabo en el campo de concentración de Dachau por los acusados Romberg, Ruff y Weltz. Los experimentos se llevaron a cabo sobre condenados a muerte a los que, si sobrevivían al experimento, se les informó que se les conmutaría la pena por una de prisión perpetua, pero como lo aclaró un intercambio epistolar posterior, ello no sucedería en el caso de prisioneros rusos o polacos, a quienes no se les conmutaría la pena. Ante la ausencia de voluntarios, Brandt autorizó el uso de los prisioneros del campo. La Fiscalía aportó una carta de Rascher dirigida a Himmler informando sobre el resultado de los experimentos de altitud,[45] señalando que sólo los experimentos a una altura superior a los 10.5 kilómetros llevaban aparejada la muerte del sujeto testeado.

La amplia prueba documental ofrecida fue completada con testimonios. Así, el médico de la fuerza aérea alemana Wolfgang Lutz,[46] quien primero estuvo trabajando solo en los experimentos de altitud a las órdenes del acusado Waltz, declaró que este le ofreció prisioneros del campo de Dachau para efectuarlos. Lutz se negó, pero supo que los acusados Ruff y Romberg trabajaron en los experimentos con los prisioneros.

b. Experimentos sobre congelamiento

El segundo grupo de experimentos fue sobre los efectos del congelamiento. Brandt había realizado un affidavit, que fue presentado como prueba por el Fiscal,[47] donde reconoció que los experimentos le fueron ordenados llevar a cabo al acusado Weltz, involucrando también a los procesados Sievers, Poppendick y Gebhardt.

Los experimentos de congelamiento fueron llevados a cabo sobre prisioneros del campo de concentración de Dachau, los que fueron sumergidos en agua congelada y varios murieron durante los mismos. Luego fueron continuados en Auschwitz y Lublin. La justificación esgrimida por la fuerza aérea para ordenar esta serie de experimentos, fue que los aviadores alemanes frecuentemente, se veían forzados a saltar en paracaídas en las heladas aguas del Mar del Norte, donde permanecían, a veces, por un largo período de tiempo, El pretendido propósito del experimento fue buscar las técnicas más efectivas de reanimación para evitar el congelamiento. La narración de Brandt da cuenta de las envidias y ambiciones personales del difunto Rascher y de otros involucrados para llevarse el crédito de estos experimentos.

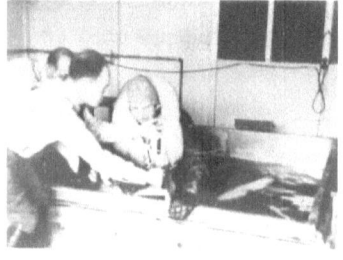

La Fiscalía presentó un affidavit de Becker-Freyzeng que, sin aportar grandes detalles extendió la responsabilidad a Rostock, Handloser y Brandt.[48] Cuando la Fiscalía presentó el informe final de los experimentos que Rascher envió a Himmler, [49] se presentó ante el tribunal en toda su magnitud el horror de los experimentos realizados. El reporte señaló que se debía tratar la situación de los náufragos sometidos por largos períodos de tiempo en temperaturas de agua de helada. Hasta entonces se estimó que el calentamiento gradual era el mejor sistema de reanimación. El informe explica que se investigó el efecto sobre los prisioneros, de temperaturas en el agua que iban de los 2 a los 12 grados, para lo que se agregó hielo al agua de un tanque artificial y se vistió al sujeto con el que se experimentó, con la ropa de los aviadores. El sujeto fue monitoreado en su temperatura rectal y cutánea, así como se auscultó su ritmo cardíaco. Se realizaron análisis de sangre y orina, tanto antes como durante el experimento. Electrocardiogramas se realizaron sólo luego que la ropa hubiera sido removida. Se hicieron diversos estudios para calentar al sujeto: a) calentamiento rápido mediante un baño de agua calienta; b) calentamiento mediante una ligera frazada; c) calentamiento en una bolsa de dormir caliente; d) masajes vigorosos en todo el cuerpo y e) diatermina del corazón.[50] También se investigó la aplicación de drogas como la coramina, así como la ingesta de alcohol y azúcares. Los resultados variaban de acuerdo con la condición física del sujeto, la posición en que se lo sumergía en agua -sea en posición horizontal o manteniendo vertical la cabeza fuera del agua- y la ropa que llevaba. Si el sujeto era colocado en el agua narcotizado, el informe dice que:

> "El sujeto empieza a gemir y a hacer algunos movimientos defensivos. En algunos casos se desarrolló un estado de excitación. Esto fue especialmente severo en el enfriamiento de la cabeza y la nuca. Pero nunca se observó una completa cesación del estado de narcosis. Los movimientos defensivos cesaron después de 5 minutos. Les siguió un rigor progresivo, especialmente en la musculatura de los brazos; los brazos fueron flexionados fuertemente y apretados al cuerpo. El rigor se incrementó con la continuación del enfriamiento, interrumpiéndose de tanto en tanto con crispamientos tónico clónicos. Con un descenso mayor de la temperatura corporal estos cesaron. Estos casos concluyeron fatalmente, sin ningún resultado exitoso a los esfuerzos de reanimación."

Los experimentos sin narcosis, según el informe, no mostraron diferencias esenciales en el transcurso del enfriamiento.

> "Cuando era sumergido en agua aparecían severos temblores de frío. El enfriamiento de la nuca y la cabeza se veía como especialmente doloroso, aunque luego de 5 a 10 minutos la sensación de dolor se debilitaba..."

desarrollándose el rigor muscular de la misma forma que bajo narcosis. En la serie de experimentos realizadas, seis muertes se produjeron cuando la temperatura del individuo bajaba entre 24.2 y 25.7 grados, aunque nota el informe que un prisionero sobrevivió aún con una baja de temperatura hasta 25.2 grados. Sin embargo, el informe concluía que, en 50 casos, habiendo alcanzado esas temperaturas el sujeto moría de frío.[51]

La Fiscalía presentó al Tribunal al médico de la fuerza aérea alemana Wolfgang Lutz, quien primero se refirió a los experimentos de altitud y luego a los de congelamiento. Lutz señaló que creía que Weltz, Ruff y Romberg suponían que los experimentos se iban a llevar a cabo sobre criminales condenados a muerte.

La Fiscalía aportó también pruebas a través de documentos de lo que se llamaba "congelamiento seco," para lo cual se tuvo a los prisioneros desnudos durante muchas horas a la intemperie, sujetos a temperaturas invernales.[52] Además de los problemas estacionales de estos experimentos - se sugería que Auschwitz por su ubicación geográfica era mucho más apropiado - se usaron métodos de reanimación a través de "calor animal,"[53] que consistía en poner al sujeto entre una o dos mujeres desnudas traídas al efecto. Ese método demostró ser lento para la reanimación, aunque cuando el sujeto era obligado a mantener relaciones sexuales - cuando las condiciones físicas del paciente lo permitían - el efecto del aumento de temperatura, era semejante a sumergirlo en un baño caliente. Con meticulosidad el informe dice que sólo uno de los prisioneros no recobró la conciencia y murió, de lo que después se probó fue una hemorragia cerebral. El informe de Rascher concluyó que el método de reanimación mediante calor animal era muy lento, y sólo tenía sentido cuando ningún otro método estaba disponible. [54]

c. Experimentos sobre la malaria

El tercer grupo de experimentos presentado por la Fiscalía, fue el de las investigaciones sobre la malaria. Estos experimentos fueron llevados a cabo, también en el campo de concentración de Dachau, y por ellos ya había sido condenado a la horca el médico Karl Schilling, en un proceso separado.[55] En el caso bajo estudio, eran acusados por este crimen Karl Brandt, Handloser, Rostock, Gebhardt, Blome, Rudolf Brandt, Mrugowsky, Poppendick, y Sievers. Sólo Sievers terminó siendo condenado por este hecho. Aunque el acusado Rose se va a ver mencionado por evidencias que lo involucraron seriamente - por ejemplo, proveyendo huevos de larvas para el cultivo de la malaria tertiana, una de las variantes del paludismo. La Fiscalía trató de involucrarlo, pero proveer esos materiales fue, justamente, una de las funciones del departamento de enfermedades tropicales en el instituto Robert Koch que Rose dirigía y el Tribunal entendió no le correspondía indagar para qué tipo de experimentos esas larvas fueron solicitadas.[56] En su alegato sobre este grupo de experimentos, la Fiscalía sostuvo que los mismos se habían llevado a cabo de forma criminal. Schilling había comenzado con experimentos sobre malaria en el campo de Dachau en febrero de 1942, y por los mismos alrededor de 1.200 internos fueron infectados - sea por haberlos infectado de modos diversos con mosquitos portadores de la malaria - o por haberles aplicado a los internos una inyección directa del virus en el torrente sanguíneo.

Luego de ser infectados, los internos eran tratados de diversas formas con quinina, pyramidon, efedrina y otros productos farmacológicos. De ese número, 30 internos murieron como consecuencia de la malaria y otros 300 de complicaciones posteriores. El acusado Sievers tuvo conocimiento y apoyó estos experimentos, pero toda la prueba aportada por la Fiscalía demostró la importancia del ya condenado y ejecutado Schilling en lo relativo a la experimentación sobre los internos en Dachau con el virus de la malaria, por lo que poco aportó al caso.

d. Experimentación sobre los efectos del gas mostaza

Hitler le había dado amplias facultades a Brandt en este campo de investigación, ya que se temía el uso del gas por parte de los Aliados. Se decía que había acumulación de armas químicas en Túnez y Dakar, y el descubrimiento de una máscara antigas soviética aumentó esos temores.[57] Los experimentos con gas mostaza se llevaron a cabo principalmente en el campo de concentración de Natzweiler, bajo la dirección de otro médico alemán Hirt. Se usaron alrededor de 220 prisioneros rusos, polacos, checos y alemanes, de los cuales 50 murieron como consecuencia directa de los mismos. Los prisioneros fueron rociados con el gas. Al cabo de 10 horas quemaduras empezaron a aparecer y se extendieron a cualquier zona de la piel que hubiera estado en contacto con el gas. Algunos internos quedaron parcialmente ciegos y todas las víctimas sufrieron de grandes dolores. La primera defunción ocurrió al quinto o sexto día, y la autopsia reveló la destrucción de los pulmones y de otros órganos internos. Al día siguiente de esa autopcia, murieron otros siete internos. Los sobrevivientes fueron enviados a otro campo de concentración, después de dos meses de recuperación hasta que estuvieron listos para el transporte.

Con otros 150 prisioneros se los hizo pasar de a dos a una cámara cerrada alejada del campo principal, donde debían romper una ampolla cada uno que contenía el gas. Tras inhalarlo quedaban inconcientes y luego en la autopsia se descubrió que sus órganos internos habían sido destruidos. Con diferentes dosis se obtuvo un porcentaje de sobrevivencia similar al de Natzweiler. Cuando el gas se inyectó, lo que tuvo lugar en un cuarto vecino al crematorio, los internos fallecieron sin excepción.

En otro campo cerca de la ciudad de Estrasburgo, se hicieron experimentos sobre cuarenta prisioneros rusos con fosgeno, gas químico manufacturado e incoloro, para probar los efectos de una droga para neutralizarlo, muriendo cuatro de los prisioneros en el experimento. Otros quedaron lesionados con edemas pulmonares. Por estos experimentos fueron acusados y condenados Karl Brandt, Rudolf Brandt y Sievers. Los acusados Rostock, Handloser, Gebhardt y Blome fueron absueltos de este cargo.

e. Experimentos sobre sulfonamidas y gangrena

El quinto grupo de experimentos fue con sulfonamidas y los acusados Karl Brandt, Handloser, Rostock, Schröder, Genzken, Gebhardt, Blome, Rudolf Brandt, Mrugowsky, Poppendick, Becker-Freyseng, Oberheuser, y Fischer fueron inculpados por este hecho.

Durante el juicio, la acusación desistió de la inculpación contra Schröder, Blome, y Becker-Freyseng. El origen de las investigaciones, tenían por efecto comprobar los efectos de las sulfonamidas en las heridas infectadas con gangrena que estaban causando estragos entre las fuerzas alemanas en el frente ruso. La pregunta teórica que se debía responder, fue si los heridos podrían ser tratados en hospitales en el frente, o si debían serlo en hospitales de campaña con tratamientos posteriores. Los experimentos fueron llevados a cabo en el campo de concentración de Ravensbrück por los acusados Gebhardt, Oberheuser y Fischer, primero, sobre un grupo de quince prisioneros, y luego sobre sesenta prisioneras polacas que se trataron en cinco grupos de doce personas cada uno. A los prisioneros se buscó producirles gangrena en una herida que fue hecha sobre el peroné, a la que se le hizo adquirir con forceps el tamaño de una moneda de cinco marcos, y que se trató con adrenalina y gasa infectada con estafilococos, estreptococos, bacterias o tierra que se pusieron sobre la herida.[58]

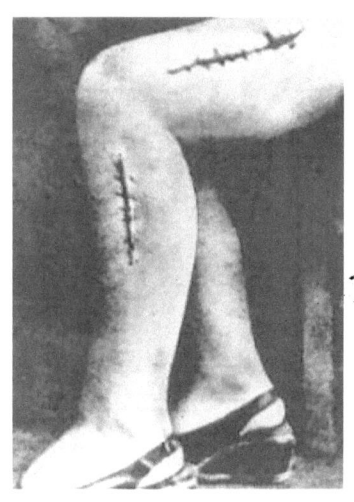

Los resultados no produjeron infecciones lo suficientemente serias, por lo que se trató a otros seis prisioneros con otras bacterias, sin tampoco haber obtenido el resultado infeccioso deseado. La siguiente serie de experimentos se hizo en agosto de 1942 sobre las prisioneras polacas, llevándose a cabo tres series de operaciones, cada una sobre diez personas, en una serie usando un cultivo bacterial y fragmentos de madera, en el otro usando un cultivo bacterial y fragmentos de vidrio, y en el tercero usando el cultivo, junto con madera y vidrio. Luego que una treintena de prisioneras polacas fueran tratadas de esta manera, cuando al mes siguiente se comprobó que ninguna había muerto, se estimó que los experimentos no fueron conformes con el escenario del frente de batalla y que se debían buscar resultados más contundentes. Las restantes prisioneras polacas, fueron entonces objeto de una nueva serie de experimentos en los que se interrumpió la circulación sanguínea alrededor de la herida producida con anterioridad.

Las infecciones entonces, fueron mucho más graves, y aunque hubo diferencias entre las muertes producidas directamente por la infección o por la ejecución posterior de las prisioneras, algunas de ellas lograron

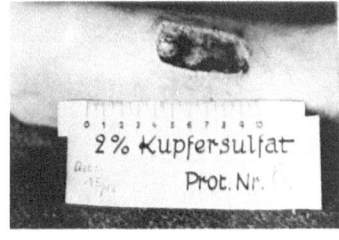

sobrevivir y actuaron como testigos de la acusación en el caso. Así, la testigo Kusmierczuk declaró que, tras haber sido sometida al experimento en el mes de octubre de 1942, desarrolló una gravísima infección y estuvo hospitalizada hasta abril de 1943, debiendo ser readmitida en el hospital en septiembre de ese año porque la herida no había curado y su situación se deterioró. Abandonó el hospital por segunda vez en febrero de 1944 pero su herida no curó sino hasta junio de ese año. Ella identificó a los acusados Gebhardt, Fischer y Oberheuser como quienes experimentaron sobre ella.

La testigo Maczka, quién siendo médica polaca, había trabajado en el campo de concentración como técnica en Rayos X, declaró sobre la muerte de otras cinco prisioneras polacas en el curso de estos experimentos: Weronoka Kraska desarrolló síntomas de tétanos luego de la operación y murió tras una breve agonía. Kazimiera Kurowska que había sido infectada con el bacilo de la gangrena, su pierna se hinchó y ennegreció día a día. Se la trató sólo los primeros días, y luego se la dejó en un lugar apartado del hospital donde estuvo varios días sufriendo increíbles dolores hasta que finalmente murió. Maczka estaba convencida que una amputación hubiera salvado su vida, lo que hubiera sucedido sin duda si se hubiera tratado de un soldado alemán. Muertes similares ocurrieron en el caso de las prisioneras Aniela Lefanowicz, Zofia Kiecol y Alfreda Prus.[59]

El Dr. Leo Alexander señala al Tribunal las heridas producidas en una de las testigos.

El acusado Fischer produjo un affidavit,[60] donde cuenta la reacción del médico Grawitz al enterarse que ninguna de las prisioneras había muerto de las treinta y seis tratadas en primera instancia. Como resultado de ello, coincidió con Gerbhardt que la única forma de imitar la situación del campo de batalla sería disparándoles a las detenidas, lo que era imposible. Por ello se probó un sistema que tuvo efectos similares:

> "El resultado normal de todas las heridas de bala consiste en un aplastamiento de tejidos que no existió en los experimentos iniciales. Como resultado de la herida, la corriente sanguínea a través del músculo se interrumpe. El músculo es alimentado por el flujo del torrente sanguíneo de cada extremo. Cuando esta circulación se interrumpe, el área afectada se vuelve un terreno fértil para el desarrollo de bacterias; la reacción normal del tejido contra la bacteria no es posible sin circulación. La interrupción de la circulación usual en las bajas de guerra puede ser simulada atando los vasos sanguíneos de cada extremo del músculo. Dos series de operaciones, cada una afectando a diez personas fueron hechas siguiendo este procedimiento. En la primera de ellas se uso el mismo cultivo bacterial usado para el desarrollo de las terceras y cuartas series anteriores, pero se omitió el vidrio y la madera. En la otra serie, se usaron cultivos de estreptocos y estafilococos. En las series usando el cultivo gangrenoso una severa infección en el área de incisión apareció dentro de las 24 horas."

Karl Brandt, Handloser, Gebhardt, Mrugowsky, Oberheuser, y Fischer fueron declarados culpables por este cargo y Rostock, Genzken, y Poppendick fueron absueltos.

f. Experimentos sobre trasplantes de huesos y de miembros

El sexto grupo de experimentos que les fue imputado a los acusados Karl Brandt, Handloser, Rostock, Gebhardt, Rudolf Brandt, Oberheuser, y Fischer, fue sobre regeneración de huesos, músculos y nervios y experimentos de trasplante. La acusación durante el debate, retiró este cargo contra Rudolf Brandt.

Los experimentos en cuestión, tuvieron lugar en el campo de concentración de Ravensbrück al mismo tiempo que se realizaban los de sulfonamidas. Fischer, que estaba en ese momento preparando su habilitación[61] sobre regeneración de tejidos fue puesto como ayudante del director del experimento. Fischer eligió trabajar sobre regeneración de músculos, pero simultáneamente se llevaron a cabo experimentos sobre trasplantes de huesos. La testigo Maczka, que había declarado sobre el experimento anterior, testificó sobre trece casos de operaciones de remoción o trasplante de huesos que se llevaron a cabo en Ravensbrück. Señaló la testigo, que hubo tres clases de operaciones sobre huesos: fracturas, trasplantes de hueso y férulas de hueso. En los casos de Krystyna Dabska y Zofía Baj, la testigo tomó radiografías de ambas piernas de las internas, y descubrió que habían sido removidos pequeños pedazos del peroné, y en una pierna el periostio - que es la fina membrana que cubre el hueso - había sido removido.

Zofía Baj

Otras dos internas habían sido sometidas a fracturas de la tibia, aplicándose abrazaderas que fijaban los pedazos fracturados en un caso, pero en el otro no. En el caso de otra paciente de 16 años sometida a estos experimentos, fue operada seis veces: se le habían hecho incisiones en la tibia, en otra operación se retiraron los pedazos de tibia de las incisiones, y Macza observó en estas dos internas, la formación de osteomielitis o infección en el hueso.

También se llevaron a cabo opera-

Krystyna Dabska

ciones de trasplante de miembros. Macza describió que diez internas con deficiencias mentales fueron elegidas y preparadas para la operación. En un caso se amputó la pierna, se mató al paciente y se reservó el cadáver. El segundo caso fue operado por Fischer, que amputó un brazo con hombro, a pesar de sus objeciones que Gebhardt acalló. De las personas operadas once murieron, o fueron asesinadas con inyecciones, y setenta y una quedaron inválidas de por vida. La Fiscalía trajo también a la testigo Karolewska,[62] quien relató la brutal forma en que estas operaciones se llevaron a cabo y lo que le sucedió en su propio caso, identificando a Gerbhardt, Fischer y Oberheuser. Por este hecho, los acusados Gebhardt, Oberheuser y Fischer fueron declarados culpables, mientras que el resto de los acusados absuelto.

g. Experimentos sobre el consumo del agua de mar

El séptimo grupo de experimentos fue relativo a las experimentaciones con agua de mar. Por este hecho se acusó a los detenidos Karl Brandt, Handloser, Rostock, Schröder, Gebhardt, Rudolf Brandt, Mrugowsky, Poppendick, Sievers, Becker-Freyseng, Schäfer, y Beiglböck, aunque en el curso del debate se levantó el cargo contra Mrugowsky.

Los alemanes estaban muy interesados en métodos de potabilización del agua de mar. Se conocían entonces, dos métodos para tratar al agua de mar: el primero llamado "método Schäffer" funcionaba, pero requería la utilización de grandes cantidades de plata, metal que estaba disponible sólo en cantidades limitadas. El segundo método llamado "Berkatit" consistió en la introducción de una substancia que le modificaba el gusto al agua de mar, pero no eliminaba su salinidad. Era fácil de producir y utilizar. El acusado Becker-Freyseng estuvo convencido de que faltaba experimentación en el tema. El sistema Berkatit no podía ser utilizado más allá de seis días, sin producir un daño permanente a la salud que produciría la muerte no más allá de los doce días siguientes. Los síntomas que se manifestaban eran la deshidratación, diarrea, convulsiones, alucinaciones y finalmente la muerte. Para el experimento se usaron prisioneros gitanos en Dachau. El testigo Laubinger venía de los campos de concentración de Auschwitz y

Buchenwald, y aceptó ser transferido a Dachau porque corría la versión entre los prisioneros, que las condiciones eran mejores. Al llegar se le tomaron Rayos X y fue llevado a la estación de experimentación donde el acusado Beiglböck les informó que iban a ser sometidos a experimentos con agua de mar. Al testigo le tocó el grupo que iba a ser tratado con el método Schäffer, dándole agua durante doce días, pero ayuno por nueve. Él se encontró tan débil que casi no podía pararse. La mayoría de los internos que eran sujetos a la experimentación fueron checos, polacos y rusos, aunque hubo también ocho alemanes.

Un número de internos sufrieron ataques de delirio y dos fueron enviados al hospital, y no se los volvió a ver. El testigo Tschofenig que estuvo trabajando como operario de los Rayos X declaró que, a la conclusión 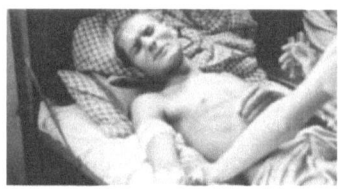 del experimento, tres internos fueron llevados a estación por problemas internos, uno de ellos en camilla que murió dos días después. La cuestión que los alemanes querían resolver era la de saber si en caso de naufragio o caída al mar de un aeroplano, era más conveniente para los náufragos continuar sin comida ni agua, o si podrían tomar una cierta cantidad de agua de mar antes que no beber agua de ninguna especie. A criterio de los alemanes esta pregunta sólo podía ser resuelta mediante experimentación sobre personas, pues los animales tienen una diferente forma de distribuir el líquido sobre su organismo. A todos los internos gitanos sometidos al experimento se les dio las llamadas "*raciones de naufragio:*" una onza diaria de bizcochos, leche condensada dulce, manteca, grasa o margarina y chocolate.[63] Antes de comenzar el experimento, a los internos se les dio la misma comida que se le daba al personal de vuelo de la fuerza aérea basada en una nutritiva dieta de sardinas, manteca, queso, leche, carne, etc. Durante el experimento, a cuatro personas asignadas al primer grupo, no se les dio ningún tipo de comida, mientras que a los otros se les dieron las raciones de naufragio.

En un momento de la presentación de evidencias, la Fiscalía hizo pasar al estrado al testigo Karl Höllenreiner, quien declaró ser medio gitano y contó al tribunal que había sido primero enviado a Auschwitz donde estuvo cuatro semanas y luego a Buchenwald por solo unos días antes de ser destinado a Dachau. Se le preguntó entonces al testigo por su tiempo en ese campo de concentración y dijo que, tras la cuarentena, fue enviado a la sección de experimentación donde un médico le informó que iba a ser sometido junto con otros gitanos a los experimentos de agua de mar. En ese momento, el Fiscal le preguntó al testigo si podría identificar al médico al que hizo referencia de entre los acusados. El testigo se dirigió a donde se encontraban los detenidos y de improviso se abalanzó sobre Beigelböck, comenzando a golpearlo. Luego de ser reducido, el tribunal le dijo al testigo que había cometido desacato al tribunal y se le preguntó si tenía algo que decir en su descargo.

Beigelböck escuchando las acusaciones contra él

El testigo pidió disculpas, se excusó por su alteración y dijo: "Ese hombre es un asesino. Él arruinó toda mi vida." El tribunal estimó que no era una justificación para lo que hizo y lo condenó a noventa días de prisión. El testigo dijo entonces:

"... Este hombre es un asesino. Me dio agua salada y realizó una punción sobre mi hígado. Todavía estoy bajo tratamiento médico..."[64]

El tribunal insistió en su posición, y el testigo fue retirado por el alguacil. El experto psiquíatra Alexander estimó que había sido sometido a una tensión producto del estrés emocional. Finalmente, el testigo fue liberado bajo palabra.[65] Los acusados Schröder, Gebhardt, Sievers, Becker-Freyseng, y Beiglböck fueron declarados culpables de este cargo y los procesados Karl Brandt, Handloser, Rostock, Rudolf Brandt, Poppendick, y Schäfer fueron absueltos.

h. Experimentos sobre la hepatitis epidémica

Karl Brandt, Handloser, Rostock, Schröder, Gebhardt, Rudolf Brandt, Mrugowsky, Poppendick, Sievers, Rose, y Becker-Freyseng fueron acusados por este delito. Sin embargo, en el transcurso del debate la fiscalía desistió de las acusaciones contra Sievers, Rose, y Becker-Freyseng.

Tras el ataque a la Unión Soviética por parte de las tropas alemanas, de acuerdo con los informes que se presentaron ante el tribunal, la hepatitis o ictericia epidémica fue un problema que afectó hasta el 60% del personal militar de algunas unidades que combatían en el frente ruso. El tema de investigación era importante para los alemanes, y hasta existía entre sus médicos una controversia en determinar si la ictericia era provocada por una bacteria, o por un virus, aunque se tenía conciencia que, como tal, la enfermedad no representaba ni lejos, la peligrosidad mortal de la malaria y otras enfermedades. Himmler consintió en que ocho judíos polacos prisioneros, que habían sido condenados a muerte en Auschwitz, fueran sometidos a los experimentos que se llevaron a cabo presumiblemente en el campo de concentración de Sachsenhausen, a manos del médico alemán Dohmen, y donde murieron varios entre ellos como resultado de los mismos. Pero, a pesar de los documentos que produjo la Fiscalía, el Tribunal careció de elementos suficientes para probar que estos experimentos siquiera tuvieron lugar en ese, o algún otro campo de concentración. El imputado Brandt, quien resultó ser el único condenado por este grupo de experimentos no logró convencerse que estos experimentos hayan tenido efectivamente lugar. Los demás acusados Handloser, Rostock, Schröder, Gebhardt, Rudolf Brandt, Mrugowsky, y Poppendick fueron absueltos por este cargo.

i. Experimentos sobre transmisión del tifus, aplicación de vacunas y plasma vencido

Los experimentos con tifus les fueron atribuidos a los detenidos KarI Brandt, Handloser, Rostock, Schröder, Genzken, Gebhardt, Rudolf Brandt, Mrugowsky, Poppendick, Sievers, Rose, Becker-Freyseng y Hoven. Uno de los más importantes problemas ligados con la producción de vacunas contra el tifus que estaba diezmando a las tropas alemanas, era probar la efectividad de la llamada vacuna "Cox-Hagen-Gildemeister" que fue producida en cultivos bacteriales en yemas de huevo de gallina. Esta vacuna era simple para producir, pero se la tenía como no suficientemente probada. La vacuna que sí era efectiva contra el tifus, en cambio, conocida como "vacuna Weigl" se obtenía del cultivo de los intestinos de los piojos, estaba disponible, pero era muy costosa y muy complicada su fabricación. En una conferencia mantenida en el Ministerio del Interior alemán, se decidió entonces trabajar en la experimentación de la que se obtenía de las yemas de huevos. El acusado Mrugowsky, que estaba a cargo de la estación de experimentación en el campo de concentración de Buchenwald, fue puesto a cargo del proyecto.

En el bloque 46 de Buchenwald se llevaron a cabo entonces toda una serie de experimentos sobre los internos, y sin consentimiento de éstos, no sólo sobre el tifus, sino también sobre vacunas contra la fiebre amarilla, viruela, tifoideas A y B, cólera y disentería. Un grupo de víctimas fue primero vacunada con la vacuna contra el tifus, y luego infectada con el virus. Para ver el contraste, otro grupo de internos fue infectado con

Bloque 46 en Buchenwald

el virus, pero sin vacunación previa. Entre el otoño de 1942 y el verano de 1943, alrededor de 500 internos del campo de Buchenwald fueron usados en estos experimentos. Entre el 10 y el 20% de estos internos murió como consecuencia del experimento.[66] Los experimentos en Buchenwald se llevaron a cabo en gran escala. Los primeros experimentos comenzaron en enero de 1942 con la vacunación de 135 internos, con todas las vacunas. En marzo, todos los internos vacunados y otros diez que no lo habían sido y que fueron usados como "testigos," fueron infectados artificialmente con el virulento virus "Rickettsia-Prowazeki"[67] Este experimento concluyó en abril con cinco muertes, tres entre los "*testigos*" que no habían sido vacunados, y dos entre los sujetos vacunados.

Al año siguiente, se experimentó sobre los efectos de la acridina granulada y el ruteno entre enfermos de tifus. De los treinta y nueve internos usados en este experimento, más de la mitad murieron. La infección artificial de internos se llevó a cabo de varias formas: al comienzo, se buscó la infección lacerando la piel del prisionero y se la infectó a la herida, con un cultivo del tifus. La mayoría de los casos provinieron de la infección intravenosa de sangre infectada con tifus. Con el único objeto de mantener un cultivo de tifus disponible, se infectó también entre tres y cinco internos por mes. El traspaso directo, creó un virus mucho más poderoso. Mientras que se estimó que la muerte por tifus entre personas no vacunadas tenía una tasa del 30%, en el caso de este virus poderoso morían cinco de cada seis individuos infectados.

A pedido del ejército, se experimentó con el virus de la fiebre amarilla a partir de enero de 1943, vacunándose a un gran número de internos - alrededor de cuatrocientos cincuenta - entre enero y mayo de ese año. Aunque las pruebas fueron abandonadas por la situación militar en África del Norte. los resultados produjeron gran cantidad de muertes.

Cuarenta y cinco internos de Buchenwald entre marzo y abril de 1943, fueron vacunados durante ocho días en un período de cuatro semanas, contra la viruela, la tifoidea, el tifus, las tifoideas A y B, el cólera y la difteria. Salvo en el caso de tifus, las muertes según un informe, fueron relativamente bajas. El diario de Ding-Schuler, que se había suicidado, fue una prueba fundamental contra Mrugowsky sobre estos experimentos.

También se hicieron experimentos con plasma vencido, para saber si se podía usar sin riesgo de hacer caer al paciente en estado shock, para lo cual se llevaron a cabo transfusiones a los internos, y donde murieron varios de los pacientes. También se retiró sangre de enfermos convalecientes recuperándose del tifus, para lograr un suero. Muchos convalecientes murieron, y el haberles retirado entre un cuarto y medio litro de sangre para la fabricación del suero, fue un factor que contribuyó a ese desenlace fatal.

Los acusados Handloser, Schröder, Genzken, Rudolf Brandt, Mrugowsky, Sievers, Rose, y Hoven fueron condenados por estas investigaciones. Los acusados Karl Brandt, Rostock, Gebhardt, Poppendick y Becker-Freyseng fueron absueltos.

j. Experimentos sobre veneno

El décimo grupo de experimentos fueron los realizados con veneno. Genzken, Gebhardt, Mrugowsky, y Poppendick fueron culpados por este cargo. En los campos de concentración de Buchenwald y Sachsenhausen, a partir de diciembre de 1943 y por orden del acusado Mrugowsky, se llevaron a cabo experimentos que tuvieron como objetivo determinar la dosis fatal de venenos del grupo de los alcaloides. El veneno se le administró a cuatro prisioneros rusos, mezclado con la comida y sin que supieran. Todos sobrevivieron, pero fueron estrangulados con el propósito de poder practicárseles las autopsias.[68]

En septiembre de 1944, Mrugowsky y Ding-Schuler llevaron a cabo otro experimento sobre prisioneros de guerra rusos en Sachsenhausen. Esta vez con balas envenenadas. Los proyectiles fueron llenados con veneno cristalizado, y se disparó contra cinco prisioneros que fueron heridos en la parte superior de la pierna izquierda. En dos casos, el veneno no tuvo efecto alguno, pero en los otros tres los sufrimientos de los prisioneros fueron terribles, muriendo después de dos horas de agonía.

Mrugowsky se defendió de estos cargos diciendo que había sido designado como el ejecutor de los prisioneros, quienes habían sido condenados a muerte. También a este acusado le tocó asistir a la ejecución de diez prisioneros a quienes se les disparó con balas envenenadas con aconitina.[69] Se usó munición rusa para revólver, donde proyectiles huecos habían sido rellenos con aconitina. El experimento se hizo presumiblemente para determinar si los proyectiles tenían aconitina pura o una mezcla y cuánto tiempo tendrían para administrar antídotos. Mrugowsky fue el único condenado por estos hechos y el tribunal absolvió a los restantes acusados.

k. Experimentos sobre fósforo y sobre los efectos de las bombas incendiarias

Los experimentos con bombas incendiarias se les atribuyeron a Genzken, Gebhardt, Mrugowsky, y Poppendick. De acuerdo con los registros del caso, los experimentos fueron llevados a cabo por Ding-Schuler en el campo de concentración de Buchenwald entre el 19 y el 25 de noviembre de 1943. El objetivo de los experimentos fue probar la efectividad de las drogas y medicamentos que se usaban ante quemaduras: un compuesto de tetraclorido de carbón líquido que componía la droga R17 así como el líquido y el ungüento de equinacina.

Cinco internos del campo fueron deliberadamente quemados en una zona de 6 por 3 cm de su cuerpo con fósforo encendido tomado de una bomba incendiaria. En el primer caso, luego de dejarlo quemar por veinte segundos, el fuego fue apagado con agua y con R17. Las quemaduras fueron muy severas y las víctimas sufrieron enormes dolores y lesiones permanentes. Luego de tres días se les aplicó el líquido equinacina. A los catorce días la costra de la herida cayó y se volvió a formar tejido epitelial. Para el 21 de diciembre sólo un quinto de la herida no estaba curada, duración que se alcanzó el 29 de diciembre. Obviamente, las cicatrices de tales quemaduras no desaparecieron ni desaparecerían, pero la herida producida fue vista como sanada.

En un segundo caso se dejó quemar por 55 segundos la misma zona hasta que el fuego se extinguió solo. En este caso, la herida no se había curado totalmente el 29 de diciembre.

En el tercer caso, se aplicó el fósforo en una superficie menor de 2 cm. que se reproduciría en los experimentos de los restantes internos, y luego de 30 segundos se lo encendió por 40 segundos y se lo limpió con R17. La herida en este caso se hinchó, pero luego de aplicársele el líquido de equinacina se observó una curación importante y para el 29 de diciembre la herida estaba cicatrizada en sus tres cuartos.

El cuarto caso fue igual que este último, pero se dejó quemar al fósforo por 60 segundos antes de limpiarlo con R17. La herida tuvo un proceso mucho más lento y el 29 de diciembre no estaba aún curada. En el quinto caso, el fósforo encendido se aplicó sobre la ropa y se dejó quemar por 75 segundos. El 29 de diciembre no estaba curada aún.

La Fiscalía no pudo probar la acusación y todos los procesados fueron absueltos por esta imputación.

l. Experimentos sobre la septicemia

Poppendick, Oberheuser y Fischer fueron acusados por los experimentos con septicemia que tuvieron lugar en el otoño de 1942 en el campo de concentración de Dachau. Aparentemente, la septicemia se contagiaba con pus a los internos usados como conejillos de Indias. Se dice que hubo dos series de experimentos, donde la mitad de los pacientes fueron tratados con sulfonamidas y la otra mitad por medios bioquímicos. La primera serie se habría llevado a cabo sobre 20 prisioneros alemanes de los cuales murieron siete. En la segunda serie se usaron hombres religiosos de varias nacionalidades y murieron doce. El experimento era complementario del que se llevaba a cabo en Ravensbrück sobre las sulfonamidas ya que los encargados se habrían intercambiado informes al respecto.[70] El informe hace referencia a los experimentos llevados a cabo sobre cuarenta prisioneros para tratar la septicemia, flemones, forúnculos, abscesos, enfisemas pleurales, cálculos biliares y nefrosis entre otros casos. Diez internos murieron. También trata de la septicemia en tres casos en Auschwitz donde todos murieron. No hubo condenas en este caso.

m. Experimentos sobre coagulación

. . .

Para probar la efectividad del coagulante polygal, se disparó contra cuatro internos. Uno de los prisioneros murió poco después pues el disparo interesó la aorta. Los otros también habrían fallecido. El que habría dirigido estos experimentos fue el desaparecido Rascher. Con relación a los experimentos de coagulación fueron acusados Sievers, Handloser, Blome y Poppendick, pero sólo fue condenado Sievers, dejándose a los demás acusados absueltos por este hecho.

n. Experimentos con fenol

Los experimentos con fenol involucraron a Mrugowsky, Hoven y Handloser, siendo los dos primeros condenados por este hecho. Hoven declaró que se ocupó personalmente, como médico del campo de concentración de Buchenwald, de dar muerte mediante inyecciones de fenol a algunos prisioneros que habían sido condenados a muerte por traidores. La traición consistía en denunciar falsamente a otros prisioneros que ocupaban mejores posiciones dentro del campo. Hoven reconoció que 150 prisioneros fueron muertos por traidores y que 60 de las muertes producidas, lo fueron a través de las inyecciones de fenol. El resto murió por otras causas, tales como los golpes recibidos de los prisioneros. La inyección de fenol tenía efectos instantáneos y el prisionero moría mientras la misma le era administrada.

o. Experimentos para la esterilización en masa

Les fueron imputados a los acusados Karl Brandt, Gebhardt, Rudolf Brandt, Mrugowsky, Poppendick, Brack, Pokorny, y Oberheuser. Durante el transcurso del juicio la fiscalía levantó los cargos contra los acusados Oberheuser y Mrugowsky.

En 1941 ya era una política oficial del III Reich la eliminación de la población judía en Alemania y en los territorios ocupados. La falta de mano de obra hizo pensar que la esterilización era una mejor alternativa que la eliminación llana y simple. En consecuencia, se comenzó a experimentar en los campos de concentración sobre la esterilización química, inyección de substancias irritantes, uso de rayos X y esterilización quirúrgica. Himmler estaba profundamente interesado en encontrar un método rápido y barato de esterilización de rusos, polacos y judíos. Alemania podría aprovechar la fuerza laboral eliminando según Brandt "el peligro de propagación."[71] La esterilización quirúrgica era conocido y efectivo como método, pero era caro y complicado y la idea en opinión de los nazis fue la de encontrar un método en dónde la esterilización no fuera advertida de inmediato. Se comenzó con una droga -*caladium seguinum*- obtenida de una planta norteamericana.[72] Se tomaba oralmente o por inyección, y el acusado Pokorny le escribió a Himmler sobre las ventajas de poder aplicarla sobre los más de tres millones de prisioneros rusos,[73] por lo que se decidió la plantación a gran escala de la planta para su empleo. Sin embargo, y a pesar de los esfuerzos alemanes, aunque la plantación a gran escala avanzó la obtención de la droga fue mucho más lenta que lo deseado. Brandt en su affidavit reconoció también que un médico de apellido Clauberg, había llevado a cabo experimentos en Auschwitz de esterilización a gran escala. El método se basó en la inyección de una solución irritante en el útero de las prisioneras judías y gitanas. Varios miles de mujeres fueron esterilizadas por Clauberg en Auschwitz.[74] En la primavera de 1941, la esterilización mediante el uso de Rayos X le fue propuesta a Himmler por el acusado Brack, aquien sostuvo que podía ser realizada sin dificultades.

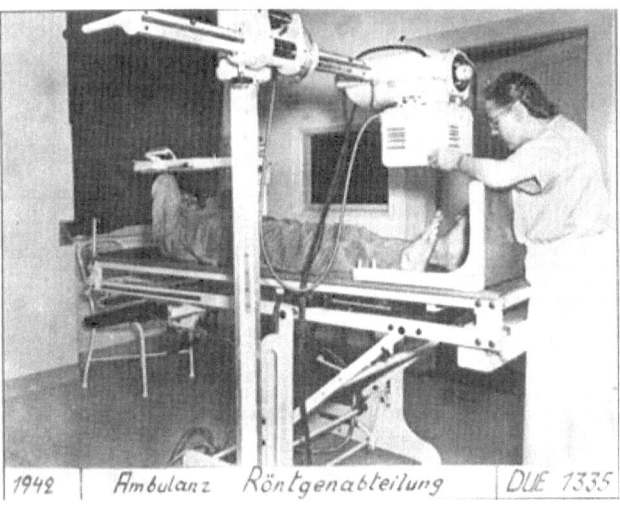

Unidades de Rayos X

Brack estimó que con veinte instalaciones de Rayos X se podría hacer una esterilización diaria de entre 3.000 a 4.000 prisioneros. En 1942 estos experimentos comenzaron a hacerse en el campo de concentración de Auschwitz. Una de las víctimas que había sido sometida a severas dosis de radiación en el área genital, fue castrado quirúrgicamente para determinar los efectos de los Rayos X. Al menos cien internos polacos, rusos, franceses y prisioneros de guerra involuntarios, fueron usados en estos experimentos. Sólo se seleccionaron internos que se encontraban en perfecto estado de salud. Casi todas estas víctimas fueron luego exterminadas, cuando las severas quemaduras producidas por los Rayos X los volvían incapaces de trabajar. En el informe que Brack elevó a Himmler se lee:

"Una forma práctica de proceder sería, por ejemplo, dejar que las personas que se van a tratar se aproximen a un mostrador donde deberán responder preguntas o completar formularios lo que les llevará entre dos o tres minutos. El oficial sentado detrás del mostrador puede operar la instalación de forma que operando un interruptor podría activar las dos válvulas simultáneamente (ya que la radiación debe operarse de los dos lados). Con una instalación de dos válvulas, entre 150 a 200 personas pueden ser esterilizadas por día, y en consecuencia, con 20 de tales instalaciones 3.000 a 4.000 personas por día. En cuanto a los costos para tal sistema de dos válvulas yo sólo puedo tener una estimación aproximada de 20.000-30.000 RM.[75] Adicionalmente, sin embargo, estará el costo de una nueva construcción ya que una adecuada extensa protección debe serles proveída a los oficiales de servicio."[76]

En un informe de Brack a Himmler le propone extender esta idea para la esterilización de millones de judíos:

"Entre los 10 millones de judíos en Europa hay, yo estimo, por lo menos 2-3 millones de hombres y mujeres que se encuentran en condiciones de trabajar. Considerando las extraordinarias dificultades que el problema del trabajo nos presenta, yo tengo la idea que esos 2-3 millones deben ser especialmente seleccionados y preservados. Esto puede, sin embargo, hacerse sólo si al mismo tiempo ellos son incapacitados para propagarse. Hace un año yo le informé que mis agentes han completado los experimentos necesarios para este propósito. Yo desearía traer estos hechos una vez más. La esterilización llevada a cabo sobre personas con incapacidades hereditarias está fuera de discusión porque lleva mucho tiempo y es muy costosa. Castración por Rayos X sin embargo no es sólo relativamente barata, sino que puede llevarse a cabo sobre varios miles en el tiempo más corto. Yo pienso que, en este momento, es ya irrelevante si la gente en cuestión advierte de estar siendo castrada luego que después de unas semanas o meses ellos sienten los efectos."[77]

Brack fue condenado a muerte por el tribunal.

p. Creación de una colección de esqueletos y cráneos judíos

Con relación a la colección de esqueletos y cráneos, los acusados Rudolf Brandt y Sievers fueron acusados por el homicidio de ciento doce judíos para completar una colección de esqueletos y cráneos. Ambos fueron encontrados culpables por ese hecho.

En un informe que Sievers somete a la consideración de Rudolf Brandt en 1942, le hace saber que el Dr. Hirt de la Universidad de Estrasburgo proponía matar a los comisarios judeo-bolcheviques:

"Obteniendo los cráneos de los comisarios judeo-bolcheviques, que personifican una repulsiva, pero característica sub-humanidad, tenemos la oportunidad de obtener evidencia científica tangible. El obtener y coleccionar esos cráneos sin dificultad, puede ser cumplida mejor a través de una directiva al ejército para que en el futuro entregue vivo a la policía de campo todos los comisarios judeo-bolcheviques. Ellos a su vez, recibirán directivas para informar a determinado oficial a intervalos regulares, el número y lugar de detención de estos judíos capturados y de darles especial atención y cuidado hasta la llegada de un delegado especial. Este delegado especial, que tendrá a su cargo asegurar 'el material' tendrá el trabajo de obtener una serie de fotografías preestablecidas, efectuar las mediciones antropológicas y, adicionalmente, determinar en tanto ello sea posible, los antecedentes, fecha de nacimiento y otros datos adicionales del prisionero."[78]

Hirt continuaba su informe diciendo:

"Siguiendo la consecuente muerte inducida del judío, cuya cabeza no debe ser dañada, el delegado procederá a separar la cabeza del cuerpo y la remitirá a su adecuado punto de destino en un envase herméticamente cerrado, especialmente hecho para este propósito y lleno de un fluido de conservación. Llegada al laboratorio, se podrá proceder a los exámenes de comparación e investigación anatómica sobre el cráneo, así como la determinación de la raza a la que pertenece y las características patológicas de la forma del cráneo etc. La base de estos estudios serán las fotos, medidas y otra información provista sobre el cráneo y finalmente los exámenes del cráneo mismo."

En junio de 1943 se comenzó la selección separando en Auschwitz a ciento quince internos: setenta y nueve hombres judíos, treinta mujeres judías, dos polacos y cuatro asiáticos. Se solicitó el traslado del grupo elegido al campo de concentración de Natzweiler ante el posible riego de infección en Auschwitz. En ese campo los prisioneros fueron exterminados en una cámara de gas especialmente construida al efecto y sus cuerpos remitidos a Hirt en la Universidad de Estrasburgo. Cuando en septiembre de 1944 los Aliados estaban amenazando Estrasburgo Sievers se contactó con Rudolf Brandt pidiendo instrucciones sobre lo que se debía hacer con los cuerpos de los judíos que estaban conservados en tanques de formol. Sievers le pidió a Brandt que resuelva si la colección debía ser preservada, disuelta parcialmente o completamente destruida. Se consideró que los cuerpos fueran eviscerados y carneados, pero era una tarea enorme para sólo dos personas. No se tomó una decisión final al respecto y los Aliados llegaron a tiempo para encontrar los cuerpos intactos en los tanques de formol. Hirt fue capturado y se suicidó poco después de su captura.

. . .

q. Exterminación de prisioneros polacos

Con relación al proyecto para exterminar a los prisioneros polacos con tuberculosis, Rudolf Brandt y Blome fueron acusados, pero ambos absueltos por este cargo. La acusación se basó en una carta de Greiser a Himmler solicitando autorización para exterminar a 35.000 polacos enfermos de tuberculosis incurable. Himmler consintió en principio el proyecto, pero Blome manifestó objeciones religiosas y morales al exterminio, el que daría material para la propaganda de los aliados, sugiriendo un aislamiento de los mismos semejante al de los leprosos. Himmler aprobó la idea de Blome.

r. Exterminación en masa y eutanasia

Karl Brandt, Blome, Brack, y Hoven fueron acusados de llevar a cabo el programa de eutanasia que exterminó a millares de personas de los territorios ocupados por el III Reich. Solo Blome fue absuelto de este cargo.

De acuerdo a las evidencias presentadas en el caso, Hitler designó el 1 de septiembre de 1939 a Karl Brandt y al Director Imperial de las SS Philipp Bouhler, que no era médico y se había suicidado en su celda en 1945 luego de ser detenido por los Aliados, para la ejecución del programa de eutanasia. Según la carta de nombramiento estarían a cargo de ampliar las responsabilidades de ciertos médicos que designarían por nombre, para que éstos actuando de acuerdo a su conocimiento, determinen que aquellas personas que son incurables

> "tras el más cuidadoso diagnóstico de su enfermedad y condición, se les dé una muerte misericordiosa".[79]

Como puede advertirse y fue puesto de relieve por la Fiscalía, la carta de Hitler no limitó la aplicación de la eutanasia solo a los enfermos incurables. En consecuencia, todas las instituciones mentales alemanas recibieron un cuestionario del Ministerio del Interior que debían completar.[80] Las respuestas eran analizadas por un grupo de expertos designados que trabajan junto a una asociación de trabajadores, la que a su vez trabajaba junto a un Fondo que financiaba el proyecto y una organización para el transporte de pacientes. Cada uno dió su opinión sobre el estado de los pacientes, no importando si eran judíos o no, de nacionalidad alemana o de otra, determinando a quien debía aplicársele la eutanasia.

Propaganda Nazi sobre el costo de un enfermo hereditario (RM 5,50 por día) y el costo diario de una familia saludable.

En 1940 se amplió la actividad de este grupo a los campos de concentración, extendiendo el programa de eutanasia a gran cantidad de judíos y prisioneros no alemanes. Otra función del programa fue destinado a los niños con deficiencias mentales o incapacidades físicas y sobre el cual, los padres de los menores no fueron consultados. Era función del programa inducir para que los padres entregaran a esos niños voluntariamente, cuando no estaban en una institución mental. El programa se fue extendiendo sobre los territorios y zonas ocupadas por los nazis. El diagnóstico fue lejos de ser cuidadoso y en realidad, fue superficial y arbitrario. No fue el nivel de deficiencia de la persona el parámetro que determinó que el paciente fuera sometido a la eutanasia, sino mejor, su capacidad para trabajar, en comparación con otros. De esta forma, enfermos de cáncer, arterioesclerosis y tuberculosis fueron incluidos en el programa. Las personas que habían perdido valor para el Estado nazi, se transformaron en "*consumidores inútiles*"[81].

A partir de 1941 y hasta el fin de la guerra, el programa de eutanasia se usó también para el exterminio de los judíos en los campos de concentración. De acuerdo a las estimaciones del propio Adolf Eichmann, que había sido puesto a cargo de la "*solución final*" tras la muerte de Reinhard Heydrich, cuatro millones de judíos fueron muertos en los campos de exterminio.[82] Las pruebas sobre estos crímenes son muy numerosas y contundentes.

Se transcribe a continuación un párrafo de la declaración que le fue tomada[83] a Kurt Gerstein[84] de las *Waffen SS,* quien describe en toda su magnitud, con gran crudeza, el proceso de exterminio del que fue testigo:

"Al día siguiente nos fuimos para Belcec, una pequeña estación especial con dos plataformas contra una colina de arena amarilla, inmediatamente al norte de la carretera Lublin-Lvov y el ferrocarril. Hacia el sur, cerca de la carretera, había algunas casas de servicios con un letrero: 'Belcec, Centro de Servicio de las Waffen SS. Globocnik me presentó al SS Hauptsturmführer Obermeyer, de Pirmasens, quien con parquedad me mostró las instalaciones. No había muertos a la vista ese día, pero el olor en todo el lugar, incluso desde la carretera principal, era pestilente. Cerca de la pequeña estación había un gran cuartel marcado 'Guardarropa', y una puerta marcada 'Objetos de valor.' Junto a esto, había una habitación con un centenar de sillas 'de peluquería.' Luego un pasillo de 150 metros de largo, abierto y con alambre de púas a ambos lados. Había un letrero: 'Hacia los baños e inhalaciones.' Delante nuestro vimos una casa, como una casa de baños, con maceteros de hormigón a la derecha e izquierda, con geranios y otras flores. Después de subir una pequeña escalera, llegamos a tres habitaciones del tamaño de garajes, 4 x 5 metros de tamaño y 1,90 metros de altura. En la parte trasera había puertas de madera, invisibles. En el techo había una estrella de David hecha de cobre. En la entrada del edificio se leía una inscripción, "Fundación Heckenholt." Eso fue todo lo que ví esa tarde en particular.

A la mañana siguiente, pocos minutos antes de las 7, se me informó que en 10 minutos iba a llegar el primer tren. Y, en efecto, a los pocos minutos, el primer tren llegó de Lemberg [Lvov]: 45

coches, que contenían 6700 personas, 1.450 de los cuales ya habían muerto antes de llegar. Detrás de las pequeñas aberturas de alambre de púas había niños, amarillentos, medio muertos de miedo, mujeres y hombres. El tren se detuvo. 200 ucranianos que habían sido obligados a hacer este trabajo, abrieron las puertas y dirigieron a toda la gente afuera de los vagones con látigos de cuero. Luego, a través de un enorme altavoz, se les dio instrucciones de desnudarse por completo y entregar las dentaduras postizas y los lentes, algunos en las barracas, otros al aire libre. Los zapatos debían ser atados juntos con un poco de cuerda que era entregada a todo el mundo por un pequeño niño judío de 4 años de edad; todos los objetos de valor y dinero debían ser entregados por la ventana marcada "valores", sin recibo. Entonces las mujeres y las niñas debían ir a la peluquería donde se cortaba su cabello de una o dos pasadas, tras lo que desaparecía en grandes bolsas de papas 'para ser usadas para el equipo submarino especial, esteras de puerta, etc.,' como me dijo el Unterscharführer SS de guardia. Entonces empezó la marcha. A la derecha y a la izquierda, el alambre de púas; detrás, dos docenas de los ucranianos con armas de fuego. Dirigidos por una muchacha de singular belleza se nos iban acercando. Con el Capitán Wirth, estábamos justo delante de las cámaras de la muerte. Completamente desnudos, marcharon hombres, mujeres, niñas, niños, bebés, personas, incluso con una sola pierna, todos desnudos. En una esquina, un hombre de las SS gritaba a los pobres diablos con fuerte voz grave: 'Nada les va a pasar. Todo lo que tienen que hacer es aspirar profundamente, lo que fortifica los pulmones. Esta inhalación es una medida necesaria contra las enfermedades contagiosas; se trata de un muy buen desinfectante.' Cuando se le preguntó qué iba a ser de ellos, respondió: 'Bueno, por supuesto, los hombres tendrán que trabajar en la construcción de calles y casas. Pero las mujeres no tienen que hacerlo. Si lo desean pueden ayudar en la casa o en la cocina.' Una vez más, un poco de esperanza para estas pobres personas, lo suficiente como para hacerlos marchar sin resistencia a las cámaras de la muerte. La mayoría de ellos, sin embargo, pienso que sabían todo. El olor les había dado una clara indicación de su destino. Y luego caminaron hasta la pequeña escalera, e imagínese: madres con bebés en sus pechos, desnudas, un montón de niños de todas las edades, desnudos también; dudan, pero entran en las cámaras de gas, la mayoría de ellos, sin decir una palabra, empujados por los otros de atrás, perseguidos por los látigos de los SS. Una judía de alrededor de 40 años de edad, con ojos llameantes, dice que la sangre de sus hijos caerá sobre la cabeza de sus asesinos. Recibe cinco latigazos en su cara por el Capitán de Policía Wirth que se encarga él mismo de llevarla a la cámara de gas. Muchos de ellos dicen sus oraciones; otros piden: '¿Quién nos va a dar el agua para nuestra muerte?' Dentro de las cámaras, los SS empujan a la gente. El Capitán Wirth había ordenado 'Llénenla toda.' Hombres desnudos parados sobre los pies de otros. 700-800 personas aplastadas en 25 metros cuadrados, en 45 metros cúbicos. Se cierran las puertas. Mientras tanto, el resto del transporte, todos desnudos, espera. Alguien dice: 'Desnudos en invierno; suficiente para matarlos' La respuesta fue: "Bueno, para eso es que están aquí" Y en ese momento entendí por qué se llamaba a la Fundación Heckenholt. Heckenholt era el hombre a cargo del motor diesel, cuyos gases de escape iban a matar a estos pobres diablos. El SS Unterscharführer Heckenholt trataba de poner en marcha al motor diesel, pero no arrancaba. El Capitán Wirth llegó. Era obvio que temía porque yo era testigo del malfuncionamiento. Sí, en efecto, ví todo y esperé. Todo fue registrado por mi cronómetro. 50 minutos - 70 minutos y el motor diesel no arrancaba. Las personas esperando en las cámaras de gas en vano. Uno podía escucharlos llorar. 'Igual que en una sinagoga', dice SS Sturmbannführer Profesor Dr. Pfannenstiel, profesor de Salud Pública en la Universidad de Marburg /Lahn, pegando su oreja a la puerta de madera. El Capitán Wirth, furioso, le dio 11 o 12 latigazos en la cara al ucraniano que estaba ayudando a Heckenholt. Después de 2 horas y 49 minutos - como fue registrado por mi cronómetro -el motor diesel arrancó. Hasta ese momento las personas en las cuatro cámaras llenas estaban vivas. ¡Cuatro veces 750 personas en cuatro espacios de 45 metros cúbicos! Otros 25 minutos pasaron. Muchas de las personas, es cierto, habían ya muerto en ese momento. Uno podía verlo a través de la pequeña ventana cuando una lámpara eléctrica reveló el interior de la cámara. Después de 28 minutos sólo unos pocos estaban vivos.

Después de 32 minutos todos estaban muertos. Desde la parte de atrás, trabajadores judíos abrieron las puertas de madera. A cambio de su terrible trabajo, se les habían prometido la libertad y un pequeño porcentaje de los objetos de valor y del dinero encontrado. Los muertos todavía estaban de pie como estatuas de piedra, no habiendo tenido espacio para que cayeran o para agacharse. Aunque muertos, las familias aún podrían ser reconocidas, sus manos todavía entrelazadas. Era difícil separarlas con el fin de despejar la cámara para la siguiente carga. Los cuerpos fueron arrojados, azules, mojados por el sudor y la orina, las piernas cubiertas de excrementos y sangre menstrual. En todas partes, entre los otros, estaban los cuerpos de los bebés y los niños. Pero no había tiempo. Dos docenas de trabajadores estaban ocupados comprobando las bocas de los muertos, que abrían con tenazas de hierro. '¡Oro a la izquierda, no hay oro a la derecha! Otros comprobaban anos y genitales en busca de dinero, diamantes, oro, etc. Dentistas con cinceles arrancaban los dientes de oro, puentes o fundas. El centro de todo era el Capitán Wirth. Él estaba en terreno familiar aquí. Me dio una gran lata llena de dientes y dijo: 'Calcule por sí mismo el peso del oro. ¡Esto es sólo de ayer y del día anterior! Y no creerá lo que encontramos aquí todos los días: ¡Dólares, diamantes, oro! Pero mire por si mismo....

... Los cuerpos fueron arrojados en grandes zanjas alrededor de 100 x 20 x 12 metros situados cerca de las cámaras de gas. Después de unos días los órganos se hincharían y todo el contenido de la zanja se elevaría entre 2 y 3 metros de altura debido a los gases dentro de los cuerpos. Después de algunos días más, la hinchazón se detenía y los cuerpos se colapsaban. Al día siguiente, las zanjas se llenaron de nuevo, y se cubrirían con 10 centímetros de arena. Un poco más tarde, oí, construyeron parrillas fuera de los carriles y quemaron los cuerpos con aceite diesel y gasolina con el fin de hacerlos desaparecer."[85]

Terrible y vívida descripción, sin duda, que habla de la crueldad de la operación. En las transcripciones se acumulan múltiples evidencias sobre el programa eutanasia que involucran directamente a los acusados Rudolf Brandt, Hoven y Brack.

IV. EVALUACIÓN DE LOS ARGUMENTOS DE LAS PARTES

En todos los programas en los que las víctimas fueron nacionales alemanes, las defensas de los acusados sostuvieron que el derecho internacional no se aplicaba. La defensa argumentó que, bajo la Carta anexa al acuerdo de Nuremberg y que era el Estatuto del IMT, los crímenes que se presuponían cometidos debieron serlo *"en ejecución de, o en conexión con cualquier crimen dentro de la jurisdicción del Tribunal."* La defensa argumentó que la CCL 10 era complementaria de la Carta. Consiguientemente, cualquier crimen cometido contra nacionales alemanes, debía ser considerado como *fuera* de la jurisdicción del tribunal. La Fiscalía por su parte, sostuvo que el III Reich había desaparecido y sólo las fuerzas Aliadas, que habían asumido el control absoluto sobre Alemania, tuvieron la posibilidad de emitir y ejecutar juicios y sentencias, por lo que los tribunales erigidos en cumplimiento de la CCL 10, no sólo aplicaban derecho internacional, sino también derecho alemán. Este fue el argumento de Hans Kelsen, entonces profesor en California.[86] La de los Aliados no se trataba de una ocupación beligerante en el sentido de los artículos 42 a 56 de las Regulaciones anexas a la Convención de La Haya respecto de los Usos y Costumbres de la Guerra terrestre de 1907.[87] Alemania había cesado de existir como Estado en el sentido de lo que se entiende por Estado ante el derecho internacional. Al disolver al gobierno de Dönitz, Alemania había perdido uno de los elementos esenciales que lo identificaban como Estado: el gobierno independiente. Cesando como Estado, había concluido el estado de guerra y las Regulaciones de la Convención de La Haya se volvían inaplicables. Había ocurrido, en opinión de Kelsen, lo que se conoce como *debellatio:* la desaparición del Estado. La declaración de las Fuerzas Aliadas del 5 de junio de 1945,[88] anunció la «*asunción de la autoridad suprema*" por parte de los Aliados en Alemania, *"para el mantenimiento del orden,"* y *"para la administración del país,"* y declaró que *"no hay un gobierno central o una autoridad en Alemania capaz de aceptar la responsabilidad por el mantenimiento del orden, la administración del país, y el cumplimiento de los requisitos de las potencias vencedoras."* A raíz de esta declaración, el

Consejo de Control se constituyó en depositario de la autoridad centralizada en Alemania. La CCL 10 era una disposición de ese cuerpo y era ley de Alemania, aunque sus disposiciones sustantivas derivaron de y encarnan la Ley de las Naciones. Los Tribunales Militares de Nuremberg se establecieron bajo la autoridad de la CCL 10, y ellos declararon la ley, no sólo bajo el derecho internacional según lo declarado en la CCL10, sino también bajo la ley de Alemania según dispone la CCL 10. Los Tribunales, en una palabra, para hacer cumplir el derecho internacional y la legislación alemana, y en la interpretación y aplicación de la CCL 10, deben ver la CCL 10, no sólo como una declaración del derecho internacional, sino como una promulgación de las potencias ocupantes para el gobierno de y administración de justicia en Alemania. La promulgación de la CCL 10 fue un ejercicio del poder legislativo por los cuatro países ante los que el Tercer Reich se rindió, y, como se ha señalado por el IMT:[89]

> "... el indubitable derecho de esos países para legislar sobre los territorios ocupados ha sido reconocido por el mundo civilizado."

Con relación al argumento que la nacionalidad alemana excluye la jurisdicción del tribunal, la Fiscalía sostuvo haber demostrado que sustancialmente todos los experimentos sobre prisioneros de guerra o civiles de los territorios ocupados por las fuerzas nazis constituyeron crímenes de guerra y al mismo tiempo, crímenes contra la humanidad. La CCL 10 es clara en su artículo II, sección 1 (c) considerando crímenes contra la humanidad a:[90]

> "Atrocidades y delitos, incluyendo, pero no limitado al asesinato, el exterminio, la esclavitud, la deportación, el encarcelamiento, la tortura, violación u otros actos inhumanos cometidos contra **cualquier población civil**, o las persecuciones por motivos políticos, raciales o religiosos, en violación o no de las leyes nacionales del país dondequiera que sea perpetrada." (la negrilla nos pertenece)

"Cualquier población civil", dice la disposición, y esta generalización no admite distinguir si las víctimas eran alemanas o extranjeras. El

razonamiento de la acusación fue más lejos, subrayando que, si los alemanes pudieron estimarse excluidos de esta frase, no tendría sentido hablar de "*crímenes contra la humanidad*" comprensiva de todo el género humano. Tampoco sirve como excusa el refugio en las autorizaciones que permitía la legislación interna de Alemania.

La referencia a las persecuciones "*en violación o no de las leyes domésticas*" sólo pudo querer significar la inclusión de leyes internas, aunque opresivas y discriminatorias como lo fueron las llamadas "*Leyes de Nuremberg.*"[91] El tema fue de importancia esencial y un verdadero *turning point* en la historia del derecho internacional, pues a partir de la generalización que permite la CCL 10, la idea del Estado soberano, que podía constituirse en un monstruo incluso para sus ciudadanos, no tendrá ya cabida en el futuro.[92]

Debe tenerse presente que los tribunales posteriores a Nuremberg tuvieron lugar simultáneamente, y para el momento de la evaluación de la evidencia en el Caso n° 1, ya se había resuelto el Caso n° 2 que trataremos en el próximo capítulo, y donde el tribunal había decidido, que los crímenes contra nacionales húngaros y rumanos, fueron crímenes contra la humanidad. No hubo, ciertamente, razón alguna para señalar que había jurisdicción en crímenes de alemanes contra húngaros, pero no contra alemanes. Los crímenes anteriores al estallido de la guerra quedaron excluidos de la competencia del tribunal, no porque fuera de alemanes contra alemanes, sino porque no habían sido hechos en prosecución de una guerra de agresión.

Otro argumento esencial de la defensa constituyó la violación del principio de *nullum crimen nulla poena sine previa lege,* o principio de legalidad, que fue violado, al juzgarse por hechos anteriores a la existencia de los tipos punitivos. Mediante la interpretación de la autoridad sobre el derecho doméstico, la defensa señaló que se daba una directa confrontación con la proclamación hecha por el General Eisenhower tras la ocupación de Alemania. Esa proclamación fue incluida en el artículo IV, ordenanza n° 7 de la Ley N° 1 del Gobierno Militar:

"No se presentarán cargos, ni sentencia será impuesta o se infligirá castigo por un acto, a menos que tal acto sea expresamente un hecho punible por ley en vigor al tiempo de su comisión. Castigos por ofensas determinadas por analogía o de acuerdo con la 'sana opinión popular' están prohibidos."[93]

La defensa de los imputados sostenía que ante la falta de definiciones en el Estatuto del IMT, así como en las disposiciones del CCL 10 y en cambio, mediante la construcción de figuras penales a través de ejemplos, sin caracterizar propiamente al tipo, aceptar esos hechos como delitos era ponerse muy cerca de la "sano sentimiento popular,"[94] tan criticada del régimen nazi.

La Fiscalía, por su parte, planteó la relación de principal con subordinado.

"Sería un desafortunado fracaso de la justicia castigar a los médicos que trabajaron con las víctimas en los campos de concentración, mientras sus superiores, los líderes, organizadores e instigadores están libres. Se ha establecido más allá de toda controversia que esas cosas no podrían haber sucedido sin cobertura superior. ¿Quienes, entonces, eran esos hombres al tope? Sus sobrevivientes, con una sola excepción, están todos en el estrado."[95]

La Fiscalía trajo el caso Yamashita,[96] en apoyo de la posición de que, quienes comandaban o dirigían, tenían el control y la responsabilidad por los actos de sus subordinados.

El general Yamashita en el juicio en el que será sentenciado a muerte.

En Yamashita, el comandante de las fuerzas japonesas en Filipinas había sido hecho responsable de no preservar a los civiles de las atrocidades cometidas por las fuerzas a su mando. Los acusados tuvieron el poder y la autoridad para controlar a los agentes a través de los cuales se cometieron estos crímenes. No fue incumbencia de la Fiscalía demostrar que este o aquel acusado estuvo familiarizado con los detalles de los experimentos realizados. En el IMT, Funk, presidente del Banco Imperial alemán, protestó aduciendo ignorar que el banco que presidía recibió dinero de las confiscaciones y despojos hechos a los judíos exterminados en los campos de concentración.

El artículo II (b) de la CCL 10 establece:

"El hecho de que cualquier persona actuó siguiendo las órdenes de su gobierno o de un superior, no lo libera de responsabilidad por un crimen, pero puede ser considerado para mitigarla."

Los acusados sostuvieron que el cumplimiento de órdenes superiores los liberaba totalmente de responsabilidad. Los acusados dijeron que recibieron órdenes emanadas de la máxima autoridad en el imperio que fue Adolf Hitler, para experimentar en la necesidad de la guerra, para salvar vidas de sus soldados.

El Código de Justicia Militar alemán vigente en 1940, y que va a ser reiteradamente citado en varios de los juicios de esta obra, establecía en su artículo 47 la relación entre principal y subordinado excusando a los segundos y estableciendo cuándo se le extendía la responsabilidad por la orden del superior.

"1) Si se viola una ley penal en la ejecución de una orden en asuntos oficiales, serán los superiores de mando exclusivamente responsables. Sin embargo, son castigados los subordinados obedientes con la pena del partícipe:
 1. si ha superado la orden que le fue dada, o
 2. cuando supiera que la orden del superior concernía a un acto por el que se pretendía cometer un delito civil o militar."

Los acusados militares sintieron que debían obedecer las órdenes que les fueron impartidas y carecían la posibilidad de contestarlas u oponerse a ellas. La extensión de responsabilidad de acuerdo con la práctica judicial alemana, sólo sucedía cuando el subordinado sabía definitivamente que la orden era ilegal, no bastando la culpa o el dolo eventual. Los acusados vieron las órdenes emanadas de la máxima autoridad del Estado como condicionadas por las circunstancias especiales originadas en la guerra, en sí misma, pero como una contribución decisiva a mejorar la existencia del pueblo alemán y la existencia del Imperio, por lo que no hubo forma de presumir que la orden estuviera destinada a cometer un acto punible. Hitler fue la última y suprema autoridad en la consideración de cualquier alemán sobre lo que se debía o no hacer. Una orden del Führer concluía con cualquier discusión. Por lo tanto, un funcionario que explicó sus actos remitiéndose a una orden de Hitler, no fue para probar que se exime de castigo por una acción ilegal, sino para negar que su conducta haya sido ilegal. El tema no pasaba por hablar de bien o mal, sino de la indubitable legitimidad de quien provenía la orden. Una orden de Hitler era obligatoria sin vacilar, más allá de sus conflictos con normas o principios del derecho internacional. Esto es lo que es conocido como "*Führerprinzip,*" o principio del Líder *(Führer)*.[97]

El Tribunal interrogó a los acusados sobre este tema, y existe en las transcripciones, un diálogo del Juez Sebring con el acusado Karl Brandt, que presenta este dilema entre órdenes en estado de necesidad y violaciones del derecho internacional que merece ser reproducido, aunque sea parcialmente:[98]

"Juez Sebring: "... Testigo, para clarificar asumamos que fue extremadamente importante para el ejército determinar, como cuestión de hecho, cuánto puede estar expuesto un ser humano al frío sin sucumbir como efecto de ello... Asumamos, en segundo lugar, que los sujetos fueron seleccionados para este experimento de congelamiento sin su consentimiento. Asumamos en tercer lugar, que los sujetos seleccionados fueron sometidos a los experimentos y murieron como consecuencia directa o indirecta de él. Ahora bien, ¿podría usted ser tan gentil de explicar al tribunal cuál es su punto de vista de tal experimento, esto es, desde el punto de vista legal o desde el punto de vista ético?

R: Debo repetirlo una vez más para estar seguro que Usted me entiende correctamente. Cuando se asignaba el experimento se asumían las siguientes cosas: la más alta necesidad militar, la naturaleza involuntaria del experimento y el peligro del experimento con la eventual fatalidad. En este caso, soy de la opinión que, considerando las circunstancias de la situación de la guerra, esta institución del Estado que ha explicado la importancia del interés del Estado, al mismo tiempo sustrae la responsabilidad del médico si tal experimento concluye en una fatalidad y esa responsabilidad hay que atribuirla al estado.

P: Ahora bien, para usted ¿quita la responsabilidad del médico o, desde su punto de vista, comparte la responsabilidad con el médico?

R: Desde mi punto de vista quita la responsabilidad del médico desde el momento en que el médico es sólo un instrumento, quizás en el mismo sentido que un oficial que recibe una orden en el frente y lleva un grupo de tres o cuatro soldados a una posición donde será seguro que encontrarán la muerte. ..."

Otro argumento que la defensa efectuó, fue el referido al status jurídico de Polonia. La defensa argumentó que Polonia había perdido su soberanía como estado independiente como resultado de la completa ocupación del territorio polaco y que, por consiguiente, el tratamiento de los nacionales polacos debía hacerse de acuerdo con el derecho alemán. y no con las reglas del derecho internacional de la guerra. Este tema recordó el Tribunal, sin embargo, ya había sido descartado por el IMT en su fallo:[99]

> "En la opinión del Tribunal, es necesario en este caso decidir si la doctrina de la subyugación, dependiente como es de la conquista militar, tiene alguna aplicación cuando la subyugación es resultado del crimen de guerra de agresión. La doctrina nunca fue considerada ser aplicable en tanto exista un ejército en el campo intentando restaurar los territorios ocupados a sus verdaderos dueños, y en este caso, la doctrina no se puede aplicar a ninguno de los territorios ocupados después del 1 de septiembre de 1939."

Miembros de la resistencia polaca que habían sido sentenciados a muerte por los tribunales alemanes, fueron usados como conejillos de Indias para los experimentos médicos. Las defensas sostuvieron que Polonia había cesado de existir como Estado, ya que su territorio había sido dividido íntegramente entre el Imperio alemán y la URSS, como consecuencia del Pacto von Ribbentrop-Molotov o Pacto de Amistad y Límites Germano-Soviético.[100] A criterio de las defensas, el IMT no debió haber aplicado derecho internacional ya que en él el concepto de guerra de agresión es desconocido, no distinguiéndose entre guerra defensiva, agresiva o justificada. Las defensas sostuvieron que los EEUU, por otra parte, habían reconocido la porción soviética de Polonia originada en el Pacto von Ribbentrop-Molotov, durante el cual se había determinado que la otra parte sería alemana. Ese reconocimiento fue, tanto *de iure* como *de facto*, en las conferencias de Yalta y Postdam de febrero y agosto de 1945 respectivamente y en donde participaron los Aliados.

Otro de los puntos que fue debatido, fue la calidad de voluntarios o no de los pacientes sometidos a los experimentos. La Fiscalía fue terminante: el uso de sujetos involuntarios en un experimento es un crimen, y si del experimento resulta la muerte de la persona, se está en presencia de un homicidio. Los acusados al respecto, se escudaron en excusas pueriles tales como la de no haber preguntado, o que Himmler seleccionaba a los prisioneros. La Fiscalía insistió en el deber del médico de informar sobre los riesgos y consecuencias de los experimentos que iban a realizarle al paciente, deber éste que no podía ser soslayado invocando simplemente que no sabían o que suponían. Un testigo calificado que estuvo más de seis años en el campo de concentración,[101] declaró ante el Tribunal que al principio, en Buchenwald los pacientes para experimentos de tifus eran voluntarios porque les prometían mejor comida, pero al cabo de dos semanas y atento los resultados, no fue posible encontrar ningún otro voluntario.

Eugen Kogon declarando en el juicio de los SS en Buchenwald

Los prisioneros para los experimentos entonces, fueron seleccionados arbitrariamente y generalmente incluyeron a prisioneros políticos

V. LA SENTENCIA[102]

El Juez Beals leyó la sentencia, comenzando con un recuento de las actividades del Tribunal durante el proceso. El primer punto que analizó la decisión fue el relativo a la jurisdicción del Tribunal, establecida por la CCL 10, y luego enumeró y consideró los cargos formulados por la Fiscalía y estimó que, juzgado mediante cualquier patrón de prueba, el proceso demostró claramente la comisión de crímenes de guerra y crímenes contra la humanidad. Desde el inicio de la II Guerra Mundial se llevaron a cabo en gran escala experimentos sobre nacionales no alemanes, tanto prisioneros de guerra como civiles, entre judíos y personas "*asociales*" en Alemania y en los países ocupados. Estos experimentos no fueron actos aislados y ocasionales de médicos y científicos que trabajaron exclusivamente bajo su propia responsabilidad, sino que fueron el producto de políticas y planificación coordinada de todos los niveles del Partido Nazi.

A continuación, el Tribunal se refirió a que ciertos experimentos pueden ser permitidos, pero para ello era necesario dar cumplimiento con ciertos principios los que constituirán lo que será llamado "*Código de Nuremberg*"[103] con relación a los experimentos permisibles.

"1. El consenso voluntario del paciente es absolutamente esencial. Esto significa que la persona interesada debe tener capacidad para dar su consentimiento; debe ser puesta en una situación para ser capaz de ejercitar su libre elección, sin la intervención de ningún otro elemento de fuerza, fraude, engaño, coacción, astucia o cualquier forma ulterior de compulsión o coerción; y debe tener suficiente conocimiento y comprensión de los elementos de la cuestión involucrada, de manera de capacitarlo para tomar una decisión comprendida e instruida. Este último elemento, requiere que antes de la aceptación de una decisión positiva por parte del paciente, debe serle hecho saber la naturaleza, duración, y propósito del experimento; el método y medios por el cual será conducido; todos los inconvenientes y dificultades que sean razonablemente esperables y los efectos sobre su salud o la de la persona que pueda venir de su participación en el experimento. El deber y la responsabilidad para garantizar la calidad del consentimiento está sobre cada individuo que inicie, dirija o se comprometa en el experimento. Es un deber personal y la responsabilidad no puede ser delegada a otro con impunidad.

2. El experimento debe ser tal que produzca resultados fructíferos para el bienestar de la sociedad, no alcanzable por otros métodos o medios de estudio, y no al azar e innecesario por naturaleza.

3. El experimento debe ser diseñado y basado en experimentación animal y el conocimiento de la historia de la enfermedad u otro problema bajo estudio, que anticipe resultados que justifiquen la realización del experimento.

4. El experimento debe ser conducido de manera tal, de evitar toda lesión o sufrimiento físico o mental.

5. Ningún experimento debe ser llevado a cabo cuando a priori haya razones para creer que se producirá la muerte o una lesión de incapacidad, salvo quizás en aquellos casos en los que los médicos sirven como sujetos.

6. El grado de riesgo a ser tomado no debe exceder aquél que es determinado por la importancia humanitaria del problema a ser resuelto por el experimento.

7. Deben realizarse preparaciones adecuadas y dotarse de facilidades provistas para proteger al sujeto experimentado, contra incluso la remota posibilidad de lesión, incapacidad o muerte.

8. El experimento debe ser conducido solo por personas calificadas científicamente. El más alto grado de cuidado y habilidad debe requerirse a través de todos los estadios del experimento a aquellos que conducirán o trabajarán en el experimento.

9. Durante el transcurso del experimento el sujeto debe tener la libertad de ponerle fin al experimento si alcanzó un estado físico o mental, donde la continuación del experimento le parezca imposible.

10. Durante el transcurso del experimento, el científico a cargo debe estar preparado para concluir con el experimento en cualquier momento, si hay una causa probable para creer, en ejercicio de la buena fe, la habilidad superior y el juicio cuidadoso que se le requieren, que la continuidad del experimento puede resultar en lesión, incapacidad o muerte del sujeto experimental."[104]

Los jueces estimaron que estos principios servían para determinar responsabilidades y castigos en los casos en que los experimentos son legales por naturaleza. Pero recalcaron también, que estos principios en el caso bajo estudio, han sido muchas más veces violados que honrados. Los acusados. ni siquiera se atrevieron a plantear que los prisioneros usados hayan tenido carácter voluntario. En ningún caso, el prisionero estuvo en libertad de retirarse del experimento. En muchos casos, estos fueron llevados a cabo por personal no calificado, ejecutados al azar sin ninguna razón científica valedera. Todos los experimentos fueron llevados a cabo con innecesarios sufrimientos, y casi ningún resguardo para salvaguardar la vida humana de lesiones, incapacidades o muerte. En todos los experimentos los pacientes sufrieron extremas torturas y dolor, y en muchos de ellos, mutilaciones permanentes, lesiones o muerte, fuera como directo resultado del experimento o como su consecuencia ante la falta de precauciones y cuidados. Obviamente, estos experimentos incluyeron brutalidades, torturas, incapacidades, lesiones y muerte, y fueron llevados a cabo con descuido absoluto de los principios generales de la ley penal derivada de la ley penal de todas las naciones civilizadas, y de la CCL 10. Experimentos de esta naturaleza son contrarios a los principios legales de las Naciones, como resultado de los usos establecidos entre gente civilizada, de las leyes de humanidad, y de los dictados de la conciencia pública.

Luego de considerar la organización del servicio médico en la Alemania nazi y de un párrafo sobre la sociedad Ahnenerbe, los jueces pasaron a analizar la situación de cada uno de los acusados:

1) **Karl Brandt**: Este acusado estuvo implicado, con especial responsabilidad y participación, en los experimentos de congelamiento, malaria, gas mostaza, uso de sulfonamidas, trasplantes, agua de mar, ictericia epidémica, esterilización y experimentos con tifus. También fue acusado por los cargos dos y tres, por planificar y llevar a cabo el programa de eutanasia. Bajo el cargo cuatro fue imputado de pertenecer a las SS, una organización estimada como criminal en el juicio del IMT.

a) Sulfamida: Estos experimentos fueron llevados a cabo en el campo de concentración de Ravensbrück, durante un año, antes de agosto de 1943. Gerbhardt estaba a cargo del experimento que fue llevado a cabo junto con Fischer y Oberheuser. En el campo médico Brandt tuvo la posición de más alto rango, directamente bajo Hitler. Estuvo en condiciones de intervenir en todos los asuntos médicos, y sin embargo, no se preocupó por los experimentos que sabía se estaban llevando a cabo en los campos de concentración.

b) Ictericia epidémica: Brandt estuvo imputado de responsabilidad en los experimentos conducidos para encontrar una vacuna efectiva contra la ictericia epidémica. Grawitz en una carta a Himmler del 1 de junio de 1943 señaló que Brandt requirió su asistencia en este tema, que Brandt se había interesado él mismo en su investigación, y que deseaba que prisioneros se pusieran a su disposición. Himmler envió a ocho criminales de Auschwitz, judíos del movimiento de resistencia polaca, condenados a muerte, para que fueran usados para los experimentos que llevó a cabo Dohmen en Sachsenhausen. El conocimiento de Brandt sobre el uso de prisioneros se muestra claramente.

c) Gas mostaza: Surge con claridad de la causa, que experimentos con gas mostaza se llevaron a cabo en los campos de concentración. La evidencia muestra que más de 200 prisioneros, rusos, polacos, checos y alemanes fueron usados en los mismos. Por lo menos 50 de estos prisioneros, muchos involuntarios, murieron como consecuencia directa o indirecta del tratamiento recibido. Brandt supo de estos hechos. La evidencia mostró que experimentos con gas mostaza conducidos por Bickenbach se llevaron a cabo en Estrasburgo al final de 1943, en el que fueron usados prisioneros rusos como conejillos de Indias, y del que varios murieron. Una carta de Sievers a Brandt del 11 de abril de 1944, señaló que Brandt sabía de los mismos, así como de otros, todo lo cual fue confirmado por Brandt mismo cuando dio testimonio ante el Tribunal.

d) Congelamiento, malaria, trasplantes, experimentos con agua de mar, esterilización y experimentos sobre tifus: La evidencia mostró más allá de toda duda razonable que Karl Brandt es criminalmente responsable por estos experimentos, por el que fue inculpado.

. . .

e) Eutanasia: El acusado Karl Brandt fue imputado bajo los cargos dos y tres de la acusación, con actividades criminales en relación con el programa de eutanasia del Imperio Alemán, durante el cual miles de seres humanos, incluyendo nacionales de los territorios ocupados por Alemania, fueron asesinados entre el 1 de septiembre de 1939 y abril de 1945. Esto está probado por la carta de Hitler ya mencionada.[105] La evidencia mostró que Bouhler y Brandt que conjuntamente estuvieron a cargo de la administración del programa de eutanasia, llevaron a cabo lo necesario para implementarlo: se obtuvo un presupuesto, se establecieron métodos para la selección de las víctimas, se elaboraron cuestionarios que se enviaron a las instituciones mentales, se estableció un sistema de transporte para llevar a los pacientes seleccionados a las cámaras de gas. Al poco tiempo de inicio del programa de eutanasia para los débiles mentales, éste se extendió hacia los judíos y los prisioneros de los campos de concentración. El Tribunal estimó que Karl Brandt fue responsable por haber ayudado y colaborado, tomando una posición de consentimiento, y estuvo conectado con planes y empresas relacionados con los experimentos médicos conducidos contra ciudadanos no alemanes, contra su voluntad y en otras atrocidades durante las cuales asesinatos, brutalidades, crueldades, torturas y otros actos inhumanos fueron cometidos. Cuando esos crímenes no sean crímenes de guerra, constituyen de todas formas, crímenes contra la humanidad.

f) Pertenencia a una organización criminal: Bajo el cargo cuatro de la acusación Karl Brandt fue acusado de pertenecer a una organización juzgada como criminal por el juicio del IMT, esto es, las SS.

Capítulo Segundo 119

Ejecución de Karl Brand en la prisión de Landberg

El Tribunal Militar I, encontró a Karl Brandt culpable de los cargos dos, tres y cuatro de la acusación. Brandt fue condenado a muerte en la horca, sentencia que se cumplió el 2 de junio de 1948 en la prisión de Landsberg, en la ciudad de Landsberg am Lech en Bavaria, la misma prisión donde Hitler estuvo preso, y escribió su libro "*Mein Kampf*".

En el cadalso dijo que su muerte era una venganza política y que había servido lealmente a su patria.[106]

2) **Siegfried Handloser**: Este imputado fue acusado bajo los cargos dos y tres de la acusación. Handloser fue acusado de haber tenido especial participación en los experimentos de altitud, congelamiento, malaria, gas mostaza, sulfamida, trasplantes, experimentos con agua de mar, ictericia epidémica y experimentos con tifus. El cargo de haber participado en experimentos de altitud fue abandonado por la Fiscalía por lo que no será considerado.

a) Congelamiento: El Tribunal estimó que fue manifiestamente clara la evidencia que mostró que Handloser tuvo conocimiento de la realización de los experimentos de congelamiento sobre internos del campo de concentración de Dachau, durante los cuales se produjeron sufrimientos y muertes de los experimentados.

b) **Sulfamida**: Handloser fue acusado de participación en los experimentos con sulfamida conducidos por el acusado Gebhardt. Se probó en el juicio que esos experimentos fueron llevados a cabo en el campo de concentración de Ravensbrück, entre julio de 1942 y agosto de 1943, sobre prisioneros, y sin sus consentimientos.

c) **Tifus**: Handloser fue acusado bajo los cargos dos y tres de la acusación atribuyéndosele especial responsabilidad y participación en los experimentos conducidos en el campo de concentración de Buchenwald supervisados por Ding-Schuler, así como similares experimentos conducidos en el campo de concentración de Natzwiler por Hagen. Esos experimentos fueron ilegales, y resultaron en la muerte de ciudadanos no alemanes y alemanes. Estos hechos se dieron por probados.

d) **Otros experimentos**: Handloser fue acusado también por participación en experimentos sobre malaria, gas mostaza, trasplantes, agua de mar e ictericia epidémica. En opinión del Tribunal la evidencia recolectada fue insuficiente para convencerlos de la responsabilidad criminal del acusado por estos cargos.

El Tribunal Militar encontró a Handloser culpable de los cargos dos y tres de la acusación. Condenado a cadena perpetua, su pena fue primero reducida a 20 años y luego conmutada, saliendo en libertad en 1954 para morir poco después.

3) **Paul Rostock**: El acusado Rostock fue imputado de los cargos dos y tres de la acusación atribuyéndole especial responsabilidad y participa-

ción en los experimentos sobre malaria, gas mostaza, sulfonamidas, trasplantes, agua de mar, ictericia epidémica y fiebre eruptiva.

Rostock fue un médico de reconocidos antecedentes médico-científicos. La Fiscalía no le imputó a Rostock participación personal en los experimentos, sino en que habría fallado en ejercer su posición de autoridad para detener los experimentos. Sin duda, Rostock supo de la realización de experimentos con los internos de los campos de concentración, pero estas presunciones de la Fiscalía son casi infantiles al pretender atribuirle responsabilidad. El Tribunal lo absolvió de culpa y cargo, tras lo que retomó el ejercicio de la profesión de médico en Alemania.

El caso de Rostock es un ejemplo del equivocado empecinamiento de parte de la Fiscalía, de pretender llevar su acusación hasta las últimas instancias en lugar de mantener una acusación ponderada y sustentable.

4) ***Oskar Schröder***: El acusado Schröder fue imputado de los cargos dos y tres de la acusación, atribuyéndosele responsabilidad y participación en los experimentos de altitud, congelamiento, sulfonamidas, agua de mar, ictericia epidémica, tifus y otras vacunas y experimentos con gas. Durante el proceso la Fiscalía desistió de la imputación respecto a experimentos con sulfonamidas por lo que no fue esa imputación considerada en la sentencia. Tampoco la Fiscalía presentó evidencias que lo vincularan con la realización de experimentos de altitud por lo que a este respecto la sentencia nada dice. También es muy escueta la decisión sobre la imputación de ictericia epidémica sobre la cual la Fiscalía fracasó en aportar prueba en debida forma. Diferente fue el caso sobre los experimentos de congelamiento. Esos experimentos en beneficio de la fuerza aérea alemana, fueron llevados a cabo en el campo de concentración de Dachau durante 1942. Se ha probado que en 1943, Schröder tuvo conocimiento de la realización de dichos experimentos sobre prisioneros de Dachau, y que como resultado de los cuales se produjeron muertes y sufrimientos entre las víctimas. Otro tanto puede decirse de los experimentos con tifus que fueron llevados a cabo por el

médico Haagen, un subordinado de Schröder. A criterio del Tribunal, la ley de la guerra impone a un oficial militar en posición de comando, el deber de actuar dando aquellos pasos dentro de su poder y apropiados por las circunstancias, para controlar a aquellos bajo su comando para prevenir la comisión por parte de estos de actos que son violación de las leyes de la guerra. Esta regla se le aplicó a Schröder tanto en relación con los experimentos de congelamiento y tifus, como con relación a los experimentos con gases venenosos y agua de mar. Schröder dijo ignorar cómo se elegían a los pacientes, pero falló en controlar que se usaran voluntarios. El Tribunal encontró al acusado Schröder como responsable por ayuda e instigación, tomando una posición de consentimiento con los experimentos médicos llevados a cabo sobre prisioneros no alemanes, contra sus voluntades, y de los que resultaron muertes, brutalidades, crueldades, torturas y otros actos inhumanos contra los sujetos sobre los que se experimentaba. Schröder fue declarado culpable de los cargos dos y tres de la acusación. Condenado a cadena perpetua. En 1951 su condena fue reducida a 15 años y salió en libertad en 1954. Trabajó luego para los EEUU asesorando en medicina aérea.

5) ***Karl Genzken***: Genzken fue acusado bajo los cargos dos y tres de la acusación por responsabilidad y participación en los experimentos con sulfonamidas, fiebre eruptiva, venenos y bombas incendiarias, aunque la Fiscalía desistirá a lo largo del proceso de su acusación por los dos últimos experimentos. Genzken también estuvo acusado como miembro de las SS de pertenencia a una organización criminal que era el cargo cuatro.

La acusación sobre participación en experimentos con sulfonamidas estuvo basada en la presencia de Genzken en una conferencia en Berlín, tema que la Fiscalía no pudo probar como criminal. El Tribunal, en cambio, estuvo convencido de que antes del 1 de septiembre de 1943, Genzken conoció la naturaleza y ámbito de las actividades de sus subordinados Mrugowsky y Ding-Schuler sobre el tifus y no hizo nada para obligar a que esas investigaciones se hicieran sobre límites legales permisibles. Supo que se usaban prisioneros de los campos de concentración en crueles experimentos donde ocurrieron varias muertes y no tomó ningún recaudo, ni para determinar el estatus de los individuos, o las circunstancias por las que se los llevaba al bloque de investigación. La más simple encuesta hubiera servido para descubrir que muchos de los seres humanos usados eran nacionales no alemanes, que no habían dado su consentimiento para los experimentos. Esos crímenes si no fueron crímenes de guerra constituyeron crímenes contra la humanidad y se lo encontró a Genzken culpable de los cargos dos y tres, así como del cuarto, esto es, pertenecer a las SS, una organización criminal. Se lo condenó a cadena perpetua, siendo reducida su sentencia luego a 20 años de prisión, siendo finalmente liberado en 1954.

6) **Karl Gebhardt**: Estuvo imputado de los cargos dos y tres de la acusación por su responsabilidad y participación en los experimentos de altitud, congelamiento, malaria, gas mostaza, sulfonamidas, trasplantes, agua de mar, ictericia epidémica, esterilización, tifus, venenos y experimentos con fósforo.

a) Con relación a los experimentos de sulfonamidas en el campo de concentración de Ravensbrück entre julio de 1942 y agosto de 1943, el acusado junto con Fischer y Oberheuser, realizó estos experimentos sobre prisioneros sin sus consentimientos. Gerbhardt mismo pidió la autorización a Himmler y se hizo responsable de los mismos llevando a cabo personalmente los primeros. El Tribunal estimó probado que el uso de prisioneros se hizo bajo coerción y amenazas, y la justificación de Gebhardt de que las prisioneras polacas usadas en los experimentos, eran miembros activos del Movimiento de Resistencia Polaca condenadas a muerte, no sirvió como excusa para explicar sus actos, ya que las mismas se encontraban protegidas por las leyes de la guerra. Mientras que bajo ciertas condiciones, la ley de la guerra terrestre reconoce la validez de la ejecución de espías, rebeldes y otros miembros de la resistencia, bajo ninguna circunstancia autoriza producir la muerte como resultado de amputaciones o tortura.

. . .

b) Con relación a los experimentos de trasplantes, se utilizaron las mismas prisioneras polacas del experimento anterior que habían sobrevivido. Se les hizo tres tipos de operaciones, induciendo fracturas, trasplantes de huesos, y astillamientos. Algunas pacientes fueron sometidas a operaciones en varias oportunidades. En un caso, pequeños pedazos del peroné fueron extraídos, en otro caso, el periosto -la membrana que protege al hueso de la pierna- fue removido. Hubo casos en donde se fracturaba en varias partes a las mujeres para testear el efecto de ciertos tratamientos. En al menos un caso, se hicieron incisiones en el hueso de una persona en seis ocasiones diferentes, en otro caso el omóplato fue extraído. Estos hechos los tiene el Tribunal por probados.

c) Con relación a los experimentos con agua de mar, Himmler había emitido una orden por la que debía consultársele a Gebhardt sobre los experimentos que debían hacerse sobre los prisioneros, Con referencia a estos experimentos Gebhardt escribió:

> "Estimo absolutamente correcto apoyar a la Fuerza Aérea de todas formas y poner un médico general de las Waffen SS a disposición para supervisar los experimentos."[107]

Esto sólo a criterio del Tribunal demuestra que el acusado supo de los experimentos por los que ha sido imputado.

d) Con relación a los experimentos de esterilización, el acusado tomó parte de la conferencia que sostuvo Himmler, y donde se estableció que el campo de concentración de Auschwitz se pondría a disposición para experimentos con animales y humanos para descubrir un método para esterilizar sin conocimiento de la víctima. Himmler recomendó el más absoluto secreto sobre el tema, por lo que resulta comprobado el conocimiento que Gebhardt tuvo sobre esta cuestión y participó, al menos, en la fase inicial del programa. El Tribunal, en cambio, no encontró suficientemente probada la participación activa de Gebhardt en los experimentos con gas mostaza, bombas de fósforo, tifus, venenos, altitud, congelamiento e ictericia epidémica.

Se lo encontró a Gebhardt como responsable en su capacidad oficial de haber ayudado e instigado, y haber tomado una participación voluntaria en experimentos médicos practicados sobre nacionales no alemanes contra su voluntad y en durante los cuales se produjeron muertes, amputaciones y otros tratamientos inhumanos y en la medida en que estos crímenes no fueron de guerra fueron crímenes contra la humanidad. Como miembro de las SS se lo encontró también responsable de pertenencia a una organización criminal y es encontrado entonces culpable de los cargos, dos, tres y cuatro de la acusación. Fue condenado a muerte.

7) **Kurt Blome**: Fue acusado bajo los cargos dos y tres de la acusación por ser responsable y haber participado en los experimentos sobre malaria, gas mostaza, sulfonamidas, la exterminación de prisioneros polacos y el programa de eutanasia. También se intentó atribuírsele responsabilidad por experimentos bacteriológicos y de coagulación. La acusación abandonó durante el proceso el cargo por las sulfonamidas. El Tribunal, luego de largas consideraciones, no se convenció de la responsabilidad de Blome, no pudiendo resolver la duda razonable por lo que fue absuelto. Fue contratado por el ejército de los EEUU en 1951. Murió en Alemania en 1969.

8) **Rudolf Brandt**: Este imputado fue acusado de los cargos dos y tres de la acusación por su especial responsabilidad y participación en los experimentos de altitud, congelamiento, malaria, gas mostaza, sulfonamidas, trasplantes - que sería luego desistido por la Fiscalía-, agua de mar, ictericia epidémica, esterilización y tifus. También se le atribuyó responsabilidad en el asesinato de 112 judíos para la colección de esqueletos de Estrasburgo, el exterminio de prisioneros polacos y fue acusado por el cargo cuatro por pertenecer a una organización criminal, las SS.

. . .

a) Con relación a los experimentos de altitud que se llevaron a cabo en Dachau entre marzo y agosto de 1942, hubo un nutrido cruce de correspondencia que se presentó como evidencia, entre el acusado y otros militares que demuestra que o bien estuvo muy involucrado en el mismo, o al menos estuvo relacionado con los experimentos, todo lo cual permitió al Tribunal suponer que sin su participación o la de alguien que le fuera semejante en rango y posición, los mismos no se hubieran podido realizar.

b) Con relación a los experimentos de congelamiento, la Fiscalía demostró que el acusado fue intermediario y necesario asistente entre Himmler que autorizada el experimento y aquellos que lo ejecutaban. Fue conclusiva la evidencia que probó que Brandt sabía en todo momento qué experimento se realizaba.

c) Con relación a los experimentos con gas mostaza, en el proceso se produjo un *affidavit* del acusado donde reconoce:

> "Hacia el final del año 1939, se condujeron experimentos en el campo de concentración de Sachsenhausen sobre personas las que ciertamente no fueron todas voluntarias, para determinar la eficacia de diversos tratamientos de heridas producidas por gas mostaza... Los experimentos se realizaban sobre internos de los campos de concentración. Tanto como entendí, los experimentos consistían en provocar heridas en varias partes del cuerpo del paciente e infectarlas con gas mostaza. Varios métodos de tratamiento fueron aplicados para determinar el más efectivo..."[108]

El Tribunal encuentra que la evidencia acumulada en el juicio, lo hace al acusado criminalmente responsable de este hecho.

d) En cuanto a los experimentos de esterilización, el Tribunal encontró al acusado también responsable, sobre todo cuando explicó en su affidavit que Himmler estaba especialmente interesado y que puso gran diligencia y energía en darle cumplimiento al programa.

e) El Tribunal también tuvo a Brandt como criminalmente responsable por los experimentos con tifus, ya que se encargó de proveer los internos de los campos de concentración para que los mismos pudieran llevarse a cabo.

f) También fue responsable Brandt por la muerte de los 112 judíos usados para la colección de esqueletos ya que él pasó a Sievers la orden de Himmler autorizándolo.
    El Tribunal, en cambio, no encontró suficiente evidencia para atribuirle responsabilidad a Brandt en los demás cargos de la acusación, aunque sí con relación al cuarto, esto es, la pertenencia a una organización criminal como las SS a la que pertenecía desde 1933. Fue condenado a muerte.

9) *Joachim Mrugowsky*: Estaba acusado de los cargos dos y tres de la acusación por su responsabilidad y participación en los experimentos sobre congelamiento, malaria, sulfonamidas, tifus, veneno, ictericia epidémica y fósforo. Originalmente fue hecho responsable de otros experimentos, pero la acusación abandono esos cargos. También se le imputó el cargo cuarto, por pertenecer a una organización criminal, las SS.

a) Siendo superior de Ding-Schuler se le atribuyó al acusado los experimentos de tifus que aquel realizó produciendo numerosas muertes entre los prisioneros. El Tribunal estimó que la responsabilidad del acusado fue abrumadora.

. . .

b) En relación con los experimentos con veneno, se dio por probado en el juicio que el 11 de septiembre de 1944, el acusado, junto a Ding-Schuler y Widmann, los llevaron adelante en el campo de concentración de Sachsenhausen. Los detalles del experimento fueron relatados en una carta que firma el acusado al Instituto Criminal de Berlín, y donde relató los detalles de la ejecución con proyectiles envenenados de cinco prisioneros rusos condenados a muerte.[109] Aunque el acusado esgrimió como defensa el haber sido el ejecutor legal de los condenados, el Tribunal rechazó ese argumento estimando que no se trató de una ejecución llevada adelante bajo las reglas de la guerra, sino de un experimento médico criminal, donde se ocasionaron heridas a los prisioneros de guerra con el único propósito de ver la efectividad del veneno. Los prisioneros de guerra tenían derecho a la protección reconocida por el derecho internacional y este hecho fue una clara violación de la misma.

c) Experimentos con sulfonamidas: Mrugowsky asistió a Gebhardt, poniendo su laboratorio y su personal a trabajar, con los experimentos que aquel llevó adelante en Ravensbrück. El Tribunal estimó probado que fue bajo sugerencia de Mrugowsky que se agregó pedazos de madera y vidrio a las heridas para obtener la gangrena.

d) Experimentos con fenol: El Tribunal encontró probado que el acusado dio instrucciones a Ding-Schuler para que tomara parte en un programa de eutanasia con inyecciones de fenol y que le informara los resultados. Estos experimentos fueron llevados a cabo en el campo de concentración de Buchenwald.

e) En cuanto a los congelamientos, experimentos con fósforo y los experimentos con la ictericia epidémica el Tribunal no encontró indubitablemente probada la responsabilidad del acusado.

Mrugowsky fue declarado culpable por los cargos, dos, tres y cuatro - pertenencia a una organización criminal - de la acusación. Fue condenado a muerte en la horca, y ejecutado en 1948.

10) **Helmut Poppendick**: Fue acusado de los cargos dos y tres por participación y responsabilidad en los experimentos de altitud, congelamiento, malaria, sulfonamidas, agua de mar, ictericia epidémica, esterilización, tifus, y veneno, aunque los de altitud y veneno fueron luego desistidos por la Fiscalía. También fue imputado por el cargo cuatro de pertenencia a una organización criminal, las SS. Sin embargo, a pesar de la larga lista de acusaciones el Tribunal no encontró pruebas suficientes en ninguno de los hechos para determinar que fue penalmente responsable y sólo lo encontró culpable de pertenecer a las SS, esto es, el cargo cuarto. Por lo tanto, fue absuelto de los cargos dos y tres, pero fue visto como culpable de pertenecer a una organización criminal. Fue condenado a diez años de prisión. Salió en libertad en 1951 y murió en 1994.

11) **Wolfram Sievers**: Fue acusado por los cargos dos y tres de la acusación por haber participado con responsabilidad penal en los experimentos de altitud, congelamiento, malaria, gas mostaza, agua de mar, y tifus. También fue acusado en principio por los experimentos sobre hepatitis epidémica pero la Fiscalía desistió con posterioridad. Fue acusado por el cargo cuatro, esto es, pertenencia a una organización criminal, las SS. Sievers era el único de los acusados sin título universitario. Fue miembro del equipo de Heinrich Himmler y fue director financiero de la organización "Ahnenerbe" transformándose durante la guerra en la cabeza actuante de esta organización y en los experimentos que le interesaban a la misma. Sievers fue el recolector de fondos y medios para que las investigaciones pudieran llevarse a cabo.

a) Como delegado de Himmler, Sievers presenció durante todo un día los experimentos de altitud que se realizaron en el campo de concentración de Dachau, tomando gran interés en los mismos según una carta que el extinto Rascher le manda a Himmler. Sobre la base del informe de Sievers Himmler permitió que esos experimentos continuaran lo que le costó la vida a entre setenta y ochenta prisioneros.

b) También Sievers asistió en reiteradas oportunidades a los experimentos de congelamiento. Como declara el testigo Neff,[110] la sociedad Ahnenerbe por intermedio de Sievers, fue quien facilitó los fondos para que se extrajeran los corazones y pulmones de cinco prisioneros muertos por los experimentos y se llevaran a Estrasburgo para estudios ulteriores.

c) En ese mismo carácter se le atribuyó conocimiento a Sievers sobre los experimentos con malaria y los experimentos con gas mostaza que se llevaron a cabo en el campo de concentración de Natzweiler. En ese campo Sievers se encontró con resistencia de parte de algunos oficiales alemanes que sostuvieron que los prisioneros debían ser pagados por los experimentos. Sievers escribió al acusado Rudolf Brandt:

> "Cuando pienso en nuestra investigación militar llevada a cabo en el campo de concentración Dachau, debo elogiar y llamar especialmente la atención por la generosa y comprensiva forma en la que nuestro trabajo fue facilitado allí y la colaboración que se nos dio. Pago a los prisioneros nunca fue discutido. Pareciera que en Natzweiler ellos están tratando de hacer la mayor cantidad posible de dinero con este asunto. No estamos llevando a cabo los experimentos, de hecho, por alguna idea científica fija, sino para ser una ayuda práctica a nuestras fuerzas armadas y además de ello, al pueblo alemán en una posible emergencia."[111]

d) Con relación a los experimentos con agua salada, la función de Sievers y de la organización Ahnenerbe fue la de proveer las instalaciones y los medios para que estos experimentos pudieran realizarse, incluyendo no sólo el recinto físico, sino también el laboratorio.

. . .

e) Sievers también tuvo a su cargo la organización y logística para que los experimentos sobre el tifus pudieran realizarse y otro tanto ocurrió con los experimentos sobre la droga polygal. Sievers también tuvo un rol preponderante con la colección de esqueletos judíos de la Universidad de Estrasburgo, y sobre todo manejó las alternativas sobre el destino final de esa colección que sería destruida.

La defensa de Sievers se basó en el cumplimiento de órdenes y esgrimió, en segundo lugar, que había sido un miembro de la resistencia que ya en 1933 quiso derribar al gobierno nazi con el objetivo de liberar la pobre gente que tenía oprimida ese gobierno. El Tribunal descartó estas defensas y sostuvo que asumiendo que fuera cierto que era un miembro de la resistencia no se explica entonces su función organizando la muerte de cientos de personas que teóricamente quería proteger.

Sievers fue encontrado culpable de los cargos dos, tres y cuatro y fue condenado a morir en la horca, siendo ejecutado en la prisión de Lech en 1948.

12) **Gerhard Rose**: El acusado fue imputado por los cargos dos y tres por su participación criminal en los experimentos sobre tifus. La acusación que pesaba también por experimentos con ictericia epidémica fue desistida durante el juicio por la Fiscalía. El Tribunal mencionó en sus consideraciones preliminares, que Rose fue varias veces mencionado con relación a los experimentos sobre malaria, aunque la Fiscalía no lo acusó por los mismos. A criterio del Tribunal, la evidencia era muy abundante como para permitir aseverar que Rose tuvo conocimiento como experto en enfermedades tropicales, de las investigaciones que se hicieron sobre el tema y que sabía que los prisioneros de los campos de concentración estaban siendo usados para las mismas. Sin embargo, el Tribunal anunció que no iba a decidir sobre si Rose era culpable o inocente de participación criminal en estos experimentos. Por haber la Fiscalía elegido el método de inculpar a todos los acusados de crímenes de guerra y crímenes contra

la humanidad en general, y luego en un subpárrafo, con participación especial en cierto tipo de experimentos. Rose no figura entre los acusados específicamente de haber participado en los experimentos de malaria y el Tribunal estimó injusto encontrarlo culpable de un crimen que no figuró en su acusación por la que tuvo que defenderse. El comentario del Tribunal no puede sino ser una abierta crítica contra el trabajo de la Fiscalía, que ya había acusado a quien no debía acusar como se planteó *supra*,[112] y en este caso concreto, dejó de acusar a quien la prueba acumulada mostraba con claridad que debió hacerlo.

Con relación a los experimentos sobre el tifus, el Tribunal tuvo por probado que Rose visitó el campo de concentración de Buchenwald donde los mismos se llevaban a cabo, se tuvo por probado que aportó a la investigación del tifus en Buchenwald un tipo de virus que provenía de Rumania, y en cartas con las que fue confrontado durante su interrogatorio dirigidas al acusado Mrugowsky, incitó a la aplicación del mismo a los prisioneros y se lamentó de no poder participar en los experimentos. El Tribunal estimó que existían abundantes pruebas que permitían tener por probada la participación y responsabilidad de Rose en los experimentos sobre prisioneros de campos de concentración que dirigía Haagen en Natzweiler.

En consecuencia, el Tribunal lo encontró culpable de los cargos por crímenes de guerra y crímenes contra la humanidad de la acusación y fue condenado a prisión perpetua. Su sentencia fue conmutada en 1951 y salió en libertad en 1955. Murió en 1992.

∴

13) ***Siegfried Ruff, Wolfgang Romberg, y Georg August Weltz***: El Tribunal consideró en conjunto la situación de estos tres acusados de tener participación criminal en los experimentos de altitud. En la opinión de la Fiscalía Weltz trajo a Romberg y Ruff a participar junto con Rascher en los experimentos de altitud que se llevaron a cabo en el campo de concentración de Dachau. Aparentemente, según opina el Tribunal, el único motivo que llevó a estos tres hombres a participar en los experimentos de altitud sobre los que trabajaban por separado, con seres humanos en Dachau, fue el hecho de que los prisioneros que iban a ser usados en los experimentos habían sido condenados a muerte y podrían recibir una cuota de clemencia si sobrevivían a los experimentos. El Tribunal estimó que había dos grupos de prisioneros que fueron usados en los experimentos. En el primer grupo que estuvo formado por criminales alemanes, ninguno sufrió lesión o muerte como consecuencia de los experimentos. Los acusados habrían participado con este grupo y no con el otro que llevó a cabo Rascher y que provocó la muerte de alrededor de setenta prisioneros. Aunque el Tribunal reconoce que no siempre fue clara la división mencionada y que le resultó dudoso el argumento de la Defensa, la duda la resuelve a favor de los acusados. Weltz además había sido acusado por la Fiscalía por participación en los experimentos de congelamiento, pero la prueba presentada no convenció al Tribunal y absolvió a los tres de todos los cargos.

14) ***Viktor Brack***: El acusado fue imputado de ser responsable de crímenes de guerra y crímenes contra la humanidad por su participación y responsabilidad en los experimentos sobre esterilización y en el programa de eutanasia. También fue acusado por el cargo cuatro de participación en una organización criminal, las SS.

Las cartas que Brack escribió a Himmler y de las cuales se han transcripto ya algunos párrafos,[113] fueron pruebas contundentes contra el acusado. En su interrogatorio ante el Tribunal Brack declaró que las escribió cuando aún estaba convencido de la victoria alemana. En ese mismo interrogatorio Brack se declaró contrario al programa de eutanasia y remarcó que había ayudado a algunos amigos judíos a escapar. El Tribunal concluyó que, independientemente de sentimientos personales de Brack con algunas personas en particular, Brack fue un eficiente administrador del programa de eutanasia y un miembro activo de la organización criminal.

Condenado a muerte en la horca, fue ejecutado en 1948.

15) **Hermann Becker-Freyseng**: La Fiscalía lo acusó de haber participado en múltiples experimentos, pero fue desistiendo de varios de ellos a lo largo del proceso, quedando imputado de participación y responsabilidad en los experimentos sobre altitud, congelamiento, agua de mar y tifus. El Tribunal no encontró evidencias suficientes para probar la participación del acusado en los experimentos de Dachau sobre altitud y congelamiento ni sobre el tifus. Con relación a los que se llevaron a cabo usando agua de mar, el acusado organizó una conferencia para discutir sobre los dos métodos ya mencionados de potabilización del agua de mar, pero llegó a la conclusión de que los experimentos no se habían llevado a cabo con una similitud a la situación de emergencia como la de los pilotos náufragos. Fue el acusado quien organizó el nuevo grupo de experimentos, sugirió que se llevaran a cabo en Dachau donde sabía había laboratorios y estableció el número de prisioneros necesarios y la longitud del proyecto. A criterio del Tribunal su responsabilidad quedó plenamente probada y lo condenó por los cargos dos y tres de la acusación a veinte años en prisión. En 1951 su condena fue reducida a 10 años y en 1952 se lo dejó en libertad. Durante su estadía en prisión escribió para los EEUU el prólogo de un trabajo sobre la medicina aérea.[114] Integraría la lista de médicos y científicos[115] para ser transferidos a los EEUU donde luego trabajaría en medicina espacial.

16) **Konrad Wilhelm Schäfer**: Estuvo acusado de haber tenido participación criminal en los experimentos con agua de mar. El acusado desarrolló como científico, un método por el que obtenía la precipitación de la sal del agua de mar, pero el método fue visto como

muy pesado y costoso para la fuerza aérea alemana. Sin embargo, el Tribunal luego de declarar haber estudiado cuidadosamente el caso, no encontró ningún elemento que le permitiera pensar en Schäfer como instigador, autor o partícipe en los experimentos con agua de mar.

El Tribunal lo absolvió disponiendo su inmediata libertad y en 1951 fue contratado por la fuerza aérea de los EEUU. Se radicó en Texas.

17) **Waldemar Hoven**: La Fiscalía lo acusó por crímenes de guerra y contra la humanidad, así como participación en una organización criminal. Los experimentos en los que se le atribuía responsabilidad eran los referidos al tifus y otra serie de vacunas, el programa de eutanasia y experimentos con gas. La Fiscalía demostró más allá de toda duda la participación de Hoven en los experimentos de tifus en Buchenwald junto a Ding-Schuler. Como ya se hizo referencia,[116] en un affidavit Hoven declaró:

> "Había muchos prisioneros que estaban celosos de las posiciones asumidas con algunos prisioneros políticos y trataron de desacreditarlos. Estos traidores fueron inmediatamente asesinados, y luego fui notificado para expedir nuestros informes que ellos habían muerto por causas naturales. En algunos casos, yo supervisé las muertes de esos prisioneros sin valor mediante inyecciones de fenol, a pedido de los internos en el hospital asistí a muchos. Una vez vino Dr. Ding y dijo que yo no lo estaba haciendo correctamente y aplicó algunas de las inyecciones él mismo, matando a tres prisioneros que murieron en un minuto. El número total de traidores asesinados fue cerca de 150 de los cuales 60 fueron muertos con inyecciones de fenol, sea por mí mismo o bajo mi supervisión, y el resto muertos por golpes etc. por los internos."

En otro *affidavit* relativo al programa de eutanasia Hoven dijo:

> "En 1941, el comandante del campo Koch convocó a todos los oficiales importantes de las SS juntos y les informó que había reci-

bido una orden secreta de Himmler que disponía que todos los deficientes mentales y físicos debían ser asesinados, incluyendo los judíos. 300 o 400 prisioneros judíos de diferentes nacionalidades fueron enviados a la 'estación de eutanasia' en Bernburg para su exterminio. Me fue ordenado falsificar los informes sobre la muerte de estos judíos, y obedecí la orden. Esta acción fue conocida como '14 f 13.'"[117]

Cuando Hoven fue interrogado sobre estos affidavits, afirmó que ellos fueron extraídos en interrogatorios en inglés, idioma con el que no estaba familiarizado. El Tribunal no se dejó impresionar por estos argumentos ya que Hoven había vivido varios años en los EEUU donde adquirió, al menos, una comprensión promedio del idioma inglés. La prueba acumulada en el proceso prueba que Hoven fue culpable de muchas más muertes que las por él declaradas y el Tribunal lo encontró culpable de los tres cargos. Condenado a muerte en la horca, fue ejecutado en 1948.

18) ***Wilhelm Franz Josef Beiglböck***: Este acusado fue inculpado por participación en los experimentos con agua de mar. En su testimonio ante el Tribunal, Beiglböck dijo que convocó al inicio del experimento a todos los prisioneros que habían sido reunidos al efecto y les explicó el propósito del experimento preguntándoles si deseaban participar. No les informó ni la duración o si se podían retirar del experimento una vez iniciado cuestión que dependía del acusado. La evidencia mostró que ninguno de los internos rehusó participar por temor a las consecuencias que sobrellevarían. Durante los experimentos, las víctimas fueron encerradas en una habitación Cuando fue interrogado al respecto el acusado dijo:

"Debieron haber sido encerrados en un lugar mejor del que fueron, pues entonces ellos no habrían tenido ninguna oportunidad en absoluto de conseguir agua fresca del otro lado."[118]

Durante su testimonio, presentó unos gráficos médicos que

mostraron que ninguno de los internos había sufrido daño alguno, pero interrogado por la Fiscalía terminó reconociendo que él mismo había alterado esos gráficos para que lucieran a su favor. El Tribunal dijo que no iba decidir sobre si los gráficos tenían valor antes o después de su adulteración, simplemente concluyó que si un hombre intenta apoyarse en evidencia escrita en el juicio no alteraría tal evidencia por un motivo justo u honesto.

Condenado a quince años de prisión, siendo luego conmutada a diez años, fue finalmente puesto en libertad en 1951, volviendo a la actividad médica.

19) **Adolf Pokorny**: Acusado por participación en los experimentos de esterilización por la Fiscalía, el Tribunal tomó en consideración que el acusado nunca había ocupado cargos jerárquicos en el partido nazi. La única prueba de culpabilidad del acusado se basó en una carta que dirigió a Himmler sugiriendo el uso de *caladium seguinum* diciendo que el enemigo no sólo debía ser vencido sino destruido.[119] El Tribunal tuvo severos juicios contra la actitud de Pokorny y su defensa, pero señaló que era función de la Fiscalía probar su culpabilidad, lo que no pudo hacer sin dejar una duda razonable, por lo que decidió absolver al acusado.

20) **Herta Oberheuser**: Acusada por la Fiscalía de la comisión de crímenes de guerra y crímenes contra la humanidad, la acusada tuvo activa participación en los experimentos con sulfonamidas y trasplantes. Fue acusada también por el programa de esterilización, pero la Fiscalía desistió de ese cargo durante el juicio. Le resultaron aplicables las consideraciones hechas por el Tribunal respecto de los acusados Gerbhardt y Fischer. Oberheuser estuvo totalmente informada del propósito y naturaleza de los experimentos con sulfonamidas, ayudó a la selección de los sujetos sobre los que se experimentó, los examinó y preparó para el quirófano. Estuvo presente en las operaciones y asistió en los procedimientos cooperando fielmente con Gerbhardt y Fischer a la conclusión de la operación, abandonando a las pacientes deliberada-

mente para que las heridas alcanzaran el máximo de infección. Condenada por la comisión de crímenes de guerra y crímenes contra la humanidad a veinte años de prisión, fue puesta en libertad en 1952 y volvió a la actividad como médica. Habiendo sido reconocida en su trabajo por uno de los prisioneros de los campos de concentración fue despedida y en 1958 se revocó su licencia como médica. Murió en 1978.

21) *Fritz Ernst Albert Fischer*: Como Oberheuser con quien trabajó junto a Gerbhardt, fue acusado por la Fiscalía de la comisión de crímenes de guerra y crímenes contra la humanidad, y de pertenencia a una organización criminal como las SS, tuvo activa participación en los experimentos con sulfonamidas y trasplantes. Condenado a cadena perpetua, liberado en 1954, se unió como médico a la compañía química Böhringer en Alemania. Murió en 2003.

VI. LAS PETICIONES DE MODIFICACIÓN DE PENA

Algunas de las razones invocadas por los acusados para modificar su condena, no carecían de todo sustento legal y por el contrario, obligaban a un razonamiento jurídico convincente para refutarlas.

El Artículo XV de la Ordenanza no. 7[120] del Gobierno Militar en Alemania de los EEUU, establecía que las sentencias dictadas serían finales y no posibles de revisión. Sin embargo, el Artículo XVII le daba al Gobernador Militar el poder para mitigar, reducir o modificar la sentencia impuesta, aunque nunca aumentarla o hacerla más severa. Los 16 condenados hicieron uso de este recurso, pero sus sentencias fueron confirmadas mediante un escueto anuncio.[121]

Rose estimó que la sentencia que lo condenaba había sido dictada en violación de varias disposiciones del derecho internacional:

1) Del artículo 63 de la Convención de Ginebra de 1929.[122] Como prisionero de guerra y siendo médico oficial del ejército alemán con grado equivalente a Brigadier General estimaba debía ser juzgado

por una corte marcial compuesta por oficiales profesionales médicos.

2) También declaró una violación del artículo 64 de dicha Convención,[123] que autorizaba a apelar contra una decisión de la corte marcial, de manera idéntica a cómo sucedería en el ejército de los EEUU.

3) También se violó el artículo 60 de esa Convención,[124] ya que Suiza, siendo el Estado Protector que vela por los intereses de los prisioneros de guerra alemanes, no fue notificada del juicio.

4) Se violó la prohibición *ex post facto* ya que los crímenes contra la humanidad por los que fue condenado no existían como delito al tiempo de su comisión.

5) La sentencia violó el principio de *nulla poena sine culpa* ya que se lo condenó de acuerdo con el artículo 11.2 c y d de la CCL 10 que admitía la culpa por una pura conexión objetiva y el mero consentimiento con la planificación o ejecución de un acto, siendo ello también una previsión violatoria del principio *ex post facto*.

6) Durante el juicio fue limitado su derecho de defensa rechazando el Tribunal el comparendo de expertos imprescindibles para comprender cuestiones médicas.

7) El procedimiento oral fue limitado, requiriéndose gran cantidad de material escrito y su defensor solo tuvo una hora para la presentación de su alegato.

8) El veredicto no fue suficientemente fundado, ya que, por ejemplo, el Tribunal no investigó si existía coacción que los compelía a actuar a los acusados, excusa que los liberaría de responsabilidad criminal.

Su sentencia fue conmutada en 1951 y en 1955 volvió a ser un hombre libre.

Bibliografía

ANNAS, George, J., "The Nuremberg code in U.S. courts: Ethics versus expediency," en ANNAS/GRODIN.

"The Legacy of the Nuremberg Doctors' Trial to American Bioethics and Human Rights," 10 Minn. J.L. Sci. & Tech. (2009) 19, disponible en http://scholarship.law.umn.edu/cgi/viewcontent.cgi?article=1186&context=mjlst

ANNAS, George J. y GRODIN, Michael A. (Eds.), The Nazi Doctors and the Nuremberg Code: Human Rights in Human Experimentation, Oxford University Press, New York, 1992, cit. ANNAS/GRODIN cit.

"Medicine and human rights: reflections on the fiftieth anniversary of the Doctors' Trial,"en MANN cit., 301

"Medical Ethics and Human Rights: Legacies of Nuremberg," 3 Hofstra L. & Pol'y Symp. 111 (1999).

"Physicians and Torture: Lessons from the Nazi Doctors," 89 International Review of the Red Cross Nr. 867, 635 (2007), disponible en https://www.icrc.org/eng/assets/files/other/irrc-867-grodin.pdf

BAADER, Gerhard, "Menschenversuche in Konzentrationslagern," 86 Dt. Ärztbl. 13, (1989), 861 disponible en <http://www.aerzteblatt.de/pdf/86/13/a861.pdf>.

BARKER, Jeffrey H., "Human Experimentation and the Double Facelessness of a Merciless Epoch," 25 N.Y.U. Rev. L. & Soc. Change 603 (1999).

BLOME, Kurt, Arzt im Kampf - Erlebnisse und Gedanken, Johann Ambrosius Barth Verlag, Leipzig, 1942.

BRODY, "The Origins and Impact of the Nuremberg Doctors Trial, en RUBENFELD, Sheldon & BENEDICT, Susan (Eds.), Human Subject Reasearch After the Holocaust, Springer International, Cham, 2014, 163

BRUNS, Florian, Medizinethik im Nationalsozialismus: Entwicklungen und Protagonisten in Berlin. Geschichte und Philosophie der Medizin: History and Philosophy of Medicine, Franz Steiner Vlg., Stuttgardt, 2009.

DE LEEUW, Daan, In the Name of Humanity Nazi Doctors and Human Experiments in German Concentration Camps, 1939-1945, Tesis de Maestría en Historia, Universidad de Amsterdam, 2013, disponible en <http://www.niod.nl/sites/niod.nl/files/Scriptie%20-Daan%20de%20Leeuw%20-%20In%20the%20Name%20of%20Humanity.pdf>.

DE MILDT, Dick, In the Name of the People: Perpetrators of

Genocide in the Reflection of their Post-War Prosecution in West Germany - The 'Euthanasia' and 'Aktion Reinhard' Trial Cases, Martinus Nijhoff Publishers, The Hague, 1996.

DIWALD, Helmut, Dokumentation- der Fall Rose- ein Nürnberger Urteil wird Widerlegt- Zeitgeschichtliche Bibliothek 5, Mut-Verlag, Asendorf, 1988

DÖRNER, Klaus, EBBINGHAUS, Angelika, LINNE, Karsten y HAINZ, Karl, The Nuremberg Medical Trial, 1946/47: Transcripts, Material of the Prosecution and Defense, Related Documents, K.G. Saur, München, 2001.

EBBINGHAUS, Angelika y DÖRNER Klaus (Eds.), Vernichten und Heilen. Der Nürnberger Ärzteprozess und seine Folgen, Aufbau Verlag, Berlin, 2002.

EBBINGHAUS, Angelika & ROTH, K. H., "Medizinverbrechen vor Gericht. Die Menschenversuch im Konzentrationslager Dachau," en EIBERT, Ludwig & SIGEL, Robert (Eds.), Dachauer Prozesse. NS-Verbrechen vor amerikanischen Militärgerichten in Dachau 1945-48. Verfahren, Ergebnisse, Nachwirkungen, Wallstein Vlg., Göttingen, 2007, 126.

FRANZ, Helmut, Kurt Gerstein: Aussenseiter des Widerstandes der Kirche gegen Hitler, EVZ-Verlag, Zurich,1964.

FREYHOFER, Horst H., The Nuremberg Medical Trial: The Holocaust and the Origin of the Nuremberg Medical Code, Peter Lang, New York, 2005. Extractos en <https://books.google.com.ar/books?hl=en&lr=&id=_SD378UlJkgC&oi=fnd&pg=PA1&dq=Siegfried+Adolf+Handloser&ots= 3w5FsU2d4B&sig=Otr6bH2ulxjJ_MP-v_CCg _xu6Cg#v=onepage&q=Siegfried%20Adolf%20Handloser&f=false>.

FRIEDLÄNDER, Saul, Kurt Gerstein ou l'ambigüité du bien, Casterman, Paris, 1967.

GRÄBNER, Dieter & WESZKALNYS, Stefan, Der ungehörte Zeuge. Kurt Gerstein, Christ, SS-Offizier, Spion im Lager der Mórder, Conte Verlag, Saarbrücken, 2006.

GREEN, L. C., " War Law and the Medical Profession," 3 Legal Med. Q. (1979) 175.

HARMON, Louise, "The Doctor's Trial at Nuremberg" en

REGINBOGIN, (cit.), 164.

HUNT, Linda, Secret Agenda. The United States Government, Nazi Scientists and Project Paperclip 1945 to 1990, St. Martin Press, New York, 1991, disponible en <http://www.bibliotecapleyades.net/archivos_pdf/paperclip.pdf>.

KATZ, Jay, Experimentation with Human Beings. The Authority of the Investigator, Subject, Professions, and State in the Human Experimentation Process, Russell Sage Foundation, New York,1972.

KLEE, Ernst, Das Personenlexikon zum Dritten Reich, Fischer Vlg., Frankfurt, 2003.

Auschwitz, die NS-Medizin und ihre Opfer, Fischer Vlg., Frankfurt, 2012.

KLIER, Freya, Die Kaninchen von Ravensbrück. Medizinische Versuche an Frauen in der NS-Zeit, Knaur, München, 1994.

KOGON, Eugen, The Theory and Practice of Hell, Octagon Press, London, 1972.

LIFTON, Robert Jay, The Nazi Doctors: Medical Killing and the Psychology of Genocide, Basic Books, New York, 1986, disponible en internet en <http://www.holocaust-history.org/lifton/>.

LIPPMAN, Matthew, "Nazi Doctors Trial and the International Prohibition on Medical Involvement in Torture," 15 Loy. L.A. Int'l & Comp. L.J. (1992-1993) 395.

"War Crimes Prosecutions of Nazi Health Professionals and the Contemporary Protection of Human Rights," 21 T. Marshall L. Rev. (1995-1996) 11.

"Fifty Years after Auschwitz: Prosecutions of Nazi Death Camp Defendants," 11 Conn. J. Int'l L. (1995-1996) 199.

MANN, Jonathan M. et al., (Eds.), Health and Human Rights, Routledge, New York, 1999, cit. MANN.

MANT, A. Keith, 'The Medical Services in the Concentration Camp of Ravensbruck," 18 The Medico-legal Journal, 99, (1949).

MARRUS, Michael, "The Nuremberg Doctor´s Trial in Historical Context,"73 Bulletin of the History of Medicine, (1999), 110.

MENDELSOHN, John, (Ed.), Medical Experiments on Jewish Inmates of Concentration Camps, Vol. 9 de The Holocaust: Selected Documents in Eighteen Volumes, New York, Garland Publishing,

1982.

MITSCHERLICH, Alexander & MIELKE, Fred. Doctors of Infamy: The Story of the Nazi Medical Crimes, Schuman, New York, 1949.

MRUGOWSKY, Joachim, Das ärztliche Ethos. Christoph Wilhelm Hufelands Vermächtnis einer fünfzigjährigen Erfahrung, Lehmann, München, 1939.

OPPITZ, Ulrich-Dieter, Medizinverbrechen vor Gericht. Das Urteil im Nürnberger Ärzteprozess gegen Karl Brandt und andere sowie aus dem Prozess gegen Generalfeldmarschall Milch, Palm & Enke, Erlangen, 1999.

PLATEN-HALLERMUND, Alice, Die Tötung Geisteskranker in Deutschland: Aus der deutschen Ärzte-Kommission beim amerikanischen Militärgericht, Verlag der Frankfurter Hefte, Frankfurt, 1948.

PROCTOR, Robert N., Racial Hygiene: Medicine under the Nazis, Harvard UP, Harvard, 1988

REITZENSTEIN, Julien, Himmlers Forscher. Wehrwissenschaft und Medizinverbrechen im „Ahnenerbe" der SS, Schöningh, Paderborn, 2014.

ROQUES, Henri, "Die 'Gestaendnisse' des Kurt Gerstein" disponible en https://archive.org/stream/DiegestaendnisseDesKurtGerstein198699S..pdf/RoquesHenri-DiegestaendnisseDesKurtGerstein198699S._djvu.txt

SCHÄFER, Jürgen, Kurt Gerstein, Zeuge des Holocaust: Ein Leben zwischen Bibelkreisen und SS, Luther Verlag, Bielefeld, 1999.

SCHMIDT, Ulf, Justice at Nuremberg. Leo Alexander and the Nazi Doctors'Trial, Lagrave Macmillan, New York, 2004.

"The Scars of Ravensbruck': Medical Experiments and British War Crimes Policy, 1945-1950," 23 German History (2005), 20.

Karl Brandt: The Nazi Doctor: Medicine and Power in the Third Reich, Bloomsbury Academics, London, 2007.

SCHUSTER, Evelyne, "Fifty Years Later: The Significance of the Nuremberg Code," 337 New Eng. J. Med. (1997) 1436, disponible en <http://www.nejm.org/doi/full/10.1056/nejm199711133372006>.

SPITZ, Vivien, Doctors from Hell: The Horrific Account of Nazi Experiments on Humans, First Sentient Pub., Boulder, 2005.

WEINDLING, Paul Julian, "From International to Zonal Trials: The Origins of the Nuremberg Medical Trial," 14 Holocaust & Genocide Studies, (2000), 367-389.

Epidemics and Genocide in Eastern Europe, 1890–1945, Oxford UP, London, 2000.

"'Tales from Nuremberg:'the Kaiser Wilhelm Instute for Anthropoly and Allied Medical War Crimes Policy," en KAUFMANN, Doris (Ed.), Geschichte der Kaiser Wilhelm-Gesellschaft im Nazionalsozialismus. Bestandaufnahme der Forschung, Wallstein Vlg., Göttingen, 2000, 621.

Nazi Medicine and the Nuremberg Trials. From Medical War Crimes to Informed Consent, Palgrave Macmillan, Houndmills, 2004, disponible en <https://pdf.k0nsl.org/N/Nazi%20Medicine%20And%20The%20Nuremberg%20Trials%20-%20Paul%20Julian%20Weindling.pdf >.

"The Nazi Medical Experiments," en EMANUEL, Ezekiel J., GRADY, Christine C., CROUCH, Robert A., LIE, Reidar K., MILLER Franklin G, y WENDLER, David D., The Oxford Textbook of Clinical Research Ethics, Oxford University Press, Oxford, 2008, 18-30, disponible en <https://books.google.com.ar/books?hl=en&lr=&id=vKFYAtcLAxgC&oi=fnd&pg=PA18&dq=Siegfried+Adolf+Handloser&ots=Ik26ZYfSd3&sig=UOJB0X_ZFQxb2N8iucmmpWAKink#v=onepage&q=Siegfried%20Adolf%20Handloser&f=false>.

"Victims, Witnesses, and the Ethical Legacy of the Nuremberg Medical Trial, "en PRIEMEL cit. Loc 2182 Kindle.

WILKERSON, Isabel, "Nazi Scientists and Ethics of Today," *The New York Times,* 21 de mayo de 1989, disponible en http://www.nytimes.com/1989/05/21/us/nazi-scientists-and-ethics-of-today.html?pagewanted=all.

WIRTH, Mathias, Distanz des Gehorsams: Theorie, Ethik und Kritik einer Tugend, Mohr Siebeck, Tübingen, 2016.

ZUKOWSKI, Edward, " The "Good Conscience" of Nazi Doctors," 14 Annual of the Society of Christian Ethics, (1994), 53.

3
CAPÍTULO TERCERO

EL CASO "UNITED STATES v. ERHARD MILCH ET AL."[1]

El caso que se estudiará en este capítulo es el conocido como caso nº 2 y fue juzgado por el Tribunal Militar II de los EEUU en el Palacio de Justicia de Nuremberg.

Tuvo lugar entre el 13 de noviembre de 1946 y el 17 de abril de 1947.

Fue el único caso de los Tribunales subsecuentes al IMT en donde se juzgó a un solo acusado: Erhard Milch,[2] mariscal de campo de la *Luftwaffe*, segundo en jerarquía en la fuerza aérea alemana luego de Göring, a quien incluso representaba en los actos oficiales, y quien fue uno de los mayores responsables de la producción de aviones durante la II Guerra Mundial, en lo que se llamó el "programa *Jägerstab*."[3]

El Palacio de Justicia de Nuremberg en la época en que tuvieron lugar los juicios

El acusado Milch durante su proceso

Milch cumplió funciones junto a Albert Speer, Ministro Imperial de Armamentos, como uno de los miembros del Directorio Central de Planeamiento, y fue defendido por quien había sido el defensor de Martin Bormann -juzgado en ausencia- ante el IMT, y asistido por quien era hermano del acusado, de nombre Werner Milch.

Para comprender acabadamente el desarrollo del caso y la línea de interrogatorio, hay que recordar que a partir de 1942 los bombardeos Aliados de las fábricas alemanas fueron diarios y terriblemente destructivos. Alemania se encontró entonces, en una encrucijada vital, ya que la industria con la que podía defenderse de los bombardeos, era justamente objetivo de los mismos.

El Juez que presidió el Tribunal fue Robert M. Toms, que fue juez de la Corte de Apelaciones de Detroit, Michigan, secundado por Fitzroy D. Phillips, juez en Carolina del Norte, y Michael A. Musmanno, que era juez en Allegheny County, Pittsburg, Pensilvania, y sobre el que ya se ha hecho referencia en el Capítulo Primero. Juez suplente fue John J. Speight de Alabama.

Los jueces del caso, de izquierda a derecha Phillips,
Toms, Musmano y el juez suplente Speight

El Fiscal a cargo era el Brigadier General Telford Taylor, que estuvo presente como espectador cuando se inició el juicio, pero delegó el proceso en sus subordinados. Quien actuó de hecho en el caso fue el Fiscal Clark Denney, así como Henry King Jr., quien posteriormente enseñaría en la Universidad de Yale.

El grupo de fiscales en el caso Milch. Enfrente a Taylor
está sentado Clark Denney.

I. LA ACUSACIÓN

Milch fue acusado con tres cargos: el primero, por crímenes de guerra, y se basó en la participación de Milch en el planeamiento y ejecución de la organización del trabajo esclavo y por la deportación de ese trabajo esclavo de las poblaciones civiles de Austria, Checoslovaquia, Italia, Hungría y otros países, durante el cual millones de personas fueron esclavizados, maltratadas, torturadas y asesinadas.

El acusado Ehrhard Milch, en la foto de la izquierda, sentado detrás de Albert Speer.

También Milch fue acusado de tener responsabilidad y participación en la propia colocación de la mano de obra esclava en fábricas de armamentos y actividades directamente relacionadas con la guerra, en el transcurso de la cual miles de personas fueron esclavizadas, maltratadas, torturadas y asesinadas. Al menos cinco millones de trabajadores fueron deportados a Alemania. La conscripción para el trabajo fue llevada a cabo por métodos drásticos y violentos. Los trabajadores destinados a Alemania fueron enviados custodiados, frecuentemente en trenes sin la adecuada calefacción, ni comida, ropa o facilidades sanitarias.

Otros habitantes de los países ocupados por Alemania también fueron compelidos a trabajar en sus propios países para asistir a la economía de guerra alemana, y en fortificaciones e instalaciones militares.

Prisioneros de guerra fueron obligados a trabajar en actividades directamente relacionadas con la guerra, incluido el trabajo en fábricas de municiones, cargando bombarderos, llevando municiones y manteniendo armas antiaéreas, lo que prohibían claramente las Convenciones que regulaban entonces al derecho humanitario bélico.

El tratamiento de la mano de obra esclava fue hecho bajo la premisa de que los trabajadores debían ser explotados y mantenidos al menor costo posible.

Ehrhard Milch

Como miembro del Directorio Central de Planeamiento Milch atendió las reuniones, participó en la toma de decisiones básicas para la explotación de esta fuerza de trabajo y dirigió a la masa de trabajadores esclavos.

Estos hechos constituyeron violaciones de convenciones internacionales, crímenes de guerra, particularmente de los artículos 4, 5, 6, 7, 46 y 52 de las Regulaciones de La Haya de 1907,[4] y de los artículos 2, 3, 4, 6 y 31 de la Convención sobre Prisioneros de Guerra (Ginebra 1929),[5] las leyes y costumbres de la guerra, los principios generales de derecho penal derivados de las leyes penales de todas las naciones civilizadas, la ley penal interna de los países en los cuales estos crímenes fueron cometidos y del artículo II de la CCL 10.[6]

La segunda imputación, la de crímenes contra la humanidad, le atribuyó participación y responsabilidad en la realización de experimentos médicos de altitud y congelamiento con prisioneros del campo de concentración de Dachau. Estos crímenes eran violaciones de convenciones internacionales, particularmente de los artículos 4, 5, 6, 7 y 46 de las Regulaciones de La Haya de 1907 y de los artículos 2, 3, y 4 de la Convención de Ginebra sobre Prisioneros de Guerra de 1929, las leyes y costumbres de la guerra, los principios generales de derecho penal derivados de todas las naciones civilizadas, la ley penal interna de los países donde se cometieron los crímenes y el artículo II de la CCL 10.

El tercer cargo, contiene los mismos elementos y datos del primer cargo que se refería a crímenes de guerra, pero se lo acusó de crímenes contra la humanidad. La relación entre los dos crímenes no fue del todo clara para los fiscales que prefirieron volver a acusarlo con otra calificación a que correr el riesgo de perder el caso.

La Fiscalía sostuvo que entre septiembre de 1939 y mayo de 1945, Milch, ilegal, dolosamente y con pleno conocimiento, cometió crímenes contra la humanidad tal como son definidos por el artículo II de la CCL 10, en el que fue principal y accesorio, ordenó, instigó, tomó parte consintiendo y en conexión con planes y proyectos que requerían trabajo esclavo y deportación de trabajo esclavo, de alemanes y nacionales de otros países, trabajos durante el cual millones de personas fueron esclavizadas, deportadas, maltratadas, aterrorizadas, torturadas y asesinadas, así como tuvo la misma conducta con relación a experimentos médicos sobre alemanes y nacionales de otros países durante los que, sin consentimiento de las víctimas, se cometieron homicidios, brutalidades, crueldades, torturas y otros actos inhumanos.

Para algunos autores resulta sorprendente que en el caso de Milch no se haya acusado por agresión, pues como se verá, se produjeron documentos importantes que comprueban la decisión alemana de iniciar una guerra de agresión, como quizás en pocos otros casos. Sin embargo, la Fiscalía consideró y desistió de formular ese cargo ya que entendió tenerlo muy fundamentado con los que hizo.[7]

II. EL JUICIO.

El Fiscal prometió demostrar que Milch fue uno de los principales involucrados en la realización de los planes y proyectos que involucraron mano de obra esclava. El acusado, dijo el Fiscal, no podía ignorar que lo que hacía estaba mal, pues entre las pocas cosas sobrevivientes que dejó intacto el régimen nazi, fue la prohibición de esclavitud que aparece en el § 238 del Código Penal alemán entonces vigente,[8] cuyo texto era entonces similar al actual.[9]

El Directorio General de Planeamiento del que formaba parte Milch junto con Speer y del que eran los miembros dominantes, se componía además de Paul Körner y luego de Funk que ya había sido juzgado por el IMT. Había sido creado por un decreto de Göring de 1943 y tenía el control sobre la producción alemana, y el desarrollo y producción de nuevas materias primas, así como la determinación del número y colocación de las fuerzas de trabajo dentro de la economía alemana.

Además de este Directorio, Milch fue jefe del "*Jägerstab*,"[10] organismo creado para incrementar la producción alemana de aviones, la que había disminuido a través de los continuos bombardeos de los Aliados, y que la acusación presumía había sido una creación del acusado.[11] Las funciones del "*Jägerstab*" comprendían, la rápida reparación de las plantas productoras de aviones dañadas, la dispersión de las plantas de producción y construcción de fábricas subterráneas, sin intermediarios burocráticos.

Uno de sus mayores problemas fue la obtención de mano de obra esclava que proveía Sauckel, Ministro Plenipotenciario sobre la asignación de fuerza laboral, y las SS, que estaban a cargo de los campos de concentración. El Fiscal señaló que, en el juicio ante el IMT, se probó que 5 millones de trabajadores fueron deportados a Alemania y de estos 4.800.000 no fueron voluntarios.[12]

Planta subterránea de construcción de aviones

Tras la exposición de la Fiscalía le tocó hacerlo a la Defensa.

El Defensor se quejó de la forma como la acusación pintó un negro panorama de la vida de Milch, aún sobre épocas de su vida que no tenían relación con el juicio y luego avanzó con una línea argumental extraña, pero que tiene que ver con la prueba de la que Fiscalía intentó valerse: Milch nunca fue un traidor y siempre trató de hacer lo mejor para su pueblo. La Defensa argumentó, que el imputado no tuvo nada que ver con el abominable régimen que asoló Alemania y advirtió que probaría sus afirmaciones. Milch sufrió una serie de lesiones en su cabeza que lo mostraron más susceptible a arranques de ira que otras personas, a lo que se sumó el estrés y el poco tiempo disponible en comparación con sus enormes tareas. El uso de trabajadores de los territorios ocupados se debió a la terrible emergencia que sufría Alemania en esos momentos finales de la guerra. El IMT ya lo responsabilizó a Sauckel y no lo hizo con Speer, que tuvo mucha más influencia y poder que el que pudo haber tenido Milch. El Defensor sostuvo que no se puede culpar a una persona por lo que otra hizo, dentro de una población de ochenta millones de personas, ni extender la conspiración a una nación entera ni a sus múltiples organizaciones. Ver la conspiración de esta manera parece una monstruosidad, previno la Defensa.

Con el inicio de la presentación de evidencia, la Fiscalía aportó al Tribunal una minuta secreta de Hitler fechada 23 de mayo de 1939, que tiene un indiscutible valor histórico, puesto ya de manifiesto por el propio IMT,[13] pues muestra a cinco meses antes de que sucedieran los hechos que darían comienzo a la II Guerra Mundial, cuáles eran ya las intenciones del líder supremo de Alemania:

> "MÁXIMO SECRETO.
> Transmitirlo mediante oficial solamente.
> Minuta de la Conferencia del 29 de mayo de 1939.
> Lugar: oficina del Führer. Nueva Cancillería.
> Adjunto en funciones: Tte. Cnel. (GSC) Schmundt.
> Presentes: El Führer, Mariscal de campo Göring, Gran Almirante (Almirante de la Flota) Räder, General von Brauchisch, General Keitel, General Milch, General (de artillería) Halder, General Bodenschatz, Contralmirante Schniewind, Coronel Jeschonnek, Coronel Warlimont, Tte. Coronel Schmundt, Capitán (armada) Engel, Comodoro Albrecht, Capitán (armada) v. Below.

Capítulo Tercero

Objeto; Adoctrinamiento sobre la actual situación y futuros objetivos.

El Führer definió el propósito de la conferencia:

1. Análisis de la situación.

2. Definición de las tareas para las fuerzas armadas emergente de la situación.

3. Exposición sobre las consecuencias de esas tareas.

4. Aseguramiento del secreto de todas las decisiones y trabajo resultante de esas consecuencias.

Secreto es lo primero esencial para el éxito. Las observaciones del Führer están presentadas en forma sistematizada debajo. Nuestra presente situación debe ser considerada desde dos puntos de vista: (1) el desarrollo actual de los eventos entre 1933 y 1939; (2) la permanente e inmutable situación en la que está Alemania. En el período 1933-1939, se ha progresado en todos los campos. Nuestra situación militar mejoró enormemente. Nuestra situación con relación al resto del mundo se ha mantenido la misma. Alemania ha salido del círculo de las grandes potencias. El balance de poder se ha hecho sin participación de Alemania. Este equilibrio se ve perturbado cuando Alemania demanda por las necesidades de la vida y lo hace caer, y Alemania re-emerge como una Gran Potencia. Todas las demandas son vistas como "usurpación." Los ingleses tienen más miedos de peligros en la esfera económica que la simple amenaza de fuerza. Una masa de 80 millones de personas ha resuelto sus problemas ideológicos. Entonces, también, deben resolverse los problemas económicos. Ningún alemán puede evadir la creación de las condiciones económicas necesarias para ello. La solución de los problemas demanda coraje. El principio por el cual uno evade resolver los problemas adaptándose a las circunstancias es inadmisible. Las circunstancias deben mejor ser adaptadas a los objetivos. Esto es imposible sin la invasión de estados extranjeros o ataques a propiedad extranjera. Espacio vital, en proporción a la magnitud del estado, es la base de todo poder. Uno puede rehusar por un tiempo enfrentar el problema, pero finalmente se resolverá de una u otra manera. La elección es entre el avance o la declinación. En 15 o 20 años de tiempo nos veremos compelidos a encontrar una solución. Ningún estadista alemán puede evadir esta cuestión más allá de ello. Estamos al presente en un estado de fervor patriótico, que es compartido por otras dos naciones, Italia y Japón. El período detrás nuestro ha sido de verdad bien puesto en uso. Todas las medidas han sido tomadas en la secuencia correcta y en armonía con nuestros objetivos. Luego de 6 años la situación hoy es como sigue: La unidad política nacional de los Germanos ha sido alcanzada, aparte de algunas excepciones menores.[14] Éxitos posteriores no podrán lograrse sin derramamiento de sangre. La demarcación de las fronteras es de importancia militar. El polaco no es un enemigo suplementario. Polonia siempre estará del lado de nuestros adversarios. A pesar de tratados de amistad, Polonia siempre ha tenido la secreta intención de explotar cualquier oportunidad para dañarnos. Danzig no es el tema de la disputa de manera alguna.[15] Es una cuestión de expandir nuestro espacio vital al este y asegurar nuestra comida, pertrechos resolviendo el problema báltico. La provisión de alimentos sólo puede esperarse de zonas poco pobladas. Por encima de la fertilidad natural una cuidadosa explotación alemana aumentará enormemente el excedente. No hay otra posibilidad para Europa. Las Colonias: atención con los regalos de territorio colonial. Esto no resuelve el problema de la comida. (Recuerden) ¡Bloqueo![16] Si el destino nos lleva a un conflicto con occidente, la posesión de áreas extensas en el este será ventajosa. Confiarnos en cosechas record debemos menos en tiempos de guerra que de paz. La población de las áreas no alemanas no cumplirá función militar y estarán disponibles como fuerza de trabajo. El problema "polaco" es inseparable de nuestro conflicto con occidente. El poder interno polaco de resistencia al bolchevismo es dudoso. Así Polonia es dudosa como barrera contra Rusia. Es cuestionable si el éxito militar en Occidente puede ser alcanzado mediante una decisión rápida, es cuestionable también la actitud de Polonia. El gobierno polaco no resistirá presiones de Rusia. Polonia ve como un peligro una victoria alemana en el Oeste e intentarán robarnos la victoria. No hay cuestión entonces en ahorrarnos Polonia y nos quedamos con la decisión: atacar Polonia en la primera oportunidad disponible."[17]

Capítulo Tercero

El valor del documento transcripto radicó en que dio cuenta de la decisión alemana de invadir Polonia, cinco meses antes de que ello aconteciera, y fue un documento esencial para la determinación de la guerra de agresión que se le atribuirá a Alemania.

En las actas del proceso se agregó otro documento, esta vez, una carta del Ministerio Imperial de Finanzas dirigida a las asociaciones de granjeros, instruyendo sobre trabajadores de nacionalidad polaca. Los párrafos más relevantes señalan:

"1. Fundamentalmente los granjeros de identidad polaca no tienen el derecho de quejarse y no se aceptarán quejas por ninguna agencia oficial.

2. Los granjeros de nacionalidad polaca no pueden dejar las localidades donde han sido empleados y hay toque de queda desde el 1 de octubre al 31 de marzo entre las 20 y las 6 horas, y del 1 de abril al 30 de septiembre entre las 21 y las 5 horas.

3. El uso de bicicletas está estrictamente prohibido. Excepciones son posibles para dirigirse al lugar de trabajo en el campo, si un familiar del empleador o el empleador mismo está presente.

4. La visita a templos, independientemente de la fe, está estrictamente prohibido, aún cuando no haya servicio en progreso, Cuidado espiritual individual por clérigos fuera de la iglesia está permitido.

5. Visitas a teatros, cines u otros entretenimientos culturales están estrictamente prohibidos para trabajadores granjeros de nacionalidad polaca.

6. La visita a restaurantes está estrictamente prohibida para los trabajadores de granja de nacionalidad polaca salvo uno en el villorrio que será elegido por la oficina del Consejero Rural, y entonces sólo una vez por semana. El día, que será seleccionado para visitar al restaurante, será también determinado por la oficina del Consejero Rural. Esta regulación no cambia la disposición de toque de queda mencionada arriba en el no. 2.

7. Relaciones sexuales con mujeres y muchachas están estrictamente prohibidas y si fueran comprobadas deben ser reportadas.

8. Encuentros de trabajadores de granja de nacionalidad polaca

luego del trabajo están prohibidos, sea que fueren en otras granjas, en establos o en las barracas donde viven los polacos.

9. El uso de trenes, buses o cualquier otro transporte público por trabajadores de granja de nacionalidad polaca está prohibido.

10. Permisos para abandonar al villorrio serán concedidos sólo en casos muy excepcionales por la autoridad policial local (oficina del alcalde). Sin embargo, nunca será concedido si se deseara visitar una agencia pública, sea que se trate de una oficina de trabajo de las asociaciones de granjeros del distrito, o si quiere cambiar su lugar de empleo.

11. Cambio arbitrario de empleo está absolutamente prohibido. Los trabajadores de granja de nacionalidad polaca tienen que trabajar diariamente tanto como lo demande el interés de la empresa y como sea demandado por el empleador. No existen límites en el tiempo de trabajo.

12. Todo empleador tiene el derecho de dar castigo corporal a los trabajadores de granja de nacionalidad polaca, si fallaran las instrucciones y los consejos. El empleador no será responsable en tal caso ante ninguna agencia oficial.

13. Los trabajadores de granja de nacionalidad polaca deberán si posible, ser removidos de la comunidad de su hogar, y serán alojados en establos etc. Ningún remordimiento debe restringir tales acciones.

14. El informe a las autoridades es obligatorio en todos los casos en que se hayan cometido crímenes por los trabajadores de nacionalidad polaca, que busquen sabotear la empresa o hacer al trabajo más lento, por ejemplo, desgano en el trabajo, comportamiento impertinente, es obligatorio aún en casos menores, El empleador que pierde su polaco porque debe cumplir una larga pena de prisión por tal reporte obligatorio, recibirá otro polaco de la oficina de trabajo competente a pedido con preferencia.

15. En todos los otros casos, sólo la policía estatal es competente.

Para el empleador mismo se contemplan severas penas si se estableciera que no ha mantenido la debida distancia de los trabajadores de granja de nacionalidad polaca. Lo mismo se aplica a mujeres y muchachas. Raciones extra están estrictamente prohibidas. Incumplimiento de las tarifas del Imperio para trabajadores de granja de nacionalidad polaca será castigado por la oficina de trabajo competente, llevándose al trabajador. En caso de duda la asociación provincial de granjeros -IB- informará. Entregar por escrito el acuerdo mencionado a los trabajadores de granja de nacionalidad polaca está estrictamente prohibido. Estas regulaciones no se aplicarán a los polacos que todavía sean prisioneros de guerra y que están subordinados a las fuerzas armadas. En tal caso, las regulaciones publicadas por las fuerzas armadas se aplicarán. ¡Viva Hitler! [firmado] Por orden. Dr. Klotz"[18]

Una carta del Ministerio Imperial del Trabajo del 26 de agosto de 1941 estableció que bajo órdenes de Göring, 100.000 prisioneros de trabajo franceses serían trasladados para trabajar en la industria de armamentos (aeroplanos) y serían reemplazados por prisioneros de guerra rusos donde fuera necesario.[19] Una carta posterior de Keitel de octubre de 1941 referida al uso de prisioneros de guerra en la industria de armamentos, hizo referencia a una orden de Hitler para usar los prisioneros de guerra rusos en la industria de armamentos.[20]

También resulta de interés transcribir algunos párrafos de una orden de Himmler, sobre el tratamiento a la fuerza de trabajo del Este:

"A. FUERZA LABORAL ORIGINAL DEL TERRITORIO SOVIÉTICO

I. Medidas generales de seguridad.

1. El empleo de mano de obra en el Imperio de originarios de los territorios soviéticos resulta más peligrosa que cualquier otro empleo de extranjeros a pesar de los estándares especiales de su forma de vida, desde que no es posible ejercer una supervisión estricta en la práctica y el control de la separación entre alemanes y otros trabajadores extranjeros en el lugar de trabajo es poco realizada. La Policía de Seguridad tiene a su cargo la responsabilidad y la prevención de los peligros, y debe realizar todo lo necesario para cumplir con sus tareas, esto es, la de disminuir los riesgos a un mínimo. Desde que no puede contarse con el cumplimiento, es tarea especial de los inspec-

tores y de las oficinas administrativas de la policía estatal, urgir a otras oficinas administrativas, encargadas con la ubicación de la fuerza de trabajo, asumir los negocios de la Policía de Seguridad dentro de las esferas de sus jurisdicciones.

...

III. Combatiendo violaciones a la disciplina.

1. De conformidad con el mismo estatus de la fuerza de trabajo de los territorios soviéticos originales con los prisioneros de guerra, una disciplina estricta debe ser ejercida en las barracas y en el lugar de trabajo. Violaciones contra la disciplina, incluyendo rehusarse al trabajo y la holgazanería serán combatidas exclusivamente por la Policía Secreta del Estado (Gestapo). Los casos menores serán resueltos por el líder de la guardia de acuerdo a instrucciones de la administración de la policía del estado. Para vencer resistencias agudas, los guardias estarán autorizados para usar fuerza física contra la fuerza de trabajo. Pero esto debe ser hecho sólo si existiera una razón convincente. La fuerza laboral debe ser siempre informada acerca de que serán tratados decentemente cuando se conduzcan con disciplina y cumplan con buen trabajo.

2. En casos severos, esto es, cuando las medidas a disposición del líder de la guardia no son suficientes, actuará con sus medios la policía estatal. Concordantemente, ellos serán tratados como regla en el caso de medidas estrictas, con el traslado a un campo de concentración o con tratamiento especial.

3. El traslado a un campo de concentración se llevará a cabo de la forma usual.

4. En casos especialmente graves cuando se requiera tratamiento especial éste será solicitado a la Oficina Principal de Seguridad del Imperio, aportando la información personal y la historia exacta del acto.

5. El tratamiento especial consiste en ahorcamiento. No debe tener lugar en la vecindad inmediata al campo. Un cierto número del personal de los territorios originales soviéticos debe asistir al tratamiento especial; en ese momento serán prevenidos sobre las circunstancias que llevaron a este tratamiento especial.

6. Si el tratamiento especial fuera requerido dentro del campo

por razones excepcionales de disciplina en el campo, este podrá ser solicitado.

IV. Actividades subversivas contra el Imperio

Las actividades anti-imperiales, especialmente la difusión de la ideología comunista, propaganda de desunión, actos de sabotaje etc. será combatidos con las medidas más estrictas. El cuidado para obtener información no debe verse impedido por rápidos arrestos con el propósito de atrapar a todo el grupo de perpetradores. Conducta anti-imperial será, como regla, castigada con el tratamiento especial; en casos leves, transferencia a un campo de concentración puede ser considerada.

V. Faltas criminales.

1. Como principio, las violaciones criminales sin perjuicio de que hayan sido cometidas dentro o fuera del campo serán castigadas por medidas de la policía del estado.

2. Los delitos criminales serán penados en general como violaciones a la disciplina, esto es, medidas de la policía estatal tendrán lugar en caso de pequeños delitos cometidos dentro o fuera del campo y el tratamiento especial tendrá lugar en caso de crímenes como homicidio, asesinato, y robo.

3. En relación a crímenes capitales contra personas alemanas, el castigo obtenido por los tribunales penales puede parecer apropiado. Si la Policía del Estado considera ello oportuno, transferirá el caso a la fiscalía, bajo la previsión que de acuerdo a las leyes penales se puede contar con seguridad con la pena capital para el autor.

VI. Relaciones Sexuales.

Las relaciones sexuales están prohibidas entre el personal de los territorios soviéticos originales. Por la proximidad del confinamiento en las barracas ellos no tienen oportunidad para ello ahí. Pero si ocurriera una relación sexual a pesar de todo por el personal empleado en las granjas, lo siguiente es ordenado:

1. Para cada caso de relación sexual con nuestros compatriotas alemanes o alemanas, el tratamiento especial es requerido para el hombre del personal y traslado al campo de concentración para la mujer del personal.

2. Si las relaciones sexuales fueran con otros trabajadores extran-

jeros, la conducta del personal original de los territorios soviéticos será castigada tan severamente como una falta disciplinaria con trasferencia al campo de concentración.

...

VII. Medidas contra la confraternización con personal originario de los territorios soviéticos

1. Debe prestarse atención especial a la fundamental segregación del personal original de los territorios soviéticos de la población alemana. Es importante prevenir una penetración de ideología comunista en la población alemana cortando cualquier contacto que no tenga relación directa con el trabajo y, si fuera posible, evitar cualquier solidaridad entre la población alemana y el personal originario de los territorios soviéticos. Se tomarán medidas por la policía del estado contra los alemanes que actúen en contrario, de acuerdo a la situación de cada caso.

2. Si los hombres alemanes o las mujeres tuvieran contacto sexual o cometieran actos de indecencia con el personal de los territorios soviéticos, se requerirá su transferencia al campo de concentración.

3. La relación entre otros trabajadores extranjeros empleados en el Imperio y el personal de los territorios soviéticos conlleva también un gran peligro que debe ser manejado por la Policía de Seguridad; en consecuencia, debe combatirse con medidas contra los trabajadores extranjeros. Como regla la transferencia a un campo de corrección (deportación para los italianos) es apropiado; esto se aplica también para casos de relaciones sexuales.

....

VIII. Búsqueda

...

2. Cuando sea atrapado, el fugitivo recibirá el tratamiento especial. ..."[21]

Sauckel, que era Ministro Plenipotenciario para la asignación de trabajo, le envió para su consideración a Rosenberg, que estaba a cargo de los territorios del Este, un plan laboral. El objetivo del plan que se presentó, era movilizar toda la enorme fuerza laboral conquistada y asegurada por las fuerzas armadas alemanas, para ser usada para proveer de armamentos y alimentos. Todos los prisioneros de guerra, tanto de los territorios ocupados en el Oeste como en el Este, debían ser incorporados en su totalidad a las industrias alemanas de armamentos y alimentos. La producción debía ser elevada al más alto nivel posible. Estimó el plan como de necesidad inmediata, el uso de las reservas humanas de los territorios soviéticos conquistados en toda su extensión, y si ello no alcanzara, se debería instituir la conscripción o el trabajo forzado. Bajo el título *"Prisioneros de Guerra y Trabajadores Extranjeros"* el plan estableció:

> "El empleo completo de todos los prisioneros de guerra así también como el uso de un gigantesco número de nuevos trabajadores extranjeros, hombres y mujeres, se ha vuelto una necesidad indisputable para la solución del programa de movilización de trabajo en esta guerra. Todos los hombres deben ser alimentados, cobijados y tratados de tal manera que se pueda explotarlos hasta su mayor extensión al más bajo nivel concebible de gastos. ..."[22]

El uso de los prisioneros de guerra soviéticos provocó una virulenta campaña publicitaria en contra de Alemania desde la URSS, que afirmó que el Imperio violó con ello todas las leyes de la guerra y se apoyó en evidencia. El efecto de esta campaña que se hizo por radio, mediante panfletos y mediante la prensa, y que tenía lugar incluso en territorios ocupados por Alemania, fue importante.

Trabajo forzado de prisioneros de guerra en fábricas alemanas

Alemania empezó a reemplazar la mano de obra judía por la polaca, lo que significó la deportación de los judíos a los campos de exterminio.

El 16 de febrero de 1944, el acusado Milch convocó a una conferencia del Directorio Central de Planeamiento, donde tuvo una activa participación. Se reproducen extractos de sus intervenciones, las que tendrán indudable peso en la decisión que adoptó el Tribunal:

"La industria de armamentos emplea a gran cantidad de trabajadores extranjeros, de acuerdo con los últimos números, un 40%. Las nuevas asignaciones del Plenipotenciario General para Asignaciones Laborales se han referido a extranjeros mayormente, y hemos perdido un montón de personal alemán que ha sido llamado. Tratándose de una industria joven ha sido especialmente la industria aérea la que emplea a gran cantidad de gente joven que será convocada. Ello será muy difícil como puede deducirse fácilmente si se restan aquellos que trabajan en las estaciones experimentales. En producción en masa, los trabajadores extranjeros prevalecen por mucho. Son cerca del 95 % y más. Nuestro nuevo y mejor motor está hecho en un 88% por prisioneros de guerra rusos y el otro 12% por hombres y mujeres alemanas. Entre 50 y 60 Ju 52 que ahora vemos sólo como transporte son producidos por mes. Sólo entre 6 y 8 hombres alemanes están trabajando en este aparato, el resto son mujeres ucranianas que han batido todos los record de los trabajadores entrenados. ...

La lista de los evasores debe ser dejado en las confiables manos de Himmler que los hará trabajar, correctamente. Esto es muy importante para educar a la gente y tiene un efecto disuasorio sobre los otros que se puedan sentir igualmente con deseos de eludir...

No es posible entonces, explotar totalmente a todos los trabajadores extranjeros a menos que podamos compelerlos por pieza de trabajo o tengamos la posibilidad de tomar medidas contra extranjeros que no están haciendo su parte. Pero si el capataz pone las manos en un prisionero de guerra o lo golpea, hay un terrible escándalo, el hombre es puesto en prisión, etc. Hay suficientes oficiales en Alemania que piensan que su deber más importante es estar al frente de los derechos humanos en lugar de la producción de guerra. Yo también estoy por los derechos humanos. Pero si un francés dice: 'Ustedes amigos serán ahorcados y el jefe de la fábrica será ejecutado primero', y entonces el jefe dice ' lo voy a golpear' y está en un lío. No está protegido, pero el 'pobre tipo' que le dijo eso a él, sí está protegido. Les he dicho a mis ingenieros "los voy a castigar sino golpean a ese hombre, cuanto más hagan, mejor los elogiaré. Yo me ocuparé de que nada les ocurra." Pero esto no es suficiente, yo no puedo hablar con todos los líderes de planta. Yo quisiera ver al hombre que detiene mi brazo porque puedo cuidarme de cualquiera que lo haga. Si lo hace el pequeño líder de planta será puesto en un campo de concentración y corre el riesgo de perder a los prisioneros de guerra. En un caso, dos oficiales rusos despegaron con un avión pero se estrellaron. Yo ordené que esos dos hombres sean ahorcados de inmediato. Fueron ahorcados o fusilados ayer. Dejé eso a las SS, expresando el deseo de tenerlos colgados en la fábrica para que los otros puedan ver."[23]

En una conferencia anterior, del 23 de abril de 1943, Milch hizo saber también esta línea de pensamiento, aunque la Fiscalía no la presentó en orden cronológico. En aquella oportunidad, el registro estenográfico levantado en la Conferencia dice que Milch dijo:

"Estoy convencido que más y más prisioneros de guerra rusos. Al momento hay 4.000.000 capturados. Una gran parte de ellos murió. Sin embargo, el número de aquellos que continúan viviendo es más grande que lo que nos dicen ahora. Vivimos con cien mil prisioneros de guerra rusos en agricultura. Todos juntos, son 300.000 en el Imperio. Durante la Primera Guerra Mundial tuve 200 prisioneros italianos conmigo. Esos prisioneros debían ser devueltos, sin embargo, los mantuvimos con nosotros reportándolos muertos para quedárnoslos. Y toda esa gente se quería quedar a pesar del hecho de haberles dicho que tendrían ser declarados como muertos, incluso para sus familias. Arrastramos esos prisioneros con nosotros por todos lados hasta el final de la guerra.[24]

Ante el comentario de uno de los presentes que decía que no podía absorber más prisioneros, Milch comentó:

"No puede contar así. Antes de todas estas medidas en el segundo año de guerra, la fuerza aérea tenía 1.8 millones de hombres y hoy tiene menos de dos millones. El total del armamento aéreo que es una considerable parte de la totalidad del armamento de guerra, en el curso de la guerra o en los últimos 2 años y medio de guerra, no se ha incrementado ni un 10%. En realidad, el aumento total en este campo se cuenta entre 125.000 a 150.000 hombres. Estamos siempre buscando esta gente. Ese es nuestro mayor problema."[25]

La Fiscalía centró la presentación de evidencias en la labor cumplida por Milch en el *Jägerstab*. El Fiscal interviniente King, le recordó al Tribunal que el *Jägerstab* había sido creado por el Ministro Albert Speer el 1 de marzo de 1944, dando cumplimiento a una orden directa de Hitler. El Fiscal, sin embargo, dice que fue Milch el que concibió e instigó la formación del *Jägerstab*. El propósito de la organización fue como se anticipó, el de incrementar la producción de aviones de combate, producción que se había visto severamente alterada con los permanentes ataques aéreos ingleses y norteamericanos. La fuerza aérea alemana (*Luftwaffe*) era la principal protección que tenía Alemania contra los ataques con bombas, y Milch estaba convencido que sin la adecuada protección aérea, la industria de armamentos alemana se vería destruida en poco tiempo.

Prisioneros de campos de concentración usados en la industria de armamentos

Milch fue exitoso, luego de múltiples intentos, logró que se creara una comisión de altos oficiales de varios ministerios para llevar adelante un esfuerzo especial en la producción de aviones de combate.

Los métodos usados por el *Jägerstab* para dar cumplimiento a su programa eran:

a) La transferencia de la industria de producción de aviones a ubicaciones subterráneas;

b) La descentralización de la industria alemana de aviones; y

c) la rápida reparación de plantas bombardeadas.

La Fiscalía anunció que probaría que la fuerza laboral para ese programa se obtendría de tres fuentes: a) la primera por vía de Sauckel que era el ministro de asignación de personal laboral; b) los campos de concentración y c) mediante el reclutamiento de personal en los territorios ocupados por Alemania.

La Fiscalía presentó entonces una transcripción estenográfica de una conferencia del 25 de marzo de 1944 convocada por Milch con los oficiales del Jägerstab, que contenía datos valiosos para comprender el momento que se vivió y la actitud de Milch frente a los problemas que debía resolver. Luego de darles la bienvenida, Milch dijo:

"... Desde comienzos de 1942 la fuerza aérea ha puesto énfasis especial en el aumento de la producción mensual de aviones de combate, que en ese momento era de 200 a 220. Fue posible en julio de ese año exceder el número de mil, como regla, de acuerdo con nuestro programa. Desde entonces, los intensos bombardeos, afectaron especialmente nuestra industria armamentista primero con la industria de base en el Ruhr y luego contra nuestras propias fábricas de aviones. El enemigo destruyó completamente 65 fábricas de aviones y de repuestos. Al mediar 1942, asumimos extensas evacuaciones para poner pequeñas fábricas sobre el terreno, en espacios pequeños. Para hacerlo, cerca de 4 1/2 millones de metros cuadrados de espacio de fábrica y producción fueron evacuados. Eso fue el máximo que pudo hacerse con los medios a nuestra disposición. Nos falta espacio de transporte, máquinas y herramientas, y primariamente nos están faltando trabajadores hábiles y fuerza organizativa que precisa mucho más un sistema de manufactura disperso que uno centralizado...

Hoy empleamos aproximadamente un 60 por ciento de extranjeros y 40 por ciento alemanes, donde también tiene que considerarse que las mujeres trabajan en la fábrica sólo medio día. Consiguientemente, la relación alemanes y extranjeros se ha vuelto aún más desfavorable. Se aproxima lentamente a un 90 por ciento de extranjeros contra un 10 por ciento alemán que los supervisa. El resto de los alemanes está concentrado en el desarrollo de fábricas. El enemigo ha adoptado ahora un plan definido, como ustedes saben como soldados y aprenden por las noticias extranjeras, de destruir la producción de aviones primero, y especialmente la producción de aviones de combate y cazas nocturnos, de manera de poder tratar con Alemania como les plazca. El enemigo cree ahora que esa instancia ha sido casi alcanzada. Hay, sin embargo, alguna confusión en sus informes de noticias. Un día se sorprenden que los aviones alemanes no aparecen. Entonces los diarios reciben una directiva secreta: 'sorpresas desagradables ocurren, por lo que no enfaticen tanto que el enemigo ha desaparecido del aire.' Pero, en general, el enemigo espera haber llegado al punto donde la espina dorsal alemana ha sido quebrada, o al menos el enemigo cree haber llegado al estadio en el que puede lidiar con Alemania como le plazca. Otra cuestión que preocupa a nuestros enemigos gira alrededor de la idea de invasión. La invasión y su éxito se verán influenciados por supuesto con la destrucción de las defensas alemanas antiaéreas. Desde hace un año, que en la Luftwaffe venimos pidiendo que se forme una fuerte defensa doméstica. Nosotros hacemos nuestro esfuerzo proveyendo suficientes aviones de día y cazas nocturnos. ...

Siendo totalmente claro que la fuerza de la Luftwaffe sola es insuficiente para producir un intenso cambio en el campo del armamento aéreo, el cumplimiento de cuotas y de trabajadores, le pedimos al Ministro Speer y a sus colegas, que entiendan que sin armamento aéreo y sin defensa aérea, el resto de la industria armamentista será pronto destruida y se volverá inútil. Ellos adhirieron a nuestro programa con entusiasmo e iniciativa. Se le hizo una propuesta definida al Mariscal del Imperio y al Führer, y se creó el Jägerstab. La orden del Führer prevé claramente que el programa de aviones de combate con el Jägerstab tiene prioridad sobre todos los otros campos de armamentos, lo que significa, estar seguro, que ningún otro importante armamento se verá afectado por él. ...

El Jägerstab fue hecho como sigue: la dirección está en manos del Ministro imperial Speer y yo mismo. Debajo nuestro, y al mismo tiempo como jefe de staff está el Secretario General Ing. Saur, que está sentado a mi derecha. Saur es el hombre que está llevando a cabo el programa de armamentos en gran escala para el ejército y la armada bajo el Ministerio de Speer de manera admirable en los últimos años. Saur una y otra vez en el último año y medio tuvo éxito incrementando la producción en todos los campos importantes y algunas veces multiplicándola.

Karl Otto Saur

Además, yo nombro solo a los líderes del Jägerstab. Pusimos la cuestión del planeamiento global en manos del Dr. Wegener. Las cuestiones de construcción las maneja el Ing. Schlempp. La evacuación subterránea estará en las manos del líder de grupo de las SS Kammler. La provisión, uno de los factores esenciales, y todo lo que llega a nuestras fábricas como material semi-manufacturado para ser completado, será a cargo del Director Schaaf, subordinado al Consejero de Estado Dr. Schieber, el jefe de la oficina de provisión de armamentos en el Ministerio de Speer. Dr. Schmelter tendrá a su cargo los encargos de trabajo. Los lugares apropiados para dispersión, confiscaciones etc. estarán en manos del Consejero de Estado Speh de la oficina de provisión de armamentos. El líder de grupo Nagel de la organización Speer está a cargo del transporte. La provisión de energía estará a cargo del Director General Fischer. El ingeniero Lange estará a cargo de la maquinaria, el Sr. Nobel de las reparaciones. Cuestiones de ferrocarriles imperiales estará en manos del Presidente de los ferrocarriles Pücler. Correos: Consejero postal Dr. Zerbel. Temas de salud: Dr. Poschmann. Bienestar social: Dr. Birkenholz. Problemas especiales para el Me 262 y unidades de energía metálicas Capitán Dr. Krome, materias primas y sistemas de cuotas, Dr. Stoffregen. Cuestiones de simplificación técnica etc. Ing. superior Klinker. Manejo de oficina: Petri[26] ...

Nuestra entera industria alemana de rulemanes y la que está fuera de Alemania, ha sido eliminada al ciento por ciento en, debo decirlo, una brillante operación de ataque... Caballeros, en conexión con esto, quiero llamar la atención sobre otro punto importante. Si visito una oficina y descubro que allí se ha escondido algo, ¡hoy pido pena de muerte por tal crimen!¡ Eso es fraude! ¡Es un sabotaje a la industria alemana de armamentos! Entonces allí está el factor humano.

Frecuentemente tenemos dificultades con el factor humano. Las fluctuaciones allí son muy importantes. La cuota de la Luftwaffe en la distribución de personal ha sido reducida constantemente. Los extranjeros se van. Ellos no mantienen ningún contrato. Hay dificultades con franceses, italianos, holandeses. Los prisioneros de guerra son en parte revoltosos e impertinentes. Esta gente se presume también que llevan adelante sabotajes. Estos elementos no pueden ser hechos más eficientes con medios pequeños. No son tratados con la estrictez necesaria. Si un capataz decente golpea a uno de estos revoltosos porque el tipo no quiere trabajar, entonces la situación cambia rápido. No puede observarse el derecho internacional aquí. Me he manifestado yo mismo de manera rotunda, y con la ayuda de Saur he representado con firmeza el punto de vista de que los prisioneros, con la excepción de los ingleses y los americanos, deben ser sacados de las autoridades militares. Los soldados no están en la posición, como lo enseña la experiencia, para lidiar con estos tipos que conocen las respuestas. Tomaré medidas muy estrictas aquí y pondré a tal prisionero frente a una corte marcial. Si ha cometido sabotaje o se rehusa a trabajar, lo colgaré ahí en la fábrica misma. Estoy convencido que ello no quedará sin efecto. De todas formas, las cosas más extrañas suceden con el trato de los trabajadores. Se dice que la gente colapsa y luego uno descubre que tienen permiso de tres o cuatro días cada ocho semanas. ¡Esto es un negocio sucio de primer orden y traición a la patria! Entonces quizás llega un batallón de construcción y se supone que debe ponerse a trabajar. El comandante, quizás un maestro sobre alimentado, declara que los hombres deben entrenar y tomar parte en deportes. ¡Maldición! La gente está acá para trabajar de manera que se produzca la máxima cantidad de trabajo. Uno tiene que ser aquí muy estricto. Un batallón de construcción fue ordenado a Regensburg. El comandante era uno de esos académicos que dijo que no podía acomodar a los hombres en condiciones de paz y entonces, rehusó comenzar a trabajar. Un tipo así debe ser condenado por una corte marcial y colgado. Estaría agradecido si, caballeros, procedieran de tal manera. Como me pasó en la industria, la estupidez es posible en cualquier parte. Como jefe uno tiene que asumir estas cuestiones. Sé que obstáculos son aparentes. Hay burocracia. No es fácil ir en contra de la burocracia. Pero tenemos que terminar con ello, y si ustedes, caballeros, se conducen con la actitud correcta tendremos el éxito asegurado. ...

Diciendo esto no considero el hecho de que los talleres tienen personal de primera clase, mientras que la Luftwaffe tiene rusos, prisioneros de guerra franceses, holandeses y miembros de otras 32 naciones. Sólo obtener intérpretes presenta una gran dificultad aquí. ...

Otra cuestión se refiere a los esfuerzos para cobijar las máquinas. Esto es muy importante y estaré agradecido si piensan el tema también. De esta manera ustedes no solo facilitarán la cuestión de los repuestos, pero también la escasa provisión de materiales. Cada avión de combate contiene cerca de una tonelada de aluminio. Hay en cualquier caso una tremenda cantidad de material involucrado acá. Cualquier pequeño bombardero contiene cuatro toneladas de aluminio; y uno grande, de siete a ocho toneladas. Los bombarderos capturados contienen entre once y doce toneladas de aluminio. Tomemos doce toneladas como normal para un bombardero pesado norteamericano, o digamos solo diez toneladas, e imaginemos que hemos derribado 500 de tales bombarderos norteamericano por mes y que podemos rescatarlos en nuestro territorio; eso solo significa 5.000 toneladas de aluminio, 5.000 toneladas, esto es, 25 % de la cuota de aluminio a disposición de la Luftwaffe. Pueden ver lo importante que son estas cuestiones. Podemos contar ciertamente que más americanos serán derribados en el futuro porque tendremos más aviones de combate. ...

Yo pedí apoyo adicional a los médicos de la Luftwaffe. En toda la chusma que tenemos con trabajadores extranjeros hay por supuesto un montón de evasores. Ahora los rusos, esto es, los prisioneros de guerra rusos, fingen gran cansancio y enfermedad. El índice de enfermedad del uno y medio a dos por ciento que teníamos se ha duplicado y en algunas fábricas creció un ocho, nueve o diez por ciento. Esto, claro, está acordado previamente. Entonces los médicos deben examinarlos y si los médicos, que tienen que ser muy estrictos, encuentran que uno no es cierto, entonces llevamos a los tipos al trabajo por medio del látigo. El látigo sirve entonces como cura." [27]

¡Un pedido importante desde el punto de vista del liderazgo! Algunas veces no sabemos en casos de alerta que órdenes queremos dar a nuestras fábricas. Si una fábrica sabe que será atacada, y tiene algunos refugios de trinchera, pero no tiene un refugio a prueba de bombas o parecido, entonces la gente se escapa de la fábrica, automáticamente en cada bombardeo, después del primero, y usualmente no se puede contar con ellos al día siguiente tampoco. Eso se aplica especialmente a los extranjeros. Hemos dado en consecuencia la siguiente orden y equipado a los superiores concordantemente con armas y pistolas: cuando una fábrica ha sido atacada en un bombardeo varias veces puede contar que los bombardeos están dirigidos a esa fábrica en particular y entonces el personal debe abandonar la fábrica; pero en grupos chicos, bajo el liderazgo del hombre a cargo del grupo y, en tanto haya personal alemán, se retirarán cantando canciones militares. La gente será llevada lejos de la fábrica, a 1.000 o 1.500 metros. Tendrán que acostarse en trincheras y mirar su fábrica desde allí, de manera que puedan volver inmediatamente después del bombardeo a ayudar o salvar lo que se pueda. Esta es la única forma correcta de hacerlo.

¡Vayan a donde tengan que ir y derriben a cualquiera que bloquee su camino! Cubrimos todo desde aquí. No preguntamos si está permitido o si no está permitido. Para nosotros no hay nada sino esta tarea. Somos fanáticos en esta esfera. No consideramos dejar nada que nos distraiga de esa tarea. Ninguna orden me puede prevenir de cumplir esta tarea. Ni yo daré tal orden. Entonces, no dejen nada que los detenga y lleven a su gente al punto que nadie pueda detenerlos. Si hay pequeños obstáculos desde abajo no es por maldad sino por estupidez. ¡Señores! ¡En el quinto año de guerra la estupidez es un crimen!...

Caballeros, no cualquier subordinado puede decir: para mi, la ley no existe más, pero él tiene que tener alguien que lo cubra, no por cobardía, pero si ustedes actúan de acuerdo con el viejo espíritu del servicio de campo. Abstenerse de hacer algo nos duele más que errar en la elección de los medios, y si ustedes se mantienen en contacto e inmediatamente clarifican los puntos difíciles de manera que algo pueda ser hecho, aceptamos la responsabilidad voluntariosos, sea que sea la ley o no. Yo veo sólo dos posibilidades para mi y para Alemania: o triunfamos y salvamos Alemania o continuamos esos métodos descuidados y entonces tendremos el destino que nos merecemos. Prefiero caer mientras estoy haciendo algo que es contra las reglas pero que es correcto y sensible y ser llamado a rendir cuentas por ello y, si quieren, ser colgado, antes que ser colgado porque Papá Stalin está aquí en Berlín, o el inglés. No tengo deseos de ello y preferiría morir de cualquier otra manera. Pero pienso que podemos cumplir con esta tarea también. Estamos en el quinto año de guerra, repito: ¡la decisión se dará en las próximas seis semanas! Esta es la única forma correcta de hacerlo. ¡Viva Hitler!"[28]

La Fiscalía agregó también una carta de Himmler a Göring del 9 de marzo de 1944, sobre el empleo de prisioneros de los campos de concentración en la industria de aeronaves, de la que reproducimos los párrafos más relevantes:

"MÁXIMO SECRETO DE ESTADO.

Muy honorable Mariscal del Imperio:

Siguiendo mi carta teletipo del 18 de febrero de 1944 le transmito un estudio sobre el empleo de prisioneros en la industria aérea. Este estudio indica que actualmente cerca de 66.000 prisioneros están empleados para fines de la fuerza aérea. Un aumento hasta un total de 90.000 prisioneros se contempla...

En Oranienburg estamos empleando ahora 6.000 prisioneros en los talleres Heinkel para la construcción del He 177.[29] Con ello estamos aportando el 60 por ciento del total equipo de la planta. Los prisioneros están trabajando sin fallas. Hasta ahora se han recibido 200 sugerencias para mejorar el trabajo que han salido de los prisioneros, las que han sido usadas y fueron premiados. Estamos incrementando este empleo hasta 8.000 prisioneros. También empleamos prisioneras en la industria de aviación. Por ejemplo, en el taller mecánico de Neubrandenburg están trabajando 2.500 mujeres en la fabricación de instrumentos para el lanzamiento de bombas y control de timón. La planta ha ajustado la producción aérea total al empleo de prisioneros. En el mes de enero, fueron fabricados 30.000 instrumentos, así como 500 controles de timón y reguladores de altitud. Estamos aumentando el empleo a 4.000 mujeres. El trabajo de las mujeres es excelente. En nuestra propia planta en Butschowitz cerca de Brünn (Brno) producimos también para la fuerza aérea, aunque ahí con trabajadores civiles. Esta planta provee 14.000 aparatos del control trasero de madera para el Me 109 de la Corporación Messerschmitt de Augsburg.[30]

El movimiento para llevar las plantas de fabricación para la industria aérea a ubicaciones subterráneas precisará ulterior empleo de cerca de 100.000 prisioneros..."[31]

Capítulo Tercero

Producción del Messerschmitt Me 262

La Fiscalía presentó un extracto de la minuta que transcribía un diálogo entre Hitler y Saur de abril de 1944 y que comprometía directamente al acusado:

"... 17. El Mariscal de Campo Milch informó sobre el resultado de un encuentro del grupo de construcción del Directorio Central de Planeamiento que concluyó que los más importantes proyectos de construcción se pueden materializar sólo con gran tensión en las condiciones actuales. A pesar de ello, el Führer ordena que dos grandes edificios de 600.000 metros cuadrados sean construidos a toda prisa. Estuvo de acuerdo con nuestra sugestión que uno de los edificios no se haga del inicio sino como extensión del edificio del medio que es puesto bajo la dirección de Talleres Junkers. Hay que hacer planes sin demora para asegurar la producción atorada de items de los Talleres Junkers, la producción del Me 262 de 1.000 por mes y cazas a 2.000 por mes. Por sugerencia del Führer y debido a la falta de equipos y constructores, el proyecto para el segundo gran edificio no debe ser hecho en territorio alemán sino cerca del borde en suelo apropiado (preferiblemente en grava y con facilidades de transporte) en territorio francés, belga u holandés. El Führer se mostró de acuerdo con la sugestión si el trabajo puede ser hecho detrás de una zona fortificada. Para la sugerencia de levantar esta planta en territorio francés habla a favor el hecho de que será mucho más fácil obtener los trabajadores necesarios. De todas formas, el Führer pide que se haga un intento de levantar los segundos trabajos en un área segura, especialmente el Protectorado. Si fuera imposible allí también obtener los trabajadores necesarios, el Führer mismo contactará al líder imperial de las SS y dará la orden de poner 100.000 hombres disponibles trayendo judíos de Hungría. Subrayando el hecho de que la Comunidad Industrial de Silesia fue un fracaso, el Führer ordena que esos trabajos sean hechos exclusivamente por la O.T. (Organización Todt)[32] y que los trabajadores se pongan a disponibilidad por el líder imperial de las SS. Él desea tener un encuentro en breve para discutir detalles con todos los involucrados. ..."[33]

Una transcripción de una reunión del Jägerstab del 5 de mayo de 1944, también tradujo la personalidad de Milch:

"Schmelter: Entonces el transporte de los italianos. 50.000 italianos todavía no fueron transportados. Se debió al hecho de que la escolta para el transporte no fue designada. La conversación de ayer con el Plenipotenciario de Milán prueba que el transporte debió salir hoy para este lugar. Woerl (?) donde se hará una distribución posterior. Programé otra llamada para esta mañana, pero no pudo hacerse. Espero estar en condiciones de dar detalles mañana.

Milch: ¿Se ha preparado una recepción apropiada en Wörl?
(Schmelter: Sí.)
¿Se ha asegurado que el número de esos partiendo es una proporción razonable de los que arriban? *** (sic) Así será. Un hombre ha sido asignado a Schmelter para viajar hasta allí y controlar la conscripción de los civiles.

Milch: ¿Hay alguien de los cuarteles de escolta en Italia, responsable que la gente no se escape durante el viaje? ...
*** (sic) Para eso es que está el personal de escolta.
(Milch: ¿Alguien de pie?)
Dr. Wendt es responsable por todo el emprendimiento.

Milch: Yo soy de la opinión que si alguno salta debe ser baleado, de otra forma saltarán miles y llegarán solo veinte. La gendarmería y todos los puestos militares deben buscar a aquellos que se fuguen durante el viaje. Deberán ser arrestados enseguida y comparecer ante una corte marcial."[34]

La Fiscalía presentó una transcripción parcial de las minutas estenográficas de una reunión del Jägerstab el 26 de mayo de 1944, de la que reproducimos los párrafos, haciendo notar que los comentarios entre paréntesis son de la traducción inglesa:[35]

"... Ministro Imperial Speer: Con relación a la construcción, es importante que no empecemos más edificios que a los que podemos proveer de trabajo y equipamiento. El equipamiento es de importancia secundaria. No debemos continuar con los errores que encontramos en la industria de armamentos de la Fuerza Aérea cuando nos hicimos cargo, esto es, el principio sin final de edificios para los cuales, en ese momento, sólo del 20 al 30 % de los necesarios trabajadores estaba disponible.

Saur: Ese es el caso ahora desafortunadamente. Tenemos por lo menos 3 veces más de edificios en construcción con relación a los trabajadores disponibles.

Speer: ¿Qué novedad hay acerca de los judíos húngaros?

Kammler:[36] Están en camino. Al final del mes el primero de los transportes llegará para trabajo de superficie en los bunkers de superficie.

...

Schlempp: *** Dorsch dijo ayer que le quería traer 100.000 judíos de Hungría, 50.000 italianos, 10.000 hombres de la reparación del daño de bombas, también 1000 de Waldbroehl(?) (sic); también quería traer algo de la zona de Greiser mediante negociación, y 4.000 oficiales italianos, 10.000 hombres la Rusia del Sur y 20.000 de Rusia norte. Eso haría 220.000 todo junto.

Speer: Hemos hecho frecuentemente tales cálculos, pero la gente nunca viene.

...

(página 34)

Kammler: Por todas esas medidas (nota del traductor: Las medidas de construcción A y B eran responsabilidad de las SS), debo tomar 50.000 personas más en custodia protectiva (Schutzhäftlinge).

...

(página 43)

Speer: Llevaremos a cabo por nosotros una operación especial (Sondereinsatz), con el propósito de obtener reserva de mano de obra

(Schwerpunkte). Nos aportará a 90.000 hombres en tres cuotas de 30.000.

...

Habrá expertos a quienes hay que llamar. Y sería una buena cosa si se pudiera enlazar con la conscripción de fabricantes de herramientas dentro de las firmas, de manera que uno podría tener un cuerpo de fabricantes de herramientas en la industria de armamentos. Si los hacemos empleados de las Fuerzas Armadas, tendríamos la ventaja de ser independientes de los oficios de Sauckel.

...

(página 80)

Milch: ¿Cuánto tiempo trabajarán los PGs italianos aquí?

Schmelter: Tanto como trabaje la fábrica. Hay una regulación que los PGs deben trabajar tanto.

Milch: ¿No podría mirar en eso? Puede ver gente en las calles a las 4 o 5 en punto y nadie después.

(Schmelter: ¡Puedo mirar!)

No creo que ningún prisionero italiano trabaje 72 horas.

...

(página 81)

Schmelter: *** Dorsch me acompañará con Greiser para tratar de sacarle de 20 a 30 mil hombres.

Speer: Kammler tuvo sus dudas sobre eso antes.

Representante de Kammler: Él cree que vendrán 100.000 judíos.

Schmelter: A eso puedo sumar lo siguiente. Hasta ahora dos transportes llegaron del campo SS Auschwitz. Para la construcción de combate nos ofrecieron solamente niños, mujeres y hombres viejos con los que muy poco se puede hacer. ***A menos que los próximos transportes traigan hombres de edad apta para trabajar, toda la acción no tendrá éxito.

Karl Otto Saur, que también tuvo una función esencial en el Jägerstab, fue interrogado como testigo el 13 de noviembre de 1946 sobre el uso de trabajadores esclavos de los campos de concentración y copiamos los párrafos más importantes del interrogatorio:

"P: ¿Se crearon fábricas especiales luego del establecimiento del Jägerstab?

R: La construcción de edificios sobre la superficie fue detenida, y se construyeron instalaciones subterráneas. Dividimos aproximadamente 30 fábricas en 700 talleres individuales para evitar ofrecer blancos para los ataques.

P: ¿Qué tipo de trabajadores se usaron para esta construcción?

R: La construcción fue dividida en tres partes: las dos partes de Kammler, (a) una nueva construcción subterránea, y (b) la expansión subterránea, y la parte de la Organización Todt.

P: ¿Éste programa de expansión estaba dirigido por Kammler, entonces?

R: Las partes (a) y (b) fueron dirigidas bastante independientemente por Kammler. Él tenía total autoridad de Göring para el 4 de marzo de 1944, y fue hecho entonces miembro del Jägerstab. *** Todo el asunto fue manejado por Kammler solo.

P: ¿Y los trabajadores usados para estos propósitos fueron prisioneros de los campos de concentración?

R: En cuanto sé, deben haber sido prisioneros de los campos de concentración."[37]

Fritz Schmelter, jurista miembro de las SS y del Jägerstab, produjo un affidavit[38] que fue presentado por la Fiscalía y del que extraemos los párrafos más importantes:

"... 2. Milch y Speer juntos estaban a cargo del Jägerstab; Saur era jefe de equipo y estaba en su capacidad inmediatamente subordinado a Milch y Speer.

3. Durante su existencia el Jägerstab se reunía casi a diario y esos encuentros eran presididos casi siempre por Milch, al principio, y luego por Saur...

4. En los encuentros del Jägerstab se discutió la asignación del trabajo para la Luftwaffe junto con el Ministro Plenipotenciario para la Asignación del Trabajo (Ministerio Sauckel); Sauckel satisfizo esos requerimientos todo lo posible; el jefe de equipo en el Jägerstab Saur,

ocasionalmente también distribuyó los trabajadores disponibles en las diferentes plantas de las Luftwaffe.

5. En 1944 los bombardeos aéreos hicieron necesario descentralizar muchas de las plantas de la Luftwaffe; esta descentralización fue ordenada por el Jägerstab; muchas fábricas de la Luftwaffe fueron transferidas a edificios subterráneos y para la conclusión de esos edificios subterráneos fueron usados prisioneros de los campos de concentración y judíos; todo el programa de construcción del Jägerstab fue establecido y controlado por el Jägerstab mismo. ..."

Luego este mismo testigo fue presentado por la Defensa. El juez Toms que presidía al Tribunal, lo interrogó directamente pidiéndole que responda tan simple y concretamente como pueda:

"... P: ¿Fueron usados prisioneros de guerra rusos en la industria de armamentos?

R: En la industria de armamentos también fueron empleados prisioneros de guerra rusos. En qué fueron usados, no lo sé ya que estaban ahí cuando yo llegué y yo no inspeccionaba la planta.

P: ¿Vio usted a un prisionero de guerra ruso sea fabricando o transportando munición de guerra?

R: ¿En las plantas y en transporte? No. Ni en plantas ni en transporte vi prisioneros de guerra rusos.

P: ¿Es la pregunta perfectamente clara y usted la entendió?

R: La repito. Fui preguntado por estos prisioneros de guerra, si los vi en las plantas o en transporte.

P: Correcto.

R: Y respondí por la negativa.

P: ¿Fueron usados prisioneros de guerra rusos en la descentralización de la Luftwaffe luego de los fuertes bombardeos?

R: No, que yo sepa. En tanto sé, luego de los fuertes bombardeos no había más prisioneros de guerra rusos disponibles. Habían sido asignados a otra parte. No se si luego de los fuertes bombardeos, esto es, en el año 1944, nuevos prisioneros de guerra rusos fueron usados en armamentos o en las fábricas bombardeadas. Es posible, por supuesto, que las oficinas de trabajo locales usaran prisioneros de guerra rusos para este propósito, pero nosotros en las oficinas centrales no sabíamos nada de ello.

P: ¿Podría contestar la misma pregunta con relación a prisioneros de guerra polacos?

R: En tanto sé, los prisioneros de guerra polacos eran sólo oficiales. Sólo oficiales estaban disponibles. Los otros habían sido liberados. Los oficiales, sin embargo, en contradicción a muchos deseos que se dijeron, no fueron usados. Y si lo fueron no se nada de ello.

P: ¿Podría contestar la misma pregunta con relación a judíos húngaros?

R: Los judíos húngaros, entre otras cosas, fueron usados en la construcción de aeronaves de combate. Mujeres húngaras judías fueron también usadas en la construcción de aviones de combate.

P: ¿Eran trabajadores voluntarios?

R: No. Esos eran internos de campos de concentración, prisioneros a disposición de las SS.

P: Entonces los judíos húngaros que fueron empleados en la fabricación de aviones de combate, ¿fueron forzados a hacerlo?

R: Los judíos húngaros, según recuerdo, fueron ofrecidos por las SS para ser empleados en la producción de armamentos. Al principio, se emplearon a 1.000 o a 500. Entonces, un número de plantas dijeron que ellas querían a esos trabajadores y fueron asignados por las SS a esas plantas y obligados a trabajar.

P: Entonces, las SS, que eran una rama de la estructura militar alemana ¿entregaban simplemente los judíos húngaros a cualquiera que los necesitara?

R: No. Los judíos húngaros, como todos los internos en campos de concentración, estaban alojados en campos que estaban en o cerca de las plantas que fueron construidas por las SS. Eran llevados a trabajar todos los días, y luego del trabajo eran devueltos a los campos por los SS. También la supervisión del trabajo, por razones de seguridad, era llevada a cabo por la SS. En cuanto al lado técnico involucrado, era llevado a cabo por los representantes de la planta.

P: ¿Usted no afirma que fueron pagados por su trabajo, por supuesto?

R: Eso no lo sé, Sólo conozco las regulaciones generales referidas a los prisioneros de los campos de concentración, y sé, que ellos en parte, sé que estos prisioneros, al menos hacia el final, también recibieron alguna clase de remuneración. Qué pago fue, no lo sé. Sé que la planta le dio a las SS un cierto monto por cada prisionero, pero qué recibía el prisionero mismo, no lo se.

P: ¿Sabe si estos judíos húngaros trabajaron algún contrato con un gobierno extranjero, como fue el caso de Francia?

R: Déjeme repetir la pregunta. Si los judíos húngaros trabajaron sobre la base de un acuerdo con un gobierno extranjero. ¿Fue esa la pregunta?

P: Sí.

R: No que yo sepa.

P: No tengo otras preguntas. Una cuestión más por favor. Usted dijo que sabía que prisioneros de guerra rusos estuvieron trabajando en las fábricas de armamentos, pero no sabía qué tipo de trabajo estaban haciendo.

R: Si.

P: ¿Vio a alguno de ellos en alguna de las fábricas?

R: No.

P: ¿Qué piensa que estaban haciendo?

R: Supongo que algunos de ellos estarían involucrados en construcción. En lo que se refiere a trabajadores habilidosos ellos trabajaban ciertamente en las tareas para las que estaban calificados. Si se trataba de trabajadores sin preparación podrían haber estado haciendo casi cualquier cosa.

P: Si estaban trabajando en fábricas de municiones debieron haber estado fabricando municiones ¿no es cierto?

R: Si estuvieron trabajando en fábricas de municiones, por supuesto debieron haber estado haciendo algo relacionado con fabricar municiones. Aún si trabajaron en el patio o algo parecido, igual debieron haber estado haciendo algo vinculado con fabricar municiones.

Juez Philipps. P: Testigo, ¿supo de cualquier prisionero de guerra, especialmente rusos, que hayan sido usados para manejar armas antiaéreas?

R: ¿En la construcción o en el uso?

P: En el uso antiaéreo.

R: Si, escuché algo de ello. Oí de prisioneros de guerra rusos que fueron usados para manejar armas antiaéreas de ese tipo.

P: ¿Sabe cuántos fueron usados para ese destino?

R: No, no lo sé.

P: ¿Vio usted a alguno usado para ese propósito?

R: No.

P: ¿Sabe en que frente fueron usados?

R: Creo que fueron usados en el frente doméstico, no en el de batalla, pero eso es simplemente mi opinión.

P: ¿Contra aviones norteamericanos, aviones británicos, aviones rusos?

R: Ellos dispararon sobre cualquier avión que volara sobre Alemania

Defensor Bergold: P: Testigo, usted habló de mujeres judías. ¿Cuándo fueron empleadas esas mujeres judías?

R: No sé la fecha precisa. Fue en el verano de 1944. Estimo que debe haber sido mayo.

P: Déjeme mostrarle un documento NOKW-359, Evidencia de la Fiscalía 75. Es el que sigue al documento final de la Fiscalía, Minuta estenográfica del encuentro del Jägerstab del 27 de junio de 1944. Usted dice: 'Tengo un par de puntos más. Hasta hoy 12.000 mujeres internadas en campos de concentración, judías, han sido pedidas. La cuestión ahora está en orden. Las SS acordaron entregarnos esas judías húngaras en grupos de 500. Entonces, las firmas pequeñas también, estarán en mejor posición para emplear a esas judías de los campos de concentración. Ordeno que esta gente sea enviada en grupos de 500.' ¿Es este el punto a partir del cual estas mujeres fueron usadas?

R: Si. Debe haber sido por ese tiempo. La dificultad era la siguiente: las SS pedían que las mujeres fueran enviadas en grupos de 1.000 solamente. Muchas fábricas no podían usar tal cantidad de mujeres. Consecuentemente, las SS fueron requeridas para enviarlas en grupos más pequeños. Esa fue la razón....

...

Repregunta Fiscal Denney: P: En uno de estos interrogatorios, el 30 de diciembre de 1946, fue preguntado sobre qué hizo el Jägerstab para traer trabajadores de Hungría a Alemania ¿se acuerda?

R: Si.

P: ¿Y recuerda que hizo referencia a ciertos viajes del Jägerstab a Hungría?

R: Si.

P: ¿Hizo esta afirmación: 'El Jägerstab durante su existencia hizo al menos entre 10 y 12 viajes'?

R: Si.

P: Bien. Se le preguntó lo siguiente: "¿Quién estaba a cargo de esos viajes?" Y su respuesta fue: "En tanto me acuerdo, era Milch. Milch participó en la mayoría de los viajes del Jägerstab."

R: En la mayoría de ellos. Si.

P: En el mismo interrogatorio, el record informa que usted hizo la siguiente afirmación: "Supe de cerca de 100.000 trabajadores de Hungría; sin embargo, esos eran judíos que fueron asignados a la construcción. No se nada de 8.000 trabajadores que evidentemente eran capacitados, para trabajar en la producción de aviones de combate."

R: Si.

P: Usted fue preguntado: "¿Sabe usted si esos 100.000 judíos fueron usados por Todt en interés del Jägerstab"? y usted dio la siguiente respuesta: "Sí, lo se."

R: Si.

P: Usted fue interrogado el 24 de enero y se le hizo esta pregunta: "¿Sabe si la Luftwaffe, en la industria de la Luftwaffe, usó prisioneros de campos de concentración, no en el programa de construcción, sino para producción?" y su respuesta fue: "No lo sé. No lo creo, salvo las mujeres. Las SS una vez ofrecieron un montón de mujeres. La dificultad al principio era que inicialmente, por lo menos 1000 y después 500 podían ser empleadas. Varias firmas recibieron mujeres después de ello, y yo creo que fue Heinkel, en Oranienburg que usó prisioneras de los campos de concentración, no sólo mujeres, sino todos los internos."

R: Si.

P: Su respuesta fue "si", si me permite el Tribunal. Y Heinkel era una fábrica de aviones, ¿No producía el avión Heinkel?

R: Si.

P: El 15 de noviembre del año pasado se le preguntó si sabía que Himmler usó prisioneros de los campos de concentración para las construcciones subterráneas del Jägerstab, y su respuesta fue:"Si. ¿Se refiere a las construcciones terminadas, no es cierto?". Y entonces fue preguntado:"¿En las construcciones subterráneas, la conclusión de las cavernas existentes o túneles o semejantes, donde se usaron prisioneros de los campos de concentración?" y su respuesta fue "Si".

R: Si.

P: y se también se le preguntó: "¿Eran esas construcciones en interés de la Luftwaffe?" y su respuesta: "¿Estas construcciones nuevas? Si".

R: Si.

P: La siguiente pregunta: "¿Exclusivamente en interés de la Luftwaffe? ¿Y vinieron las órdenes para las nuevas construcciones del Jägerstab?" Y su respuesta: "¿Hubo otras construcciones también levantadas allí? Probablemente si." Pregunta: "Yo sólo estoy interesado en la Luftwaffe". Respuesta: "También para la Luftwaffe. No sé si había otras y no me gustaría ser impreciso."

R: Si.

P: Luego fue preguntado "¿sabe si todos los prisioneros de guerra fueron empleados en armamento aéreo? y usted dijo "Si, también me gustaría decir en las plantas de armamentos. El armamento aéreo también empleaba prisioneros de guerra en sus plantas."

R: Si.

P: En réplica a una pregunta: "¿cuál era la posición del mariscal de campo Milch en el Jägerstab?" usted manifestó: "Había dos presidentes en el Jägerstab, Speer y Milch. En la primera sesión, o mejor, en casi todas las sesiones Milch participaba personalmente. Speer no. Speer estaba presente sólo en casos excepcionales. En su posición, Saur que era al mismo tiempo director, iniciaba el contacto con el resto de la industria de armamentos. Milch era jefe del Jägerstab junto a Speer."[39]

R: Si." …

Prisionero de guerra soviético trabajando en la fábrica de tanques

La Fiscalía aportó otros testimonios que acreditaron el uso de prisioneros de los campos de concentración en las fábricas de armamentos alemanas.

Ejemplo de construcciones subterráneas para la producción de aviones

Prisioneros de campos de concentración trabajando en la industria alemana

Entre los interrogatorios aportados estuvo el que prestó Hermann Göring el 6 de septiembre de 1946, durante el juicio del IMT, quién aportó algunos comentarios interesantes sobre las actividades de Milch, los que se transcriben a continuación:

" ... P: Ahora sobre el caso Milch. ¿Quién estaba a cargo con la asignación de trabajo después de 1941, en el Ministerio del Aire?

R: ¿Qué debo entender por "asignación de trabajo"?

P: Asignación de trabajo consistió en la conscripción de trabajadores extranjeros o trabajadores alemanes, especialmente internos de los campos de concentración, para liberarlos para la producción de la fuerza aérea.

R: Este tema iba a través de Udet, el jefe de aprovisionamiento de la fuerza aérea hasta la muerte de Udet, y luego estuvo a cargo de Milch.

P: ¿De qué forma hacía sus solicitudes el Ministerio Imperial del Aire a Sauckel, y el número aproximado de sus requerimientos, número de trabajadores etc.? Y si Sauckel recibía ese pedido del Ministerio Imperial del Aire, ¿cómo él manejaba la distribución?

R: Los pedidos fueron hechos por Milch, era él quien decía cuántos trabajadores necesitaba la fuerza aérea, y esos eran remitidos a Speer. Speer entonces le pedía a Sauckel por trabajadores para toda la línea de armamentos, casi para toda la entera industria, y él hacía la distribución. Era él al fin, quien tomaba la decisión final sobre cuántos trabajadores iban a la fuerza aérea, por ejemplo, cuantos al ejército etc. Por lo que sé, Sauckel no tenía actualmente nada que ver con la distribución del trabajo. El contingente era puesto a disposición de las autoridades. Una presión terrible se ejercía continuamente sobre Sauckel. Si el número pedido no era llevado se le desataba el infierno. Yo personalmente presidí una reunión donde había diferencias entre Sauckel y Speer. Él quería tener más, etc. Hubo una confusión y es así como lo sé; pero las necesidades de la fuerza aérea siempre fueron adelantadas por Milch, esto es el Jefe de Aprovisionamiento para la Fuerza Aérea. Cuando las dificultades surgían y no se podía conseguir la gente y el programa amenazaba con destrozarse, ellos venían a mí y yo apoyaba sus demandas."[40]

La Defensa aportó la transcripción estenográfica de la reunión del Jägerstab presidida primero por Saur y luego por Milch, el 12 de abril de 1944 en el Ministerio del Aire. Se transcribe a continuación, a pesar de estar tratando las evidencias de la acusación, porque también demostró el uso de trabajo esclavo de acuerdo al sistema de "sobres rojos":[41]

"Saur: Dígale esto por favor a Schmelter. Estamos en una situación increíble como resultado de la falta de mano de obra. Estamos ya en la mitad del mes, y las 10.000 personas que nos atribuyeron de acuerdo a los sobres rojos, todavía no llegaron. Debe encontrarse una forma de darle prioridad a las cuestiones de sobres rojos por encima de cualquier otra atribución. Dígale al Sr. Schmelter que contacte hoy al Gauleiter Sauckel. Yendo más lejos que eso, la discontinuación, transferencia o concentración de cualquier otro tipo de producción debe sernos traída de inmediato.

Schaff: ¡Las 4000 personas de Kahla!

Lange: La gente de Schmelter se queja especialmente porque no tienen medios para presionar sus pedidos a Sauckel para cumplir.

Saur: Mariscal de Campo, lo mejor para usted sería acercarse a Sauckel, porque él es el hombre a cargo de la colocación de trabajo.

Milch: Le diré que los 10.000 sobre rojos no fueron honrados.

Balcke: Sobre eso le puede informar que los pedidos fueron enviados el 5 y que el 11 no habían alcanzado aún las oficinas de trabajo. El camino es largo, es verdad. En consecuencia, no es todavía posible para la gente ser empleada."[42]

La Fiscalía aportó como evidencia, una minuta estenográfica de una reunión de Milch en el Ministerio del Aire del 5 de mayo de 1942:

"Alpers: La razón dada es la escasez de trabajo. Y de hecho están faltando 2.000 hombres en Heinkel-Oranienburg.

Milch: En lo que se refiere a los franceses, 60.000 de los que nos han sido prometidos todavía están faltando.

(Comentario: 40.000 están faltando).

Si consigo esos hombres asignaré 2.000 a Heinkel-Oranienburg.

Frydag: Los franceses se están poniendo peores y peores. Despedí a 80 que serán enviados a los campos de concentración en Rusia. Se negaban a trabajar. Los franceses dicen a las 4 en punto: "No voy a trabajar otra hora" y no se los puede hacer trabajar otra hora. Eso pasó hace cuatro semanas de golpe, cuando tuvo lugar el primer ataque bombardeo de París, mientras que antes los franceses eran la mejor gente.

Milch: Se nos dijo en Oranienburg que ellos son buenos en tanto no sean arruinados por nuestra gente alemana.

Frydag: Pasó aquí después que recibimos los franceses de Messerschmitt; de acuerdo a los franceses, ellos tuvieron una comida caliente dos veces por día allí y su ropa era lavada. No podemos nada de eso. No tenemos tampoco dos comidas calientes por día. En Messerschmitt las condiciones de vida eran mejores.

Milch: Gablenz, quiero que se ponga en contacto con Reinecke en relación con estos franceses. Requiero que si la gente se rehusa a trabajar, sean puestos en el paredón inmediatamente y ejecutados ante los otros trabajadores. Le pido que se ponga en contacto con el Líder Imperial de las SS y le requiera que discuta el asunto con el Führer. Ahora es el tiempo adecuado; a menos que hagamos algo efectivo ahora, los otros se pondrán molestos. También pido que se considere enviarlos a campos de concentración. Le diré después cómo debe actuar en tal caso. ..."

Esta actitud de Milch, apareció ratificada tras el informe de un incidente en una planta, como da cuenta la transcripción estenográfica que aportó la Fiscalía de fecha 27 de mayo de 1942:

"Von Gablenz: Ayer la primer ...[43] explotó en Francia, en la planta Arade, un explosivo, una mina, pero no produjo daño.

   Milch: ¿Qué medidas han sido tomadas en consecuencia? Quiero tener un informe sobre lo que se hizo. ¿Cuánta gente ha sido fusilada y cuánta colgada? Si hoy ese tipo no puede ser encontrado, cincuenta hombres serán seleccionados, y si fuera usted colgaría tres o cuatro de ellos, sea que sean culpables o no. ¡Es la única forma! ...".

En una transcripción posterior de otra reunión presidida por Milch fechada el 4 de agosto de 1942 se puede leer:

"Geyer: En el oeste existe el peligro de que los franceses vayan a la huelga en el caso de un ataque británico. En tal caso, toda la línea de provisión del motor se vería severamente afectada.

   Milch: En tal caso voy a pedir ser nombrado comandante. Voy a reunir a los trabajadores y fusilaré al 50 por ciento de ellos; voy a publicar ese hecho y compeler al otro 50 por ciento a que trabaje, a golpes si es necesario. Si no trabajan, entonces ellos también serán fusilados. Voy a conseguir los reemplazos necesarios de alguna manera. Pero espero que el comandante militar cumpla con su deber. No estoy preocupado por ello. La palabra 'huelga' no puede ser usada nunca. Para nosotros es sólo 'vivir o morir', pero no 'hacer huelga.' Eso sirve tanto para el hombre educado como para el trabajador, para el alemán como para el extranjero. La voz 'huelga' significa muerte para el hombre que la use. ..."⁴⁴

Y pocos días después, el 18 de agosto de 1942:

"Milch: En cuanto tenga los números para agosto requiero el número exacto para mi informe al Mariscal Imperial y para la conferencia que quiero tener con Sauckel y Speer de antemano. Esta cuenta es para enseñar cómo se ha ido desarrollando la cuestión laboral, cuán grande es la fluctuación y a que nacionalidades implica, qué pedidos reales tenemos que hacer para cubrir las necesidades para especialistas y para trabajadores capacitados o no en los diferentes sectores, cuántos de ellos pueden ser extranjeros, etc. ¿Qué pasa con aquellos que dejan la industria? ¿Están, como propuse, bajo control en los campos supervisados por las SS y considerados como campos de concentración livianos, o se autoriza a estos señores quedarse afuera y hacer como se les da la gana?"⁴⁵

En una conferencia que tuvo lugar el 26 de agosto de 1942 en el Ministerio del Aires que presidía Göring, la transcripción de los comentarios dice:

"Frydag: Otra consideración importante es la carta que firmó usted mismo Mariscal de Campo, sobre la finalización de los contratos con los trabajadores extranjeros. ***
    Milch: El Mariscal Imperial [Göring] quería obligar legalmente a esta gente, esa era la idea. El plan del Führer sería más favorable. Él desea que los trabajadores sean gradualmente reemplazados por los rusos para quienes no hay tal cosa como la finalización de los contratos.
    (Comentario: ¡Pero hay un cierto período de transición!]
    Brückner: Usted, Mariscal de Campo, puso su firma en este tema. Los contratos tienen que extenderse hasta el 1 de octubre de 1943. Espero que ello sea hecho.
    ...
    Milch: Por el otro lado, un número de estas personas han sido

reclutadas para las fuerzas armadas. Pero si considero los otros, llegaré al mismo total mensual de 30.000 que holgazanean, y fluctúan de un trabajo a otro. De acuerdo con las sugerencias del Mariscal Imperial, esta gente tiene que estar bajo el cuidado de Himmler y serán manejados ahí severamente. ¿Qué se ha hecho hasta ahora en esto? Brückner, ¿usted sabe de esta cuestión, no es cierto?

[Brückner: ¡Sí!]

No me parece que esté informado correctamente. Algún tiempo atrás, estábamos bastante irritados por el hecho de que muchos trabajadores se muevan de una fábrica a la otra, la mayoría elementos antisociales que no les gusta trabajar y sobre los cuales las firmas estarían contentas posiblemente de librarse de ellos, ya que no hacen más que protestar y quejarse, no hacen el trabajo correcto, llegan permanentemente tarde, escapan al trabajo cuando pueden, pretenden estar enfermos, etc. Esta gente se supone que debe ser manejada de forma más severa, y cerca de un año atrás el Mariscal Imperial libró una orden y le dio al Ministerio de Trabajo la tarea de manejar este tema con firmeza. Entonces el Ministerio de Trabajo emitió una orden explicativa que no era sino un sabotaje a la orden y el deseo expresado por el Mariscal Imperial. Le informé al Mariscal Imperial - con los mismos términos que he usado- que en este caso su voluntad ha sido claramente saboteada por algunos abogados u otros pobres sujetos, y le solicité medidas contra ello. Él me dijo que hablaría la cuestión con Himmler. Esto es, yo le había sugerido que este tema podía ser arreglado sólo con la ayuda de la organización de Himmler. Las fuerzas armadas no están en posición de hacerlo. La sugestión fue hecha de que las fuerzas armadas deben cuidar de esta gente en campos, pero estos trabajadores no están listos para ello. No fueron condenados y no han violado la ley de ninguna manera, sino que actúan contra su país lo que ciertamente no cae todavía dentro de la esfera del viejo sin sentido jurídico. Por eso Himmler tiene que tener a esta gente bajo su control, porque puede tratarlos fuera de la ley. Mi sugerencia fue que esta gente sea puesta en campos, o, en parte, darles números. La persona concernida tendrá un pasaporte donde consta que es alemán de esta o esta categoría, y que su número es tal. Entonces viene la entrada siguiente: En este o tal tiempo no trabajó, o llegó tarde, etc. Si 'pierde' su pasaporte -porque no quiere tenerlo más- va al campo de concentración de inmediato; lo mismo pasa si no lo enseña cuando se le ordena hacerlo. Una vez por mes el pasaporte se chequea con el SD[46] local. Si se comprueba que el hombre estuvo enfermo o llego tarde treinta veces en el mes, lo toma el SD y le da un trabajo de 14 horas diarias y donde será tratado de la manera que merece si no muestra voluntad. El Mariscal Imperial aprobó esta sugerencia. Sin embargo, no he visto llevar adelante nada de este tipo.

Brückner; Sé que esos campos de trabajo han sido establecidos.

Milch: En ese caso, quiero que me diga exactamente en la próxima reunión dónde se establecieron esos campos, quién está a cargo de ellos, y cómo obtenemos estos caballeros honorables que no quieren trabajar en ellos. *** Es una cuestión simple tener esta gente de alguna manera a cargo de la SD. Solo tienen que ser llevados en mano. Quiero tener un informe sobre esto tan pronto como sea posible. De otra forma, hablaré con Himmler acerca de esto yo mismo y veré que este tema sea tomado con mano firme, yo veo en esta gente el más grave peligro para el frente doméstico. ...."[47]

Esa misma actitud, fue la que asumió Milch en otra reunión en el Ministerio del Aire de Berlín el 9 de septiembre de 1942:

"Deutschmann: Han llegado informes de los talleres de reparaciones que más del 40 por ciento de la gente simplemente no va a trabajar. Por las dificultades en la provisión de alimentos esa gente se va al campo para tener algo que comer. En la planta Talleres Mecánicos me encontré que los polacos no habían ido porque los rusos habían dejado caer propaganda. En un caso vi que cerca del 50 por ciento de los trabajadores no fueron.

Milch: ¿Qué hizo usted contra eso?

Deutschmann: Hasta ahora no hice nada.

Milch: ¿Y dónde era eso? ¿En Varsovia? En ese caso daré órdenes para que esos trabajadores reciban una buena paliza. Y se usarán los prisioneros de guerra rusos para dársela.

Deutschmann: Justo al tiempo que los rusos atacaron yo estaba planeando tener 200 polacos transportados a Alemania occidental para llenar un hueco en la producción de aros allí. Las condiciones de obtención en Varsovia son tales que puedo permitírmelo; por eso no tenía ninguna razón especial para tomar medidas.

Milch: Si esos trabajadores están fuera del trabajo como quieren entonces necesitan una buena golpiza y ese castigo les será administrado por los rusos. Contacte al SD; dígales que esos trabajadores han incumplido venir a trabajar y que yo ordeno que sean castigados y no sacándoseles la comida sino por el castigo menor de 50 latigazos en sus traseros.

Deutschmann: Ocurrieron varios eventos desafortunados juntos.

Milch: No me importa; esos eventos no son de mi incumbencia. El evento desafortunado para la persona involucrada será cuando reciba la pertinente paliza. Y no debe dejar de tenerla.

Deutschmann: Ya hemos llamado la atención sobre ello del líder imperial de las SS; algo va a ser hecho de ello.

Milch: Estos hechos no pueden quedar sin castigo, no pueden pasar. Si esta gente se amotina y no trabaja, entonces ordeno que sean fusilados en tal situación. Hacemos lo mismo en Polonia que los británicos hicieron en India, con la única diferencia que los británicos se manejaban con sus súbitos y nosotros con el enemigo. No quiero jamás ninguna de nuestra gente mostrando falta de acción. Hago responsable al jefe de cada sección de tomar medidas a ese efecto de inmediato. Él mismo no tiene que administrar la golpiza sino dirigirse al SD y ordenar que esto o aquello se haga. Qué clase de medidas se tomarán lo dejamos al SD ¡pero quiero un informe sobre lo que se hizo en tales casos! ¿Qué piensa usted que le pasaría a un trabajador en Alemania si se declara en huelga?"[48]

Milch sostuvo que un hombre que abandonara su trabajo más de tres veces en el año debía ser puesto en un campo de detención.[49] A medida que la guerra avanzó y la situación de Alemania se complicó más y más, Milch se volvió mucho más elocuente como lo mostró esta transcripción estenográfica de una reunión mantenida en el Ministerio del Aire el 2 de marzo de 1943:

"Milch: ¡Otro tema! Todos los informes de Francia muestran que los franceses tienen su cabeza llena de ideas y pensamientos políticos. Sobre la base de las noticias se dicen a sí mismos: se están retirando en el frente Oriental y los americanos están empezando a temer que los rusos solos salgan victoriosos. Los franceses se dicen: si las promesas que nos hicieron los americanos se cumplen en verdad, se hizo nuestra fortuna. Esto está llevando a nuestros trabajadores extranjeros a volverse lentamente hostiles. En principio, tengo que ser informado de cada marranada. No entiendo en absoluto porque Alemania debe aguantar cuando polacos y franceses le explican a la gente: hoy todavía estamos sentados en el trabajo, pero después seremos los propietarios y si se nos trata adecuadamente veremos que sean fusilados de inmediato, y no torturados primero. En todas estas cuestiones hay que hacer una enérgica interferencia. Soy de la opinión que debería haber solo dos tipos de castigos en tales casos: primero, un campo de concentración para extranjeros, y segundo, la pena capital. Si un cierto número de tales elementos hostiles son removidos y los otros son informados, entonces van a trabajar mejor. Su amor por nosotros ciertamente no se hará más grande, pero tampoco lo será su odio que ya es bastante fuerte. A este respecto también debe hacerse enérgica interferencia y en ningún caso los trabajadores deberán aguantarlo. El mejor método es darle a la persona involucrada con un mazazo y trataré con distinción a cualquier persona que haga cualquier cosa cuando escuche tal estupidez sin sentido. Estamos viviendo la guerra total y los trabajadores deben ser informados que no tienen que soportar nada. Ahora el tema es si el caballero cree o no, que obtuvimos algo de valor mencionando nuestra producción en Francia. Para ello debemos considerar que los establecimientos allí serán sitiados. Entonces los franceses serán obligados a venir a Alemania. Allí debo reflexionar si los medios disponibles de compulsión son suficientes. Eso no depende de mí. Pero, en abstracto, no veo dificultades en el camino de obtener 100.000 o 200.000 trabajadores franceses para Alemania, como tampoco veo dificultades en el camino de mantenerlos en orden. Si un caso de sabotaje ocurre en un área, cada décimo hombre de esa área será fusilado. Entonces esos actos de sabotaje cesarán. La gente occidental tiene mucho más miedo a la muerte, mientras que es diferente con los rusos..."[50]

La Fiscalía presentó una transcripción de un diálogo recogido estenográficamente entre Göring y Milch en la fábrica Junkers en Dessau, el 4 de noviembre de 1943:

"Göring: Mándele al comandante del campo de prisioneros de guerra [Stalag] mis saludos y dígale que yo dije que el Stalag es el mayor escándalo de Alemania y un campo donde los escapes son organizados al por mayor. Los hombres no tienen ni que molestarse en cavar un túnel, ya que pueden escaparse libremente en pleno día. Los italianos son golpeados cuando no trabajan. ***

Es absolutamente inútil tomar a los italianos como soldados, por su relación con el deber, es verdad, pero entonces se encierran de nuevo. Los necesitamos acá, sin embargo, como trabajadores para la operación de 100.000 hombres. En segundo lugar, ¿porqué no conseguimos las máquinas? Si quiero tenerlas tengo que ocupar una fábrica por sorpresa.

Milch: No hay facilidades de transporte para hacer eso posible. Tenemos que dejar funcionando algunas plantas en Italia, como las de rulemanes, moldes de acero, y otras, y no podemos tomar gente de allí. Lo mismo se aplica a la esfera técnica. La gente allí está trabajando para nosotros. Todo depende de nuestra política para con los italianos. He ordenado que pueden ser golpeados si no trabajan. También he dado permiso que italianos que sean atrapados haciendo sabotaje sean sentenciados a muerte. Si esta medida no es deseada por las más altas autoridades, como parece ser el caso, estamos desarmados; entonces los italianos en el Imperio no nos serán de ninguna utilidad, y tampoco ellos harán nada por nosotros allá abajo. Ahora el italiano encontró su salida: va a la milicia, y una vez que se terminó allí, se atornilla. Hay otra forma para hacerlo trabajar; si les suspendemos los alimentos a los italianos y les decimos: sólo aquellos que luchen y trabajen para nosotros tendrán comida.

(Göring: ¡Eso es lo que hacen los americanos!)

¿Porqué nosotros no lo hacemos? En mi opinión tendríamos que conseguir las máquinas por la fuerza. Podemos fabricar 1.000 cazas en Italia y los motores para ellos. Los motores sólo irán a través de Junkers, las otras partes a través de Messerschmitt. Me gustaría tener el 109 y el 605 en Italia mientras estén aún trabajando, así podremos modernizar nuestras fábricas. Tenemos la ventaja ulterior que el enemigo tira sus bombas no sólo en Alemania, sino también en Italia. Podemos dispersar la industria en pequeños valles y no necesitamos usar las grandes plantas de Milán. La situación allí es más bien favorable.

Göring: Por encima de todo, esta cuestión debe ser discutida con el Führer."[51]

La Fiscalía, a continuación presentó evidencia sobre el cargo que atribuía responsabilidad a Milch en los experimentos médicos hechos por la Luftwaffe en Dachau, y que fueron estudiados en el capítulo anterior.[52] Un affidavit de Göring manifestó que quien estaba a cargo de todas las investigaciones médicas y experimentos había sido Hippke, quien estuvo a cargo hasta 1944 y estaba directamente subordinado a Milch.[53] Ese militar, sorprendentemente, nunca fue acusado por los norteamericanos a pesar de haber sido arrestado en 1946. La Fiscalía presentó numerosos documentos que probaban que Milch estaba en conocimiento de los experimentos que se llevaban a cabo en Dachau, aunque esos textos fueron descartados por la sentencia como se explicará más adelante.

La Defensa presentó como testigo a Max König, quien trabajó subordinado a Milch, y el interrogatorio comenzó intentando demostrar que Milch había dispuesto un tratamiento más amable para los llamados "*pilotos del terror*," pilotos de bombarderos aliados que se vieron obligados a saltar en paracaídas y que fueron capturados en tierra. Hitler había emitido una ordenanza al respecto, que será materia de estudio en profundidad en el juicio contra el *Alto Mando* del Capítulo Décimo Tercero. König, sin embargo, aportó algunos datos de interés cuando fue repreguntado por la Fiscalía sobre Milch:

"... P: Dijo que tuvo trabajadores de los campos de concentración ¿tuvo también trabajadores extranjeros, no es cierto?

R: Había cerca de 1.000 internos de los campos de concentración y un cierto número de trabajadores extranjeros –rusos, franceses e italianos.

P: ¿Tenía algún prisionero de guerra?

R: Si. Había algunos prisioneros de guerra.

P: ¿Cuánta gente tenía empleada allí en total?

R: En Rechlin, prisioneros de guerra y trabajadores extranjeros, alemanes, todos juntos eran 4 o 5 mil.

P: Bueno, ya tenemos 1.000 trabajadores de campos de concentración. Eso deja de 3 a 4 mil. ¿Cómo se descomponen esos entre prisioneros de guerra, trabajadores extranjeros y alemanes?

R: Prisioneros de guerra, aproximadamente 500. Había cerca de 300 extranjeros y el resto eran civiles alemanes y personal militar alemán.

P: Los trabajadores de los campos de concentración ¿Dónde eran guardados?

R: Eran guardados en sus propios campos y en algunos casos en camiones fueron llevados a su lugar de trabajo en la pista de aviación Boek este.

P: Y los extranjeros, ¿dónde?

R: Creo que al principio fueron un poco guardados o, digámoslo, nada en absoluto.

P: ¿Y los prisioneros de guerra?

R: Los prisioneros de guerra estuvieron en una condición similar ya que no había muchos guardias a nuestra disposición. Los guardias eran unos pocos.

P: Habló de la gente de los campos de concentración marchando de ida y de regreso. ¿marchaban custodiados?

R: Si, marchaban con guardias.

P: ¿En la prisión militar?

R: Había grandes campos o chozas bajo prisión militar y con guardias.

P: ¿Había alambre de púas alrededor?

R: Si. Había alambre de púas.

P: ¿Y guardias caminando alrededor?

R: Y guardias, si.

P: ¿Guardias armados?

R: Si. Estaban armados.

P: Ahora, habló acerca de pasar esas órdenes sobre los pilotos del terror al alcalde. ¿Esa orden le vino del acusado?

R: Del GL.[54]

P: ¿El GL era el Mariscal de Campo Milch?

R: Era el Sr. Milch.

P: ¿Y usted dio esas órdenes al alcalde sobre los llamados 'pilotos del terror'?

R: Al alcalde y a los consejeros comunales.

P: Y entonces un día escuchó sobre cuatro aviadores que se habían arrojado en paracaídas o habían hecho un aterrizaje forzoso –de todas formas, se vinieron abajo– y mandó sus soldados ahí ¿y se le dijo que no estaban disponibles?

R: No. El oficial volvió y dijo que la policía había arrestado cuatro pilotos que habían hecho un aterrizaje forzoso, contrario a nuestras órdenes y contrario a las regulaciones donde el número de teléfono de nuestra pista tenía que ser pasado al alcalde. El informe del alcalde tenía el propósito de informar al aeropuerto tan pronto como fuera posible de manera que un camión pudiera recoger a los pilotos.

P: ¿Qué policía agarró a esos aviadores?

R: Lamentablemente, no lo se. El oficial del aeropuerto volvió y dijo que la policía los había agarrado. Él no vio a la policía. Solo fue informado por el alcalde.

P: Y entonces ¿qué hizo? ¿Llamó al alcalde?

R: No. Lo pasamos al aeropuerto y el aeropuerto lo informó al Distrito del Aire. El Distrito del Aire es la oficina siguiente superior al aeropuerto.

P: ¿Consiguieron ellos la devolución de los aviadores?

R: No.

P: ¿Nunca los tuvieron?

R: No se adonde fueron llevados.

…

P: ¿Nunca se tomó el trabajo de saber que pasó con esos cuatro aviadores?

R: Oh sí, eso se pasó de inmediato y habiéndolo recibido el aeropuerto lo enviaron al Distrito del Aire y continuaron trabajando en este asunto. Lo que pasó al final no podría saberlo porque el Distrito del Aire, la siguiente oficina superior, tenía que informar esto a través de los canales de comando.

P: ¿Nunca trató de saberlo, no es cierto? ¿Llamó alguna vez a alguien en el Distrito del Aire y preguntó que había pasado con estos cuatro aviadores?

R: No. Difícilmente podría haberlo hecho porque pertenecía a la estación de pruebas y había una cierta medida de dualidad. Era como la actividad en el aire, por un lado, y la organización terrestre por el otro.

P: ¿Sabía qué era la orden que Hitler había dado sobre los aviadores del terror, no es cierto?

R: Si. Lo supe mucho después de este aterrizaje de emergencia en 1944. Lo oí en 1945 cuando fui interrogado en Munich por la Corte Especial del Mariscal Imperial.

P: ¿De qué nacionalidad eran esos aviadores?

R: No puedo decirlo. Presumí que eran norteamericanos, pero no lo puedo decir con certeza porque nunca vi la insignia del avión o a los mismos aviadores desde que no los tomamos prisioneros.

P: ¿Había algunas unidades de la SD alrededor donde estaba?

R: En Rechlin mismo no, pero mi jefe Petersen, y yo mismo después supimos que éramos supervisados por el servicio de la SD…[55]

Cuando el acusado Milch prestó testimonio ante el Tribunal declaró largamente y hemos extraído sólo algunas partes del interrogatorio directamente relacionada con los hechos por los que era acusado:

"P: Testigo, en esta ocasión me gustaría preguntarle, ¿qué es lo que supo durante la guerra sobre los campos de concentración?

R: Solo conocí dos campos de concentración, Dachau y Oranienburg. Visité personalmente Dachau en 1935; en otras palabras, antes de la guerra. Esa fue la única vez que visité un campo de concentración, salvo ahora como prisionero de guerra. Qué había dentro de los campos de concentración, no lo sé. En 1935 había sólo alemanes ahí; y fui sorprendido al escuchar que tras el colapso de Alemania había extranjeros en los campos de concentración. No lo sabía. Estoy seguro que ninguno de mis colaboradores sabía de esas cosas en los campos de concentración. Se nos dijo entonces que en los campos de concentración estaban detenidos criminales de varias categorías. Lo que vi en 1935 eran criminales habituales. Pensé que era una muy buena idea no permitir a esa gente circular libremente. Cuando estuvimos allí esa gente tenía que informarnos sobre sus sentencias; y había varias barreras llenas de gente, y allí el record criminal promedio era de veinte a treinta violaciones de niños pequeños. En consecuencia, siendo yo padre, pensaba que era lo mejor que esa gente estuviera encerrada. Sin embargo, no sabía que había políticos allí; y los vi también. Aquí mi opinión difiere. Pero se me dijo que esa gente estaba sobre una base temporaria y que serían guardados allí por un largo tiempo si cometían sabotaje activo contra el estado. En Dachau la mayoría de los políticos detenidos allí en 1935 eran miembros de las SA, y a cargo del golpe de estado de Röhm de 1934, y esa era la base y la razón para estar allí. Quisiera agregar que yo pedí se me autorizara visitar el campo de concentración en ese tiempo, junto con otros oficiales de mi departamento, de la Luftwaffe, pues durante mis encuentros y conversaciones con extranjeros, escuché repetidamente el comentario, especialmente por los británicos: 'Entendemos su sistema de Hitler muy bien. No había para ustedes otra forma de avanzar. Sin embargo, no entendemos sus campos de concentración.' Eso es porqué decidí de formarme una imagen por mi mismo visitando el campo. Tomó un tiempo, pero finalmente obtuve el permiso para visitar el campo de concentración. Ese fue entonces mi único contacto con la cuestión.

...

P: Al tiempo luego de ello ¿escuchó, aunque hayan sido sólo rumores, que actos inhumanos eran cometidos en los campos de concentración?

R: No puedo recordar que nada semejante haya sido mencionado en ese sentido, nada que tenga que ver con la verdad o que pareciera verdad. Puedo confirmar el hecho de que había muchos rumores sobre la guerra. Sin embargo, todos nuestros esfuerzos para determinar de dónde provenían esos rumores fueron sin éxito. No fuimos capaces de encontrar nada. Yo tenía pocas conexiones con las SS mismas.

P: Volveré sobre las SS más tarde. Ahora testigo, como testigo usted dijo que las personas en los campos de concentración fueron liberados o no hubieran sido destinados a campos de concentración. No se puede extraer la conclusión que usted tenía la opinión que los campos de concentración no eran buenos; que ocurrían cosas malas allí, porque en general uno que ha cometido un crimen ¿no está protegido de ir a prisión?

R: Al principio estaba muy convencido que esos campos de concentración eran una medida temporaria. Supe por la prensa que hicieron lo mismo en Italia bajo el régimen de Mussolini, y que luego de unos años esas instituciones fueron disueltas - al menos es lo que oí en ese tiempo, desde que muchas cosas se imitaron aquí en Alemania que había hecho Mussolini en Italia. Vi a los campos de concentración nada sino una imitación. Que hayan ocurrido ciertos abusos allí puedo entenderlo, porque después de todo, el movimiento Nacional Socialista en sus comienzos tempranos, era un grupo revolucionario. Y si no lo hubiera sido, al menos es lo que la gente dice, pienso que esas cosas eran enfermedades infantiles del nuevo régimen. Sin embargo, si alguna vez escuché algo, si alguna vez se llevó algo a mi atención, entonces pensé que era mi deber humano ayudar. Que los padres de cualquiera que fue enviado a un campo de concentración están siempre convencidos de su inocencia, puede ser entendido y todos sabemos cuan desagradable es eso. Sin embargo, otras razones prevalecían en ese tiempo, cuando una familia escribió, ese es probablemente el caso con uso que ha sido presentado aquí con un affidavit. La razón principal no era que el hombre era un líder social-demócrata. No. Se lo acusaba de otras cosas, y debían ser aclaradas. Es por eso que mi ayuda tomó un poco más de tiempo aquí, y yo creo que el hombre fue reivindicado...

P: Suficiente testigo. Ahora esa gente fue sacada del campo por usted. Entonces estoy seguro que fueron a agradecerle.

R: No. No lo hicieron y no presté mucha atención a ello. Les dije a sus parientes que se abstengan de hacerlo. Pienso que quizás escribieron una carta, pero no lo hice en orden de obtener gracias y aprecio.

P: Testigo, ¿Habló con alguien que haya sido liberado de un campo de concentración y que le pudiera dar más detalles acerca del campo de concentración?

R: Nunca hablé con nadie que haya sido liberado de un campo de concentración, al menos que yo sepa. Nunca hablé con nadie acerca de su experiencia en el campo de concentración. Sin embargo, durante mi encierro, oí a través de otra gente que nadie había oído acerca de tales cosas tampoco, porque esa gente no tenía sólo prohibido hablar, sino que ellos tenían tanto miedo que seguían esa orden al pie de la letra.

...

Juez Phillips: El Tribunal entiende que usted dijo que prisioneros de guerra polacos fueron cambiados a trabajadores civiles y que usted no los consideraba ya más prisioneros de guerra. ¿Cómo cambiaban de prisioneros de guerra a trabajadores civiles?

R: Personalmente no puedo darle muchos detalles sobre esto ya que pasó tan temprano como 1939, y en ese tiempo no estaba conectado con el tema de armamento. Cómo funcionaba no lo sé. Todo lo que puedo imaginarme es que no había más un gobierno polaco y que el Gobernador General dio la orden; si se le preguntó a algún oficial polaco no lo sé; es solo en los archivos que encontré algo acerca de la autoridad regional polaca. No puedo darle a usted más aclaraciones.

Defensor: Si el Tribunal lo permite quizás yo pueda aclarar la cuestión.

...

Presidente Juez Toms: Déjelo aclarar al testigo. Testigo, usted es un viejo soldado. Ha sido soldado por muchos años. ¿Cómo transfiere a un prisionero de guerra en civil dándolo de baja?

R: Sí, él debe ser liberado de ser un prisionero de guerra, y entonces hay varias posibilidades. Una posibilidad sería - y a ella acudió Alemania - hacerlo un trabajador libre y decirle: 'usted ha sido dado de baja, pero tiene que hacer algún trabajo. Esas son las condiciones que le ponemos. Será bien pagado y en lo demás, vivirá como un hombre libre.' Hay otra posibilidad, que fue el camino elegido por los americanos, por la que un prisionero de guerra es dado de baja y luego es considerado como un interno. Pienso que este procedimiento no es tan favorable para la persona afectada.

P: ¿Entonces, solo los transfería de prisioneros de guerra a prisioneros civiles?

R: No. Ellos ya no eran prisioneros. Eran dados de baja apropiadamente, pero firmaban documentos por el que se obligaban a hacer algún trabajo para Alemania.

P: ¿Entonces los ponía en prisión por un documento en lugar de por una empalizada?

R: No estaban ya encerrados, señor. Los trabajadores polacos que vi en el país, por ejemplo, vivían muy libremente.

P: ¿Podían ir adonde quisieran?

R: No podían cambiar los lugares de trabajo sin permiso. Por ejemplo, si estaban asignados a una granja, tenían que quedarse en dicha granja. Solo si había razones especiales podían cambiar sus lugares de trabajo. Entonces eran transferidos.

P: ¿Eso es lo que llama usted liberarlos?

R: No era una libertad completa, pero era un estatus mejor que el que tenían cuando eran prisioneros de guerra.

P: ¿Qué les pasaba a esos trabajadores libres si se marchaban de su lugar de trabajo?

R: Señor, eso no lo sé por mi mismo. Pero, ¿puedo decir algo? Un trabajador alemán no podía cambiar su lugar de trabajo tampoco. La libertad para un alemán no era más grande que la libertad de un polaco mientras durara la guerra.

P: Los alemanes se iban a su casa con su familia todas las noches ¿no es cierto?

R: Esos soldados polacos - no puedo hablar precisamente porque no estoy bien informado aquí - pero los que vi eran gente joven, y vivían con la familia del granjero.

P: Testigo, ¿pretende decirle a este Tribunal seriamente, que el trabajador polaco, el antiguo prisionero de guerra, tenía la misma libertad de movimientos que tenía un civil alemán?

R: No puedo hablar de todos los hechos de la vida porque no lo sé. Todo lo que sé es que él tenía la obligación de permanecer con su empleador, pero como dije antes, el trabajador alemán tenía que quedarse con su empleador.

P: Ah, bueno, eso lo tenemos también en los Estados Unidos por caso. Pero no recuerdo que haya contestado mi pregunta ¿Qué pasaba con el trabajador polaco que elegía irse de su lugar de trabajo?

R: No soy capaz de contestar esa pregunta, no sé de ningún caso, ni me fue informado ninguno."[56]

Como Milch siguió negando lo evidente, el Tribunal en su extenso interrogatorio empezó a confrontarlo con los documentos que hemos transcripto en las páginas anteriores.

"P: Testigo, en esta charla hay algunos pasajes que no tienen nada que ver con los objetivos que usted mencionó. Quiero mostrarle los pasajes. En un momento usted llega a la cuestión referida al trabajo, y dice que la porción de trabajadores que le fue asignada a la Luftwaffe ha sido permanentemente disminuida, que los extranjeros se estaban escapando y que no cumplían sus contratos y que si un capataz reprimía o golpeaba a uno de esos jóvenes trabajadores que había estado involucrado en sabotaje, él, el capataz, se metía en problemas; que el derecho internacional no podía ser aplicado aquí y que iba a controlar que los prisioneros, con la excepción de los británicos y los americanos, fueran removidos de la organización militar. Entonces, si un hombre cometía sabotaje, él debía ser ahorcado en su propia fábrica o taller. ¿Que tiene que ver ello con su charla y esos objetivos que mencionó?

R: En tanto los prisioneros de guerra estaban trabajando con la Luftwaffe misma, el oficial general de intendencia y el jefe de intendencia tenían algo que ver con ello. Esto era una amenaza al departamento, a saber, que ciertos derechos les sean retirados. Por supuesto, no podía hacerlo. No creo que Göring hubiera seguido tal sugerencia mía tampoco, No tengo ninguna excusa por las palabras que use. Ahora he tenido el tiempo de leer esos pasajes en paz, y no puedo entenderme a mí mismo. Sólo puedo repetirme que estaba en una posición imposible. Yo veía lo que se venía, y no podía ya ayudar a mi gente. En ese momento - no quisiera decir que es una excusa- pero sólo para explicarlo, yo estaba sufriendo mucho por mi accidente y no superé totalmente la concusión, porque en ese momento no podía ausentarme ni un minuto. Lo sé porque mi doctor estaba preocupado por mí y él trató de ayudarme con toda clase de drogas y medicamentos.

P: Testigo, un número de testigos han declarado que frecuentemente tenía ataques de ira ¿Cuándo hizo esos comentarios tenía el sincero deseo de llevar adelante esas medidas?

R: No. Puedo decirlo con la conciencia tranquila. Nunca. Nunca en mi vida hice tal cosa, y creo que aquél que me conoce bien, sabe que, al contrario, yo era diferente. Sin embargo, en ese tiempo simplemente tenía que dejar espacio a mis sentimientos, y no podía usar palabras más fuertes con la gente con la que realmente quería utilizarlos. Eso no era consistente con la disciplina que usted tiene en el ejército. También tengo que decir que inmediatamente después de tales discusiones, yo mismo no sabía los que había dicho durante esos arranques de ira. Aún hoy no puedo dar por seguro que dije eso. Sin embargo, no puedo negarlo.

P: Testigo, ¿usó usted entonces también estas expresiones salvajes con los caballeros de la Luftwaffe y los amenazó también?

R: Si. Lo hice. Ahora leo que lo hice. Lo lamento mucho aún hoy que usé tales palabras contra mis camaradas.

P: Después, en otro pasaje dice que la gente que actúa como si estuviera enferma tenían que ser azotados en el trabajo y que el látigo debía ser usado como medicina. ¿Es esa una expresión similar?

R: Eso fue sólo una charla tonta, por así decirlo, y también usé palabras fuertes contra mi mismo y me llamé a mi mismo un idiota de tanto en tanto.

P: ¿Dio alguna vez la orden de que la gente fuera llevada a trabajar con el látigo?

R: Nunca, y estoy seguro que yo mismo hubiera intervenido en tal caso.

P: ¿Ahorcó a alguien alguna vez por actos de sabotaje?

R: No. Primero, no lo hice. Segundo, no podía hacerlo. Nunca castigué a nadie por sabotaje de forma alguna porque eso no estaba dentro de mi competencia, incluso en los casos en que el sabotaje efectivamente tuvo lugar.

P: Testigo, no temía, sin embargo, ¿qué si hablaba de esa manera ante ese círculo de hombres, esas personas actuarían de acuerdo con sus palabras?

R: En ese círculo no había ninguna persona que hubiera podido tener el poder para llevar adelante tal cosa, y segundo, creo que todos me conocían, porque incluso mis amigos aún en ese tiempo me dijeron que había perdido el control sobre mí mismo. Fue muy positivo que nadie me tomó en serio en ese momento. También me prometí a mismo que no explotaría de ira de nuevo. Sin embargo, en ese tiempo no tenía un control total de mi mismo, pues la situación se estaba volviendo más seria cada día. Más cuando sabía que todo ello pudo haber sido evitado y que nunca fue necesario ir a la guerra, pero aún así, que la guerra estaba terminada hacía ya mucho, y aparte de esto, por lo menos la destrucción de Alemania podría haber sido evitada. Esos pensamientos no me dejaban ni de día ni de noche, y contribuían de hecho a esas explosiones. Cuando todo terminó, de ese día en adelante me volví mucho más tranquilo.

P: Testigo ¿Esas personas con las que habló eran soldados?

R: Si.

P: ¿Podrían haber llevado esos soldados sus órdenes adelante que eran contrarias al derecho internacional?

R: No, nunca. Ellos pensaron correctamente, como me lo dijo gente frecuentemente, que yo estaba loco durante esas explosiones. Yo mismo no estaba en posición de juzgar. ..."[57]

Tras ese extenso interrogatorio que llevó varios días y donde Milch se presentó a si mismo como un hombre que no podía controlar su irascibilidad, pero que la misma no tenía consecuencias, las partes hicieron sus alegatos finales.

El Fiscal Clark Denney dijo que concluía el juicio contra uno de los instigadores de la mayor operación de trabajo esclavo llevada a cabo durante la guerra. El derecho internacional, autoriza en determinadas circunstancias los desplazamientos de poblaciones de un país a otro, pero si la deportación se hace sin un título válido ante el derecho internacional se está en presencia de un crimen. Cuando adicionalmente el propósito de la deportación es obligar a los desplazados a trabajar en la industria bélica del ocupante, en la industria de armamentos que serán usados contra la propia patria de los desplazados, el crimen es mayor aún. La esclavización de la población desplazada, el obligar y usar trabajo esclavo por parte del ocupante, constituye un crimen contra la humanidad. El artículo 31 de la Convención de Ginebra de 1929 aplicable en la época, específicamente prohibía que el trabajo de los prisioneros de guerra se relacionara de cualquier manera con las operaciones de guerra.[58] Las Convenciones de La Haya de entonces, contenían disposiciones semejantes. La esencia del crimen que se le imputó a Milch estaba, justamente, en el tipo de trabajo para el cual esclavizaba a los prisioneros: esto es, destinado al propio esfuerzo bélico del ocupante. El *Jägerstab* que dirigía el acusado asumió el control sobre la producción de aviones de guerra cuando ya la explotación de trabajadores extranjeros forzados a participar en la elaboración de armamento aéreo había alcanzado un nivel sin paralelo. El propio acusado reconoció esto en numerosas minutas que aportó la Fiscalía, como cuando declara que el 88% del mejor motor para avión estuvo hecho por prisioneros de guerra rusos y luego el 25 de marzo le informó a sus ingenieros que el porcentaje alcanzaría al 90%. La propia formación del *Jägerstab*, fue sólo explicable en la necesidad de incrementar la mano de obra con los prisioneros existentes, para aumentar la producción de aviones de guerra. Esta organización, sostuvo el Fiscal, tuvo prioridad y todos los proyectos sobre reclutamiento y asignación de la fuerza laboral fueron discutidos con el *Jägerstab*. El propio reconocimiento del acusado que el derecho internacional no tenía cabida, es lo que mejor caracteriza su actividad al frente de esa organización.

. . .

La defensa de Milch también hizo su alegato,[59] insistiendo en que no se lo podía catalogar como un nazi y lo presentó al Tribunal como alguien que no estaba preparado para participar en una guerra de agresión. Su propósito a través de toda la actividad que se le acusó, fue organizar mejor la defensa de su país. Invocó la muy escasa prueba traída para la imputación de participación en los experimentos médicos, de los que solo tuvo noticia cuando ya se habían hecho. Con relación a su acusación por participación en el trabajo esclavo, en opinión del defensor, aún la ley internacional más severa reconoce una excepción ante un verdadero estado de emergencia como el que se encontró viviendo Alemania.

El Tribunal le preguntó al defensor si bajo la ley alemana, la ignorancia de la ley es una excusa. La defensa dijo que el error venía de la información que el acusado recibió de sus superiores que legalizaban algo que no lo era, y que en el mejor de los casos sólo podía ser acusado por dolo eventual.

III. LA SENTENCIA[60]

El 17 de abril de 1947 el Tribunal dio a conocer su sentencia la que, aunque fue unánime, los jueces Phillips y Musmanno presentaron opiniones concurrentes por separado. El Tribunal, al inicio del fallo aclaró que consideraría primero el punto dos de la acusación - los experimentos médicos-, luego el primero - crímenes de guerra - y finalmente el tercero - crímenes contra la humanidad.

Con relación al primer cargo considerado, el de los experimentos médicos, el Tribunal concluyó que no se probó la participación del acusado en los mismos. Entre las consideraciones, hay una que nos parece que merece ser resaltada y transcribimos a continuación:

> "Debe ser tenido siempre en mente que esta es una corte norteamericana de justicia, aplicando los ancianos y fundamentales conceptos de la jurisprudencia anglosajona que hunde sus raíces en el Common Law inglés que ha sido defendido resueltamente en los Estados Unidos desde su nacimiento.
>
> Uno de los propósitos fundamentales de estos tribunales es el de

inculcar en el pensamiento del pueblo alemán el aprecio y respeto de los principios de derecho que son la columna vertebral del proceso democrático. Hacia ello debemos redoblar todos los esfuerzos, sugiriendo a los pueblos de todas las naciones que las leyes deben ser usadas para la protección de la gente y que cada ciudadano tendrá por siempre el justo derecho a ser oído por un tribunal imparcial, ante el cual todos los hombres son iguales. Nunca se debe vacilar en mantener, tanto por la práctica como por la prédica, la santidad de lo que se conoce como debido proceso legal, civil y criminal, municipal e internacional. Si el nivel de la civilización debe ser levantado en todo el mundo, este debe ser el primer paso. Cualquier otro camino conduce a la tiranía y al caos. Este Tribunal, ante todos los demás, debe actuar en reconocimiento de esos principios evidentes por sí mismos. Si fracasa, se verá frustrado todo su propósito y el juicio se volverá una burla. En la misma base de estos conceptos jurídicos yacen dos importantes postulados: (1) toda persona acusada de un crimen se presume inocente, y (2) esa presunción perdura con ella hasta que su culpa haya sido probada más allá de toda duda razonable.

A menos que la corte que atiende la prueba se convenza de la culpa hasta el punto de la certeza moral, la presunción de inocencia debe continuar protegiendo al acusado. Si los hechos extraídos de la evidencia son consistentes tanto con la culpabilidad como con la inocencia, deben resolverse a favor de la inocencia. Bajo la ley norteamericana ni la vida ni la libertad pueden ser tomadas a la ligera, y a menos que la conclusión de la prueba lleve a una convicción inevitable de culpabilidad es la mente de la corte que sesiona en juicio, el acusado no puede ser perjudicado."[61]

Cumpliendo meticulosamente con esos principios, la opinión del Tribunal fue que Milch no era culpable del segundo cargo de la acusación.

a. El cargo de crímenes de guerra

El primer cargo de la acusación fiscal consistió en la imputación a

Milch de la comisión de crímenes de guerra específicos, como estuvieron definidos por el artículo II de la CCL 10, de forma que el acusado fue autor principal y accesorio, ordenó, instigó y ayudó, tomando parte consintiendo en el resultado de planes y empresas que importaban trabajo esclavo, tortura y asesinato de civiles de países extranjeros. Los mismos cargos se le atribuyeron con relación al uso de prisioneros de guerra en operaciones de guerra, o en trabajo directamente relacionado con operaciones de guerra, resultando en tratamiento inhumano y muerte de miembros de las fuerzas capturadas opuestas a Alemania. Según la acusación, estos actos fueron en contra del derecho internacional y de los principios de derecho de guerra reconocidos por las naciones civilizadas, y en violación específica de numerosos tratados y convenciones de las que Alemania era parte. La responsabilidad del acusado por estos crímenes según la Fiscalía, surgió de una triple capacidad como (1) Maestro General de Aeronáutica, (2) miembro del Directorio Central de Planeamiento y (3) jefe del *Jägerstab*.

El Tribunal citó a continuación numerosos párrafos del juicio del IMT, donde se juzgó la responsabilidad de Sauckel, que era quien estaba a cargo de la asignación de la fuerza laboral, y de Speer que era el Ministro Imperial de Armamentos y miembro de *Jägerstab*. Esas comprobaciones de hechos realizadas por el IMT son obligatorias para el Tribunal de acuerdo a lo que establece el artículo X de la Ordenanza Número 7.[62] Todas las evidencias que fueron presentadas en este caso no contradijeron las comprobaciones del IMT, y por el contrario, las ratificaron y afirmaron. Lo que debe establecerse es si Milch supo que mano de obra esclava y de prisioneros de guerra, fue procurada por Sauckel y usada en la industria de aviación que controlaba el acusado. Tanto por las propias palabras del acusado que surgen de las minutas del Directorio Central de Planeamiento como por su propio testimonio, esta cuestión debe responderse concluyentemente por la afirmativa. El acusado testificó que supo que prisioneros de guerra estaban siendo usados en la fábrica de aviones de Regensburg y que cerca de veinte mil prisioneros de guerra rusos estaban siendo usados para manejar las baterías antiaéreas protegiendo diversas plantas. Durante el proceso, se acumularon multitud de documentos donde se acredita que el acusado no sólo escuchaba sobre el uso de prisioneros civiles del Este para el trabajo esclavo, así como de otros prisioneros de guerra, sino que él mismo por todos los medios posibles exigió la remisión de mano de obra para la Luftwaffe lo que se agravó a medida que la guerra avanzó. La defensa del acusado en este aspecto fue ingeniosa pero no convincente. Con relación al uso de prisioneros de guerra, el acusado testificó que le habían informado por una persona no identificada, que no era ilegal el uso de prisioneros de guerra en la industria de guerra. El Tribunal vio al acusado como a un viejo y experimentado soldado, y su testimonio reveló que tenía buen conocimiento de las regulaciones de las Convenciones de Ginebra y los Tratados de La Haya sobre este tema, que son claros e inequívocos. La sugerencia que se le hizo por lo menos debió de hacerle surgir graves sospechas.

Tampoco a criterio del Tribunal sirvió la defensa de que los prisioneros de guerra rusos se ofrecieron como voluntarios para servir en la industria de guerra y que disfrutaban trabajando en una industria que producía municiones que iban a ser dirigidas contra sus compatriotas y los Aliados. Una explicación pueril que no resiste el menor análisis. O la que sostenía que los prisioneros de guerra rusos eran dados de baja y se enrolaban como trabajadores civiles.

Las fotografías que la Fiscalía introdujo como evidencia muestran a los prisioneros trabajando con municiones, luciendo sus uniformes rusos lo que hace más sospechoso el estatus civil que el acusado quiso atribuirles, manifestaciones éstas que, a criterio del Tribunal, tampoco responden adecuadamente sobre el destino de cientos de miles de prisioneros de guerra polacos, que fueron llevados a campos de concentración, y distribuidos entre diversas fábricas de material de guerra, ni tampoco sobre el destino de miles de prisioneros de guerra franceses, que fueron obligados a trabajar bajo las más terribles condiciones para la Fuerza Aérea alemana.

El Tribunal recordó que se intentó disfrazar las duras realidades de la política alemana para el trabajo extranjero, mediante el uso de términos legales y económicos, tales como el uso de relaciones convencionales y la ley laboral. La ficción de los "contratos laborales" fue usada frecuentemente, especialmente en las operaciones de la Organización Todt, suponiendo que a los trabajadores extranjeros se les daba una elección libre entre trabajar o no trabajar para la industria de guerra alemana. Esto, por supuesto, era solamente una ficción, como lo muestra el hecho de que miles de estos "*trabajadores contratados*" saltaban de los trenes que los transportaba a Alemania, y huían a los bosques. Como dice el Tribunal:

> "¿Puede alguien creer que las vastas hordas de judíos esclavos que trabajaban en la industria de guerra alemana lo hacían de acuerdo a los derechos de las partes contratantes? Eran esclavos, nada más, secuestrados, regimentados, arreados bajo guardias armados, y trabajaban hasta que morían de enfermedad, hambre y agotamiento. La idea de cualquier judío siendo parte de un contrato con Alemania era impensable para los nacional-socialistas. Los judíos eran considerados parias y estaban completamente a la merced de sus opresores. La explotación era sólo una forma conveniente y provechosa de exterminación, para que al final cuando esta guerra termine no haya más judíos en Europa."[63]

Los que no eran judíos, con algunas excepciones, eran privados de sus derechos básicos, como del de moverse libremente, o elegir su lugar de residencia, vivir con sus familias, educar a sus hijos, casarse o visitar sitios públicos por propia iniciativa, negociar, organizarse en gremios, juntarse en asamblea pacífica. Eran esclavos y todas estas falencias son marcas de esclavitud, en violación de la propia ley de guerra aceptada por los alemanes. Esto no sucedía en casos aislados, sino que era la política del régimen nazi, la actitud ante los que consideraba seres inferiores.

El Tribunal encontró al acusado, en consecuencia, culpable de crímenes de guerra de acuerdo con el primer cargo de la acusación, en la medida en que él fue un autor principal y también accesorio, instigador y partícipe con planes y empresas que involucraban trabajo esclavo y deportación de trabajo esclavo a los territorios ocupados, involucrándolos directamente en operaciones de guerra o que tenía un efecto directo sobre las mismas.

. . .

b. El cargo de crímenes contra la humanidad

El tercer cargo de la acusación fue por la comisión de crímenes contra la humanidad, tanto contra alemanes como contra ciudadanos extranjeros. A lo largo del procedimiento se acumuló prueba suficiente para acreditar que el acusado es culpable de este cargo también, dijo el Tribunal.

En cuanto a los crímenes contra nacionales de otros estados, la evidencia mostró que un gran número de judíos húngaros y otros nacionales de Hungría y Rumania, países estos ocupados por Alemania, fueron sujetos a las mismas torturas y deportaciones que los nacionales de Polonia y Rusia. El Tribunal dijo:

> "Nuestra conclusión es que los mismos actos ilegales de violencia que constituyeron crímenes de guerra bajo el cargo primero de la acusación, también constituyen crímenes contra la humanidad de acuerdo al cargo tercero. Habiendo determinado la culpabilidad del acusado por crímenes de guerra bajo el primer cargo, se sigue por necesidad, que es también culpable del crimen separado de crímenes contra la humanidad, como lo señala el cargo tercero, y así el Tribunal lo determina."[64]

El Tribunal dijo que llevar a esclavitud a millones de personas no podía quedar sin castigo. Los bárbaros actos que fueron revelados durante el procedimiento, originados en la codicia y ambición de unos pocos, han hecho pagar a todos los alemanes por la degradación moral a la que los llevaron los falsos profetas que los condujeron al desastre. Sería una burla a la justicia que esos falsos líderes, como personificó el acusado, escapen su responsabilidad por la decepción y traición a su pueblo. Condenó, en consecuencia, a Erhard Milch a la pena de reclusión perpetua.[65]

A pesar de la severidad inicial de la pena, en 1951 su pena fue conmutada a 15 años de prisión y Milch fue liberado finalmente en

1954. Vivió el resto de su vida en Düsseldorf, lugar donde murió en 1972.

Bibliografía

APPLEMAN, John Alan, Military Tribunals and International Crimes, Bobbs-Merrill Co., Indianapolis,1954.

BOOG, Horst, Die deutsche Luftwaffenführung 1935–1945. Führungsprobleme. Spitzengliederung. Generalstabsausbildung, Deutsche Verlags-Anstalt, Stuttgart, 1982.

BUDRAß, Lutz, '"Arbeitskräfte können aus der reichlich vorhandenen jüdischen Bevölkerung gewonnen werden.' Das Heinkel-Werk in Budzyn 1942–1944," 45 Jahrbuch für Wirtschaftsgeschichte (2004), 41.

BUDRAß, Lutz & GRIEGER, Manfred, "Die Moral der Effizienz. Die Beschäftigung von KZ-Häftlingen am Beispiel des Volkswagenwerks und der Henschel Flugzeug- Werke," 34 Jahrbuch für Wirtschaftsgeschichte (1993), 89.

BUGGELN, Marc, Das System des KZ-Außenlager: Krieg, Sklaven-arbeit und Massengewalt, Friedrich Ebert Stiftung, Bonn, 2012, disponible en http://library.fes.de/pdf-files/historiker/09292.pdf.

DINSTEIN, Yoram, The Defence of 'Obedience to Superior Orders' in International Law, Oxford University Press, New York, 2012.

GRZEBYK, Patrycja, Criminal Responsibility for the Crime of Aggression, Routledge, New York, 2010.

HOMZE, Edward L., Foreign Labor in Nazi Germany, Princeton UP, Princeton, 1967.

KING Jr., Henry T., " The Nuremberg Context from the Eyes of a Participant," 149 Mil. L. Rev. 37 (1995)

KRANZBÜLER, Otto, " Nuremberg Eighteen Years Afterwards," 14 DePaul L. Rev. (1964-1965) 333.

LEVIE, Howard S., "The Employment of Prisioners of War," 57 Am. J. Int'l L., (1963) 318

MITCHAM Jr., Samuel W., The Rise of the Wehrmacht, Greenwood, Wesport, 2008.

NAASNER, Walter, Neue Machtzentren in der deutschen Kriegswirtschaft 1942-1945. Die Wirtschaftsorganisation der SS, das Amt des Generalbevollmächtigten für den Arbeitseinsatz und das Reichsministerium für Bewaffnung und Munition / Reichsministerium für Rüstung und Kriegsproduktion im nationalsozialistischen Herrschaftssystem, Harald Boldt Vlg., Boppard am Rhein, 1994.

OPPITZ, Ulrich-Dieter, Medizinverbrechen vor Gericht. Das Urteil im Nürnberger Ärzteprozess gegen Karl Brandt und andere sowie aus dem Prozess gegen Generalfeldmarschall Milch, Palm & Enke, Erlangen, 1999.

SPEER, Albert, "Anordnung vom 1. März 1944 über die Errichtung des Jägerstabs," en EICHHOLTZ, Dietrich & SCHUMANN, Wolfgang, (Eds.), Anatomie des Krieges. Neue Dokumente über die Rolle des deutschen Monopolkapitals bei der Durchführung des Zweiten Weltkrieges, Deutscher Verlag der Wissenschaften, Berlin, 1969.

SUCHEWIRTH, Richard, Command and Leadership in the German Air Force, Arno Press, New York, 1970.

UZIEL, Daniel, "Between Industrial Revolution and Slavery: Mass Production in the German Aviation Industry in World War II," 22 History and Technology, (2006), 227.

Arming the Luftwaffe: The German Aviation Industry in World War II, McFarland, Jefferson, 2012.

WERNER, Oliver, (Ed.), Mobilisierung im Nazionalsozialismus. Institutionen und Regionen in der Kriegswirtschaft und der Verwaltung des 'Dritten Reiches' 1936 bis 1945, F. Schöningh, Paderborn, 2013.

4
CAPÍTULO CUARTO

EL CASO DE LA JUSTICIA, o "U.S. v. JOSEF ALTSTÖTTER ET AL."

I. INTRODUCCIÓN

Este caso juzgado en Nuremberg por el Tribunal Militar de los EEUU No. III, es conocido también como el caso de los jueces, o el "caso de la justicia." Fueron acusados dieciséis juristas - nueve de los cuales cumplían funciones en el Ministerio de Justicia - incluyendo fiscales y jueces alemanes.[1] Pero no todos los directamente responsables por la administración de justicia durante el régimen de Hitler pudieron ser procesados. Alguna de las figuras más conocidas por los noticieros de la época, habían fallecido antes de iniciarse el proceso. También otros que ocuparon la posición de Ministros Imperiales de Justicia - Franz Gürtner y Georg Thierack-, habían muerto cuando se presentó la acusación y a ese nivel, sólo quedó el imputado Schlegelberger, aunque de hecho sólo tuvo rango de Secretario de Estado, aunque fue Ministro Imperial de Justicia interino actuante.

Franz Schlegelberger ante el Tribunal

Los acusados que no fueron miembros del Ministerio Imperial de Justicia, incluyeron al principal fiscal en el Tribunal Popular, y varios jueces y fiscales tanto de las Cortes Especiales, a las que se les atribuyen 15.000 ejecuciones, como del Tribunal Popular, que dictó cerca de 5.200 sentencias de muerte.[2] Otros dos acusados también se libraron del juicio: Westphal se suicidó en su celda cuando ya se había iniciado el proceso,[3] y Engert no pudo asistir al juicio por su deteriorada condición física y el juicio en su contra se anuló.

El juez Roland Freisler que fue el paradigma del juez nacionalsocialista

De la maquinaria de justicia del régimen nazi sólo entonces, unos pocos fueron juzgados y un tercio del resto, que integraron muchos de los Tribunales que se estudiarán en este capítulo, volvieron a encontrar un lugar en la profesión legal alemana luego de la guerra.

El caso presentó problemas de interés para los estudiosos, a los que se sumaron los planteados por las defensas: Así, por ejemplo, entre las preguntas que debían resolverse estaban las siguientes: habiendo ocupado Alemania los territorios de sus vecinos ilegalmente ¿fueron ilegales también, los pronunciamientos de las cortes alemanas sobre esos territorios? Los jueces que dictaron esas decisiones ¿debían ser procesados? Los que dispusieron severas sentencias contra la violación de disposiciones militares en los territorios ocupados ¿debieron ser perseguidos?[4] La ocupación se regulaba por las disposiciones de la IV Convención de La Haya de 1907, especialmente los artículos 43, 46, 50 y 23 de las regulaciones anexas.[5] ¿Se pueden aplicar las reglas de la Convención a un Estado que había desaparecido?

Todos los acusados enfrentaron cuatro cargos por parte de la Fiscalía: el primero, de conspiración para cometer crímenes de guerra y crímenes contra la humanidad, el que, como veremos, trajo algunas disidencias en el Tribunal; el segundo, por crímenes de guerra contra civiles de los territorios ocupados y los prisioneros de guerra; el tercero, por crímenes contra la humanidad; y el cuarto, el de pertenecer a una organización criminal. A la sentencia llegaron entonces sólo catorce de los originales dieciséis acusados, diez fueron condenados y cuatro absueltos.

Durante el juicio, el Tribunal decidió con relación al primer cargo que:

> "ni la Carta del Tribunal Internacional Militar ni la Ley Nro. 10 del Consejo de Control han definido conspiración para cometer un crimen de guerra o crimen contra la humanidad como un crimen substantivo separado; en consecuencia, este Tribunal no tiene jurisdicción para juzgar a ningún acusado por el cargo de conspiración considerado como una ofensa substantiva separada."

Sin embargo, el Tribunal decidió también que el primer cargo "también alega la participación ilegal en la formulación y ejecución de planes para cometer crímenes de guerra y crímenes contra la humanidad que incluyeron en efecto la comisión de tales crímenes. Por consiguiente, no podemos tachar totalmente el primer cargo de la acusación, pero, en tanto el primer cargo impute la comisión del supuesto crimen de conspiración como una ofensa substantiva separada, distinta de cualquier crimen de guerra o crimen contra la humanidad, el Tribunal dejará de lado ese cargo."[6]

Esta decisión sobre el juego de la independencia como delito de la "conspiración," va a ser reiteradamente citada en los juicios simultáneos que tenían lugar y en los posteriores, que se iniciaron todos como resultado de la CCL 10 y que están estudiados en esta obra.

Imágen del juicio de los jueces en Nuremberg

El juicio duró once meses. Se inició el 5 de marzo de 1947 y concluyó el 4 de diciembre de 1947. Tuvo lugar en el Palacio de Tribunales de Nuremberg, donde se llevaron los juicios anteriores y posteriores que se verán en este libro. En ocasión de la etapa de prueba transitaron por el Tribunal más de 140 testigos. Las audiencias del Tribunal duraron 129 días. la Fiscalía presentó 641 affidavits y la Defensa más de 14.000 documentos incluyendo 500 affidavits de testigos que no pudieron estar presente o no fueron oídos. La transcripción en inglés del proceso alcanzó 10.964 páginas

Los miembros que compusieron el III Tribunal fueron el Juez Carrington T. Marshall, antiguo miembro de la Corte Suprema del Estado de Ohio y que presidió el Tribunal III hasta junio de 1947, momento en que debió ceder la presidencia por cuestiones de salud que demoraron el proceso y que finalmente le impidieron continuar con el juicio, siendo reemplazado por el juez suplente; el juez James T. Brand, que lo presidió con posterioridad a junio de 1947, juez de la Corte Suprema del Estado de Oregón, y el juez Mallory B. Blair, juez de la Cámara de Apelaciones por el Tercer Distrito del Estado de Tejas.

Juez suplente fue Justin W. Harding, Juez del Estado de Alaska y que pasará a ser titular tras la enfermedad de Marshall. Fiscales en el proceso fueron Telford Taylor que leyó la acusación y Charles M. LaFollette que fue quien llevó el proceso adelante, aunque Taylor tuvo una  importante participación, así como otros asistentes tales como Robert D. King y Alfred M. Wooleyhan. Hubo algunos defensores alemanes que representaron a más de un acusado.

Los acusados fueron:

1) **Josef Altstötter,** de 55 años, abogado, miembro del Ministerio Imperial de Justicia. Desde 1938 miembro del Partido Nazi, miembro de las SA o *Stürmabteilung* - División de Asalto- y luego de las SS.

Josef Altstötter

De 1939 a 1942 cumplió funciones en el ejército hasta su nombramiento en enero de 1943 en el Ministerio Imperial de Justicia. Se le atribuyó especial participación en el diseño de las llamadas "*Leyes de Nuremberg.*"[7] Fue editor de un comentario al Código Civil alemán.[8] Condenado a 5 años de prisión, tras su liberación en 1950, trabajó como abogado hasta su retiro. Murió en 1979.

2) **Wilhelm von Ammon,** de 44 años, abogado, doctor en derecho,[9] miembro del Partido Nazi desde 1937. Fue consejero del Ministerio Imperial de Justicia y coordinador de los procedimientos contra extranjeros por ofensas contra las fuerzas alemanes ocupantes. Trabajó el decreto "*Noche y Niebla.*"

Von Ammon en la foto de la derecha en el juicio contra los jueces, rodeado por dos miembros de la policía militar

Condenado a 10 años de prisión fue liberado en 1951. Asumió una función como director de la iglesia luterana. Murió en 1992.

3) **Paul Barnickel,** de 62 años, abogado, ocupó diversos cargos en

la Procuración alemana y luego en un Tribunal en Leipzig. Miembro de las SA desde 1943. Fue el tercer hombre en importancia en el Tribunal Popular.

Paul Barnickel

Fue absuelto en el juicio y tras su liberación se dedicó a trabajar como abogado hasta su muerte en 1966.

4) **Hermann Albert Cuhorst**, de 48 años, abogado, miembro del Partido Nazi desde 1930 y de las SS desde 1934. Fue miembro de los llamados *"Tribunales Especiales"* hasta que fue llamado al ejército por la liviandad de sus sentencias, y el fin de la guerra lo encontró en Noruega.

Hermann Albert Cuhorst junto a su abogado defensor durante el juicio

Fue absuelto de todos los cargos en este juicio. Fue vuelto a detener por el proceso de desnazificación donde fue condenado a 4 años de prisión, que se extendieron a 6 tras la apelación.

Liberado en 1950, fue perdonado por el gobierno alemán en 1968. Murió en 1991.

5) **Karl Engert,** de 70 años, abogado, miembro del Partido Nazi desde 1921 llegando a ser diputado provincial, vicepresidente del Tribunal Popular en Berlín, donde dictó varias controversiales sentencias de muerte.

Karl Engert

Se le atribuyó haber sido fanático nazi.[10] Enfermó durante el proceso y no estuvo en condiciones de asistir al mismo. Murió en 1951.

6) **Günther Joël,** de 44 años, abogado, entró en el Partido Nazi en 1933 y en 1938 en las SS. Enlace entre el Ministerio Imperial de Justicia, la Gestapo, la SD y las SS desde diciembre de 1937. Ocupó cargos en el Ministerio Imperial de Justicia donde trabajó sobre el decreto *"Noche y Niebla."*

Günther Joël

Nombrado Fiscal general de las Cortes Especiales en Hamm y Essen. Condenado en este juicio a 10 años de prisión, fue perdonado en 1951. Consejero económico del grupo Flick en 1956. Murió en 1978.

7) **Herbert Klemm**, de 44 años, abogado, entró en el Partido Nazi en 1931 y en las SA en 1933. Adjunto de Thierack en 1939 se transformó en Consejero Ministerial. Desde enero de 1944, fue Secretario de Estado en el Ministerio Imperial de Justicia. Ordenó muchas condenas a muerte en Sonnenburg.[11]

Herbert Klemm

Fue condenado a prisión perpetua en este juicio, siendo liberado en 1957, desconociéndose con posterioridad a esa fecha sus ocupaciones o la fecha de su muerte.

8) **Ernst Lautz**, de 60 años, abogado, soldado en la I Guerra

Mundial. Fiscal en 1920, desde 1933 ingresó al Partido Nazi. Fue integrante como Fiscal de los Tribunales Populares que, entre otros, juzgaron a los partícipes en el atentado contra Hitler.[12] Fue condenado a 10 años de prisión, pero liberado en 1951.

Ernst Lautz

Su pensión fue reducida luego de un escándalo en Alemania en 1958. Murió en 1977.

9) **Wolfgang Mettgenberg**, de 66 años, abogado, director en el Ministerio Imperial de Justicia. Especializado en derecho internacional y extradiciones sobre lo que escribió numerosos libros y artículos, tomó parte en la redacción del decreto de Noche y Niebla.

Wolfgang Mettgenberg

Condenado a 10 años de prisión, murió en la cárcel de Landsberg en 1950.

10) **Günther Nebelung**, de 51 años, abogado, entró en el Partido Nazi en 1933, fue presidente del OLG Braunschweig Fue integrante de Tribunal Popular donde dictó varias condenas a muerte.

Günther Nebelung

Absuelto en el presente juicio, se dedicó a la profesión de abogado, hasta su muerte en 1970.

11) **Rudolf Öschey,** abogado, de 44 años, miembro del Partido Nazi desde 1931. Juez de la Corte Especial en Nuremberg.

Rudolf Öschey

Condenado a prisión perpetua, reducida a 20 años en 1951, fue liberado en 1955. Murió en 1980.

12) **Hans Petersen,** nacido en Atenas, de 52 años, dos hijos de dos matrimonios. Participó en la I Guerra Mundial, concluyendo como Mayor. Ingresó en el Partido Nazi en 1925 y de las SA en 1933.

Hans Petersen

Nombrado juez honorario, fue el único no abogado entre los procesados que integró un Tribunal Popular. Fue absuelto en este juicio. Murió en 1963.

13) **Oswald Rothaug**, de 50 años, abogado, miembro del Partido Nazi desde 1938, trabajó en conexión con el SD, e indiscutiblemente una de las figuras del caso. Director de la Corte Especial de Nuremberg desde 1937.

Oswald Rothaug

Presidió el juicio contra Katzenberger que se estudia en este caso. Fue condenado a prisión perpetua, pero se redujo luego en 1951 a 20 años de prisión, siendo liberado en 1956. Murió en 1967.

14) **Curt Ferdinand Rothenberger,** de 51 años, abogado, miembro del Partido Nazi y otro de los personajes principales de este caso. Senador por Hamburgo en 1933, fue director de la Unión de Juristas Nacionalsocialistas Alemanes. En 1935 fue Presidente del OLG Hanseático. Designado profesor honorario en 1938.

Foto de Rothenberger (derecha) junto con Freisler (izquierda), Schlegelberg y Thierack

Participó en las conferencias sobre eutanasia que llevaron a la Acción T 4, que se estudia en este caso. Secretario de estado del Ministerio Imperial de Justicia, tuvo a su cargo la reforma judicial durante el régimen nazi y participó en condenas a los Testigos de Jehová.[13]

Condenado a 7 años de prisión, fue liberado en 1952. Se suicidó en 1959 cuando volvió a discutirse su rol en la guerra.

y 15) **Franz Louis Rudolph Schlegelberger**, de 71 años de edad, abogado, doctor en derecho. En 1902 tuvo su primer cargo judicial. En 1927 fue nombrado jefe de gabinete del Ministerio Imperial de Justicia. En 1938 ingresó en el Partido Nazi. Fue Secretario de Estado en el Ministerio Imperial de Justicia llegando a ser Ministro interino.

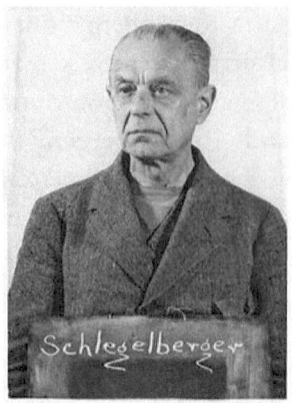

Franz Louis Rudolph Schlegelberger

Sentenciado a prisión perpetua en este juicio, fue liberado por razones de salud en 1950. Fue autor de una numerosa producción jurídica. Murió en 1970.

Aunque se trató de una ficción y no de un documental, o de una película que copió la realidad, el caso de los jueces alcanzó notoriedad también a través del film "*Judgement at Nuremberg*," de 1961, con un elenco compuesto, entre otros, por Spencer Tracy, Burt Lancaster, Richard Widmark, Judy Garland, Montgomery Clift y Maximilian Schell que ganó el Oscar por esta película y Marlene Dietrich en los roles principales y Stanley Kramer en la dirección.[14]

La misma película ha dado lugar a algunos comentarios dignos de nota, desde el ángulo del derecho.[15]

También este juicio se caracteriza por la muy profusa bibliografía especializada que produjo, especialmente en Alemania, por la cantidad de temas jurídicos que involucró y de la que da cuenta la bibliografía que se acompaña al final de este capítulo, que incluye hasta dos tesis de doctorado sobre alguno de los involucrados.

Ante la gran cantidad de citas de la legislación alemana, tanto leyes como decretos, los textos citados se pueden leer en alemán, en la reproducción por facsímil original de la Reichsgesetzblatt o Boletín de leyes del Imperio en el sitio ALEX del gobierno austríaco que ha digitalizado la colección de disposiciones.¹⁶

II. LA ACUSACIÓN

Como se señaló, la acusación se basó en cuatro cargos.

El primero fue el cargo de conspiración, por el que se imputaba a los acusados, entre enero de 1933 y abril de 1945, de conspirar para cometer crímenes de guerra y crímenes contra la humanidad. Según la Fiscalía, los acusados usaron al proceso judicial como un arma poderosa para la persecución y exterminación de todos los opositores al régimen nazi, sin tener en cuenta su nacionalidad, y para la exterminación y persecución de razas. Para ello usaron la institución del *"Tribunal Popular"*¹⁷ que, presidido por un puñado de nazis leales, y en colaboración con la Gestapo, se transformó en una corte del terror, notoria por la severidad de las sanciones, el secreto de los procedimientos, y por denegar al acusado cualquier cosa que semejara al debido proceso.¹⁸

Tribunal Popular en funciones (Foto Bundesarchiv)

El segundo cargo fue por la comisión de crímenes de guerra. Mediante el establecimiento de cortes especiales los acusados crearon un reino del terror para suprimir la oposición política al régimen nazi. Esto se llevó a cabo a través del llamado *"Tribunal Popular"* y otros Tribunales Especiales, que sometían a civiles de los territorios ocupados al abuso criminal judicial, incluyendo juicios repetidos sobre la misma acusación, un abuso de discreción criminal, la imposición ilegal de la pena de muerte, el arreglo ilegal previo de sentencias entre jueces y fiscales, la prosecución de procesos discriminatorios y otras prácticas criminales, todos los cuales resultaron en homicidios, torturas, crueldades, atrocidades, saqueo de propiedad privada y otros actos inhumanos. Los Tribunales Especiales sometieron a los judíos y a los gitanos de todas las nacionalidades, así como a los ciudadanos de los territorios ocupados, a la aplicación de leyes penales y juicios discriminatorios, negándoles el debido proceso.[19]

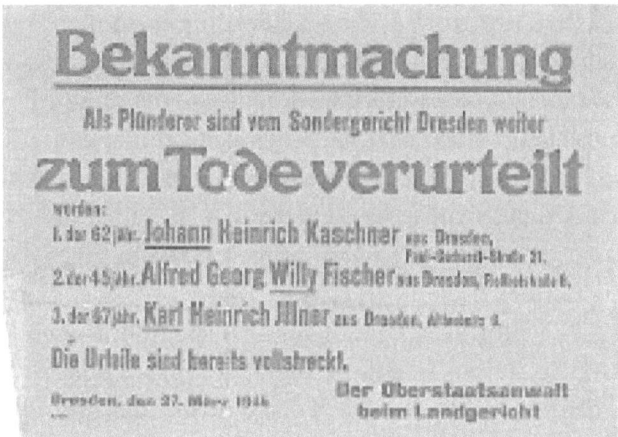

Notificación pública de la condena a muerte de tres acusados por el Tribunal Especial de Dresden.

Esas personas que fueron arbitrariamente designadas como "*asociales*," por acuerdo entre el ministerio de justicia y las SS, tanto antes como después de cumplir las penas de prisión a las que fueron condenadas, eran obligadas a trabajar hasta la muerte. A muchas de esas personas se les hizo una parodia de juicio sumario ante los Tribunales especiales, y luego de cumplir las sentencias que le fueron impuestas se entregaron a la Gestapo en "*custodia preventiva*" en los campos de concentración.[20] Los judíos que dejaban la prisión eran entregados a la Gestapo para su detención final en Auschwitz, Lublin y otros campos de concentración.[21] Estos procedimientos concluyeron en muerte, tortura, y tratamiento inhumano de miles de personas.

Las leyes penales alemanas, a través de una serie de expansiones y perversiones por parte del Ministerio Imperial de Justicia, llegó a considerar como actos de traición a faltas nimias, al derrotismo y a algunas conductas absolutamente privadas, con el propósito de exterminar a opositores, a los judíos o a otros nacionales de los territorios ocupados.[22] La jurisdicción del código penal alemán fue extendida a todo el mundo, de manera de cubrir actos de los no alemanes así como de los alemanes viviendo fuera del Imperio. Estos procedimientos resultaron en los homicidios, torturas, prisiones ilegales y tratamientos inhumanos de miles de personas.

El Ministerio Imperial de Justicia ayudó e implementó la anexión de Checoslovaquia, Polonia y Francia. Mediante Tribunales Especiales creados para facilitar el exterminio de polacos y judíos, y la supresión de toda oposición, mediante empleo de juicios sumarios y ejecución de leyes penales draconianas. Las sentencias fueron limitadas a la pena de muerte, o a la transferencia del condenado a las SS para su exterminio. El Ministerio de justicia participó junto con la OKW[23] y la Gestapo, en la ejecución del decreto de Hitler "*Noche y Niebla*,"[24] por el cual civiles de los territorios ocupados que habían sido acusados de resistencia contra la fuerza de ocupación, fueron sometidos a Tribunales Especiales dentro del Imperio, en el curso de los cuales, el propio juicio y la subsecuente ejecución que la corte dispusiera, sus penas y destino de los condenados, fueron mantenidos totalmente en secreto, tanto para los familiares como para el resto del mundo. Esto sirvió para el doble propósito de aterrorizar a los familiares de las víctimas y a sus conocidos, así como para impedir cualquier recurso a evidencias, testigos o abogados para las defensas. Los acusados no eran informados de su situación, y en todos los casos aquellos que eran absueltos, o que habían cumplido su sentencia, eran entregados por el Ministerio Imperial de justicia a la Gestapo quedando en "*custodia preventiva*" en un campo de concentración por toda la duración de la guerra o eran asesinados. En el curso de los mencionados procedimientos, miles de personas fueron asesinadas.

Cientos de ciudadanos no alemanes, prisioneros en instituciones penales operadas por el Ministerio Imperial de Justicia, fueron ilegalmente ejecutadas y asesinadas. Las sentencias de muerte se ejecutaron sin órdenes oficiales, cuando aún pedidos de clemencia estaban pendientes. Muchos otros, que no habían sido sentenciados a muerte, fueron también ejecutados. Cuando las fuerzas aliadas avanzaron sobre Alemania, por orden emanada del ministerio, muchos de los presos considerados como "*inferiores*" o "*asociales*," fueron ejecutados sin tener en cuenta las sentencias que se encontraban cumpliendo. Las instituciones penales eran operadas de una manera que las hacía difíciles de distinguir de los campos de concentración.

El Ministerio Imperial de Justicia participó en el programa nazi de pureza racial, pervirtiendo el uso de leyes de esterilización y castración de judíos, de "asociales", y de nacionales de los territorios ocupados. Durante este programa, miles de judíos fueron esterilizados. Los dementes, ancianos y enfermos de los territorios ocupados, los así llamados *"consumidores inútiles"* fueron asesinados sistemáticamente.

El Ministerio Imperial de Justicia ofreció inmunidad o amnistía a los miembros del Partido Nazi que eran condenados o procesados por crímenes mayores cometidos contra civiles de los territorios ocupados. De tal manera, fueron ofrecidos perdones a los miembros del Partido que habían sido ya sentenciados y por crímenes probados. Al mismo tiempo, se dictaban medidas discriminatorias contra los judíos, polacos, gitanos, y otros grupos designados como "asociales," privándoseles del derecho a demandar y a apelar, negándoles el derecho a recibir amnistías o a interponer pedidos de clemencia, poniéndoles infinidad de impedimentos para recibir asistencia letrada, aplicando leyes penales especiales que imponían la pena de muerte por todos los crímenes y faltas, y finalmente, dispusieron el traspaso de los involucrados a la Gestapo para que efectuara el *"tratamiento especial"* de todos los casos en los que los judíos estaban envueltos.

Mediante decretos firmados por el Ministro Imperial de Justicia, se les privó de la ciudadanía a todos los judíos de Bohemia y Moravia, confiscándose automáticamente toda sus propiedades por el Imperio. Hubo cambios discriminatorios en las leyes de familia y sucesiones, mediante los cuales las propiedades de los judíos, a la muerte del causante, sin compensación para sus herederos pasaron al Imperio.[25]

Mediante la suspensión del proceso criminal, participaron en el programa de Hitler que ordenó matar a los aviadores aliados que se vieron obligados a aterrizar o arrojarse en paracaídas, dentro del imperio.

A criterio de la fiscalía, estos crímenes constituyeron violaciones palmarias de convenciones internacionales vigentes, especialmente de los artículos 4 a 7, 23, 43, 45, 46 y 50 de las Regulaciones de La Haya de 1907, de los artículos 2, 3 y 4 de la Convención de Ginebra sobre Prisioneros de Guerra de 1929 como se verá más adelante,[26] de las leyes y costumbres de la guerra, de los principios generales de derecho penal que se derivan de todas las leyes penales de las naciones civilizadas, así como del propio derecho penal doméstico de los países donde los crímenes fueron cometidos y del artículo II de la CCL 10.

El tercer cargo que pesaba sobre los acusados era el de crímenes contra la humanidad. Para ello, la Fiscalía repitió los mismos hechos que fueron enunciados precedentemente como crímenes de guerra, haciendo referencia específica a los números de los párrafos de la acusación donde se los mencionaban y atribuyendo en cada caso, especial responsabilidad a las mismas personas.

El cuarto y último cargo de pertenecer a una organización criminal acusaba a Altstötter, Cuhorst, Engert, y Joël de ser miembros de las SS, declaradas ilegales en el juicio del IMT. También se acusaba a Cuhorst, Öschey, Nebelung, y Rothaug de pertenecer a cargos dirigentes del Partido Nazi y a Joël de ser miembro del SD, también vista como una organización criminal.

III. EL JUICIO

Luego de que se informara la muerte de Westpahl, y de que los acusados se declararan inocentes de todos los cargos, la exposición inicial estuvo a cargo del Brigadier Telford Taylor por la Fiscalía. Se transcriben algunos párrafos de su exposición por ser muy ilustrativos sobre el carácter del juicio que iba a dar comienzo:

> "Este caso es inusual, pues los acusados son imputados de haber cometido crímenes en nombre de la ley. Estos hombres, junto con sus colegas muertos o fugitivos, fueron la encarnación de lo que pasó por ser justicia en el Tercer Reich.
>
> Muchos de los acusados han servido, en tiempos diversos, como jueces, fiscales y como oficiales del Ministerio de Justicia del Reich. Todos menos uno, son juristas profesionales; están acostumbrados a las cortes y a los tribunales, aunque su rol presente debe ser nuevo para ellos.
>
> Pero una corte es mucho más que la sala del tribunal; es un proceso y un espíritu. Es la casa de la ley. Esto fue sabido por los acusados, o debió haber sido sabido en el pasado. Dudo que lo hayan olvidado. En verdad, el núcleo de la acusación aquí es que estos

hombres, líderes del sistema judicial alemán, consciente y deliberadamente suprimieron la ley, se involucraron en una mascarada de tiranía brutal disfrazada de justicia, y convirtieron al sistema judicial alemán en una máquina de despotismo, conquista, pillaje y matanzas.

Los métodos por medio de los cuales estos crímenes fueron cometidos pueden ser originales en algún aspecto, pero los crímenes no lo fueron. Son tan viejos como la humanidad: se llaman homicidio, tortura, expoliación y otros igualmente familiares. Las víctimas de estos crímenes son incontables e incluyen nacionales de prácticamente todos los países de Europa.

...

Los acusados y sus colegas distorsionaron, pervirtieron y finalmente derribaron la justicia y la ley en Alemania. Ellos hicieron del sistema judicial, una parte integral de la dictadura. Establecieron y operaron tribunales especiales obedientes sólo a los dictados políticos de la maquinaria hitleriana. Abolieron toda semejanza con la independencia judicial. Ellos intimidaron, fanfarronearon y negaron derechos fundamentales a aquellos que concurrían ante las cortes. Los 'juicios' que condujeron se transformaron en horribles farsas, con sólo vestigios remanentes del procedimiento legal que servían para burlarse de las víctimas desvalidas.

Esta conducta fue una deshonra para su profesión. Muchas de esas fechorías podrían muy bien ser crímenes, pero no son imputados por ellas en esta acusación. La evidencia que probará este curso de conducta, será presentada ante el Tribunal ya que constituye una parte importante de la prueba de los crímenes por los que son acusados. Pero los acusados ahora no son llamados a rendir cuentas por violar garantías constitucionales o por no cumplir con el debido proceso legal.

Por el contrario, los acusados son imputados de participación y responsabilidad por los asesinatos, torturas y otras atrocidades que que resultaron consecuencia inevitable de su trabajo como jueces, fiscales u oficiales del Ministerio. Estos hombres comparten con todos los líderes del Tercer Reich, con los diplomáticos, generales, oficiales del partido, industrialistas, y otros, la responsabilidad por el holocausto de muerte y miseria que el Tercer Reich trajo al mundo y a Alemania misma. La parte que comparten en esa responsabilidad los hombres de derecho alemanes no es la menor. Ellos no pueden escaparse de su responsabilidad por virtud de sus togas judiciales como el general de su uniforme.

Otra palabra aclaratoria. Alguna evidencia en este caso se refiere a actos que ocurrieron antes que se iniciara la guerra en 1939. Esos actos serán probados para demostrar que los acusados fueron parte de una conspiración y de un plan para cometer esos crímenes luego del inicio de la guerra, y para demostrar que los acusados comprendieron perfectamente las consecuencias criminales de sus actos durante la guerra. Pero ninguno de esos actos ha sido imputado como un delito independiente, en esta acusación en particular.

Los cargos en la acusación han sido limitados por claridad y simplificación. No hay necesidad en este caso de lidiar con preguntas delicadas relativas a la criminalidad per se de la inconducta judicial, pues la acusación y la evidencia van más profundamente. Los acusados son imputados de usar sus cargos y ejercer sus poderes, con el conocimiento e intención que sus actos oficiales resultarían en el homicidio, tortura y prisión de miles de personas en violación de la ley internacional como ha sido declarada por la Ley Nro. 10 del Consejo de Control. Tampoco es necesario aquí indagar sobre qué actos cometidos antes de la guerra fueron crímenes contra la humanidad bajo la Ley Nro. 10, desde que el grueso de la prueba se refiere a actos que ocurrieron durante la guerra.

Resumiendo, los acusados son imputados por el homicidio judicial y otras atrocidades que cometieron mediante la destrucción de la ley y la justicia en Alemania, y de utilizar las formas vacías de un proceso legal, para perseguir, esclavizar y exterminar en gran escala. El propósito de este juicio es oír estas acusaciones y emitir una sentencia conforme a la evidencia y la ley.

El verdadero fin de este juicio es entonces mucho más vasto que la simple retribución a algunos pocos hombres por la muerte y el sufrimiento de muchos miles. He dicho que los acusados sabían, o debían saber, que una corte es la casa de la ley. Pero, me temo, que muchos años han pasado de cuando cualquiera de los acusados haya habitado en ella. Así como grande es el crimen cometido contra aquellos que murieron o sufrieron por sus manos, el crimen cometido contra Alemania es mucho más vergonzoso. Ellos profanaron el templo alemán de justicia y entregaron a Alemania a la dictadura del Tercer Reich, 'con todos sus métodos de terror y a su cínica y abierta negación de las reglas del derecho.'[27]

El templo debe ser vuelto a consagrar. Esto no puede hacerse en un abrir y cerrar de ojos, o mediante un simple ritual. No puede ser hecho por un sólo caso y en un sólo lugar. Ciertamente no puede ser hecho en Nuremberg sólo. Pero pienso que, tenemos una oportunidad especial y una gran responsabilidad para ayudar a alcanzar ese objetivo. Aquí están los hombres que tuvieron un rol especial en la destrucción de la ley en Alemania. Ellos serán juzgados de acuerdo con la ley. Es más que adecuado que estos hombres sean juzgados bajo lo que ellos como juristas negaron a otros. El juicio bajo la ley es el único destino justo para los acusados; la Fiscalía no pide más."[28]

Continuando con su exposición, la Fiscalía presentó al Tribunal un diagrama de la organización de la justicia en Alemania, así como una breve introducción a las características principales del derecho penal alemán vigente antes de la llegada de Hitler al poder.

Explicó que el impacto de la llegada de Hitler al poder fue drástico y rápido, Una ley del 24 de marzo de 1933,[29] autorizó al poder ejecutivo a emitir decretos con fuerza de ley. De facto, los poderes legislativo y ejecutivo fueron fundidos en el gabinete de Hitler, y la constitución de Weimar carecía de cualquier efecto práctico ya desde 1934. La administración de justicia fue tomada totalmente de los estados que componían el imperio, y concentrada exclusivamente en el gobierno central.

La primera ley para la transferencia de la administración de justicia al imperio fue proclamada el 16 de febrero de 1934.[30] Allí se estableció que todos los tribunales debían emitir juicio en nombre del pueblo alemán, e invistió al presidente del Imperio de todos los poderes para disponer de perdones y clemencias que antes estaban en manos de los estados alemanes. En ocasión del discurso de Hitler justificando las muertes que ocurrieron durante el intento de golpe de Röhm,[31] él asumió transformarse en el "señor de la ley suprema del pueblo alemán."[32]

La centralización de la administración alemana de justicia trajo, por supuesto, un incremento de las funciones y alcances del Ministerio Imperial de Justicia. Durante los primeros ocho años del régimen de Hitler, el ministro de justicia fue Franz Gürtner, quien había asumido funciones en el gabinete de von Papen, las que retuvo hasta su muerte en 1941. Bajo Gürtner, los dos funcionarios de mayor jerarquía fueron el acusado Schlegelberger y el tristemente famoso Roland Freisler.[33] Además de Schlegelberger, Rothenberger, y Klemm, otros cuatro acusados cumplían funciones en el Ministerio de Justicia: von Ammon y Mettgenberg, así como el fallecido Westphal, estaban en las secciones I y IV que se fundieron en una luego, para regular todas las cuestiones que tenían que ver con derecho civil y procedimiento. Engert, después de servir en uno de los Tribunales Populares fue jefe de la sección V sobre instituciones penales y luego de la XV que se ocupaba de la transferencia secreta de ciertas personas de las cárceles comunes a la Gestapo.

El cambio más importante en los primeros años del régimen nazi fue la creación de Tribunales Especiales, que fueron poco a poco cercenando las competencias de los tribunales locales. La guerra vino a modificar todo el sistema, reduciendo el número de jueces que debían atender algunos casos y haciendo más estrictas las condiciones para ejercer el derecho de apelación. Pero, sin duda el cambio más crucial y radical del sistema judicial durante el régimen nazi fue el establecimiento de varias cortes extraordinarias. Estos tribunales irregulares, afectaron a toda la estructura judicial alemana, y en su etapa final se hicieron cargo de todos los asuntos judiciales que tocaban temas políticos o relativos a la guerra. A solo semanas de la toma del poder, por un decreto del 21 de marzo de 1933 se crearon los "*Tribunales Especiales*" -(*Sondergerichte*).[34] Un Tribunal Especial fue establecido en cada uno de los distritos de cada corte de apelación. Cada Tribunal se componía de tres jueces que eran extraídos del distrito particular. Se les dio jurisdicción sobre crímenes que prescribía la ordenanza de emergencia del 28 de febrero de 1933,[35] que incluía delitos como tales a la desobediencia de órdenes gubernamentales, los sabotajes y crímenes *"contra el bienestar público"*. Las decisiones fueron inapelables.

Unas semanas más tarde fueron restablecidos los Tribunales Especiales militares que tenían jurisdicción sobre todo los crímenes cometidos por miembros de las Fuerzas Armadas. En julio de 1933, se establecieron las llamadas *"Cortes de Esterilización"* con apelación a las *"Cortes de Salud Hereditaria."*[36] Estas cortes tuvieron jurisdicción para la aplicación de la ley para la prevención de progenie con enfermedades hereditarias.[37]

Pero la innovación nazi más notoria, fue la llamada *"Corte del Pueblo" o "Tribunal Popular,"* -*Volksgerichthof*- establecida por ley del 24 de abril de 1934,[38] luego de que la Suprema Corte Imperial dejara en libertad a los acusados por el incendio del Reichstag. El Tribunal Popular reemplazó a la Suprema Corte Imperial como tribunal de primera y última instancia en la mayoría de los casos de traición.

El Tribunal popular fue dividido en secciones o *"Senados"* de cinco miembros cada uno. Dos de los cinco, tenían que ser jueces calificados; los otros tres eran confiados a nazis seleccionados entre los altos rangos del ejército, de las SS, o de los cargos jerárquicos del Partido Nazi. Eran nombrados por un plazo de cinco años por Hitler sobre la recomendación del ministro de justicia. Se establecieron seis Senados que escuchaban cada uno casos de una particular sección geográfica de Alemania.

En 1940 un *"Senado Especial"* fue establecido para atender asuntos en los que, a criterio del Procurador General del Imperio, se hubiera impuesto una pena inadecuada.[39] El concepto de *"traición"* fue ampliado y ensanchado por una cantidad de decretos nazis, dándoles jurisdicción tanto a los Tribunales Especiales como al Tribunal Popular, que sería presidido por el juez Freisler hasta su muerte en el edificio de la Suprema Corte en Berlín durante un bombardeo aéreo aliado.

También se tipificaron nuevas conductas delictivas como, por ejemplo, el contrabando de propiedad fue considerado un crimen contra la economía nacional. Se penó la escucha de emisoras extranjeras, o la evasión del alistamiento. Los acusados Engert, Nebelung y Petersen, que era el único no abogado entre los imputados, integraron varias instancias del Tribunal Popular. Cuhorst, Rothaug, y Öschey entre los acusados fueron miembros de los Tribunales Especiales. Rothaug fue también fiscal, como lo fueron Joël y, probablemente el más importante entre los acusados, Lautz.

La ideología del régimen nazi fue totalmente incompatible con el espíritu de la ley y el derecho.

La Fiscalía recordó que Hitler en un discurso de 1930 y con referencia a una decisión judicial contra ciertos nazis declaró:

"Les podemos asegurar a los jueces que, si el nacionalsocialismo asume el poder, serán despedidos sin ninguna pensión"[40]

También la Fiscalía recordó una declaración de Göbbels en el mismo sentido:

"No fuimos legales para ser legales, sino para alcanzar el poder. Nos levantamos al poder legalmente para poder actuar ilegalmente." [41]

Luego que el régimen nazi llegara al poder se comenzó a atacar la independencia e integridad del poder judicial. Un decreto transitorio del 7 de abril de 1933 establecía un medio amplio para poder disponer de jueces y funcionarios que no fueran leales al régimen:

"Oficiales, cuya actividad política previa no ofrezca garantías que, en todo momento y sin reservas, actuarán en interés del estado nacional, pueden ser descargados del servicio. Por un período de 3 meses luego de su dada de baja, tendrán su antiguo sueldo. Desde ese momento en adelante, recibirán tres cuartos de su pensión y los derechos correspondientes de los sobrevivientes."[42]

Una disposición semejante, recordó la Fiscalía, se dictó en 1937 para el servicio civil, mediante la cual se eliminó a los judíos, a los socialdemócratas y a otros opositores al régimen, tanto de los estrados judiciales como del plantel del Ministerio Imperial de Justicia. Además, durante este período se modificó la ley sustantiva mediante la introducción de la ideología autoritaria del régimen, protegiendo a los detentadores del poder y castigando las ideologías contrarias. El decreto de protección del pueblo alemán inició una cascada de legislación represiva destinada a proteger las personas, las instituciones y los símbolos del Tercer Reich.[43] Los crímenes de traición y alta traición fueron ensanchados para darles cabida a los meros actos preparatorios y auxiliares como crímenes.[44] La pena de muerte, antes limitada para algunos supuestos del delito de homicidio, fue aplicada con mayor generalidad. También, se buscó ampliar la jurisdicción de la justicia alemana para algunos crímenes cometidos en el extranjero,[45] como sucedió con los delitos contra la raza.[46] Pero, quizás, la aberración que resulta más significativa en el orden jurídico de países de derecho continental, perpetrada por el país donde Beling había fundado la tipicidad,[47] fue la aplicación de una disposición aceptando la interpretación analógica de la ley penal. En 1935, se modificó el artículo 2 del StGB alemán[48] que quedó redactado de la siguiente manera:

> "Aquel que cometa un acto que la ley declara punible o que merece castigo de acuerdo con los fundamentos de una ley penal, o de acuerdo al sano sentimiento del pueblo[49] merece castigo. Si no puede aplicarse ninguna ley penal específica a ese acto, será castigado de acuerdo con la ley cuyos fundamentos mejor se apliquen al acto."

También se enmendó al Código de Procedimiento Penal vigente[50] entonces, para incluir esa misma idea del "*sano sentimiento del pueblo*" que permitía investigar un acto que no era punible para la ley, pero sí lo era para esa vaguedad que no era otra cosa que lo que el tribunal nazi quisiera entender.

Ese principio se aplicó en disposiciones como el artículo 170a StPO, que dispuso que, si un acto mereciera castigo de acuerdo con el sano sentimiento del pueblo, pero no se hubiera declarado punible en el código, la fiscalía debía investigar si el subyacente principio penal se podía aplicar al acto y si la justicia puede ser ayudada a triunfar por el, adecuado uso de la ley penal.

La Fiscalía explicó que, con la entrada de Alemania en la guerra, el derecho penal sirvió para acallar cualquier oposición y para hacer la vida de los judíos imposible.

Pero la guerra trajo también una enorme cantidad de legislación penal dentro de Alemania. Esa legislación estuvo influenciada por las necesidades de la guerra, pero también contuvo los conceptos de la política criminal del régimen nacionalsocialista. El principal objetivo fue garantizar la seguridad del régimen nazi y ayudar al desarrollo económico y militar de Alemania a través de medidas penales represivas extremadamente severas, siendo su arma principal el uso indiscriminado de la pena de muerte.[51] Cuando la situación militar se deterioró, la pena de muerte se volvió habitual para gran variedad de crímenes, desde la sustracción de comida,[52] el pillaje,[53] escuchar emisoras de radio extranjeras,[54] y hasta el esparcir rumores.

El Ministerio Imperial de Justicia comenzó a publicar las "*Cartas a los jueces,*" documento secreto ideado por el acusado Rothenberger, que era entregado a todos los jueces bajo recibo y donde se comentaban algunas decisiones y se las elogiaba o criticaba de acuerdo con la severidad mostrada, o con la consonancia con las ideas del nacional socialismo. La guerra trajo nuevos y extraordinarios procedimientos y nuevos crímenes. Para impedir decisiones que, a los ojos de Berlín, fueran muy livianas, el Jefe Fiscal Imperial pudo dentro del año, efectuar una apelación extraordinaria y asegurar un segundo juicio.[55]

El 26 de abril de 1942, Hitler habló ante el Reichstag, donde hizo un comentario sobre la administración de justicia que reproducimos:

> "... Además, espero de la profesión legal alemana que entienda que la nación no está aquí para ellos, sino que ellos están aquí para la nación; el mundo, que incluye a Alemania no debe declinar para que la ley formal pueda vivir, sino que Alemania debe vivir, irrespectivamente de las contradicciones de la justicia formal. Para citar un ejemplo, no alcanzo a entender porqué un criminal que se casó en 1937, maltrató a su mujer hasta que se volvió loca y finalmente murió como resultado del último acto de maltrato, debe ser condenado a 5 años de prisión en una cárcel, en un momento donde miles de hombres honorables alemanes deben morir por su patria aniquilados a manos del bolcheviquismo.
>
> De ahora en adelante, intervendré en esos casos y removeré a esos jueces que evidentemente no entienden la demanda de la hora."[56]

Discurso de Hitler en el Reichstag del 26 de abril de 1942.

Inmediatamente del discurso de Hitler, el Reichstag, adoptó la siguiente resolución:

"No puede haber duda en el presente estado de guerra, cuando la nación alemana lucha por su misma existencia, que el Führer debe tener el derecho, cuando lo pida, para hacer todo aquello que sirva o ayude para obtener la victoria. En consecuencia, el Führer, por su autoridad como líder de la nación, comandante supremo de las fuerzas armadas, cabeza del gobierno y en posesión suprema de todos los poderes ejecutivos, como supremo señor de la ley y como líder del Partido, debe estar en condiciones de hacer cumplir, con todos los medios que estime apropiados, cada deber alemán, sea que se trate de un soldado común o un oficial, un subordinado o un alto servidor público o un juez, un dirigente o un funcionario subordinado del Partido, un trabajador o un empleado. En caso de violación a sus deberes, él tiene el derecho de imponer la pena adecuada, luego de un examen concienzudo del caso. Esto puede ser hecho sin consideración de los llamados derechos civiles de los servidores públicos. En particular, él puede remover a cualquiera de su oficina, rango o posición, sin recurrir a los procedimientos establecidos.[57]

Esta decisión del Reichstag removió los últimos resabios de independencia judicial en Alemania. Hitler, reemplazó a Schlegelberger por Thierack, y un decreto de Hitler de agosto de 1942, le dió al nuevo Ministro Imperial el poder para traer a la administración de justicia adonde fuera la conformidad con las necesidades del régimen. El decreto estableció:

> "Una administración de justicia fuerte es necesaria para el cumplimiento de las tareas del Gran Imperio alemán. En consecuencia, comisiono y apodero al Ministro Imperial de Justicia para establecer una Administración de Justicia Nacionalsocialista, y a tomar todas las medidas necesarias de acuerdo con el Ministro Imperial y Jefe de la Cancillería Imperial y el líder de la Cancillería del Partido. Él puede desviarse de cualquier ley existente."[58]

Freisler fue nombrado presidente del Tribunal Popular y el acusado Rothenberg tomó el antiguo cargo de Freisler en el Ministerio Imperial de Justicia.

Los ejemplos de arbitrariedad que siguieron, fueron abrumadores y la Fiscalía aportó varios: la ley racial obligaba a los judíos a la adición tras su primer nombre del nombre "*Sarah*" o "*Israel*" de acuerdo con su género. Una mujer judía que omitió avisar a la compañía telefónica para que modificara su nombre de acuerdo con la ley racial, fue condenada a una multa de 30 RM o 19 días de cárcel.[59]

En otro caso, una ración especial de café había sido distribuida en cierto pueblo, Un número de judíos aplicaron para recibirla, pero los judíos fueron automáticamente excluidos de la distribución. Al año siguiente se les impuso a los judíos una multa por haber simplemente aplicado a tener la ración, y varios cientos de judíos buscaron remedio en las cortes locales. El juez derogó la multa diciendo, entre otras razones jurídicas, sosteniendo que los judíos no habían hecho nada ilegal en solicitar su ración. Esta decisión fue comentada en la Carta a los Jueces por el Ministro Imperial de Justicia, como se describe a continuación:

"La decisión de la autoridad local, en forma y contenido, parece avergonzar a la autoridad administrativa alemana a favor de la judería. El juez se debió haber hecho esta pregunta: cuál es la reacción del judío a esta decisión de 20 páginas, que acredita que él y otros 500 judíos tienen razón y que ganó sobre la autoridad alemana, y no contiene ni una palabra a la reacción de nuestra propia gente a la insolente y arrogante conducta de los judíos. Aún si el juez estuviera convencido que la oficina de racionamiento llegó a una errónea conclusión de la posición legal y si no pudiera aclarar su mente con la decisión hasta clarificar el tema con las autoridades superiores, debió haber elegido una forma para su decisión que, bajo ninguna circunstancia, hubiera dañado el prestigio de la oficina de racionamiento dándole el derecho al judío."[60]

En un último caso citado por la Fiscalía, un joven judío había cometido ciertas violaciones a las regulaciones alemanas sobre divisas extranjeras. La corte de distrito, le impuso una pesada multa y lo condenó a 2 años de cárcel. El Ministro Imperial de Justicia reaccionó contra esa decisión por haber tratado al judío como un ciudadano alemán común.[61]

Iniciada la guerra, un decreto suspendió procedimientos contra cualquier fiel seguidor del régimen que hubiera cometido actos contra polacos, judíos y otros *"elementos indeseables."*

IV. LOS CARGOS DE CRÍMENES DE GUERRA Y CRÍMENES CONTRA LA HUMANIDAD

Los crímenes por los que los acusados fueron imputados, a criterio de la Fiscalía, caen en diversas categorías. Primero, están los crímenes cometidos en violación de la las leyes y usos de la guerra, incluyendo la sección I, artículos 4-7;[62] sección II, artículo 23;[63] sección III, artículos 43, 45, 46 y 50 de las Regulaciones de la Haya de 1907; y capítulo 6, título I, artículos 2-4 de la Convención de Ginebra sobre Prisioneros de Guerra de 1929,[64] y la decisión del IMT del 30 de septiembre y 1 de octubre de 1946. Los acusados habían participado en la comisión de crímenes, en una o más de las relaciones que establece el párrafo 2 del artículo II de la CCL 10. La Fiscalía señaló al Tribunal que, en orden de establecer la culpabilidad de cualquiera de los acusados por crímenes contra la humanidad, no era preciso que fueran acusados o condenados por crímenes contra la paz.

El primer grupo de crímenes que les imputa la Fiscalía, es el emergente de la equivocada extensión de la ley y las cortes alemanas en los territorios ocupados, los que se han cometido en conjunción con el llevar adelante una guerra de agresión, pero también por razones puramente políticas que no pretendían ser hechos por necesidad militar, circunstancia que *ipso facto* los transformaba en ilegítimos, así como cualquier otro acto iniciado con posterioridad.

El otro grupo de crímenes de este primer grupo, es relativo al dictado del decreto *"Noche y Niebla"* del 7 de diciembre de 1941 y sus consecuencias. El segundo grupo de crímenes está relacionado con las actividades de los acusados en conexión con las SS, la Gestapo, la SiPO,[65] y otros grupos policiales, donde según la Fiscalía, bajo la fachada de procedimientos judiciales, alemanes y no alemanes fueron esclavizados y en muchos casos llevados a la muerte en campos de concentración.

El tercer grupo es el de los casos donde, bajo la alegación de juicios, sea en los Tribunales Populares, en los Tribunales Especiales y en las cortes marciales de civiles,[66] algunos de los acusados fijaron penalidades que violaban cualquier juicio moral, y donde se dictaron condenas basadas en las conclusiones puramente subjetivas del fiscal o del juez sin apoyo en los hechos, y en los que la persona sometida a la parodia de juicio concluía ejecutada o esclavizada.

a. Homicidios cometidos en violación de la Convención de La Haya

La extensión de la jurisdicción de la ley y de los tribunales alemanes a los territorios ocupados fue consecuencia del desarrollo victorioso, al inicio, de la campaña de guerra alemana. Tanto en Polonia como en los territorios del Este, los decretos del 4 de octubre de 1939 y del 6 de junio de 1940, extendieron a esos territorios la ley y jurisdicción alemana. Sin embargo, era impensable para la mentalidad nazi que un polaco pudiera apelar a una corte alemana, o que fuera capaz de demandar ante sus tribunales. Para remediar estas posibilidades el acusado Schlegelberger proyectó un decreto que ponía fuera de la protección de la ley a los judíos y los polacos. Al fundar el decreto, el mencionado acusado explicó:

"He estado de acuerdo con la opinión sostenida por el adjunto del Führer, que un polaco es menos sensible a la imposición de una sentencia ordinaria de prisión; en consecuencia, he tomado medidas administrativas para asegurar que polacos y judíos, sean separados de los otros prisioneros y que su tiempo en prisión se haga más severo.
***
Para esta nueva clase de castigos, los prisioneros serán alojados en campos - fuera de las prisiones- y deben ser empleados en trabajo duro, muy duro. Hay también medidas administrativas que establecen especiales castigos disciplinarios; por ejemplo, prisión en una celda sin luz, transferencia de un campo de prisión a un campo de prisión más rigurosa, etc.

...

Un polaco o un judío sentenciado por una corte alemana no tendrá permitido en el futuro interponer ningún remedio contra la condena. No tendrá tampoco derecho de apelación o solicitar que el caso sea reabierto. Todas las sentencias se ejecutarán de inmediato. En el futuro, ni judíos ni polacos tendrán el derecho de recusar un juez alemán por prejuicio o ser capaces de dar juramento. Medidas de coerción contra ellos son permitidas para condiciones más fáciles.

...

En esta esfera del procedimiento criminal, el proyecto claramente muestra la diferencia del estatus político de alemanes, por un lado, y polacos y judíos, por el otro.

...

Los procedimientos criminales basados en este proyecto, serán caracterizados por la más rápida velocidad, junto con la inmediata ejecución de la sentencia, y no será, en consecuencia, inferior a los procedimientos sumarios de la corte. La posibilidad de aplicar las penalidades más severas en cada caso apropiado, posibilitará a la administración de la ley penal, cooperar enérgicamente con la realización de los objetivos políticos del Führer de los Territorios del Este."[67]

Una de las enmiendas de este decreto, estableció que ningún abogado alemán podría asumir la defensa de personas polacas ante ningún tribunal del Este.

El acusado Schlegelberger, poco después de que el decreto se volviera efectivo, trabajó con el Gobernador Imperial para los Territorios del Este, en un sistema de justicia que proveyó 1) cortes marciales sumarias; 2) delegó en el Gobernador el derecho exclusivo de otorgar amnistías y 3) acordó retener a los prisioneros civiles como rehenes. Resultó claro, en consecuencia, que con la extensión de la ley alemana y de los tribunales alemanes a los territorios del Este, en cuanto a la situación de judíos y polacos, se los privó de cualquier recurso legal posible. Al rehusar la protección de la ley para los ciudadanos de los territorios ocupados, la Fiscalía sostuvo que los acusados ayudaron y ocasionaron la muerte de miles de personas. Los actos de los acusados violaron las leyes de los países donde los hechos fueron cometidos y fueron repugnantes a la ley de cualquier país civilizado. Administrando los territorios ocupados, los acusados se obligaron por la Convención de La Haya a respetar *"el honor familiar y derechos,"* y al ignorarse estas obligaciones los acusados se pusieron a sí mismos en la categoría de criminales de guerra.

b. El decreto "Noche y Niebla"

El 7 de diciembre de 1941, coincidiendo con la fecha del bombardeo en Pearl Harbor, se dictó el decreto secreto *"Nacht und Nebel",* también conocido como "NN", o *"Noche y Niebla,"* siguiendo órdenes de Hitler y Keitel, decreto que instrumentó por primera vez en la historia la desaparición forzada de personas.[68] El Fiscal King dijo al Tribunal que, quizás nunca en la historia hubo un complot más diabólico de intimidación y represión que este decreto.[69]

El decreto en cuestión, cuya denominación algunos la atribuyen a una frase de una opera de Wagner,[70] aunque se refirió a los territorios ocupados en general, estuvo destinado principalmente a Francia, Bélgica y los Países Bajos, donde se fue formando una consistente resistencia contra las fuerzas de ocupación.

El decreto dispuso:

"El Führer y Comandante Supremo de las Fuerzas Armadas
(sello) Secreto

Directivas para la prosecución de crímenes cometidos contra el Estado alemán o los poderes ocupantes en los territorios ocupados, del 7 de diciembre de 1941.

Dentro de los territorios ocupados, elementos comunistas y otros círculos hostiles a Alemania han incrementado sus esfuerzos contra el Estado alemán y los poderes de ocupación desde que empezó la campaña rusa. La cantidad y peligro de esas maquinaciones nos obliga a tomar severas medidas como disuasión. Primero se aplicarán las siguientes directivas:

I. Dentro de los territorios ocupados, el castigo adecuado por crímenes cometidos contra el Estado alemán o los poderes ocupantes que pongan en peligro la seguridad o un estado de alerta, será la pena de muerte.

II. Los crímenes mencionados en el párrafo I, como regla, serán manejados dentro de los territorios ocupados sólo si es probable que la sentencia de muerte sea impuesta al ofensor, por lo menos al principal ofensor, y si el juicio y ejecución pueden ser completados en un tiempo breve. De otra forma, los ofensores, al menos los principales ofensores, serán llevados a Alemania.

III. Los prisioneros llevados a Alemania están sujetos al procedimiento militar, sólo si lo requieran particulares intereses militares. Si las autoridades alemanas o extranjeras inquirieran sobre tales prisioneros, les será informado que han sido arrestados, pero que los procedimientos no permiten otra información adicional.

IV. Los comandantes en los territorios ocupados y las autoridades judiciales dentro del marco de sus jurisdicciones, son personalmente responsables por el cumplimiento de este decreto.

V. El Jefe del Alto Mando de las Fuerzas Armadas determina en qué territorios ocupados se aplicará este decreto. Él está autorizado para explicar y emitir órdenes, y suplementos. El Ministro Imperial de Justicia emitirá órdenes ejecutivas dentro de su propia jurisdicción."

El decreto legalizó la desaparición forzada. Las víctimas iban a ser juzgadas por el OKW, cuando se preveía que iban a ser procesadas y ejecutadas en el lugar. Si no era ese el caso, eran llevadas a Alemania donde serían juzgadas por los Tribunales Especiales. Sin importar si la sentencia fue de muerte, de prisión o absolución, el principal propósito del decreto fue el de mantener el más completo secreto sobre la suerte del procesado, secreto que debía ser preservado ante la familia y la sociedad. Las víctimas desaparecían, dijo el Fiscal, en la oscuridad de la noche y no se volvía a saber de ellas, con el propósito de crear ansiedad en la familia de la persona arrestada.[71]

El número total de víctimas originadas en este decreto nunca se sabrá, aunque se estima que más de 5.200 personas fueron juzgadas en Alemania y desaparecidas en función de estas disposiciones.[72] La Fiscalía, recuerda que originalmente había cuatro cortes especiales en cuatro ciudades alemanas que se ocupaban de los casos de *Noche y Niebla:* la de Kiel tomaba los casos de Noruega, en Colonia los de Francia,[73] para Essen iban los de Bélgica, y Berlín quedó reservada para los casos de naturaleza especial.

El objetivo de Hitler al emitir este decreto, fue explicado por Keitel, en una carta:

> "La intimidación eficiente y duradera puede ser solo alcanzada por la pena capital o mediante medidas por las cuales los familiares del criminal y la población no sepan el destino del criminal. Este objetivo es alcanzado cuando el criminal es transferido a Alemania."[74]

Los preparativos para llevar adelante el decreto en el OKW fueron confiados al teniente general Lehmann,[75] quien mantuvo reuniones y comunicaciones con el Ministerio Imperial de Justicia que en la opinión del acusado Schlegelberger, era quien tenía la autoridad para asumir estos casos.

Los acusados tuvieron un rol preponderante en el programa: Schlegelberger,[76] von Ammon,[77] Mettgenberg, Lautz, Engert, y Joël, aparecen varias veces actuando en el programa desde el Ministerio de Justicia, pero sobre todo von Ammon, que fue el especialista en derecho internacional público, junto con Mettgenberg, aparecen reiteradamente como los principales negociadores con el OKW en temas relacionados con la aplicación del decreto.

Hay una carta emanada del Ministerio de Justicia que aportó la Fiscalía, la que estaba endosaba por von Ammon que por sus características y las informaciones que contiene sobre el procedimiento en cuestión, merece ser transcripta:

"Con relación a los procedimientos penales por ofensas criminales contra el Imperio o contra las fuerzas ocupantes en los territorios ocupados, ordeno la observancia de las siguientes directivas, para no poner en peligro el necesario máximo secreto del procedimiento, particularmente teniendo en cuenta las sentencias de muerte, u otros casos de muerte entre los prisioneros:

1. Las tarjetas usadas por el Centro Imperial de Estadísticas no precisan ser llenadas. Igualmente, la notificación para la Oficina de Registros Penales, será discontinuada hasta nueva orden. Sin embargo, las sentencias tendrán que registrarse en listas, o en una tarjeta índice para hacer posible el registro en tiempo debido.

2. En casos de muertes, especialmente en el caso de ejecución de prisioneros NN, así como en caso de prisioneras NN que den a luz un hijo, el registrador debe ser notificado como prescribe la ley. Sin embargo, deben adicionarse los siguientes comentarios: 'por orden del Ministro Imperial del Interior, el ingreso en el registro de la muerte (el nacimiento,) debe ser endosada, diciendo que el examen de los documentos, la provisión de información y de copias ciertas de los certificados sólo será posible con el consentimiento del Ministro Imperial de Justicia.'

3. En caso que un prisionero NN condenado a muerte quiera extender un testamento público, el juez o escribano público y, si es necesario, las otras personas cuya presencia se requiera, tendrán acceso al prisionero. Sólo los oficiales del Ministerio de Justicia pueden ser llamados como testigos. Las personas que asistan a la

extensión del testamento estarán, si es necesario, obligadas a guardar secreto. El testamento será guardado en custodia oficial de acuerdo con el artículo 2 de la Ley Testamentaria. El recibo de recepción será guardado por la fiscalía hasta nuevo aviso.

4. Cartas de despedida de prisioneros NN, así como otras cartas no serán despachadas. Serán remitidas a la Fiscalía que las guardará hasta nuevo aviso.

5. Si un prisionero NN que ha sido condenado a muerte e informado de la próxima ejecución, deseara asistencia espiritual por el cura de la prisión, esta será concedida. De ser necesario el cura será obligado a guardar secreto.

6. Los familiares no serán informados de la muerte, especialmente de la ejecución de un prisionero NN. La prensa no será informada de la ejecución de la sentencia de muerte, o anunciada la ejecución de la sentencia de muerte por pegatinas.

7. Los cuerpos de los prisioneros NN ejecutados o los prisioneros que hayan muerto por otras causas, tienen que ser entregados a la Policía Estatal para su inhumación. Debe hacerse referencia a las regulaciones existentes sobre secreto. Debe de puntualizarse que las tumbas de los prisioneros NN, no pueden estar identificadas con el nombre del occiso. Los cuerpos no podrán ser usados para enseñanza o propósitos de investigación.

8. Los legados de los prisioneros NN que han sido ejecutados, o que han muerto por otras causas, deben ser mantenidos en la prisión donde la sentencia fue cumplida."[78]

Por supuesto, recuerda la Fiscalía, que bajo este decreto fueron procesados aquellos miembros de la resistencia que caían en las manos de las fuerzas alemanas, como así también muchos otros inocentes, ajenos a todo hecho.

c. Transferencia ilegal a los campos de concentración

A partir de 1939, muchos prisioneros de los alemanes fueron transferidos a los campos de concentración. Con ello se dio inicio a un programa que, de hecho, eliminaba las diferencias entre aquellos que habían sido sometidos a una pantomima de proceso judicial, y aquellos que fueron arrojados por la policía a los campos de concentración, sin la formalidad de un proceso previo. Habiendo notado que la transferencia de prisioneros de las prisiones del imperio a los campos de concentración, no levantaba un clamor público u oposición, los jueces vieron la ocasión para que un número cada vez mayor de casos, especialmente en caso de prisioneros políticos como lo señaló el acusado Engert, fueran directamente manejados por la Gestapo, llevando los prisioneros a los campos de concentración, en lugar de someterlos a los Tribunales Populares. Esa visión de Engert fue apoyada ante el Ministro de Justicia por Thierack, entonces presidente del Tribunal Popular, diciendo que no debía concedérseles a esos insurrectos el "honor" de verse juzgado por alta traición por un Tribunal Popular, y que debían ser enviados por un tiempo a un campo de concentración, argumentos estos que fueron muy bien recibidos por la Gestapo y las SS, que el 18 de septiembre de 1942 firmaron un acuerdo con el Ministerio Imperial de Justicia, estableciendo que los elementos estimados antisociales que hubieran cumplido su sentencia, serían entregados a las SS para que los hiciera trabajar hasta morir.[79] Estas transferencias sin proceso, de hecho, transformaron toda condena en una condena a trabajar hasta la muerte en un campo de concentración. Al mes de haberse puesto en funcionamiento el acuerdo, se expandió para incluir no sólo a los elementos antisociales que hubieran cumplido sentencia, sino también a los judíos, gitanos, rusos y ucranianos que hubieran sido detenidos en cualquier prisión del Imperio, así como los polacos que hubieran sido sentenciados a más de tres años. La SS y la Gestapo, extendió a su vez esta política de exterminio a través de los territorios ocupados en el Este. Pocos meses después, en noviembre de 1942, las SS y la SD fueron instruidas:

> "El Lider Imperial de las SS llegó a un acuerdo con el Ministro Imperial de Justicia Thierack por el que los tribunales se abstendrán de llevar a cabo procedimientos penales regulares contra los polacos y miembros de los territorios del Este. Esta gente de extracción extranjera de aquí en adelante, será entregada a la policía. Judíos y gitanos

deberán ser tratados de igual forma. Este acuerdo fue aprobado por el Führer."[80]

Esta alianza luego posó su atención en el Protectorado de Bohemia y Moravia. Allí, mediante el Decreto del 1 de julio de 1943,[81] firmado por Thierack, entre otros, se les privó a los judíos de recurrir a las cortes penales y en caso de ser acusados fueron derivados a la policía. Se ordenó la confiscación a favor del Estado, de la propiedad de cualquier judío muerto,[82] y luego se dispuso la expropiación de todas las propiedades judías en el Tercer Reich y en Bohemia y Moravia de todos aquellos que no hubieran sido aún deportados o muertos.

Unos planos que tabulaban los fusilamientos de los procesados, mostraron la actividad del acusado Joël en este tema, y Schlegelberger estudió entretanto como establecer las bases legales para estas ejecuciones por ofensas menores.

d. Homicidios judiciales en violación del derecho internacional

De acuerdo con el Fiscal, varios de los acusados asesinaron a enorme cantidad de gente, usando diversos artificios legislativos, mediante el Tribunal Popular, los Tribunales Especiales y las cortes marciales civiles, que tenían el patrón común de un celoso deseo de exterminar, aún por cuestiones insignificantes. Así, por ejemplo, los simples escapes de prisioneros de los campos de concentración sometidos a trabajos esclavos, eran castigados con la pena de muerte. Para ello, se había inventado la ficción que quienes se escapaban buscaban formar un grupo de resistencia para separarse del Imperio. La Fiscalía pone un ejemplo para mostrar cómo funcionaba esta ficción:

> "El 12 de agosto de 1942, tres acusados polacos, Mazur, Kubisz y Nowakowski, en prosecución de una acusación firmada por el acusado Lautz, fueron condenados a muerte por el Tribunal Popular, por preparación de alta traición y tentativa de separar una porción del Imperio mediante la fuerza. Ellos habían dejado su fábrica en Turingia y cruzaron la frontera suiza donde fueron detenidos por oficiales suizos y devueltos al Imperio. Como razón para su escape los

acusados señalaron las duras condiciones de trabajo a las que habían sido sometidos. Kubisz testificó que las comidas consistían sólo de sopa. Mazur declaró que su trabajo en la mina era tan duro, que él temía no sobrevivir al invierno. Los acusados declararon que esperaban encontrar mejores condiciones de trabajo en Suiza. Negaron tener cualquier conocimiento de la existencia de la Legión Polaca en Suiza. La fiscalía no ofreció evidencia alguna para contradecir esas declaraciones.

A pesar de ello, el Tribunal Popular encontró que las declaraciones de los acusados eran simples excusas, que la existencia de la Legión Polaca en Suiza es un hecho 'generalmente conocido' y que los acusados intentaban unirse a esta legión. Esa presunción judicial fue apoyada en un certificado médico que demostraba que los tres acusados gozaban de excelente salud y estaban calificados para el servicio activo. Entonces, la corte 'estuvo convencida' que los acusados habían discutido el destino de Polonia y su gente con sus compañeros en las barracas de la fábrica, y decidieron unirse a la Legión Polaca en Suiza. La corte dijo que sabía de un pacto con Rusia que había suscripto el gobierno polaco en el exilio, y que este hecho había sido transmitido por la radio británica. La corte sabía, además, que en el pasado repetidamente trabajadores polacos habían huido a Suiza donde eran reclutados por la Legión Polaca, y cito una parte de la decisión de la corte:

'Estas circunstancias obligan a la corte a la conclusión de que los acusados intentaron unirse a la Legión Polaca en Suiza.'"[83]

La Fiscalía cita otro ejemplo:

"El taxista austríaco Rudolf Kozian, como consecuencia de una acusación firmada por Lautz fue sentenciado a muerte el 26 de junio de 1944, por hacer ciertos comentarios desfavorables con relación a Hitler y el progreso de la guerra. En el curso de una conversación mientras conducía a una pasajera que luego lo denunció a la Gestapo, él hizo comentarios caracterizados por lo que sigue:

'Para nosotros vieneses, es lo mismo de quien recibimos nuestro pan, sea que su nombre sea Stalin, Churchill o Hitler. Lo que importa es que podamos vivir. Cuando discuto con alguien y veo que no puedo seguir adelante entonces sigo y no continúo la discusión hasta que todo sea destruido. El Führer ha dicho que esta guerra será combatida hasta que un lado sea aniquilado. Cualquier niño sabe que tenemos esa posición, a menos que el Führer vuelva a sus sentidos antes que ello y ofrezca paz al enemigo,'"[84]

Rudolf Kozian

La corte encontró al acusado culpable de haber intentado minar la moral alemana al punto de que fue visto dentro del Decreto de Emergencia autorizando la muerte por impedir el esfuerzo defensivo alemán.

El Fiscal comparó esa solución con una situación similar vivida por un pariente de un funcionario de la SS que hizo un comentario comparable, y que salió del juicio sólo con una advertencia gracias a la intervención de su pariente. Como dijo el acusado Petersen, tal discriminación judicial sólo puede ser comprendida si uno tiene en mente la intención que subyace tras las penalidades. No era el objetivo primario imponer penalidades de acuerdo con las concepciones 'burguesas' de crimen y castigo, sino el aniquilamiento de la oposición que podría ser perjudicial para los objetivos alemanes.[85]

> "Ese era nuestro deber. Por lo tanto, luego que un acusado fuera llevado ante el Tribunal Popular por algún acto o declaración, su real imputación no tenía importancia particular en la determinación del castigo dentro del marco de referencia de la ley. Lo importante era si el hombre tenía que ser exterminado de la comunidad de la gente como un 'enemigo público' por sus actitudes personales y sus tendencias sociales o antisociales."

También se hacía una inaceptable aplicación del "*castigo por analogía.*" Un caso especialmente notable fue el de Leo Katzenberger, antiguo presidente de 68 años de la congregación judía de Nuremberg, que fue juzgado por el Tribunal presidido por el acusado Rothaug.[86]

Katzenberger fue imputado por la corte de distrito de "*polución racial,*" al ser acusado de tener relaciones sexuales con Irene Seiler, una mujer aria. La policía trató desesperadamente sin éxito de asegurar la necesaria evidencia conclusiva, pero

Leo Katzenberger

Katzenberger y Seiler, ambos fueron dos figuras bien conocidas y de algún prestigio dentro de la comunidad, negaron bajo juramento cualquier relación ilícita.

No había testigos ni otra evidencia del acto acusado. Desde que la absolución de un judío era impensable, particularmente en Nuremberg donde era el hogar del antisemita Streicher, cuyo periódico "*Der Stürmer*" había publicitado el caso,[87] Katzenberger fue enviado al Tribunal Especial de Nuremberg, juzgado como "*enemigo público,*" condenado a muerte y ejecutado.[88] Seiler fue condenada por perjurio y se unió a Katzenberger como co-acusada: su

Irene Seiler declarando como testigo.

sentencia de dos años de prisión, fue luego suspendida. Como señala Hans Groben, juez de la corte de distrito de Nuremberg para investigaciones preliminares, describiendo el caso:

"Como no tenía razones para dudar de la declaración jurada de Seiler, era claro que no podía mantener a Katzenberger más en custodia. Entonces informé a su abogado Dr. Herz, acerca del resultado del interrogatorio y le di a entender que era el momento justo para actuar contra la orden de arresto. El Dr. Herz, entendió naturalmente esta sugerencia y llenó una queja contra la orden de arresto. De acuerdo a la regulación (sección 33 del Código de Procedimiento Penal) puse la queja ante el fiscal, adicionando en mi informe que tenía la intención de cumplir con esta queja (sección 306, párrafo 2, del Código de Procedimiento Penal), esto es, dejar a Katzenberger libre. Yo expresé también claramente con este comentario adicional que creía que Katzenberger era inocente. *** Como me fue explicado con posterioridad, la acusación completada ante la cámara penal de la corte de distrito fue retirada y reemplazada por una hecha ante el Tribunal Especial.

...

Quedé conmovido cuando supe del resultado del juicio. El hecho que Rothaug combinó el juicio contra Seiler, un caso de perjurio, con el juicio contra Katzenberger, muestra claramente que él tomó el caso de Katzenberger con un definido prejuicio y que estaba determinado a excluir a Seiler como testigo para el acusado. De acuerdo con un proceso normal, Seiler debió haber sido testigo en el juicio de Katzenberger y debió haber testificado para él declarando que los cargos contra Katzenberger eran falsos. Esto debió, normalmente, haber llevado a la absolución de Katzenberger, ya que no había ninguna prueba decisiva contra él. El veredicto de Rothaug, en mi opinión, fue basado sólo en un ciego odio contra los judíos. Mientras no había razones para la condena de Katzenberger sobre la base de la llamada deshonra racial, había todavía menos razones para aplicar la sección 4 del 'Decreto contra Enemigos Públicos,' porque era imposible asegurar si Katzenberger y Seiler había mantenido las alegadas relaciones sexuales, pero era menos posible de explicar que esto había sucedido 'en abuso de las condiciones de guerra.' Para llegar a la condena de Katzenberger sobre la base de la llamada 'deshonra racial' en conexión con la sección 4 del 'Decreto contra 'Enemigos Públicos,' era necesario violar todos los hechos del caso. Siempre me ha deprimido que tal veredicto, que no puede ser llamado sino homicidio judicial, fuera pronunciado por Rothaug.'"[89]

En opinión del Fiscal, la Corte Especial de Nuremberg bajo el liderazgo de los acusados Rothaug y Öschey, usaron esta misma técnica en el caso de Jan Lopata, un joven polaco traído a trabajar a Alemania durante la guerra. Condenado a dos años de prisión por la corte local de Neumarkt por abuso deshonesto a la mujer de su empleador, la condena fue apelada por la fiscalía por muy leve. Tras algunas incompetencias el caso es llevado ante el Tribunal Especial de Nuremberg para volver a ser juzgado. Rothaug, que presidía el Tribunal, lo condenó a muerte y señaló:

> "La total inferioridad del acusado radica en su carácter y ello está obviamente basado en el hecho de que pertenece a la raza subhumana polaca."[90]

Apoyándose en el decreto que legalizó la nulidad de una decisión que no fuera acorde con sus deseos y el poder volver a juzgar los casos penales,[91] temas que para los jueces norteamericanos violaban el principio de la "*double jeopardy,*"[92] los acusados en esos juicios, fueron privados de cualquier garantía que no fuera una sentencia de muerte como último destino.[93] La Fiscalía continúa transcribiendo la opinión del acusado Nebelung:

> "Si el jefe de fiscales, Dr. Lautz, no estaba satisfecho con la sentencia, podía llenar una apelación extraordinaria contra ella. Esto se hacía, en mi opinión, mayoritariamente como resultado de órdenes del Ministro Imperial Thierack. Luego de 1943, las apelaciones extraordinarias se volvieron frecuentes. Todos los casos en los que se había presentado una apelación extraordinaria fueron juzgados ante el senado especial del Tribunal Popular. Este senado especial se ocupaba exclusivamente de las apelaciones extraordinarias. De todos los senados del Tribunal Popular, este senado especial pronunciaba el porcentaje más largo de sentencias de muerte. De acuerdo con las estadísticas que yo mismo vi, 70 por ciento de todas las sentencias

emitidas por el senado especial durante 1944 fueron, según recuerdo, condenas a muerte."[94]

El acusado Rothenberger, fue confrontado por el Fiscal con una opinión en un juicio de estafa seguido contra una mujer judía que vendió su leche materna ocultando el hecho de ser judía, calificando su comportamiento como imprudente.[95] Öschey, con haber condenado a muerte a una mujer polaca por haber arrojado una piedra con una persona sin saber que era miembro de las fuerzas armadas alemanas.[96]

Con los ejemplos transcriptos, la Fiscalía buscó según dijo, tipificar antes que especificar los crímenes de guerra y crímenes contra la humanidad cometidos por los acusados.

e. Consideraciones sobre la evidencia

El Fiscal LaFollette sugirió discutir algunas teorías relativas a la evaluación de las evidencias en el presente caso. Recordó que el artículo II, incisos 4(a) y 4(b) de la CCL 10, aceptan sólo la mitigación de la pena por la posición que ocupaba el acusado en el Estado, o por el cumplimiento de una orden de su gobierno o su superior, pero no lo eximían de responsabilidad. Los imputados eran juristas que fueron acusados, esencialmente, de pervertir el sistema judicial para transformarlo en un instrumento para la comisión de crímenes de guerra y crímenes contra la humanidad. La Fiscalía prometió probar que la condición de juristas de los acusados les permitió saber del efecto pervertido de sus actos, pero también de los actos de los demás. Aquí no existió una *"sorpresa injusta,*[97]" que pudiera servir para excluir evidencia. Se enjuició a jueces entrenados para basarse sólo en estándares objetivos para disponer una sentencia de inocencia o culpabilidad. La Fiscalía, invocando cuestiones de tiempo, se excusó de no presentar el excelente comentario de Wigmore sobre los principios básicos que gobiernan la prueba del conocimiento, culpabilidad y planificación.[98] En este juicio, dijo, la Fiscalía se basaría en el conocimiento de la naturaleza y el efecto del arma mortal que era el sistema judicial, deliberadamente confeccionado para transformarse en el hacha del verdugo. La Corte será llamada a decidir - dijo la Fiscalía- si la llamada ejecución judicial era una verdadera decisión judicial, o un camuflado cáliz envenenado con la apariencia exterior de pureza judicial. Cuando se presentaron innumerables casos de tales actos ¿puede un acusado decir que él no sabía que el cáliz fuera letal? Aquí se ve, según el Fiscal, el principio de planificación: el acusado planificó el acto y cometió el crimen y cuando los actos se reiteraron se advierte de la existencia de un plan. Ciertamente se pudo ofrecer una cantidad de casos de muerte de polacos y judíos que respondieron a este patrón.

Durante la presentación de evidencias, se escucharon varios nombres de quienes no se encontraron entre los acusados, aunque debían estarlo: Thierack, Freisler, Vollmer, Westphal, Crohne, Lämmle, Haffner y otros. Thierack se suicidó el 26 de octubre de 1946, Freisler murió cuando un bombardeo demolió el edificio del Tribunal Popular en Berlín que estaba en donde antes estaba la Suprema Corte. Vollmer está reportado como muerto en servicio durante los últimos días de batalla en Berlín, Westphal se suicidó en la prisión de Nuremberg. Chrone, Lämmle y Haffner no pudieron ser ubicados a pesar de todos los esfuerzos.

f. La profesión legal durante el gobierno Nazi

En los años inmediatamente siguientes al establecimiento del régimen nazi, el partido nacional-socialista comenzó una campaña de alcance nacional dirigida contra la profesión jurídica. El Partido Nazi se dio cuenta que no podría implantar una dictadura, sin subyugar por completo la vida jurídica alemana. Una rama del Partido Nazi, la Unión Nacionalsocialista de Juristas Alemanes (BNSDJ), se formó en 1928, y en 1931 ya tenía 600 miembros.

Al asumir el poder en 1933, se comenzó a pervertir la vida jurídica alemana echando a jueces y fiscales que el gobierno no estimó confiables y privándoles a los magistrados de las garantías de inmunidad e independencia, con la posibilidad de removerlos de sus cargos. Las organizaciones de juristas existentes quedaron aplastadas por el régimen, varias se disolvieron, otras echaron a sus miembros judíos o antinazis. Algunos de ellos fueron amenazados y obligados a emigrar.

Toda la actividad profesional estaba centrada en la BNSDJ, con sitio en Munich y cuyo jefe era Hans Franck. Una condición para ser miembro de la BNSDJ era ser miembro del Partido Nazi, aunque se aceptaron miembros de apoyo, que no lo eran. De acuerdo a una orden de Hitler del 30 de mayo de 1933, la BNSDJ fue designada como la única representante del Frente Jurídico Alemán y de la exclusiva organización profesional de todos los abogados. Estaba dividida regionalmente en 26 regiones (Gaue) y el líder de una de ellas era el acusado Rothenberger. Al finalizar 1934 había alcanzado los 80.000 miembros, siendo una de las mayores organizaciones de abogados en el mundo, modificando su nombre a *"Nationalsozialistischer Rechtswharerbund"* (NSRB), o Unión Nacionalsocialista de Guardianes del Derecho.

Un número de publicaciones jurídicas, cuyos editores eran presuntos antinazis fueron suprimidas, como pasó con *"Die Justiz."* Los nuevos editores las volvieron instrumentos de propaganda doctrinaria, informándoseles a los juristas que no eran sino meros soldados legales del Führer. Los estudiantes usaron una considerable parte del tiempo en las Escuelas de Derecho, para trabajo obligatorio, servicio militar y ejercicios en los cuadros de las SA y las SS. Relató la Fiscalía, que durante el período de práctica, adoctrinamiento nazi y ejercicios en formación militar sustituyeron lo que alguna vez fue entrenamiento jurídico. Eventualmente, ningún abogado fue admitido a la barra sino era considerado un confiable soldado legal del Führer.[99] La Fiscalía transcribe la opinión de Freisler al respecto:

> "La experiencia del candidato dentro del movimiento (nazi) es fundamental en cualquier evaluación de las calificaciones del candidato. Si esa experiencia no existe, debe ser descalificado."[100]

En las primeras etapas de esta prostitución de la educación jurídica alemana, el Ministro de Justicia de Prusia, Hanns Kerrl, tomó un rol de liderazgo. Un arribista político, sin educación jurídica, se transformó en Ministro Imperial para las Iglesias, luego que el Ministerio Prusiano de Justicia fuera absorbido por el gobierno imperial.

En abril de 1933, Kerrl emitió un decreto relativo a la selección de candidatos para jueces, fiscales y abogados en Prusia que establecía, entre otras cosas:

Hanns Kerrl

"El aspirante para ser nombrado como asesor, para ser admitido como abogado, o nombrado como escribano, en el futuro deberá probar en una audiencia especial, que su concientización de ser un miembro de la comunidad nacional, su comprensión social, y su entendimiento del entero desarrollo de la raza del pueblo alemán en el presente y en el futuro constituyen la base de su personalidad. *** con este propósito los aspirantes deberán someterse a un post-examen especial que tiene por objeto transmitir la impresión de su arraigo en la comunidad nacional.

El resultado de esta post examinación será evaluado en mi decisión acerca del nombramiento o si las calificaciones del candidato igualan los otros requisitos estatutarios."[101]

Dos meses después Kerrl emitió un nuevo decreto requiriendo que todos los candidatos para el examen final del Estado, previo a ser admitidos a la barra de abogados, tendrían que atender durante seis semanas un "*Campo Comunitario*" donde serían instruidos en liderazgo, y experimentarían las ideas del Führer.[102] El campo, ubicado cerca de Berlín, estuvo dirigido por un abogado de apellido Spieler, antiguo miembro del Partido Nazi y coronel de las SA, conocido por las defensas que hizo de miembros del partido.

V. PARTICIPACIÓN EN UNA ORGANIZACIÓN CRIMINAL

Siete de los acusados eran, a criterio de la Fiscalía, culpables de pertenecer a una organización criminal declarada como tal por la sentencia del IMT. Altstötter, Cuhorst, Engert, y Joël eran miembros de las SS. Joël también era miembro del SD. Öschey, Nebelung y Rothaug eran miembros líderes del Partido Nazi. El Fiscal Taylor dice que las tres organizaciones fueron declaradas criminales en el juicio del IMT. La base jurídica de la acusación fue distinta de las demás, pues derivaba del artículo 9 de la Carta del IMT,[103] que autorizó al IMT a declarar a ciertos "*grupos*" u "*organizaciones,*" bajo determinadas circunstancias específicas, como criminales. Por otra parte, el artículo II inciso (d) de la CCL 10 estableció que debe ser reconocido como crimen la pertenencia a un grupo u organización que el IMT declaró como criminal. En su decisión, el IMT estableció las limitaciones o requisitos para que la pertenencia a la organización sea castigada: 1) El individuo en cuestión o a) se hizo o quedó como miembro, con conocimiento de que era usada para la comisión de actos declarados como criminales por el artículo VI del Acuerdo de Londres;[104] o b) estuvo involucrado personalmente como miembro de la organización en la comisión de tales crímenes.[105] La Fiscalía estimó que debía operarse la inversión de la carga de la prueba y que una vez probado que el acusado perteneció a una organización declarada como criminal, es al acusado que le correspondía probar que no participó de sus actividades o que las ignoraba.

a. Pertenencia a las SS

El acusado Altstötter se hizo miembro de las SS en 1937 alcanzando en 1944 el grado de coronel. El acusado Cuhorst se hizo miembro adherente en 1934, Engert se unió a las SS en 1936, Joël en 1938 y llegó a ser teniente coronel. Las SS fue declarada por el IMT[106] como una organización criminal pues entre sus actividades estuvo la eliminación de personas que se decían pertenecientes a clases "*indeseables,*" incluyendo a los judíos, la transferencia de judíos a campos de concentración donde fueron torturados y asesinados. Muchos miembros de las SS supieron y participaron de estas actividades. La Fiscalía presume que los acusados supieron ya que estaban directamente involucrados con los problemas penales y necesitaban de la cooperación de las SS para ejecutar sus decisiones. En julio de 1944 como resultado de invitación especial del Ministro Imperial de Justicia Thierack, Himmler dio una conferencia a los presidentes y fiscales de las cámaras de apelaciones, donde según los reportes, se trató en particular la importancia de la cuestión racial. El Fiscal Telford Taylor insistió que este tema seguramente atrajo la atención de los acusados. De hecho, mucho antes de esta conferencia ya el Ministerio de Justicia había estado colaborando activamente con Himmler entregando judíos, polacos, gitanos, rusos y otras personas que estaban alojadas en prisiones ordinarias, para ser trasladados a los campos de exterminio. El acusado Engert estaba a cargo de estas transferencias, Ninguna de estas transferencias a criterio de la Fiscalía fue un misterio, tampoco para Altstötter que fue un jefe de división en el Ministerio de Justicia y que tenía una muy cordial relación personal con Himmler que lo estimaba como "confiable" como lo señaló en una conferencia en 1942. Joël no sólo era oficial de las SS, sino un miembro de las SD, la rama de las SS involucrada especialmente en la exterminación de los judíos en Polonia y la Unión Soviética.

b. Pertenencia al cuerpo dirigente del Partido Nazi

El acusado Cuhorst, junto a Nebelung, Öschey y Rothaug estuvieron involucrados formando parte de los cuerpos de liderazgo del Partido Nazi. La declaración de criminalidad de las organizaciones dictada por el IMT involucra a los "líderes" del partido nacional socialista desde el Director Imperial hasta el Director de Barrio. Todos los mencionados ocuparon la jerarquía de Director del Gau. Las actividades criminales de este partido fueron resumidas en la decisión del IMT, incluyendo la exterminación de judíos, la administración del programa de trabajo esclavo y el linchamiento de los pilotos que cayeron en Alemania. [107]

c. Conclusión

La Fiscalía deseó resaltar la circunstancia que los acusados involucrados tuvieron un trabajo a tiempo completo o pago en estas organizaciones, además de sus funciones judiciales. Es cierto que los cargos de Altstötter, Engert y Joël en las SS fueron honorarios. Pero aquellos que aceptaron dar su nombre para esos cargos ratificaron las políticas de Himmler. Si no hubieran estado de acuerdo con las mismas, no se habrían prostituido aceptando esos cargos y los honores. Los acusados sabían perfectamente el programa de Himmler y participaron activamente en su ejecución. Lo mismo puede decirse de los acusados que ocuparon cargos en el Partido Nazi. De alguna manera, la culpa de los acusados por el cuarto cargo, fue más importante en muchos aspectos, que la de otros oficiales que pertenecieron a las mismas organizaciones. Los acusados fueron personas altamente educadas, sus mentes no fueron lavadas desde temprana edad como sucedió con muchos otros, y abrazaron la ideología del Tercer Reich como adultos educados.

Los crímenes son esos actos tan contrarios a la conciencia moral de la comunidad o tan peligrosos para el mantenimiento de un razonable grado de orden, justicia y paz, que la comunidad por medio de procesos adecuados, demanda su eliminación y supresión en el interés de los individuos que la constituyen. En consecuencia, aquellos que, dentro de una nación o estado, que instituyen los procedimientos para defender a esta comunidad como fiscales, hablan por la conciencia de la comunidad o expresan la decisión de la comunidad. Por este motivo, los procesos criminales dentro de estados o naciones son llevados adelante en nombre del bienestar general, o mediante palabras que expresen acabadamente el sentir de la comunidad ofendida. En este proceso en Nuremberg, el mundo fue la comunidad. Las cuatro naciones que han escrito la ley sustantiva bajo la cual procedemos -dijo el Fiscal- proclamaron como una codificación de crímenes denunciados como tales, por la conciencia de esa comunidad donde los crímenes fueron ejecutados. Por ello, aunque esta acusación es llevada adelante por el Gobierno de los Estados Unidos, este caso, en substancia. es el del pueblo del mundo contra estos hombres que han cometido crímenes contra la comunidad que conocemos como el mundo.

"El verdadero significado de estos procedimientos, entonces, trasciende la simple cuestión de la inocencia o culpabilidad de los acusados. Ellos están acusados de homicidio, pero este no es un simple juicio de homicidio. Estos procedimientos invocan los estándares morales del mundo civilizado, y por consiguiente, imponen una obligación ante las naciones del mundo para medirlos de acuerdo con los estándares aplicados aquí. Aunque este Tribunal se ha organizado internacionalmente es un Tribunal norteamericano. Las obligaciones que derivan de estos procedimientos son, en consecuencia, particularmente vinculantes en los Estados Unidos. Es cierto que dos males no hacen un derecho, e igualmente verdad que los crímenes acusados contra estos imputados y los otros líderes del Tercer Reich fueron 'tan calculados, malignos y devastadores' que no encuentran un paralelo moderno. Pero debajo de estos crímenes, hay mitos, supersticiones y una sofisticada distorsión de la filosofía que no conoce fronteras nacionales..."[108]

VI. ALEGATO DE LAS DEFENSAS

El 23 de junio de 1947 inició su exposición el Dr. Kobuschok, defensor de Schlegelberger, pero haciéndolo por todos los acusados. Comenzó señalando que el análisis sobre la organización judicial no debe restringirse para su entendimiento al período de guerra, y que su parte se encuentra en desventaja al tener que explicar a un Tribunal del *Common Law* reglas de tradición continental. Continuó su exposición explicando cómo poco a poco la figura de Hitler fue asumiendo todos los poderes del Estado hasta que, de hecho, las leyes se generaron en las reuniones de gabinete y en las decisiones del Führer. También explicó la enorme injerencia de Himmler y la policía, en el poder judicial. La justicia se encontró cada vez más ante hechos consumados y todos sus esfuerzos para recuperar terreno se encontraron bloqueados por la policía.

. . .

Quizás el argumento más interesante de la defensa, desde el punto de vista jurídico, consistió en plantear que los crímenes en los que se basaba la acusación eran una violación del principio *nullum crimen sine lege*, -tema este que había sido tratado ya por el IMT aunque de modo superficial-[109] y que será tratado en este proceso con mayor profundidad por el fallo del Tribunal.

Pero la Defensa lanzó también algunos desafíos jurídicos de envergadura: sostuvo que la aplicación retroactiva de penas más severas no violó al principio *nullum crimen sine lege* de acuerdo con la concepción legal alemana.[110] Para ello la Defensa, apoyándose en la opinión de Triepel, sostuvo la obligación de los jueces de aplicar la ley local cuando está en contradicción con la internacional.[111]

Si la acusación debió interpretar la substancia de varias leyes como crímenes contra la humanidad, la Defensa debe investigar las condiciones de vida que dieron lugar a las leyes de medidas estrictas. Cuando las condiciones de vida están en gran tensión, las medidas disuasorias en todos los tiempos fueron dictados por las circunstancias.

La defensa anticipó que discutiría la eutanasia y la esterilización forzada, así como la constitucionalidad del establecimiento de los Tribunales Especiales. Puso de manifiesto las principales diferencias entre el sistema alemán de actividad procesal de la fiscalía, que se ve obligada por ley a llevar adelante un proceso, y la conducta de los fiscales en el sistema de los EEUU. La acusación también obligó a la Defensa a preguntarse y decidir cuán lejos puede ir un estado y considerarse competente para extender su poder de castigo a los actos cometidos en el extranjero. Se preguntó: ¿Es consistente con el derecho internacional perseguir a extranjeros por actos punibles cometidos en el extranjero? La Defensa aseguró que explicaría la extensión del principio de jurisdicción alemana a los territorios ocupados, desarrollando las cuatro teorías de la jurisdicción: la de personalidad, la de territorialidad, el llamado principio de defensa y la jurisdicción universal. La variedad e interés de los temas que propuso la defensa nos obliga estudiarlos por separado, no siguiendo el orden de la transcripción del juicio.

El decreto "*Noche y Niebla*" al que ya se hizo referencia precedentemente, fijó la extensión de la jurisdicción militar y sujetó a todos los extranjeros y alemanes a su jurisdicción militar para todas las ofensas criminales que cometan en el área de operaciones. De acuerdo con el mismo decreto, las cortes militares sólo deberían perseguir crímenes si lo juzgaban necesario por razones militares.

"Está dentro de su jurisdicción entregar la prosecución del caso a las cortes generales. Sobre las bases de este fundamento legal, y de conformidad con el acuerdo entre el Jefe del Departamento Legal de las Fuerzas Armadas Dr. Lehmann - que apareció aquí como testigo ante el Tribunal- y el antiguo Subsecretario Dr. Freisler, los prisioneros en los casos de Noche y Niebla, fueron puestos bajo una corte alemana en el sentido del párrafo 30 de las Regulaciones de La Haya para la Guerra Terrestre.[112] El hecho de que los procedimientos [de un caso NN] sean guardados secretos en todas sus fases fue justificada por razones militares. De acuerdo con el párrafo 6 del tratado básico de las Regulaciones de La Haya para la guerra terrestre los intereses militares vienen primero y luego, la protección de la población civil. Los administradores de justicia no pueden decidir sobre el objeto de intereses militares. Nunca podrá ser la tarea de las autoridades judiciales civiles juzgar si los comandantes militares interpretaron correctamente la competencia de necesidad militar en el sentido del sub párrafo 8 de la introducción al tratado básico a las Regulaciones de La Haya sobre la Guerra Terrestre."[113]

La Defensa preguntó:

"¿Puede uno, por ejemplo, considerar inhumano que miembros del Protectorado sean sujetos a las previsiones del Código Penal alemán relativas a traición y alta traición, si las previsiones de la ley que gobierna los territorios ocupados tienen también la misma pena por ayudar y colaborar con un ejército enemigo hostil? Con relación a la introducción de la ley penal en los territorios del Este debemos considerar antes que fueron esencialmente divididos en tres grupos: 1. Territorios que son parte de la Unión de Repúblicas Soviéticas luego de septiembre 1939; 2. El así llamado 'Congreso de Polonia,' en la parte principal de la República de Polonia, la cual era administrada bajo la denominación de Gobernación General; y 3. Las partes occidentales de Polonia, que antes de 1918 eran partes de provincias alemanas de Poznam, Alta Silesia y otras partes pequeñas de provincias. La jurisdicción alemana se introdujo solo en las áreas mencionadas en 3, y eran designadas como 'Territorios Orientales Incorporados."

Los antiguos territorios rusos mencionados bajo el número 1, estaban subordinados a gobernadores civiles y militares, y a la Gobernación General mencionada bajo el número 2 del Gobernador General Frank. Estos dos grupos estaban totalmente fuera de la competencia administrativa, o incluso del área de influencia, del Ministerio Imperial de Justicia. La Defensa sostuvo que una declaración de guerra, hace carecer de sentido a los tratados vigentes entre las partes en guerra, invocando al respecto jurisprudencia de la Corte Suprema alemana de 1918 y la posición de la doctrina francesa de la época. La Defensa sostiene que ese criterio fue seguido en el Pacto Molotov-von Ribbentrop de 1939.[114]

La respuesta a la cuestión reiteradamente planteada durante el examen de los testigos por el Tribunal, sobre si era admisible aplicar la ordenanza criminal para polacos, incluso a esos polacos que no fueron a Alemania por voluntad propia, dependerá si se considera la introducción de la jurisdicción alemana en la extensión propuesta admisible.

El decreto "*Noche y Niebla*" debió ser entendido en el marco del estado de necesidad alemán. De acuerdo con el convenio hecho por el jefe del departamento legal de las fuerzas armadas Lehmann, quien compareció como testigo,[115] y el juez Freisler, los prisioneros arrestados en virtud del decreto "*Noche y Niebla*," fueron puestos a disposición de una corte alemana en el sentido del artículo 30 de las Regulaciones de La Haya sobre conducta de la guerra terrestre. El hecho de que los procedimientos (de un caso NN) fueran mantenidos secretos en todas sus fases, fue justificado a criterio del Defensor por necesidad militar. De acuerdo con el párrafo 6 del Tratado básico de las Regulaciones de La Haya para la Guerra Terrestre, los intereses militares vienen primero, y luego viene la protección de la población civil. Los administradores de justicia no estuvieron en condiciones de decidir el espectro de la necesidad militar. La Defensa dijo que probaría que en los procedimientos bajo "*Noche y Niebla*," se dictaron mayoritariamente penas de prisión, y sólo en contados casos, de muerte y todos los desvíos del procedimiento habitual se hicieron con la necesidad del salvaguardar al secreto

La Defensa argumentó que también que presentaría documentos sobre lo que la acusación llamó "*justicia de linchamiento*," que probarían que la justicia se opuso, en contradicción con los directores políticos, solicitando trato humano para los pilotos aliados caídos.

Dijo el Defensor que no se cometieron crímenes contra la humanidad por las instituciones de justicia criminal, con excepción de violaciones ocasionales que resultaron inevitables aún contando con claras directivas.

El Defensor de Rothenberger comenzó señalando el concepto de culpa colectiva que pareció abatirse en estos Tribunales con relación a Alemania. Su cliente fue imputado por el cargo de conspiración para la comisión de crímenes de guerra y crímenes contra la humanidad. El Defensor señaló que incluso de acuerdo a lo decidido por el IMT, la conspiración o plan podía ser sólo considerado como crimen si se refería a crímenes contra la paz, pero no si concernía crímenes de guerra o contra la humanidad. Rothenberger no cooperó con el uso impropio de los Tribunales Especiales y el Tribunal Popular, ni nunca sentenció a nadie por alta traición. Tampoco tuvo parte responsable en privar a los judíos de sus derechos.

El Defensor de Lautz planteó un supuesto de homonimia con el oficial ministerial Letz quien trabajó en el Ministerio Imperial de Justicia, lo que su cliente no hizo. También dijo que la acusación se equivocó al asumir que Lautz era el único Fiscal Imperial, ya que hubo otro quien habría participado en los procedimientos que se le atribuyeron a su representado.

El acusado von Ammon, que se vio involucrado en el proyecto "*NN*" *o* "*Noche y Niebla*", dijo probaría que su representado no tuvo que ver con la redacción del proyecto. El Defensor sostuvo que los procedimientos no diferían de los otros juicios, con la excepción del secreto y que si la inocencia del sujeto era probada en Alemania, podría ser liberado en los territorios ocupados. Dijo que von Ammon siempre fue un juez indulgente. Dijo también que se probó que no fue un activo nazi, ya que ingresó al partido solo en 1937.

El acusado Rothaug planteó si las funciones oficiales apoyadas en la legislación imperial oficial, cubiertas por el derecho internacional en razón de nacionalidad y soberanía y ejecutadas en público, podían ser vistas como acciones de persecución por razones raciales, religiosas o políticas. También el Defensor se preguntó si podían ser puestas al mismo nivel que las secretas y sin control, en las que nunca cayó su defendido.

VII. EL FALLO

La decisión comienza anexando al fallo los instrumentos legales en los que se fundó y estableciendo la competencia del Tribunal bajo la CCL 10 tras la completa desintegración alemana. Dijo el Tribunal que la completa desintegración de Alemania, distingue esta ocupación de otras que se producen durante la guerra, cuando un ejército invasor ocupó el territorio del estado, cuyo gobierno todavía existe y mantiene el reconocimiento internacional, y cuyos ejércitos todavía están el campo de batalla. En este caso, el poder de la potencia ocupante se encuentra regulado por la convención de La Haya y las leyes y costumbres de la guerra. Ello no sucedió en Alemania, donde la total disgregación del gobierno, la industria, la agricultura, y del aprovisionamiento, pusieron a los Aliados ante el imperativo humanitario de reorganizar el gobierno y la industria, y apoyar al desarrollo de agencias gubernamentales democráticas a lo largo del territorio. Citando un artículo de Alwyn V. Freeman dijo:[116]

> "Por el otro lado, una distinción está claramente justificada entre medidas tomadas por los Aliados antes de la destrucción del gobierno alemán, y aquellas tomadas después. Solo las primeras necesitan ser testeadas por las Regulaciones de La Haya, que son inaplicables a la situación ahora prevaleciente en Alemania. Desaparecido el Estado Alemán como entidad beligerante, necesariamente implicada en la declaración de Berlín del 5 de junio de 1945, significa que un verdadero estado de guerra - y por lo tanto ocupación beligerante - no existe ya dentro del significado del derecho internacional."

También se reprodujo un párrafo de otro autor:

A través de la subyugación de Alemania, la conclusión de la guerra fue decidida de la manera más definitiva posible. Una de las prerrogativas de los aliados resultante de la subyugación, es el derecho de ocupar territorio alemán a su discreción. Esta ocupación es, tanto legal como fácticamente, fundamentalmente diferente de la ocupación beligerante contemplada en las Regulaciones de La Haya, como puede verse de las siguientes observaciones.

Las previsiones de las Regulaciones de La Haya restringiendo los derechos de un ocupante, se refieren a un beligerante que, favorecido por las cambiantes fortunas de la guerra, realmente ejercita autoridad militar sobre el territorio enemigo, y con ello impide al legítimo soberano -en donde resta la soberanía legítima- de ejercitar su autoridad plena. Las Regulaciones extraen importantes conclusiones legales del hecho de que el legítimo soberano, puede verse él favorecido por las cambiantes fortunas de la guerra, reconquistar el territorio y poner fin a la ocupación. 'La ocupación se aplica sólo al territorio donde tal autoridad (por ejemplo, la autoridad militar del Estado hostil) está establecida y puede ser ejercitada' (art. 42,2). En otras palabras, las Regulaciones de La Haya piensan en una ocupación que es una fase de una guerra todavía no decidida. Hasta el 7 de mayo de 1945, los Aliados eran ocupantes beligerantes en las partes ocupadas entonces, de Alemania, y sus derechos y obligaciones estaban circunscriptas por las respectivas previsiones de las Regulaciones de La Haya. Como resultado de la suyugación de Alemania, el carácter legal de la ocupación del territorio alemán cambio drásticamente."[117]

La posición expresada por estos dos autores fue apoyada por el IMT en su decisión, y la clara implicación de esto es que las Reglas de la Guerra Terrestre se aplican a la conducta de un beligerante en el territorio ocupado, en tanto exista un ejército en el campo que intente restaurar el país a su verdadero dueño, pero también que esas reglas ya no se aplican cuando la beligerancia ha concluido, y como en el caso alemán, ocurrió la subyugación por la conquista militar aliada. Teniendo entonces, los Aliados la autoridad suprema, tuvieron el legítimo derecho de sancionar la CCL 10 que estableció la jurisdicción del Tribunal. La CCL 10 tiene un doble carácter, pues constituye una ley que define crímenes y prevée el castigo de quienes violen sus provisiones, siendo el producto legislativo del único cuerpo existente en el Imperio alemán, no existiendo ninguna otra disposición legislativa que pudiera invalidarla. Además de este primer aspecto como legislación substantiva la CCL 10 junto con la Ordenanza No. 7 establecen procedimientos para la ejecución en Alemania de ciertas reglas de derecho internacional que existen a través del mundo civilizado. El derecho internacional no es producto de una ley. Su contenido no es estático. La ausencia en el mundo de cualquier cuerpo gubernamental autorizado a emitir legislación substantiva del derecho internacional, no ha impedido el progresivo desarrollo de este derecho. La Carta de Nuremberg, el juicio del IMT, y la CCL 10 son sólo nuevos casos en el libro del derecho internacional. Constituyen el reconocimiento autorizado de principios de responsabilidad penal individual en los asuntos internacionales, que se ha venido desarrollando por largos años.

De tal manera, el Tribunal tiene el poder de determinar la culpabilidad o inocencia de personas acusadas de actos descriptos como "crímenes de guerra" y "crímenes contra la humanidad." Dentro de los límites territoriales de un estado, teniendo un gobierno reconocido y en funciones ejercitando el poder soberano en el territorio, un violador de las reglas del derecho internacional sólo puede ser castigado por la autoridad de los oficiales de ese Estado. En Alemania, un cuerpo internacional -el Consejo de Control- asumió y ejerce el poder para establecer la maquinaria judicial para el castigo de aquellos que han violado las reglas del derecho internacional, un poder que ninguna autoridad internacional sin consentimiento, podría asumir o ejercitar dentro de un estado que tiene a su gobierno nacional en el ejercicio de sus poderes soberanos.

Como señaló Taylor ante el Tribunal IV en el caso Flick:[118]

"Esto constituye un reconocimiento explícito que los actos cometidos por alemanes contra otros alemanes son castigables como crímenes bajo la Ley No. 10, de acuerdo con las definiciones allí contenidas, desde que solo tales crímenes pueden ser juzgados por las cortes alemanas, a discreción de la potencia ocupante. Si la potencia ocupante no autoriza a las cortes alemanas para juzgar crímenes cometidos por alemanes contra otros alemanes (y en la zona de ocupación norteamericana tal autorización no ha sido dada), entonces estos casos son juzgados sólo ante tribunales no alemanes, tales como los tribunales militares."

La jurisdicción del Tribunal para juzgar personas se encuentra limitada por la CCL 10. Esta disposición no limita, como hacía la Carta de Nuremberg, los crímenes de guerra y crímenes de humanidad, a los que fueran cometidos en el transcurso de una guerra de agresión. Para la CCL 10 esos crímenes pudieron cometerse en ejecución o conexión con cualquier crimen dentro de la jurisdicción del Tribunal.

a. El principio *nullum crimen sine lege*

En la decisión, el Tribunal comenzó por analizar la aplicación del principio de legalidad y la prohibición *ex post facto*, dictando uno de los más interesantes razonamientos hechos en Nuremberg.

Como señaló el Tribunal, en este caso los acusados solicitaron la protección del principio *nullum crimen sine lege,* que ellos mismos negaron a otros durante el régimen de Hitler. El criterio que sostuvo el Tribunal fue que este principio no obsta a la capacidad punitiva del Tribunal sobre actos que eran criminales para la ley internacional al momento de ser cometidos. Como ejemplo de ello, se mencionó el artículo II párrafo 1(b) de la CCL 10 que agregó las reglas bajo las cuales se identificaron a los crímenes de guerra. Bajo el sistema de las constituciones escritas, la prohibición *ex post facto,* condena a leyes que califican como crímenes actos cometidos antes que la ley fuera dictada, pero el Tribunal sostuvo que la prohibición *ex post facto* no se aplica en el campo internacional, como obliga el mandato constitucional en el campo doméstico. Aún en el campo doméstico, la prohibición de la regla no se aplica a las decisiones de cortes del *Common Law,* a pesar que la cuestión bajo discusión sea original. El derecho internacional no es el producto de una ley, por la simple razón que no existe aún una autoridad mundial que tenga el poder de dictar leyes de aplicación universal. El derecho internacional es el producto de tratados con múltiples partes, convenciones, decisiones judiciales y costumbres que han recibido aceptación internacional o aquiescencia. El Tribunal agregó:

> "Sería un completo absurdo sugerir que la regla ex post facto, como es conocida en los estados constitucionales, podría aplicarse a un tratado, una costumbre, o una decisión de Common Law de un tribunal internacional, o a la aquiescencia internacional que sigue al hecho. Intentar aplicar la regla ex post facto a una decisión judicial de derecho internacional común habría sido matar esa ley al nacer."

La forma en que se aplica en el ámbito del derecho internacional el principio *nullum crimen sine lege,* recibió una correcta interpretación por el IMT en el caso donde fueron juzgados los principales jerarcas nazis. La cuestión se planteó con relación a los crímenes contra la paz, pero la opinión expresada es igualmente válida para los crímenes de guerra y los crímenes contra la humanidad. El Tribunal citó al IMT cuando dijo:

"En primer lugar, debe observarse que la máxima nullum crimen sine lege no es una limitación de la soberanía, sino un principio general de justicia. Afirmar que sea injusto castigar aquellos que, en desafío de tratados y aseguraciones, han atacado a países vecinos sin aviso, es obviamente erróneo, pues en tales circunstancias el atacante debió saber que estaba haciendo lo incorrecto y así, lejos de ser injusto castigarlo, lo injusto sería dejar pasar su falta sin castigo."[119]

Citó también aprobando las palabras de Sir David Maxwell-Fyfe, Fiscal adjunto británico ante el IMT:

"Con relación a los 'crímenes contra la humanidad' esto en cualquier caso es claro. Los nazis, cuando perseguían y asesinaban un sinnúmero de judíos y opositores políticos en Alemania, sabían que estaban haciendo mal y que sus acciones eran crímenes que han sido condenados por las leyes criminales de cualquier nación civilizada. Cuando esos crímenes se mezclan con la preparación de una guerra de agresión con la posterior comisión de crímenes de guerra en los territorios ocupados, no puede ser un tema de queja que se haya establecido un juicio para su castigo."[120]

El Tribunal sostuvo que muchos de los crímenes cometidos por los nazis y recogidos por la CCL 10, estaban vistos como criminales también por la propia legislación criminal alemana. Muchas de las disposiciones que protegían los derechos humanos bajo la constitución de Weimar,[121] nunca habían sido derogadas. Ninguna persona que hubiera cometidos los actos que declara punibles la CCL 10, podía suponer que no se le iban a pedir cuentas o a castigar su responsabilidad cuando llegara el momento. Todos los gobiernos Aliados habían prevenido a Alemania al respecto, y nunca podría invocarse al principio *nullum crimen sine lege* para evitar las consecuencias sobre las que se previno. El Tribunal señaló:

"Aplicado en derecho internacional, el principio requiere evidencia antes de condenar que el acusado supo o debió haber sabido que en cuestiones de atención internacional era culpable de participación en un sistema nacional organizado de injusticia y persecución que ofendía el sentido moral de la humanidad, y que sabía o debía haberlo sabido que estaría sujeto a castigo si era atrapado."[122]

También el Tribunal recordó que, en oportunidad del Tratado de Versalles, los propios alemanes aceptaron el artículo 228, que establecía términos similares a los que ahora debían vivir:

"...el Gobierno alemán 'reconoce el derecho de los Aliados y las potencias asociadas de llevar ante sus tribunales militares, a los acusados de haber cometido actos contrarios a las leyes y a las costumbres de la guerra. Las personas que se encuentren culpables serán sentenciadas a castigos 'previstos por las leyes."[123]

Estas consideraciones, a criterio del Tribunal, demostraron que el principio *nullum crimen sine lege*, cuando es entendido adecuadamente y aplicado, no impide ni legal ni moralmente, la persecución en el caso bajo estudio.

b. Crímenes contra la humanidad como violaciones al derecho internacional

El Tribunal hizo una enumeración histórica de las distintas oportunidades en que graves violaciones de los derechos de pueblos en particular, fueron vistas como afectando a la humanidad toda. Cita las palabras del jurisconsulto suizo Bluntschli:

"Los Estados tienen permitido interferir en el nombre del derecho internacional si los 'derechos de la humanidad' son violados en perjuicio de una sola raza." [124]

A criterio del Tribunal, la CCL 10 debe interpretarse como referida al tipo de actividad criminal que era vista como tal antes de 1939, y que todavía al momento del juicio lo era. Sea que las atrocidades, técnicamente fueran o no violaciones al derecho de las leyes y costumbres de la guerra, se trató de actos de tal extensión y maldad, que pusieron claramente en peligro la paz mundial y que tienen que ser aceptados como violaciones del derecho internacional. El Tribunal citó como ejemplo de lo dicho el "*genocidio,*" tal como acababa en ese entonces de ser reconocido por la AGNU.[125] Es cierto, reconoce el Tribunal, que la AGNU no es un poder legislativo internacional, pero es el

> "órgano en existencia más autorizado para la interpretación de la opinión mundial."[126]

El reconocimiento que hizo la AGNU del genocidio como crimen internacional fue una persuasiva evidencia de tal hecho, y el Tribunal aprobó y adoptó sus conclusiones. Si el crimen contra la humanidad es producto de la ley o del derecho internacional, o como piensa el Tribunal, de ambos, no afecta el hecho de que sus miembros no encuentran injusto juzgar a los acusados por tales crímenes.

Los acusados sostuvieron que habían actuado de acuerdo con las leyes y decretos alemanes, pero la CCL 10 no distinguió para castigarlos, que el crimen contra la humanidad haya sido o no en violación de las leyes del país donde fue perpetrado, y la circunstancia de que hayan actuado siguiendo las órdenes de su gobierno o de una autoridad superior, no es óbice para liberarlos de responsabilidad. Como señaló el Tribunal:

> "La esencia misma del caso de la Fiscalía es que las leyes, los decretos hitlerianos y el dracónico, corrupto y pervertido sistema judicial nazi, constituyen la substancia de los crímenes de guerra y crímenes contra la humanidad, y la participación en su promulgación o ejecución lleva a la complicidad en el crimen. Hemos señalado que la participación gubernamental, es un elemento material del crimen contra la humanidad. Sólo cuando los organismos oficiales soberanos participan en las atrocidades y persecuciones, estos crímenes asumen proporciones internacionales."[127]

El fallo remarca que en la acusación no hubo ningún acusado que estuviera imputado por la muerte o por el crimen contra una persona en particular. Los acusados fueron imputados de crímenes de tal intensidad que una especie particular parece insignificante con relación al todo. La acusación hizo referencia a la existencia de una consciente participación en un amplio sistema gubernamental de crueldad e injusticia, en violación de las leyes de la guerra y de la humanidad, y perpetrado en nombre de la ley por la autoridad del Ministerio Imperial de Justicia, y a través de las cortes que fueron su instrumento. Usando una descriptiva imagen el fallo dijo:

"La daga del asesino fue escondida bajo la toga del jurista."[128]

Desde 1933 se llevaron a cabo dos procesos paralelos por medio de los cuales el Ministerio Imperial de Justicia y los tribunales, fueron equipados para funciones terroristas en apoyo del régimen nazi. El primero, el poder sobre la vida y la muerte fue extendido todavía más en las cortes. Por el segundo, las leyes penales fueron extendidas en términos tan indefinidos y ambiguos que dotaron a los jueces de la más absoluta discreción y arbitrio para decidir la ley que aplicarían.[129]

El fallo, transcribió una gran cantidad de leyes y decretos que demostraron hasta que punto se había distorsionado la ley penal para servir a los principios del régimen y aniquilar a sus enemigos. Fue la puesta en ejecución del "principio del Führer," entendiendo por tal a la puesta en marcha de todas las directivas que pregonó Hitler, tanto desde su libro "Mi lucha"[130] como desde el poder, y que afectó el funcionamiento del Ministerio Imperial de Justicia y de los tribunales alemanes, y que han sido comentadas a lo largo de este capítulo. La Ley para la protección contra los violentos actos políticos,[131] autorizó la pena de muerte a un número de crímenes para los que se hubiera dispuesto una sentencia más liviana. La definición de "alta traición" fue expandida y autorizó pena de muerte.[132] Se modificó el Código Penal agregando el vago criterio del "sano sentimiento del pueblo" y se ampliaron las condenas a muerte. Se castigó la ofensa a las insignias nazis.[133] Se impuso la pena de muerte al contrabando,[134] a la escucha de radios extranjeras y a la difusión de sus noticias,[135] al saqueo en territorios conquistados,[136] al daño intencionado del material de guerra,[137]

Dijo que se caracterizó, en primer lugar, por el poder absoluto de Hitler para promulgar y ejecutar leyes de conformidad con sus doctrinas, las cuales, en segundo lugar, obligaban a todos, aún cuando fueran en contra del derecho internacional. El Tribunal citó una evidencia presentada en el proceso, que sintetizó el pensamiento del acusado Rothenberger:

"El juez, por principio, está obligado por la ley. Las leyes son las órdenes del Führer."[138]

En otra carta a Hitler citada por el Tribunal en su veredicto, el acusado Rothenberger escribió:

"En el transcurso de las sentencias pronunciadas diariamente, todavía hay decisiones que no cumplen enteramente con los requisitos necesarios. En esos casos tomaré los pasos necesarios... Aparte de esto, sería deseable educar a los jueces más y más en la forma correcta de pensar, conscientes del destino nacional. Para este propósito sería invaluable, si usted, mi Führer, me pudiera hacer saber si un veredicto no encuentra su aprobación. Los jueces son responsables ante usted, mi Führer, y son conscientes de esa responsabilidad, y están firmemente decididos a cumplir con sus deberes concordantemente. *** ¡Viva mi Führer!

Esta obsecuencia que superaba todos los principios de independencia, así como del derecho y del proceso, sirvió para que la voluntad de Hitler se impusiera con fuerza de ley en todas las instancias. Así, por ejemplo, el Tribunal cita el caso de un condenado a prisión de apellido Schlitt. Hitler telefoneó al acusado Schlegelberger protestando contra la misma. El 14 de marzo de 1942, Schlegelberger le escribió en respuesta:

"Estoy totalmente de acuerdo con su pedido, mi Führer, de castigar severamente al crimen, y le puedo asegurar que los jueces honestamente desean cumplir con su pedido. Instrucciones constantes para endurecerlas en este sentido y el aumento de la amenaza de castigo legal han resultado en una considerable disminución de sentencias a las que se les hayan hecho objeciones desde este punto de vista de un número total anual de más de 300.000.

Continuaré tratando de reducir aún más este número, y si es necesario, no eludiré medidas personales, como antes.

En el caso criminal del técnico en construcción Ewald Schlitt de Wilhelmshaven, le he pedido al procurador general una apelación extraordinaria de nulidad de la sentencia, ante el Senado Especial de la corte del Reich. Le informaré del veredicto del Senado Especial inmediatamente que sea emitido."[139]

El 6 de mayo de 1942 Schlegelberger le informa a Hitler que la sentencia de condena a prisión por diez años de Schlitt fue revocada y que Schlitt fue condenado a muerte y ejecutado en el acto.[140] El Tribunal cita como otro ejemplo, el caso del condenado judío a dos años y medio de prisión de nombre Luftgas, que a pedido de Hitler que se le hace llegar a Schlegelberger éste transfiere a la Gestapo para que sea ejecutado.[141]

El Tribunal en su veredicto afirmó que en vista de la conclusiva prueba de la siniestra influencia que jugaron Hitler, el Ministro de Justicia, el Partido Nazi, la Gestapo y los tribunales, no corresponde otorgar a los jueces acusados el beneficio de la inmunidad judicial que conocía el sistema de los EEUU, que disponía que los jueces no son responsables personalmente por sus actos judiciales, basado en la idea de la independencia en la administración de justicia inexistente en el caso.[142]

El Tribunal también condenó los juicios por alta traición llevados a cabo por actos en los territorios ocupados, en donde prisioneros polacos eran acusados por este hecho por intentar fugarse del territorio del Imperio, acusación que a criterio del Tribunal constituye un crimen de guerra y un crimen contra la humanidad.[143]

El veredicto da por probado también que varios de los acusados conspiraron para llevar adelante un plan y programa gubernamental de persecución y exterminación de judíos y polacos, Algunos de los acusados participaron en la promulgación de leyes y decretos cuyo propósito era la persecución y aniquilamiento de esos grupos, mientras que otros lo hicieron desde su calidad de jueces ejecutando las sentencias y las atrocidades, ilegales aún ante la ley alemana, en violación de su investidura judicial.[144]

c. La sentencia

Luego, el fallo consideró las conductas de cada uno de los acusados. Comenzó su consideración con el acusado **Franz Schlegelberger**, relatando su condición de intelectual e investigador, autor de varios libros de derecho. Integró el Ministerio Imperial de Justicia como Secretario hasta 1942, recibiendo una carta de reconocimiento de Hitler y el obsequio de la suma de 100.000 RM,[145] suma suficiente como para adquirir una granja de importancia. El acusado apoyó las pretensiones de Hitler de regir sobre la vida y la muerte desde su asunción al poder olvidando o aparentando un debido proceso, contribuyendo a la destrucción de la independencia judicial desde sus directivas y exhortaciones. Fue su firma la que obligó a las cortes a actuar de conformidad con el decreto de *"Noche y Niebla"* por el que tuvo responsabilidad primaria. Fue culpable de instituir y defender procedimientos para la persecución de judíos y polacos y es culpable de crímenes de guerra al llevar esa legislación hasta los territorios ocupados del Este. Participó en la anulación de sentencias contra miembros de la policía. El Tribunal recuerda que el acusado renunció a su función, pero lo hizo tarde. Fue declarado culpable de los cargos dos y tres y de la acusación.

Herbert Klemm, miembro del Partido Nazi y de las SA. La carrera del acusado durante el régimen nazi lo llevó a ocupar el cargo de Secretario de Estado en el Ministerio de Justicia, muy cercano a Martin Bormann y a Thierack. Supo de los abusos en los campos de concentración, los interrogatorios y la persecución de judíos y polacos, persecución que llevó a cabo durante el período en el que se desempeñó en Holanda en el Ministerio de Justicia. También tuvo un papel importante en la ejecución de prisioneros de guerra aliados, sobre todo paracaidistas y aviadores que habían caído en las lineas alemanas. También cumplió un rol en la ejecución de más de 800 prisioneros en la prisión de Sonnenburg. También fue encontrado culpable bajo los cargos dos y tres de la acusación.

Con relación a **Curt Ferdinand Rothernberger**, miembro del cuerpo de líderes del Partido Nazi, el Tribunal recordó las citas del acusado considerando a los jueces en "*vasallos*" de las decisiones de Hitler, y requiriendo a los jueces que le reportaran casos que se refirieran a judíos, polacos o gitanos. El acusado recomendó al Ministerio de Justicia promulgar una ley negando el beneficio de pobreza o de litigar sin gastos a los judíos. Como la ley no fue promulgada Rothernberger recomendó a los jueces adoptar un criterio uniforme denegando ese beneficio a los judíos. El Tribunal reconoció que esto es muy pequeño al comparárselo con los millones exterminados por el régimen Nazi, pero muestra el programa de persecución sistemática en el que los acusados se desenvolvieron. Un personaje contradictorio, complejo, con conflictos internos. Ayudaba a los medio judíos, y perseguía a los polacos y judíos, escribía a favor de la independencia judicial y la condicionaba al régimen, protestaba contra las prácticas de la Gestapo y ayudaba con sus fallos. Se lo declaró culpable de los cargos dos y tres de la acusación.

Ernst Lautz siguió en el análisis del veredicto. Se unió al Partido Nazi en 1933 y tuvo directa injerencia en el Decreto "*Noche y Niebla*" y en los juicios por alta traición de polacos por cruzar las fronteras. El acusado promovía la idea de castigar a los polacos por cualquier falta que hubieran cometido, aunque no existiera en la legislación. Se lo encontró culpable de ejecutar las leyes que llevaron a millares de polacos y judíos al exterminio y se lo encuentra partícipe en el crimen de genocidio. Culpable de los cargos dos y tres de la acusación.

Con relación al acusado **Wolfgang Mettgenberg,** él mismo reconoció haber estado implicado en la redacción y ejecución del Decreto "*Noche y Niebla,"* y se lo declara culpable de los cargos dos y tres de la acusación.

Wilhelm von Ammon, miembro del Partido Nazi desde 1937, tuvo también responsabilidad en la promulgación y puesta en ejecución del Decreto "*Noche y Niebla*" y se lo encontró culpable bajo los cargos dos y tres de la acusación.

Günther Joël, miembro del Partido Nazi, de las *Waffen* SS y de la SD, directamente involucrado en la puesta en marcha y ejecución del programa de exterminación de judíos, y también con el Decreto "*Noche y Niebla,*" se lo encuentra culpable de los cargos dos, tres y cuatro de la acusación.

Oswald Rothaug, también había sido miembro del Partido Nazi como líder y tuvo una parte importante aquiescente en el programa de exterminio de judíos. Participó en el caso Katzenberger del que se hizo referencia *supra* y se lo declara culpable del cargo tres de la acusación, sin circunstancias mitigantes.

Barnickel, Petersen, Nebelung y **Cuhorst** son absueltos, aunque con relación al último, por duda.

En el caso de **Rudolf Öschey**, se unió al Partido Nazi en 1931, el Tribunal dio por probada la marcada arbitrariedad de algunas decisiones y se lo declaró culpable bajo los cargos tres y cuatro de la acusación, encontrando el Tribunal que la actitud sádica del acusado no merece mitigaciones.

Con relación a **Joseff Altstötter** se lo encontró solo culpable del cargo cuatro.

El Tribunal sostuvo también en su fallo, que entendía no tener jurisdicción para juzgar el delito de conspiración como crimen individual y específico.

El Juez Blair emitió una opinión por separado, aunque sus diferencias con el voto de los otros dos jueces, anticipó, era relativa a las fuentes de la autoridad de la CCL 10. Blair sostenía que Alemania no había perdido su soberanía y entendía que la jurisdicción del Tribunal emergía de acuerdos, de tratados y de la costumbre. Dejando de lado la larga y confusa exposición de su razonamiento sobre este aspecto y que anunció era el punto en el que difería del resto del Tribunal, el juez Blair señaló una importante divergencia, en lo relativo al cargo de conspiración que había sido dejado de lado por el fallo. Blair estimó existía dentro de las prerrogativas de la Acusación y era ajustada a derecho y consideró a todos los acusados incursos en ese crimen.[146]

. . .

Cuando el Tribunal dio a conocer las penas el 4 de diciembre de 1947 Schlegelberger, que estaba enfermo no compareció a oír la sentencia condenándolo a prisión de por vida. Este condenado, fue liberado por su deteriorada salud en 1950, pero comenzó a percibir una escandalosa pensión que fue suspendida por los socialdemócratas y luego debió ser repuesta, hasta el final de su vida. Murió en 1970.

Klemm, fue condenado a cadena perpetua, siendo liberado en 1957, ignorándose a partir de entonces toda circunstancia de su vida y de su muerte. En el caso de Rothaug, también fue condenado a prisión perpetua, siendo su sentencia reducida luego a 20 años y fue liberado bajo palabra en 1956. Murió en 1967. Rudolf Öschey fue condenado a prisión perpetua, siendo amnistiado en 1955. Murió en 1980.

Lautz, fue condenado a diez años de prisión siendo liberado en febrero de 1951. Murió en 1977. Mettgenberg, fue condenado a cinco años de prisión, pero murió durante ese tiempo en prisión en 1950. Von Ammon, condenado a diez años de prisión, fue liberado en 1951 y asumió como director de una organización eclesiástica. Murió en 1992. Joël fue condenado a diez años de prisión, siendo liberado en 1951 pasando a trabajar en la empresa Flick. Murió en 1978. Rothemberger fue condenado a siete años de prisión, pero fue liberado en 1950. Cuando su rol en la guerra fue vuelto a poner en las noticias se suicidó en 1959. A Altstötter el Tribunal lo condenó a cinco años de prisión de los que cumplió sólo dos años y medio. Ejerció como abogado en Nuremberg hasta el final de su vida en 1979.

Bibliografía

ANGERMUND, Ralph, "Die geprellten Richterkönige, Zum Niedergang der Justiz im NS-Staat," en MOMMSEN, H. & WILLEMS, S. (Eds.), Herrschaftsalltag im Dritten Reich, Schwann, Düsseldorf, 1988, 304.

Deutsche Richterschaft 1919–1945, Fischer-Taschenbuch-Verlag, Frankfurt am Main, 1991.

ASCHENBRENNER, Mark, Der Nürnberger Juristen-Prozess Fall 3 der Nürnberger Nachfolgeprozesse: Vereinigte Staaten von Amerika gegen Josef Altstötter u. a. (1947), UCA, 2006, disponible en

< http://www.ucp.pt/site/resources/documents/Docente%20-%20Palbu/Mark%20Aschenbrenner.pdf>.

ASIMOW, Michael, "Judges Judging Judges - Judgement at Nuremberg," disponible en https://www.sott.net/article/274432-Judges-judging-judges-Judgment-at-Nuremberg.

BALINT, Jennifer, Genocide, State Crime and the Law: In the Name of the State, Routledge, Abingdon, 2012.

BÄSTLEIN, Klaus, Der Nürnberger Juristenprozeß und seine Rezeption in Deutschland. en PESCHEL-GUTZEIT, Lore Maria (Ed.): Das Nürnberger Juristen-Urteil, Nomos, Baden-Baden, 1996, 9.

"Vom hanseatischen Richtertum zum nationalsozialistischen Justiz-Verbrechen. Zur Person und Tätigkeit Curt Rothenbergers 1896-1959," en Justizbehörde Hamburg (Ed..), Für Führer Volk und Vaterland ... Hamburger Justiz im Nationalsozialismus, Ergebnisse Verlag, Hamburg, 1992, 74.

BÄSTLEIN, Klaus, GRABITZ, Helge & SCHEFFLER, Wolfgang (Eds.), Für Führer Volk und Vaterland ... Hamburger Justiz im Nationalsozialismus, Ergebnisse Verlag, Hamburg, 1992.

BAUR, Stefan, Rechtsprechung im nationalsozialistischen Geist. Hermann Albert Cuhorst, Senatspräsident und Vorsitzender des Sondergerichts Stuttgart, en KIßENER, Michael & SCHOLTYSECK, Joachim, (Eds.), cit KIßENER, Die Führer der Provinz. NS-Biographien aus Baden und Württemberg, Universitätsverlag Konstanz, Konstanz 1997, 111.

BAZYLER, Michael, Holocaust, Genocide, and the Law: A Quest for Justice in a Post-Holocaust World, Oxford UP, Oxford, 2016.

BENDERSKY, Joseph W., Carl Schmitt, Theorist for the Reich, Princeton UP, Princeton, 1983.

BROSZAT, Martin, "Zur Perversion der Strafjustiz im Dritten Reich," Vierteljahreshefte für Zeitgeschichte (1958), 390, disponible en http://www.ifz-muenchen.de/heftarchiv/1958_4_5_broszat.pdf.

COUTIN, Willy, Hollywood ou l'édification d'une morale universelle: *Jugement à Nuremberg* de Stanley Kramer (1961), 195 Revue d'Histoire de la Shoah (2011), 533, disponible en https://www.cairn.info/revue-revue-d-histoire-de-la-shoah-2011-2-page-533.htm.

D'AMATO, Anthony, Justice and the Legal System, Chapter

Eight. "Justice on Trial," Anderson Publishing Co., Cincinnati, 1997, 311, disponible en http://anthonydamato.law.northwestern.edu/Justice-Legalsystem/chap8.pdf.

ENDEMANN, Fritz, "Hermann Cuhorst und andere Sonderrichter. Justiz des Terrors und der Ausmerzung," en ABMAYER, Hermann G. (Ed.) Stuttgarter NS-Täter. Vom Mitläufer bis zum Massenmörder, Schmetterling Verlag, Stuttgart, 2009, 332.

ENGERT, Karl, "Die Stellung und Aufgaben des Volksgerichtshofes," 1 Deutsches Recht, (1939), 485.

FÖRSTER, Michael, Jurist im Dienst des Unrechts: Leben und Werk des ehemaligen Staatssekretärs im Reichsjustizministerium, Franz Schlegelberger, 1876–1970, Nomos, Baden-Baden, 1995.

FREELAND, Laura-Jane R., The Assassin's Dagger: An Exploration of the German Judiciary in the Third Reich, Tesis para Master of Military Art and Science, Forth Leavenworth, 2015, disponible en http://www.dtic.mil/dtic/tr/fulltext/u2/a623872.pdf.

FREEMAN, Alwyn V., "War Crimes by Enemy Nationals Administering Justice in Occupied Territory," 41 Am J. Int'l L. (1947), 579.

FRIEDRICH, Jörg, Die kalte Amnestie – NS-Täter in der Bundesrepublik, List-Taschenbuch, Berlin, 2007.

FRÖHLICH, Elke, Die Herausforderung des Einzelnen: Geschichten über Widerstand und Verfolgung, Oldenbourg, München, 1983.

GARBE, Detlev, Between Resistance and Martyrdom: Jehovah's Witnesses in the Third Reich, The University of Wisconsin Press, Madison, 2008.

GEERLING, Wayne, MAGEE, Gary B.& SMYTH, Russell, "Sentencing, Judicial Discretion, and Political Prisoners in Pre-War Nazi Germany," 46 Journal of Interdisciplinary History, (2016), 517, disponible en http://www.mitpressjournals.org/doi/pdf/10.1162/JINH_a_00903

GRAVER, Hans Petter, Judges Against Justice: On Judges When the Rule of Law is Under Attack, Springer, New York, 2015.

GRUCHMANN, Lothar, "Hitler über die Justiz. Das Tischgespräch vom 20. August 1942," 12 Vierteljahrhäfte für Zeitgeschichte

(1964), 86, disponible en http://www.ifz-muenchen.de/heftarchiv/1964_1_4_gruchmann.pdf.

"'Nacht- und Nebel'-Justiz. Die Mitwirkung Deutscher Strafgerichte an der Bekämpfung des Widerstandes in den Besetzten Westeuropäischen Ländern 1942-1944," 29 VfG 342 (1981) disponible en <http://www.ifz-muenchen.de/heftarchiv/1981_3_2_gruchmann.pdf>.

Justiz im Dritten Reich 1933-1940: Anpassung und Unterwerfung in der Ära Gürtner, Oldenburg, München, 2001.

HEBERER, Patricia & MATTHÄUS, Jürgen (Eds.), Atrocities on Trial. Historical Perspectives on the Politics of Prosecuting War Crimes, University of Nebraska Press, Lincoln, 2008.

HINRICHS, Dörte & RUBINICH, Hans, "Harte Strafen und schnelle Begnadigungen. Der NS-Juristenprozess von 1947 und seine Folgen," 14.2.2007, en Deutschlandfunk Kultur, disponible en http://www.deutschlandfunkkultur.de/harte-strafen-und-schnelle-begnadigungen.984.de.html?dram:article_id=153357.

HOEFER, Frederick, "The Nazi Penal System," 35 J. Crim. L. & Criminology (1944-1945), 385, disponible en <http://scholarlycommons.law.northwestern.edu/cgi/viewcontent.cgi?article=3313&context=jclc>.

HOHENGARTEN, André, Das Massaker im Zuchthaus Sonnenburg vom 30. 31. Januar 1945, Imprimerie Saint-Paul, Luxemburg, 1979.

JAHNTZ, Bernhard & KÄHNE, Volker, Der Volksgerichtshof: Darstellung der Ermittlungen der Staatsanwaltschaft bei dem Landgericht Berlin gegen ehemalige Richter und Staatsanwälte am Volksgerichtshof, Berliner Büchertisch eG, Berlin, 1992.

JUNGINGER, Horst, The Scientification of the "Jewish Question" in Nazi Germany, Brill, Leyden, 2017.

KASTNER, Kart, "Der Dolch des Mörders war unter der Robe des Juristen verborgen - Der Nürnberger Juristen-Prozess 1947", Juristische Arbeitsblätter, 699.

KOCH, Arndt & VEH, Herbert (Eds.), Vor 70 Jahren - Stunde Null für die Justiz, Nomos, Baden Baden, 2017.

KOCH, Hans-Joachim Wolfgang, In the Name of the Volk: Political Justice in Hitler's Germany, Tauris, London, 1989.

KOHL, Christianne, The Maiden and the Jew, Hoffman und Campe, Hamburg, 1997.

KRAMER, Helmut Kramer, "Richter vor Gericht: Die juristische Aufarbeitung der Sondergerichtsbarkeit," 15 Juristische Zeitgeschichte (2007), 121, disponible en https://www.justiz.nrw.de/JM/haus_und_historie/zeitgeschichte/3publikationen/jur_zeitgeschichte/bandXV/leseprobe.pdf

LAUF, Edmund, Der Volksgerichtshof und sein Beobachter: Bedingungen und Funktionen der Gerichtberichterstattung im Nationalsozialismus, Springer, Opladen, 1994.

LIPPMAN, Matthew, They Shoot Lawyers Don't They: Law in the Third Reich and the Global Threat to the Independence of the Judiciary, 23 Cal. W. Int'l L.J. (1992-1993), 257, disponible en http://scholarlycommons.law.cwsl.edu/cgi/viewcontent.cgi?article=1378&context=cwilj

"Law, Lawyers, and Legality in the Third Reich: The Perversion of Principle and Professionalism," 11 Temp. Int'l & Comp. L.J. (1997), 199.

"The Prosecution of Josef Altstoetter et al.: Law, Lawyers, and Justice in the Third Reich," 16 Dick. J. Int'l L. (1998), 343, disponible en http://elibrary.law.psu.edu/cgi/viewcontent.cgi?article=1432&context=psilr

"The White Rose: Judges and Justice in the Third Reich," 15 Conn. J. Int'l L. (2000), 95.

MAHLMANN, Matthias, "Judicial Methodology and Fascist and Nazi Law," en JÖRGES, Christian & GHALEIGH, Navraj Singh (Eds.), Darker Legacies of Law in Europe: The Shadow of National Socialism and Fascism Over Europe and Its Legal Traditions, Hart, Oxford, 2003, 229.

MARXEN Klaus, Das Volk und sein Gerichtshof: eine Studie zum Nationalsozialistische Volksgerichtshof, Vittorio Klostermann, Frankfurt am Main, 1994.

MARXEN, Klaus & SCHLÜTER, Holger, Terror und "Normalität": Urteile des nationalsozialistischen Volksgerichtshofs 1934–1945:

Eine Dokumentation, Justizministerium des Landes NRW, Düsseldorf, 2004

MÜLLER, Ingo, Hitler's Justice: The Courts of the Third Reich, Harvard UP, Harvard, 1991.

Los Juristas del Horror, Actum, Caracas, 2006, disponible en <http://www.pensamientopenal.com.ar/system/files/2015/03/doctrina40705.pdf>.

MUÑOZ CONDE, Francisco, Edmund Mezger y el Derecho Penal de su tiempo. Estudios sobre el Derecho penal en el Nacionalsocialismo, Tirant lo Blanch, Valencia, 2003, disponible en https://edisciplinas.usp.br/pluginfile.php/3196569/mod_resource/content/1/scribd-download.com_edmund-mezger-y-el-derecho-penal-de-su-tiempo-francisco-mu-n.pdf.

NATHANS, Eli, "Legal Order as Motive and Mask: Franz Schlegelberger and the Nazi Administration of Justice," 18 Law & Hist. Rev., (2000), 281-304.

ORTNER, Helmut, Der Hinrichter: Roland Freisler - Mörder im Dienste Hitlers, Zsolnay Vlg., Wien, 1993.

OSTENDORF, Heribert, & TER VEEN, Heino, Das 'Nuremberger Juristenurteil - Eine Kommentierte Dokumentation, Frankfurt, Campus, 1985.

PATEMAN, COLIN, Beheaded by Hitler. Cruelty of the Nazis, Civilian Executions and Judicial Terror 1933-1945, Fonthill, London, 2014.

PESCHEL-GUTZEIT, Lore Maria, Das Nürnberger Juristen-Urteil von 1947: Historischer Zusammenhang und aktuelle Bezüge, Nomos, Baden Baden, 1996.

PRIEMEL, Kim Christian, The Betrayal: The NurembergTrials and German Divergence, Oxford UP, Oxford, 2016.

PROSKE, Wolfgang, (Ed.), Täter, Helfer, Trittbrettfahrer, Kugelberg Vlg., Gerstetten, 2017.

REGINBOGIN, Herbert R. & SAFFERLING, Christoph J. M. (Eds.), The NurembergTrials: International Criminal Law Since 1945 / Die Nürnberger Prozesse - Völkerstrafrecht seit 1945, K. G. Saur, München, 2006.

RICHTER, Isabel, Hochverratsprozesse als Herrschaftspraxis im

Nationalsozialismus: Männer und Frauen vor dem Volkgerichtshof 1934–1939, Westfälisches Dampfboot Verlag, Münster, 2001.

RÜPING, Heinrich, "Streng, aber gerecht: Schutz der Staatssicherheit durch den Volksgerichtshof," 39 Juristenzeitung, (1984), 815.

SCHÄDLER, Sarah, "Justizkrise" und "Justizreform" im Nationalsozialismus: das Reichjustizministerium unter Reichjustizminister Thierack (1942-1945), Diss., Mohr Siebeck, Tübingen, 2009.

SCHÄFER, Hans-Christoph, "Die Staatsanwaltschaft - ein politisches Instrument?" en MICHALKE, Regina et al. (Eds.), Festschrift für Rainer Hamm zum 65. Geburtstag am 24. Februar 2008, De Gruyter, Berlin, 2008, 643.

SCHOTT, Susanne, Curt Rothenberger – eine politische Biographie, Diss., disponible en http://d-nb.info/96359043x/34.

SCHLÜTER, Holger, Die Urteilspraxis des nationalsozialistischen Volksgerichtshof, Duncker & Humblot, Berlin, 1995.

SCHMITT, Carl, "Die Rechtswissenschaft im Führerstaat," Zeitschrift der Akademie für Deutsches Recht (1935), 435.

SCHNITZER, Jan, The Nuremberg Justice Trial - Vengeance of the Victors? LLM Thesis, University of Wellington, Wellington, 2010, disponible en <http://researcharchive.vuw.ac.nz/xmlui/bitstream/handle/10063/1335/thesis.pdf?sequence=1>.

SFEKAS, Stephen J. "A Court Pure and Unsullied: Justice in the Justice Trial at Nuremberg," 46 University of Baltimore Law Review (2017), 457, disponible en http://scholarworks.law.ubalt.edu/cgi/viewcontent.cgi?article=2019&context=ublr.

"The Enabler, the True Believer, the Fanatic: German Justice in the Third Reich," 26 J. Juris. (2015), 189.

STEGEMANN, Wolf, "Juristen demontierten als Handlanger des Verbrecher-Regimes nach Recht und Gesetz Menschlichkeit und Gerechtigkeit und setzten nach 1945 ihre Karrieren fort," en http://www.-dorsten-unterm-hakenkreuz.de/2012/05/28/juristen-demontierten-als-handlanger-des-verbrecher-regimes-nach-recht-und-gesetz-menschlichkeit-und-gerechtigkeit-und-setzten-nach-1945-ihre-karrieren-fort/.

STEINWEIS, Alan E. & RACHLIN, Robert D. (Eds.), The Law in Nazi Germany: Ideology, Opportunism, and the Perversion of Justice, Berghahn Books, New York, 2013.

SWEET, William, "The Volksgerichtshof: 1934–1945," 46 Journal of Modern History, (1974), 314, disponible en http://uniset.ca/terr/art/sweet_volksgerichtshof1877524.pdf.

TERSTIEGE, Kai, Die Rechtsstellung von Streitkräften in fremdem Territorium, Nomos, Baden Baden, 2010.

THIERACK, Otto Georg, "Aufgaben und Tätigkeit des Volksgerichtshofes," 19/20 Zeitschrift der Akademie für Deutsches Recht, (1936), 856.

WACHSMANN, Nikolaus, Hitler's Prisons: Legal Terror in Nazi Germany, Yale UP, New Haven, 2004.

WECKEL, Ulrike, "The Power of Images. Real and Fictional Roles of Atrocity Film Footage at Nuremberg," en PRIEMEL cit. Loc 6188 Kindle.

WELCH, Steven R., "The case of Elfriede Scholz, nee Remark", 46 Agora, (2011), 4 disponible en http://search.informit.com.au/documentSummary;dn=634038041397916;res=IELHSS

WILKE, Christiane, "Reconsacreting the Temple of Justice: Invocations of Civilization and Humanity in the Nuremberg Justice Case," 24 Can. J.L. & Soct'y (2009) 181.

ZEIDLER, Manfred, Das Sondergericht Freiberg, Zu Justiz und Repression in Sachsen 1933-1940, Hannah-Arendt-Institut, Dresden, 1998, disponible en http://www.hait.tu-dresden.de/dok/bst/Heft_16_-Zeidler.pdf.

5
CAPÍTULO QUINTO

EL CASO DE LAS SS o "U.S. v. OSWALD POHL ET AL."

I. INTRODUCCIÓN

El caso seguido contra Oswald Pohl y otros diecisiete acusados,[1] todos miembros de las SS y del departamento económico y administrativo de esa organización, es conocido también como "*el caso de los SS,*" o "*el caso de los campos de concentración,*" y transcurrió entre el 10 de marzo y el 3 de noviembre de 1947, aunque hubo una sentencia adicional el 11 de agosto de 1948.

El juicio fue llevado adelante por el Tribunal II que ya había tenido a su cargo el caso Milch estudiado en el Capítulo Tercero.[2]

Los jueces del caso fueron Robert M. Toms que fue quien lo presidió, Juez de la Corte de Circuito de Michigan, F. Donald Phillips, Juez de la Corte Suprema de Carolina del Norte y Michael A. Musmanno, juez en Allegheny County, Pittsburg, Pensilvania. John L. Speight de Alabama, actuó como juez suplente.

La Fiscalía estuvo a cargo de James McHanney, Jack Robbins, y varios ayudantes, quien había actuado ya en el caso de los médicos contra Karl Brandt y otros.³ También entre los Defensores algunos nombres comenzaron a repetirse como Seidl, Rauchenbach y Servatius.

Todos los acusados fueron miembros de la WVHA -abreviatura de *Wirtschafts und Verwaltungshauptamt* o Departamento Principal Económico y Administrativo de las SS,⁴ siendo Oswald Pohl y Georg Lörner los principales imputados. La estructura de la organización y la composición de sus Divisiones están descriptas en el proceso mediante una disposición del imputado Pohl distribuyendo las funciones.⁵ Este conglomerado económico manejaba todos los asuntos de las SS.

Fiscal James McHanney

Los acusados en el caso, Pohl a la extrema izquierda.

Acusados en este caso fueron:

1) **Oswald Ludwig Pohl,** de 57 años, en 1912 se alistó en la Marina como funcionario administrativo. De familia católica, abandonará la religión en 1935. Se unió al Partido Nazi en 1926 y en 1934 a las SS alcanzando el rango de Líder Nacional de las SS. Tuvo un rango nominal en las Waffen SS. Jefe de la WVHA, que es la institución que se analizará en este juicio, desde septiembre de 1939 hasta el fin de la guerra. En 1942 se hizo cargo desde allí, de la administración de los campos de concentración. Muy condecorado, sobre todo con medallas y emblemas del Partido Nazi y las SS.

Capítulo Quinto

Momento en que se le informa a Pohl de su condena a muerte.

Será el único condenado a la horca en este caso. Su sentencia se ejecutó en 1951, tras varias apelaciones;

2) **August Franz Frank**, de 59 años, voluntario en la I Guerra Mundial, en 1920 policía administrativo. Casado con Rosa Hofmann, vendedor de alimentos. En 1932 ingresó en las SS, y en 1933 en el Partido Nazi. De 1933 a 1934, director administrativo del campo de concentración de Dachau. En 1939 fue director administrativo de las SS.

August Franz Frank

En 1940 Mayor General de las Waffen SS y de la policía, y ese mismo año Jefe de División A de la WVHA; en 1944 fue ascendido a General de las SS. Fue condenado en este juicio a prisión perpetua, reducida luego a 15 años de prisión. Salió en libertad en 1954. Murió en 1984.

3) **Georg Nikolaus Lörner,** de 58 años, luchó en la I Guerra Mundial, donde fue herido.

Georg Nikolaus Lörner

Actividad política en Baviera y en 1931 entró en el Partido Nazi y al año siguiente en las SS donde fue responsable de uniformes y equipamiento. Condecorado. Segundo de Pohl, responsable de la DWB, Mayor General de las *Waffen SS*, a partir de 1942 fue Jefe de División B de la WVHA; condenado a la pena de muerte, le fue conmutada por prisión perpetua y finalmente conmutada a 15 años, saliendo en libertad en 1954. Murió en 1959.

4) **Heinz Karl Fanslau,** de 38 años, miembro del Partido Nazi y de las SS desde 1931. Ascendió hasta líder de Brigada y General de las *Waffen SS* siendo muy condecorado.

Heinz Karl Fanslau

De 1943 hasta el final de la guerra, Jefe de División A de la WVHA; condenado a 20 años de prisión, reducida a 15 en 1951, salió finalmente en libertad en 1954. En 1963 fue condenado por un tribunal alemán a 3 años de prisión por su involucramiento en la muerte de Röhm. Murió en 1987.

5) **Johannes Georg,** (llamado **"Hans"**) **Lörner,** de 54 años, hermano del acusado (3), tomó parte como soldado de la I Guerra Mundial. En 1932 se afilió al Partido Nazi y en 1933 ingresó en las SS.

Johannes Georg Lörner

En 1939 formó parte de las *Waffen* SS. Coronel de las SS y, desde 1942 entró en la WVHA donde en 1944 fue Jefe de la Oficina I de la

División A de la WVHA. Condenado a 10 años de prisión fue liberado en 1951 y se pierde el rastro sobre su destino y lugar de deceso.

6) **Josef Theodor Vogt**, de 63 años. Tras el colegio ingresó en la carrera militar.

Josef Theodor Vogt

Participó en la I Guerra Mundial, miembro del Partido Nazi en 1920, en 1936 miembro de las *Waffen SS* donde fue Líder de Regimiento. Jefe de la Oficina IV de la División A de la WVHA. Fue absuelto. Murió en 1967.

7) **Erwin Oskar Rudolph Tschentscher**, de 50 años, bancario. En 1928 ingresó al Partido Nazi y en 1930 a las SS.

Erwin Oskar Rudolph Tschentscher

Líder de Escuadrón de las *Waffen SS* participó del ataque a la URSS. En 1943 ingresó a la WVHA donde fue Jefe de la Oficina I de la División B de la WVHA. Condenado en este juicio a 10 años de prisión, fue liberado en 1951. Murió en 1972.

8) **Rudolf Hermann Karl Scheide**, de 39 años, granjero. En 1929 ingresó al Partido Nazi y al año siguiente a las SS. De 1938 a 1942 estuvo al mando de una compañía motorizada. Coronel de las *Waffen SS* y en 1942 Jefe de la Oficina V de la División B de la WVHA.

Rudolf Hermann Karl Scheide (foto www. elholocausto.net)

Fue absuelto en este juicio. No existen registros de su vida o su deceso.

9) **Hubert Max Kiefer**, de 59 años, arquitecto, participó en la I Guerra Mundial. En 1933 ingresó en las SA, en 1935 a las SS y en 1937 en el Partido Nazi.

Hubert Max Kiefer

Teniente Coronel de las *Waffen SS* y Jefe de la Oficina II de la División C de la WVHA involucrado en construcciones. Condenado a prisión perpetua, se le conmutó a 20 años de prisión y fue liberado en 1951. Volvió al ejercicio de la arquitectura. Murió en 1974.

10) **Franz Eirenschmalz,** de 46 años, arquitecto. En 1920 ingresó en las SA, tomó parte en 1923 en el intento de golpe de estado de Hitler. Ingresó en 1931 en las SS y en el Partido Nazi. Coronel de las *SS* y desde 1942 hasta 1945, Jefe de la Oficina II de la División C de la WVHA.

Franz Eirenschmalz

Habiendo participado en la construcción de campos de concentración fue condenado a muerte, se redujo en apelación a 9 años y fue liberado en 1951. Fue testigo en 1964 del juicio de Auschwitz, y se pierde su rastro, ignorándose su lugar de deceso.

11) **Karl Sommer,** de 32 años, entró en 1933 a las *SS,* pero no fue afiliado al Partido Nazi. Desde 1942 integrante de las *Waffen* SS como capitán, pero por haber sido herido fue retirado y desde 1942 funcionario de la Oficina II de la División D de la WVHA; condenado a prisión perpetua, luego reducida a 20 años y liberado en 1953.

Karl Sommer

Se desconoce su destino y fecha de deceso.

12) **Hermann Pook**, de 46 años, dentista desde 1923. Ingresó en 1933 en el Partido Nazi y en las SS, Teniente Coronel de las *Waffen SS* y Jefe dentista, desde 1943 funcionario de la Oficina III de la División D de la WVHA. Se le atribuyó haber removido oro de los dientes de los internos. Condenado a 10 años de prisión, liberado en 1952.

Hermann Pook

Volvió a la práctica como dentista, su testimonio fue leído en el juicio de Auschwitz. Murió en 1983.

13) **Johannes Hans Heinrich Baier**, de 54 años, integrante de la Marina Imperial durante la I Guerra Mundial; ingresó en 1933 en el Partido Nazi y en 1937 en las SS, oficial de las SS y funcionario de la División W de la WVHA.

Johannes Hans Heinrich Baier

Condenado a 10 años de prisión, fue liberado en 1951. Murió en 1969.

14) **Hans Karl Hohberg,** de 41 años, contador, doctorado en 1931. No fue claro si fue miembro del Partido Nazi y de las SS, pero fue funcionario civil de las SS. Desde 1942 fue funcionario de la División W de la WVHA.

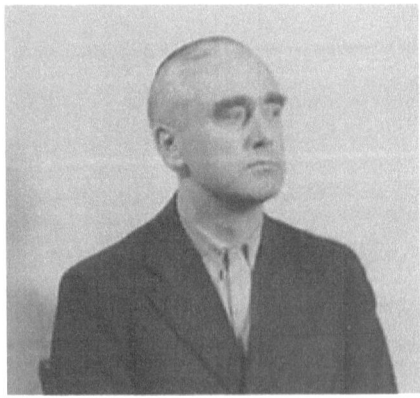

Hans Karl Hohberg

Condenado a 10 años de prisión, en 1951 fue liberado y volvió a su trabajo como contador, hasta su muerte en 1968.

15) **Leo Narziß Volk**, de 38 años, abogado, doctorado en 1935. En 1933 ingresó en el Partido Nazi y en las SS. En 1940, miembro de las *Waffen SS* y desde 1941 fue Jefe de la Departamento Legal de la División W de la WVHA.

Condenado a 10 años de prisión, su condena se redujo a 8 años y fue liberado en 1951. Trabajó como abogado hasta su muerte en 1973.

Leo Narziß Volk

16) **Kunz Andreas Emil Karl Mummenthey,** de 41 años, abogado desde 1937. Miembro de las SA desde 1933 y de las SS desde 1934. Miembro del Partido Nazi desde 1937. Integró la reserva de las *Waffen SS*.

Kunz Andreas Emil Karl Mummenthey

Desde 1939 en la WVHA donde desempeño diversas funciones y fue Jefe de la Oficina I de la División W de la WVHA. Condenado en este juicio a prisión perpetua, se redujo a 20 años y fue liberado en 1953. Se desconoce su destino y fecha de deceso.

17) **Johannes Karl Bernhard** (llamado **Hanns**) **Bobermin**, de 44 años, contador, doctorado en ciencias políticas en 1930. En 1933 ingresó en el Partido Nazi y en las SS. Fue miembro de la reserva de las *Waffen SS* y desde 1942 se desempeñó como Jefe de la Oficina II de la División W de la WVHA.

Johannes Karl Bernhard Bobermin

Condenado a 20 años de prisión, se redujo a 15 años y finalmente fue liberado en 1951. Tras su liberación trabajó en una empresa en el sur de Alemania y murió en 1960.

18) **Oskar Edwin Willhelm** (llamado **Horst**) **Klein**, de 37 años, abogado. Desde abril de 1933 integró las SS y el Partido Nazi.

Oskar Edwin Willhelm Klein

Desde 1942 se desempeñó como Jefe de la Oficina VIII de la División W de la WVHA, fue arrestado por la Gestapo en 1944 por derrotista. Fue absuelto en este juicio. Se desconocen detalles sobre su destino tras ser liberado.

La transcripción del caso ocupó 8.461 páginas, hubo más de documentos 1.300 anexos, se escuchó el testimonio de 48 testigos, y casi 500 affidavits entre los de la Defensa y la Acusación.

II. LA ACUSACIÓN

Como en los casos anteriores, la acusación que les fue notificada a los acusados se basó en cuatro cargos: 1) el propósito común o la conspiración; 2) crímenes de guerra; 3) crímenes contra la humanidad; y 4) pertenencia a una organización criminal. Veamos los cargos por separado:

a. El cargo por conspiración o designio común

Se les atribuía a los acusados que, entre enero de 1933 y abril de 1945, siguiendo un plan o designio común, dolosa e ilegalmente conspiraron para cometer crímenes de guerra y crímenes contra la humanidad, tal como son definidos por la CCL 10, Artículo II. Los acusados ayudaron y financiaron con medios a las SS, en cada una de sus funciones. Planearon para poder establecer, mantener y operar a través de Alemania y otros países, campos de concentración y campos de trabajo en donde miles de personas, incluyendo prisioneros de guerra, civiles alemanes y de otras nacionalidades, fueron injustamente hechos prisioneros, esclavizados, torturados y asesinados.

Proveyeron de mano de obra esclava a varias empresas a través de Alemania y otros países, así como pacientes para experimentos médicos y llevaron adelante la política de exterminio de judíos dispuesta por el gobierno nazi, así como la esterilización y castración de ciertos grupos de personas. También colaboraron para llevar adelante el programa de eutanasia, así como el de deportar ciudadanos judíos y expoliar sus propiedades.

Diagrama de funcionamiento de la WVHA usado en el juicio

Todos los acusados estuvieron de una u otra manera sirviendo en la WVHA, que era la organización económica de las SS. El acusado Pohl estaba al frente, Frank y Georg Lörner fueron sus ayudantes, y los demás acusados ocuparon posiciones jerárquicas en cada una de las divisiones de ese organismo.

Hans Lörner, Frank y Fanslau fueron jefes de la División A.

La División B estuvo a cargo de la provisión de la comida y ropa en los campos de concentración, así como de las SS. Georg Lörner era el Jefe de la División B y Tschentscher era su ayudante. Scheide también dirigía una oficina en esa unidad.

La División C fue ocupada de la construcción y mantenimiento de las casas y oficinas de las SS, de la policía y de los campos de concentración. Kiefer y Eirenschmalz estaban en este grupo.

La División D era la que inspeccionó y administró los campos de concentración, y fue responsable por su orden y disciplina. Sommer estaba a cargo dentro de esta División y fue responsable por la provisión de trabajo y servicios de los prisioneros de los campos. Pook estaba a cargo de los temas relativos a la odontología entre los prisioneros.

La División W, entre otras cosas, se ocupó de la administración y operación de varias empresas donde ocupó a muchos prisioneros de los campos donde tuvieron puestos directivos el resto de los acusados.

b. Crímenes de guerra

Todos los acusados fueron imputados de la comisión de crímenes de guerra tal como habían sido definidos por la CCL 10, en cuanto fueron autores principales, cómplices o instigadores de la comisión de atrocidades contra las personas y la propiedad, expoliando propiedad pública y privada, asesinando, torturando y esclavizando mediante la deportación para trabajo esclavo, y exterminando miles de prisioneros. Los campos de concentración fueron el medio principal para la comisión de estas atrocidades.

La WVHA tomó jurisdicción sobre los campos de concentración en Alemania y en los territorios ocupados, y tuvo a su cargo su administración, mantenimiento, así como el establecimiento de nuevos campos de concentración. Fue responsable de la comida, ropa, alojamiento y sanidad, así como del cuidado médico de los prisioneros. Tuvo poder sobre la vida y la muerte de los internos. La función de la WVHA fue extraer la mayor cantidad de trabajo con la menor cantidad de comida y ropas, así como de servicios médicos. Esta política resultó en la muerte de miles de internos por enfermedades o agotamiento físico. Para los internos, no había posibilidad de salida en libertad de los campos de concentración sino a través de la muerte, Como resultado de esta política, la disposición de los cuerpos de los muertos fue un problema insoluble. Los prisioneros de los campos eran trasladados de un campo a otro de acuerdo a los requerimientos de trabajo o de otras circunstancias. Miles murieron durante estos transportes sobrecargados, por hambre, sed, frío y sofocación, agotamiento físico y maltrato por los guardias SS. Frecuentemente eran obligados a marchar largas distancias bajo el clima gélido, sin zapatos ni ropas adecuadas.

Los asesinatos y torturas ocurrieron por medios diversos incluyendo gasificación, fusilamientos, horca, latigazos, golpes, grandes amontonamientos, baja alimentación y tareas de trabajo más allá de las fuerzas de quienes fueron obligados a hacerlas. También mediante la experimentación médica y biológica con los prisioneros, la inadecuada provisión de servicios médicos, de ropa, alojamiento, exposición al frío, graves falencias para el transporte de personas y falta de medidas sanitarias.

En Polonia, Rusia y otros países ocupados los acusados llevaron adelante la expoliación y confiscación de propiedad personal de judíos, rusos, polacos y otros propietarios privados, pero también de iglesias, comunidades, ciudades y estados.

Deportaron mano de obra esclava y reubicaron a civiles en otros territorios en el proceso de "arianización."

Expoliaron todas las propiedades de los prisioneros en los campos de concentración, vivos o muertos.

Se llevó a civiles y prisioneros de guerra de todos los países de Europa deportados de sus hogares, y fueron apiñados en campos de concentración, algunos con instalaciones como cámaras de gas o buses gasificadores sellados, para su ejecución en masa. Innumerables judíos, rusos y polacos, fueron llevados en trenes de transporte a las cámaras de gas donde fueron exterminados. Los acusados participaron en el exterminio de todas las "*razas*" y nacionalidades entendidas como "*inferiores*" por el régimen nazi. Sacerdotes, abogados, intelectuales y otras personas fueron cazados y transportados a los campos de concentración donde fueron sometidos a un calculado proceso de asesinato, tortura y maltrato que los acusados perfeccionaron y administraron. Llevaron adelante experimentos médicos, castraciones y esterilizaciones para impedir que miembros de las "*razas*" indeseables se propagaran.

∴

Estos crímenes constituyen violaciones de convenciones internacionales, particularmente de los artículos 3 a 7, 14, 18, 23, 43, 46, 50, 52, 55, y 56 de las Regulaciones respecto de las leyes y costumbres de la guerra terrestre anexas a la Convención de La Haya del 18 de octubre de 1907 y de los artículos 2-4, 6, 8 a 17, 23-81, 33, 34, 36, 42, 46 a 48, 206 50, 51, 54, 56, 57, 60, 62, 63, 65 a 68, 76, y 77 de la Convención de Ginebra de Prisioneros de Guerra de 1929, de las leyes y costumbres de la guerra, de los principios generales de la ley penal derivada de las leyes de las naciones civilizadas, la ley penal doméstica de los países en los que los crímenes fueron cometidos y que han sido declarados como tales por el artículo II de la CCL 10.

c. Crímenes contra la humanidad

Los mismos hechos que conformaron la acusación por crímenes de guerra conforman la acusación por la comisión de crímenes contra la humanidad, haciendo la Fiscalía referencia a los párrafos numerados que hemos resumido en el apartado anterior. Esos crímenes contra la humanidad constituyen violación de convenciones internacionales, incluyendo los mismos fundamentos legales que fueron ya citados.

d. Pertenencia a una organización criminal

El último cargo atendió a la circunstancia de que la totalidad de los acusados, con la sola excepción de Hohberg que fue miembro civil administrativo, fueron miembros de las SS, organización ésta que fue encontrada como criminal en el juicio ante el IMT.

III. EL JUICIO

El Fiscal McHaney dio comienzo con la primera presentación de la acusación sobre el caso en el que se iban a juzgar a las SS, era el cuarto de una serie que incluía a esa organización:

"Con la venia del Tribunal, hoy se marca el comienzo del primer proceso en Nuremberg dedicado exclusivamente a juzgar personas activas en las SS. El 30 de septiembre de 1946, el Tribunal Militar Internacional encontró a las SS constituir una organización criminal.[6] Desde ese día, han sido presentadas cuatro acusaciones por el Jefe del Consejo de Crímenes de Guerra actuando en nombre de los Estados Unidos de América, distintas de las de este juicio, ante los Tribunales Militares. Los acusados van desde médicos y oficiales en el servicio médico alemán, a un mariscal de la Luftwaffe, desde oficiales del sistema judicial del Tercer Reich a los directores de una reunión industrial. Sin embargo, sin excepciones cada uno de estos casos trata en gran medida con crímenes en los que las SS fueron parte. En todos esos casos menos uno, las SS estaban representadas entre los acusados. En verdad, en el caso ante el Tribunal Militar Internacional no menos de once de los acusados eran miembros de las SS.

Esto señala el inmenso poder e influencia que tenían las SS en el Tercer Reich. Aún hoy, cerca de dos años de la finalización de las hostilidades, las SS son vistas frecuentemente como una simple colección de fanáticos racistas, preparados hombres de combate o matones de campo de concentración. Que no haya malentendidos con ello: Himmler fue tremendamente exitoso en hacer a las SS una elite poderosa. Sus miembros estaban presentes en el entorno personal de Hitler y en los ministerios imperiales, en las fuerzas armadas, en los gobiernos provinciales y municipales, en la industria y las finanzas, en la prensa, en los territorios ocupados, y en las esferas de educación y cultura. Se ha dicho con bastante veracidad, que las SS eran un estado dentro del estado.

Es en consecuencia una cuestión importante investigar los trabajos de este Estado SS, y establecer las responsabilidades, sobre la pluralidad de crímenes de esos hombres en posiciones encumbradas, que mantuvieron funcionando esa monstruosa maquinaria. La justicia no puede tolerar el juicio de sádicos comandantes de campos de concentración y guardias, o incluso de industrialistas que hicieron funcionar sus fábricas con mano de obra esclava, sin hacerles rendir cuentas a esos hombres de las SS que hicieron esto posible. En el banquillo están los principales líderes sobrevivientes de la Oficina

Económica y Administrativa de las SS (SS Witschafts- und Verwaltungsamt) llamada habitualmente WVHA. Fueron ellos lo que procuraban el material, el dinero, y los esclavos para apoyar el estado SS. Fueron ellos lo que supervisaron las junglas sin ley que fueron los campos de concentración. Como dijo Eugen Kogon: 'Ningún súper judío de Streicher logró jamás los que el SS Obergruppenführer Pohl tuvo éxito haciendo: la racionalización de volver cadáveres en dinero en masa.

"Los crímenes que son objeto de este juicio, recorren toda la gama de 'inhumanidad del hombre hacia el hombre,' la comisión sistemática de atrocidades en los campos de concentración; la utilización de mano de obra esclava bajo condiciones brutales e inhumanas; la exterminación de los judíos, y de los llamados 'consumidores inútiles;' la experimentación criminal médica sobre internos de los campos de concentración; la destrucción del gueto de Varsovia; y la confiscación de propiedades en escala gigante. El acusado Pohl y sus colaboradores de la WVHA fueron parte en esos crímenes y en muchos más." [7]

La Fiscalía entendió que, desde que el caso era relativo a lo que sucedió en las oficinas principales de las SS, era necesario entender algo de la historia y organización de las SS en general, y de la WVHA en particular.

Las SS fueron los guardianes del Partido Nazi. Formadas en 1925 para proteger a los líderes en las reuniones del partido y, por sobre todo, para proteger al Führer, quien a su vez fue siempre Líder Supremo de las SS.

En enero de 1929 se nombró a Heinrich Himmler como Líder Imperial SS para comandarlas y fue subordinado directamente a Hitler. En esa época fueron sólo 280 hombres, y era menos mucho menos importante que las SA de Röhm.

Pacientemente, Himmler formó en las SS lo que luego sería visto como la aristocracia del Partido Nazi. La selección para ingresar en las SS se hacía en base a la doctrina de la pureza de la sangre alemana, que Himmler remontaba a los orígenes nórdicos de los arios.

Cuando el Partido Nazi toma el poder en 1933, las SS incluyeron ya 52.000 hombres.

En la sangrienta *"noche de los cuchillos largos,"* los brutales y obedientes miembros de las SS que respondían a Hitler y Himmler, asesinaron a Röhm y a sus más importantes colaboradores.

Las víctimas fueron vistas como disidentes, y eran en aquel momento, un tema de conflicto para atraer a las fuerzas armadas alemanas al Partido Nazi, que veían a las numerosas SA de Röhm, como un verdadero ejército en las sombras. Esa ejecución llevó a las SS a constituirse en la casta dirigente del Partido Nazi, y Himmler incrementó considerablemente su poder.

Rohm (derecha) con Himmler en el medio, sería ajusticiado en la Noche de los cuchillos largos.

Hitler lo nombró en junio de 1936, como jefe de la policía alemana en el Ministerio del Interior, con autoridad sobre la policía regular, y la Policía de Seguridad que incluyó a la Gestapo. También, debe nombrarse a la SD que trabajó muy cerca de la Gestapo como agencia de espionaje de la Gestapo y luego de todo el Partido Nazi. Reinhard Heydrich era el jefe de la SD, y Himmler nombró a Heydrich como jefe de la Policía de Seguridad lo que produjo una amalgama entre esta policía, que era una organización del estado, con la SD, que era una organización del Partido Nazi.

En 1943 Himmler fue nombrado adicionalmente Ministro del Interior y luego Comandante en Jefe del Ejército del Ejército de Reserva y Jefe de Armamento Militar, controlando así todas las tropas en el frente doméstico.

Capítulo Quinto

Himmler y Heydrich

Las SS ganaron influencia en todas las esferas de la vida alemana. Para 1939 ya eran 240.000 hombres. Adicionalmente se crearon otras dos divisiones de Tropas de Servicios Especiales y la formación de la Calavera, que aportaron juntos otros 40.000 hombres. Servicios Especiales eran miembros de las SS que voluntariamente se enrolaban en cuatro años de servicio militar, en lugar de hacerlo con el ejército. Fueron organizados como una unidad armada que se emplearían con el ejército en el evento de movilización.

Gorra de la *Totenkopf* o de la Calavera

La formación de la Calavera fue compuesta también por voluntarios y fueron usados como guardias para los campos de concentración. Estas dos divisiones, usadas cuando empezó la guerra en la campaña polaca fueron conocidas como "*Waffen SS*". En 1940, alcanzaron los 100.000

hombres, y tomaron parte en todas las campañas militares alemanas, salvo en las de Noruega y África. Para el final de la guerra la componían alrededor de 580.000 hombres. Mientras que las *Waffen SS* eran parte del ejército y de su presupuesto, las SS eran una rama del Partido Nazi, siendo sus finanzas controladas por el tesorero del partido.

Luego de la muerte de Heydrich, Kaltenbrunner fue hecho jefe de la RSHA. Por sus actividades criminales al frente de esa institución fue condenado a muerte por el IMT.

Sujeto a la autoridad de Himmler, toda la dirección, organización y administración de las SS fue llevada a cabo por el Comando Supremo de las SS, que se compuse de doce departamentos u oficinas principales. La más importante de todas fue la Oficina Principal de Seguridad Imperial, la WVHA.

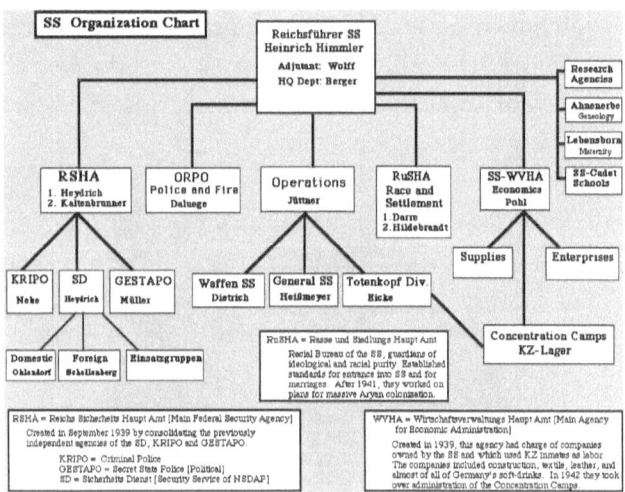

Carta de organización de las SS

La WVHA representó la unión de tres oficinas: la de administración, la de construcción y presupuesto, y la de inspección de campos de concentración.

La de administración, ubicada por muchos años en Munich, fue dirigida por el acusado Pohl desde 1934. Los acusados Frank, Georg y Hans Lörner, Vogt, Tschenscher, Eirenschmalz y Baier fueron colaboradores de Pohl en varias fases de su trabajo. Esa oficina también se encargó de los negocios y emprendimientos empresarios de las SS, entre los que se contó las empresas Tierra Alemana y Talleres de Piedra, con canteras de granito en los campos de concentración de Flossenbürg, Mauthausen, Gross-Rosen y Natzwiller. En 1940 se formó la DWB como holding con Pohl y Georg Lörner. Los acusados Hohberg, Volk, Mummenthey, Bobermin y Klein tuvieron activa participación en el desarrollo de estas empresas. En 1940, la oficina de administración de Pohl fue elevada a Oficina Principal de las SS, conociéndose entonces como WVHA, y Pohl fue jefe de la recién creada Oficina Principal de Construcciones y Presupuesto, con tres departamentos a su cargo: la I de Presupuesto, la II de Construcciones y la III de Emprendimientos Económicos. Los tres departamentos tuvieron una relación esencial con los campos de concentración: el I estuvo a cargo de la ubicación y control del trabajo de prisión; el II estuvo a cargo de la construcción y mantenimiento, y el III, controló varias plantas que usaron prisioneros para trabajos forzados.

La segunda oficina precursora, la de inspección de campos de concentración, primero bajo Eicke y luego Glücks, fue responsable de control de los guardias de la SS Calavera y toda la administración interna de los campos. En 1942 este departamento se subordinó a Pohl. Por el mismo tiempo, toda la WVHA fue reorganizada y se dividió en cinco ramas: los grupos A, B, C, D, y W.

El grupo A fue la suprema autoridad en finanzas y administración de las SS, siendo responsable por la supervisión general y coordinación de toda la administración SS, así como por el entrenamiento y nombramiento del personal administrativo. El acusado Frank fue su jefe hasta septiembre de 1943. Lo reemplazó el acusado Fanslau. El acusado Hans Lörner estuvo al frente de la oficina de presupuesto y el acusado Vogt, la oficina de auditoría.

El grupo B controló la provisión de alimentos, uniformes, alojamiento, materias primas y equipamiento para las SS. También tuvo a su cargo la provisión de alimentos y ropa para los campos de concentración. El acusado Georg Lörner fue jefe de este grupo, su segundo fue Tschenscher que estuvo a cargo de la oficina de provisión de alimentos. El acusado Scheide en este grupo tuvo a su cargo la provisión de transporte, maquinaria y armamentos.

El grupo C tuvo a su cargo la construcción y mantenimiento de barracas, campos de entrenamiento, fortificaciones y producción de mapas. Fue este grupo quien más usó trabajo de prisioneros de los campos de concentración, incluso para construcción de los crematorios en Buchenwald y Mauthausen. Más tarde, este grupo tuvo a su cargo la construcción de las plantas de la bomba voladora V 2, y el movimiento de construcción subterráneo para las industrias de la guerra. Jefe de este grupo fue el SS Kammler, y su segundo fue el acusado Eirenschmalz, teniendo al acusado Kiefer para la oficina de construcciones especiales.

El grupo D tuvo a su cargo directo la administración de los campos de concentración, y los acusados Sommer y Pook fueron miembros de este grupo.

El grupo W manejó las empresas de la WVHA. La principal fue DWB de la que Pohl y Georg Lörner fueron directores, asistidos por Baier, Volk y Hohberg. Mummenthay supervisó Tierra Alemana y Talleres de Granito. También este grupo controló los Talleres de Equipamientos Alemanes, fábricas de ladrillos como los Talleres de Materiales de Construcción de Alemania Oriental que estuvo a cargo del acusado Bubermin. Klein tuvo a su cargo una sección de mantenimiento de monumentos, pero construyó también una escuela SS.

a. Los campos de concentración

Todos los crímenes que les fueron imputados a los acusados fueron cometidos en o con relación a los campos de concentración y a los internos detenidos allí por la fuerza.

De acuerdo con la ley alemana, un campo de concentración debía funcionar como una cárcel de encausados, para personas que no habían sido condenadas legalmente a prisión por un tribunal, y también para aquellos que, habiendo cumplido su término de prisión, hubieran sido retenidos en detención por la SIPO o la SD.

Había dos clases de custodia de protección, la política y la policial. Las personas puestas en custodia de protección política, eran aquellos que el régimen nazi consideraba enemigos del estado, o de otra forma indeseables, pero que no habían sido condenados por ningún crimen.

Allí se incluyeron a los miembros de los partidos opuestos al nacionalsocialismo, así como a individuos sin pertenencia a un partido, pero que se habían manifestado opuestos al régimen nazi. Se incluyeron en los campos en custodia de protección política, a culpables de crímenes contra el Partido Nazi, personas que escuchaban radioemisoras extranjeras o que expresaron una "*actitud derrotista*," y aquellos cuya vida, en general, era considerada indeseable, como sucedió con los eclesiásticos opuestos al régimen y los Testigos de Jehová.

Los criminales habituales que habían cumplido sus sentencias, también podían ser puestos en custodia de protección, como así también infractores menores, ebrios, vagos o personas que cambiaron de trabajo sin consentimiento de la Oficina de Trabajo, todos los cuales eran considerados como "*asociales.*"

Otro gran grupo de internos lo constituyeron el que formó quienes los nazis describían como "*razas inferiores*:" judíos, polacos, eslavos y gitanos, contra quienes la política de exterminación de las SS estuvo dirigida especialmente. Los prisioneros de guerra de los alemanes también nutrían los campos de concentración, especialmente los rusos.

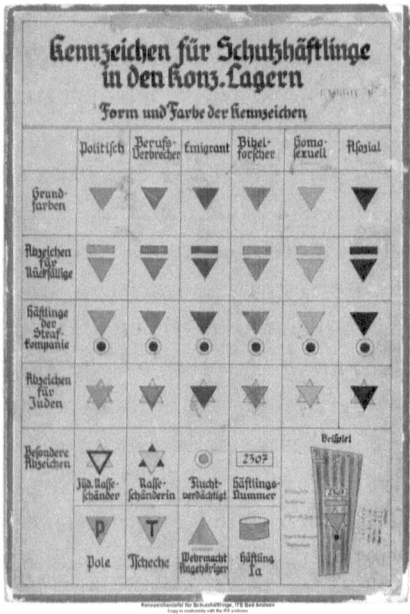

Signos usados para distinguir a los internos en los campos.

Una categoría especial de prisioneros la constituían los atrapados por el decreto de "*Noche y Niebla*" del que hablamos *in extenso* en el capítulo anterior.

Mapa de los principales campos de concentración en Alemania y los territorios ocupados

En 1941, los campos de concentración fueron distinguidos con números: los campos de grado I, eran para personas que habían cometido ofensas menores; los de grado II para crímenes mayores, pero que estaban sujetos a medidas correctivas. Los de grado III, eran los de exterminio y de los que raramente alguien salía vivo. Pero esta graduación era relativa pues, como señaló la Fiscalía, era visto una broma de mal gusto recordar que Dachau era Clase I. Quizás lo único que se podía agregar es que Mauthausen o Auschwitz eran peores.[8]

La Fiscalía pudo dar sólo números aproximados sobre la cantidad de campos de concentración que se habían establecido. Se citó que en abril de 1944 Pohl le informó a Himmler la existencia de 20 campos de concentración y 165 campos de trabajo en Alemania y en los territorios ocupados. Pero había también un sinnúmero de campos secundarios alrededor del *"campo madre"* y que no aparecieron contabilizados en estos números. Así, por ejemplo, en Mauthausen su comandante estimó que había a su alrededor 45 campos secundarios.

También fue extremadamente difícil calcular el número de internos en los campos. Se supo que en agosto de 1944, hubo aproximadamente 540.000 internos, de los que 145.000 eran mujeres. Pero el mismo documento mostró que otros 610.000 prisioneros iban camino a los campos. De ellos 400.000 eran polacos de Varsovia, 150.000 eran judíos de Hungría y del gueto de Lodz, 15.000 polacos, 10.000 convictos de los territorios del Este, 17.000 oficiales polacos y 20.000 franceses.[9]

En cuanto al número total enviados a los campos, sólo se puede hacer una estimación aproximada: si el número de muertos en Auschwitz fue de cerca de 3.500.000 es aproximado considerar que cerca de 10.000.000 de personas fueron en un momento u otro, prisioneros en los campos.[10]

En 1945 un Comité del Congreso de los EEUU hizo una investigación sobre los campos de concentración de Dachau, Buchenwald y Nordhausen, y preparó un informe del que extraemos algunos párrafos:

"Aunque los mencionados campos que fueron visitados por el comité conjunto difirieron en algunos detalles, todos tenían el mismo diseño y eran administrados para el mismo propósito.

Aunque diferentes en tamaño, todos llevaban adelante el mismo patrón de muerte por trabajos forzados, inanición, ahorcamientos, estrangulaciones, enfermedades, brutalidades, cámaras de gas, horcas, suciedad y condiciones sanitarias inadecuadas, todo lo cual significó una muerte inevitable eventualmente para cada persona prisionera.

Encontramos que el programa entero constituyó una forma sistemática de tortura y muerte administrada a intelectuales, líderes políticos y otros que no abrazaban y apoyaban la filosofía nazi y su programa. Encontramos que la extensión, los medios, métodos y condiciones de tortura son casi imposibles de describir con palabras.

El tratamiento dado a esos prisioneros en los campos de concentración generalmente era como sigue: eran apiñados en barracas de madera no suficientemente grandes para contener un décimo de su número. Eran forzados a dormir en marcos de madera cubiertos con planchas de madera, en dos, tres y hasta algunas veces cuatro niveles, sin cobijas, algunas veces con un montón de trapos sucios que servían a la vez como colcha y como almohada. Su comida consistió generalmente de media libra de pan negro por día y un bol de sopa aguachenta a la tarde y a la noche, y a veces ni eso. Debido al gran número arracimado en un lugar pequeño y debido a la falta del adecuado sustento, los piojos y las alimañas se multiplicaban, las enfermedades se instalaron y aquellos que no murieron a causa de las enfermedades o la tortura empezaban el largo proceso de inanición. A pesar del programa deliberado de inanición infligido a estos prisioneros por falta de comida adecuada, no encontramos evidencia que la gente de Alemania como un todo, hubieran estado sufriendo por la falta de suficiente comida o vestimenta. El contraste era tan marcado que la única conclusión que se pudo alcanzar, fue que la inanición de los internos de estos campos fue deliberada.

A la llegada a estos campos, los recién llegados eran forzados a trabajar en una fabrica adyacente, o eran colocados a cargo de varios trabajos en la vecindad, siendo devueltos a sus barracas cada noche. *** El rehusar a trabajar, o una infracción a las reglas, usualmente significaba azotaina u otros tipos de tortura tales como arrancar las uñas, que generalmente, luego de un largo sufrimiento terminaba en muerte. Las políticas aquí descriptas constituyeron un programa

Capítulo Quinto

calculado y diabólico de tortura planificada y exterminio de parte de quienes estuvieron en control del gobierno alemán. Estos campos en su totalidad eran conducidos y controlados por las tropas de las SS y la Gestapo, que actuaban bajo órdenes de sus superiores y a quienes se les dio amplia discreción en los métodos que habrían de adoptar para perpetrar estos horribles e inhumanos sufrimientos.

Es la opinión de su comité, que esas prácticas constituyeron no menos que un crimen organizado contra la civilización y la humanidad, y que aquellos que fueron responsables por ellos, les debe ser impuesto un rápido, cierto y adecuado castigo."[11]

Entre los documentos que aportó la Fiscalía al momento de presentar la evidencia, hubo una carta del 30 de abril de 1942 del acusado Pohl a todos los jefes de las Divisiones D en los campos de concentración y donde estableció los horarios y forma de trabajo:

"Orden.

Las instrucciones y consejos dados a los comandantes de los campos y jefes de planta en ocasión de las discusiones del 24 y 25 de abril de 1942, son aquí emitidas como orden aplicable al 1 de mayo de 1942.

1. La gerencia de un campo de concentración, así como la de todos los emprendimientos económicos de las SS dentro de su esfera de organización, están en las manos del comandante del campo. Él sólo es, por lo tanto, responsable que los emprendimientos económicos sean tan productivos como sea posible.

2. Para gerenciar los emprendimientos económicos el comandante de campo se sirve de los servicios del comandante de planta. El comandante de planta está obligado a informar al comandante del campo si espera algún riesgo o desventaja en llevar adelante una orden del comandante del campo sea en cuando al trabajo, sea en cuanto a los resultados económicos.

3. Por este deber, el comandante de planta se hace responsable conjunto si cualquier daño o fracaso resulta con relación al trabajo o los resultados económicos.

4. El comandante del campo solo es responsable por el uso de la

mano de obra disponible. Ese uso debe ser, en el verdadero sentido de la palabra, exhaustivo, a fin de obtener la mayor medida de rendimientos. El trabajo es asignado sola y centralmente por el jefe de la división D. Los comandantes de campos mismos no aceptarán trabajo ofrecido por un tercero por propia iniciativa y no podrán negociar acerca de ello.

5. No hay límite para las horas de trabajo. Su duración dependerá de la clase de establecimientos de trabajo en los campos y la clase de trabajo que debe ser hecha. Ellos son establecidos sólo por el comandante del campo.

6. Cualquier circunstancia que pudiera resultar en un acortamiento de las horas de trabajo (p. ej., comidas, pase de lista) tiene que ser restringida al mínimo que no pueda ser más reducido. Está prohibido autorizar largas caminatas hasta el lugar de trabajo e intervalos al mediodía para comidas.

7. Los guardias deben liberarse de su tradicional rigidez y tienen que hacerse más flexibles teniendo en cuenta sus próximas tareas de paz [sic]. Centinelas a caballo, perros de guardia, torres de guardia movibles y obstáculos movibles deben desarrollarse.

8. Se requiere mucho más que antes de todos y cada uno de los comandantes de campo si llevan esta orden adelante correctamente. Difícilmente un campo sea igual que otro, por lo tanto, no se emitirán instrucciones uniformes. Pero toda la responsabilidad se coloca en la iniciativa del comandante del campo. Él precisa un claro conocimiento profesional en temas militares y económicos y debe ser inteligente y sabio líder de hombres a los que deberá moldear en un gran potencial de desempeño. Fdo. Pohl"

b. Los experimentos médicos

Ya hemos visto en el capítulo II el juicio seguido contra los médicos que experimentaban con prisioneros de los campos de concentración y que estaba teniendo lugar al mismo tiempo y en el mismo edificio que el caso que estudiamos. La Fiscalía mencionó el caso que estaba tramitando, y señaló que entre los acusados se encontraban los que habían dado los conejillos de indias para esos experimentos. La Fiscalía imputó a la WVHA haber tenido una parte esencial en la producción de los experimentos médicos en los campos de concentración, y aunque el juicio de los médicos estaba teniendo lugar en ese momento, el Fiscal señaló que los acusados eran quienes habían puesto los conejillos de Indias a disposición de los médicos.

c. El programa de eutanasia

También imputó a los acusados, y específicamente al grupo D de la WVHA, participación en el programa de eutanasia, llevado a cabo bajo el código "14 f 13." Ese programa tuvo lugar cuando la WVHA asumió el control de los campos de concentración. El 27 de abril de 1943, el Jefe del grupo D de la WHHA, emitió la siguiente orden a los campos de concentración:

> "El Líder Imperial de las SS y jefe de la Policía alemana después de la demostración, ha decretado que, en el futuro, sólo los prisioneros insanos pueden ser seleccionados para la acción 14 f 13 por las comisiones médicas designadas para ese propósito.
>
> Todos los otros prisioneros inservibles para el trabajo (personas sufriendo de tuberculosis, inválidos postrados en cama, etc.) serán excluidas absolutamente de esta acción. A los prisioneros postrados en cama debe dárseles el trabajo apropiado que pueda ser hecho también en la cama."[12]

Señaló la Fiscalía que, mediante la eliminación de los insanos, ancianos y personas incurables, así como niños con deformidades, se esperó tener disponibles más personal médico y facilidades hospitalarias para los heridos de guerra. Pero era igualmente claro que este programa se basaba en la doctrina básica nazi de raza, sangre y Estado: sólo aquellas personas que puedan robustecer la raza aria y al Tercer Reich eran considerados valiosos para vivir. Mientras que los que eran débiles, en cuerpo o alma, que eran incapaces de trabajar se transformaba en los "*consumidores inútiles*" que eran sistemáticamente asesinados. La Fiscalía señala que varios de estos crímenes se llevaron a cabo bajo el código "*14 f 13*" que derivaba de un número de registro en la División D de la WVHA.

Camiones gasificadores usados en la operación 14f13.

Esa oficina tuvo un rol fundamental en el programa. Era tan evidente que el propósito del programa era la exterminación que en un caso donde hubo la recuperación de más de cuarenta internos, la WVHA envió una carta de queja.[13]

d. Trabajo esclavo

La Fiscalía recordó el discurso de Himmler en Poznam:

> "Lo qué le pasa a un ruso, a un checo, no me interesa en lo más mínimo. Lo que las naciones puedan ofrecer en la forma de una buena sangre como la nuestra, debemos tomarla, si es necesario secuestrando a sus hijos y haciéndolos crecer aquí con nosotros. Si las naciones viven en prosperidad o se mueren de hambre, me interesa en tanto los necesitemos como esclavos para nuestra cultura; de otra manera, no me interesa. Si 10.000 mujeres rusas mueren exhaustas mientras cavan una trinchera antitanque, me interesa solo en la medida en que la trinchera antitanque para Alemania está terminada. No debemos ser rudos y sin corazón cuando no es necesario, pero es claro, nosotros alemanes, que somos el único pueblo en el mundo que tiene una actitud decente con los animales, y también asumiremos una actitud decente hacia estos hombres animales. Pero es un crimen contra nuestra

propia sangre preocuparnos por ellos o darles ideales, haciendo así que nuestros hijos y nietos tengan un tiempo más difícil con ellos."[14]

A Pohl y a los miembros de la WVHA se les confió, lo que la Fiscalía entendió como la más satánica y despiadada parte del programa de trabajo esclavo en los campos de concentración. Para cuando Pohl y su grupo se hicieron cargo de los campos de concentración, ya habían desarrollado la ciencia de extraer hasta el último esfuerzo de aquellos cuya capacidad productiva era penosamente escasa debido a los maltratos y a la malnutrición.

Cualquier medio, fue usado por los acusados, salvo que fuera un tratamiento humano dijo la Fiscalía, para extraer hasta el último suspiro antes de morir a los trabajadores, lo que hicieron por miles. La orden que Pohl transmitió a los comandantes de los campos de concentración, dijo:

"Sólo los comandantes de los campos son responsables por el empleo del trabajo disponible. Este empleo debe ser, en el verdadero sentido de la palabra, exhaustivo, con el fin de obtener el mejor resultado en la producción.

El trabajo es asignado solo y de manera centralizada por el Departamento D. Los comandantes de los campos mismos, no podrán aceptar por propia iniciativa, trabajo ofrecido por terceras partes, y no pueden negociar acerca de ello.

No hay límites a las horas de trabajo. Su duración depende de la clase de establecimientos de trabajo en los campos y el tipo de trabajo que debe ser hecho. Son fijados solo por los comandantes de los campos.

Cualquier circunstancia que pueda resultar en un acortamiento de las horas de trabajo (p. ej., comidas, pasado de lista) tienen que ser reducidas al mínimo posible. Está prohibido permitir largas caminatas al lugar de trabajo, y los intervalos al mediodía son solo con el propósito de comer.

Los deberes de los guardias deben ser liberados de la tradicional rigidez y deben ser hechos más flexibles teniendo en cuenta las próximas tareas de paz. Se van a utilizar centinelas a caballo, perros guardianes y obstáculos movibles"[15]

Las economías de trabajo de los acusados no estuvieron destinadas a producir trabajo efectivo, sino a la aniquilación de aquellos que se consideraron inferiores. Miles fueron clasificados como "*subhumanos*" y preparados para la muerte, solo por ser judíos y polacos.

Trabajo esclavo en Mauthausen-Gusen

Trabajo esclavo en Sachsenhausen

Pero antes de ser llevados a la muerte debían ser degradados, explotados hasta que la muerte fuera vista como una salida misericordiosa. A criterio de la Fiscalía, bajo la WVHA, el campo de concentración típico no era ni uno de exterminio ni de trabajo, pues para ambos propósitos se hubiera podido hacer algo mucho más rápido y eficiente. Fue la más cruel y maligna combinación de ambos lo que en verdad crearon los acusados. El trabajo hasta caer exánime de agotamiento bajo el látigo de un guardia a caballo, o con los perros, que atacaban al que caía. Por eso el trabajo que se imponía a los internos carecía de sentido y de utilidad, de propósito: se levantaban paredes un día, para demolerlas al día siguiente, una y otra vez; se movían pesadas rocas de un lugar a otro y se las volvía a mover al día siguiente. Hacer trabajar hasta y para la extenuación.

El problema que se le presentaba a la WVHA era justamente, obtener reemplazos tan rápido como los prisioneros morían o se incapacitaban. La Fiscalía señaló como un hecho casi increíble que los trabajadores morían más rápido de lo que pudieran reemplazarlos las agencias encargadas de aprehender a los futuros prisioneros. El jefe de la División D de la WVHA estimó que, en industrias particularmente duras en sus condiciones de trabajo como era el caso de las minas, un 20% de los trabajadores moría cada mes, o eran enviados al exterminio en los campos. El problema fue tan agudo que el acusado Pohl presentó la siguiente queja en diciembre de 1942:

Cantera a doce millas de Linz

"... Tengo que informarle que han sido tomadas medidas mientras tanto, para incrementar el número total de prisioneros en los campos de concentración. En cuanto esas medidas se completen daré otras instrucciones. Pero deseo hacerle notar en conexión con esto, sin embargo, que es imposible aumentar el número de prisioneros por la gran cantidad de muertes en los campos de concentración; a pesar del aumento en el número enviado, con una constante o incluso creciente tasa de fallecimiento, será difícil que pueda hacerse una mejora, aún mandando un número mayor de prisioneros."[16]

El Fiscal trajo otro documento en el mismo sentido, del mismo mes que la precedente, emitido por la oficina médica de la WVHA, División D III, donde se explicó:

"La compilación adjunta de los actuales arribos y partidas a todos los campos de concentración es enviada a usted para su información. Muestra que, de 136.000 personas llegadas, 70.000 murieron. Con tan alta cuota de mortalidad el número de prisioneros no podrá ser llevado nunca al número que fuera ordenado por el Líder Imperial de las SS."[17]

De acuerdo con la presentación de la Fiscalía, la WVHA estuvo íntimamente conectada y por múltiples vías, con las crueldades, torturas y asesinatos que caracterizaron al programa de trabajo esclavo.

Las Divisiones C y W proveyeron miles de trabajadores para la fabricación de armamentos.[18]

La C estuvo también involucrada en las construcciones de las bombas volantes V1 y V2 en el campo de concentración de Nordhausen-Dora.

Producción de V2 en Dora Mittelbau con internos de campos de concentración

Allí más de 80.000 trabajadores esclavos fueron usados, forzados a trabajar, comer y dormir en túneles subterráneos.[19] La velocidad que fue exigida en el trabajo era mortal y las condiciones de trabajo insoportables, matándose a cientos de miles en este proyecto.

La División W, bajo la supervisión de varios de los acusados, usó miles de trabajadores esclavos en la fabricación de armamentos en sus plantas, localizadas en casi todos los campos de concentración bajo la WVHA, incluyendo Buchenwald, Auschwitz, Dachau, Lublin, Ravensbrück, Stutthof y Sachsenhausen.

Internos trabajando en la fabricación de armamentos en Dachau

Los trabajadores forzosos de los campos de concentración, fueron derivados también a otras industrias como fue lo que sucedió en Auschwitz-Buna, en donde se elaboraba caucho sintético en el complejo de IG Farben, caso que será estudiado en el Capítulo Séptimo de este libro.

Recepción de prisioneros en Auschwitz

La División C de la WVHA fue responsable también, por el establecimiento y construcción de campos de concentración y crematorios. La existencia de los crematorios en los campos de concentración fue un secreto guardado entonces, y el comandante de Mauthausen relató que existía una orden para que cada tres semanas fueran ejecutados los prisioneros que trabajaban en los crematorios.

También el trabajo esclavo de prisioneros de los campos, se usó para construir un refugio para Hitler conocido como "*proyecto S III*," que movilizó a más de 13.000 trabajadores forzados, cientos de los cuales murieron.

e. Los proyectos de las SS

La Fiscalía sostuvo que uno de los objetivos de Himmler, fue lograr unas SS autosuficientes económicamente, tanto del Estado como del Partido Nazi.[20] La piedra fundamental de ese nuevo orden económico fue el trabajo esclavo y la expoliación-explotación de los países ocupados.

La División W estuvo a cargo del desarrollo de las nuevas industrias de las SS, estableciendo una escuela conocida como "*Junkerschule Tölz*" donde los dirigentes y hombres de negocios eran formados para dirigir esas nuevas industrias.

Junkerschule Bad Tölz

Se creó un conglomerado de fábricas, entre las que se contó la Industria del Este (*Ostindustrie*) involucrada en el programa de exterminio, la Sociedad de Responsabilidad Limitada Unión de Usuarios de Viviendas y Hogares (*Gemeinnützige Wohnungs- und Heimstätten GmbH*) con sede en Dachau, la Sociedad de Responsabilidad Limitada Casa y Propiedad (*Haus- und Grundbesitz GmbH*) y la Sociedad de Responsabilidad Limitada Medicinas Alemanas (*Deutsche Heilmittel GmbH*) en Praga. Una quinta compañía, la Sociedad de Responsabilidad Limitada Oficina de Ventas de la Fábrica Berlinesa de Muebles (*Verkaufsstelle Berliner Möbelwerkstätten GmbH*) fue liquidada en 1943.

También esta División compró los terrenos para los campos de concentración como pasó con el de Stutthof, en donde participó el acusado Volk. Estas industrias paralelas, exigieron un pago por el uso de la mano de obra esclava, y aunque el dinero así colectado pertenecía al Imperio, la WVHA buscó la forma para poder quedarse con una parte importante de esos fondos. La División D de la WVHA también cobró a las empresas particulares por el uso de la mano de obra esclava, llegando a exigirse 8 RM por día de trabajo y por cada persona usada. La Fiscalía señaló que uno de los métodos de contabilidad usados para quedarse con parte importante de esos ingresos, evadiendo la obligación de entregarlos al Tesoro alemán, fue incrementar artificialmente sus gastos por el trabajo esclavo, para pagar la mitad aproximadamente al Estado y equilibrar su balance en un fondo de "*reserva para los salarios de los prisioneros.*"[21]

Toda práctica, por sórdida que fuera, sirvió para hacer ganar dinero a las SS, desde apropiarse de los salarios y los bienes de los prisioneros, hasta poner en marcha un equipo de litógrafos con los que se produjeron falsificaciones de monedas y sellos. La Fiscalía denunció que la piel humana de los prisioneros ejecutados fue vendida para hacer pantallas, guantes y otros objetos, y hasta las ejecuciones y cremaciones se midieron por centavos. Una factura dirigida a la Policía y la SD señaló:

> "Los gastos por los 20 prisioneros ejecutados y cremados en este campo de concentración llegan a RM 127,05. El comandante del C.C. Natzweiler estará agradecido por la pronta remisión del mencionado monto."[22]

También hubo burdeles en los campos de concentración manejados por las SS, donde se cobraba RM 2 por cliente, de los cuales 0,45 Pfennings - los centavos del RM - iban para la prostituta, 0,5 para la patrona de la casa y el resto para la WVHA.

Capítulo Quinto

Dinero del campo de concentración Oranienburg

La División W I bajo el acusado Mummenthey, estuvo a cargo de DEST, acrónimo de *Deutsche Erd- und Steinwerke GmbH* - Talleres Alemanes de Tierra y Piedra Sociedad de Responsabilidad Limitada - que operó las canteras de granito en Mauthausen, Flossenbürg, Gross-Rosen, y Natzweiler, una planta de preparación de piedra en Oranienburg, una de grava en Auschwitz, y fábricas de ladrillos en varios campos de concentración.

Trabajos en canteras en Mathausen. A la derecha la llamada "escalera del horror."

El trabajo en estas canteras y fábricas fue probablemente uno de los más arduos dentro del infierno de los campos, pues se les ordenó a los prisioneros el transporte de carretillas cuesta arriba cargadas con pesadas piedras, muriendo miles por agotamiento, caída de piedras sobre ellos, golpes, disparos, y hasta por ser arrojados al vacío empujados por los guardias.

También esta División de la WVHA tenía bajo su control dos fábricas de cerámicas que usaban trabajo esclavo en gran escala.

La Sociedad por Acciones *Golleschauer Portland-Zement A.G.,* que dependía de la División W II, fue la primera fábrica de cemento en manos de las SS. Tuvo una producción cercana a las 200.000 toneladas anuales y usó los prisioneros de campos de concentración de Auschwitz. Las SS tomaron para sí, todas las fábricas relativas a la producción de cemento, grava y ladrillos en los territorios ocupados.

Prisioneros en Flossenburg.

La División W IV controló una de las firmas más grandes en manos de las SS: la DAW - *Deutsche Ausrüstungswerke*, o Talleres Alemanes de Equipamiento, que fue la amalgama de varios talleres existentes en campos de concentración, dedicado fundamentalmente a la producción de armamento y que tuvo filiales en los campos de concentración de Auschwitz, Buchenwald, Dachau, Lublin, Ravensbrück, Sachsenhausen, Stutthof, y otros utilizando en todos los casos, mano de obra esclava. También hubo empresas dedicadas a las pesquerías, a la explotación forestal, a textiles y trabajos de cuero.

Trabajo forzado en Neuengamme

f. El exterminio de los judíos

La Fiscalía sostuvo que esta cuestión, una de las más negras en la historia de la humanidad, podía ser expuesta a través de la transcripción de una charla de Himmler de octubre de 1943 dirigida a oficiales de las SS en Poznam:

> "... Quiero también hablarles de un tema muy grave. Entre nosotros debe mencionarse francamente y a pesar de ello, no deberemos hablarlo nunca en público. Así como no vacilamos el 30 de junio de 1934[23] de hacer el deber al que estábamos obligados y llevar camaradas al paredón y fusilarlos; nunca hemos hablado de ello y no volveremos a hablarlo. Es el tacto lo que importa por supuesto que, estoy contento de decirlo, es inherente en nosotros y que hace que nunca discutamos, nunca hablemos de ello. Nos horrorizó a todos, pero todos sabemos que lo haríamos la próxima vez si tales órdenes son emitidas y fuera necesario.
>
> Me refiero a la evacuación de los judíos, la exterminación de la raza judía. Es una de esas cosas de la que es fácil decir 'la raza judía debe ser exterminada.' Se los dirá cualquier miembro del Partido. Está claro, está dentro de nuestro programa, la eliminación de los judíos. Poca cosa. Pero entonces vienen todos, todos los 80 millones de buenos alemanes y cada uno tiene su judío decente. Por supuesto

que los otros son cerdos, pero este es un judío de primera. (Risas entre la concurrencia N. del A.) Ninguno lo vio ni tuvo que soportarlo. La mayoría de ustedes saben lo que significa haber visto cien cadáveres uno al lado del otro, o cientos, quinientos o mil. Haberlo pasado por esto y al mismo tiempo - aparte de excepciones causadas por debilidad humana - haber permanecido decentes, es lo que nos hace fuertes y es una página de gloria en nuestra historia que nunca fue mencionada y nunca será mencionada.

Sabemos cuán difícil hubiera sido para nosotros si - con los bombardeos aéreos, las cargas y privaciones de la guerra- todavía hubiera judíos en todas las ciudades como saboteadores secretos, agitadores y creadores de problemas. Estaríamos probablemente en el mismo estadio que en los años 1916-1917 si los judíos todavía residieran en el cuerpo del pueblo alemán.

Les hemos tomado las propiedades que tenían y he dado una orden estricta que el Obergruppenführer Pohl llevó adelante, de entregar completamente esas riquezas al Imperio, al Estado. No hemos tomado nada para nosotros. Unos pocos que han violado esta disposición serán juzgados de acuerdo a una orden que impartí: aquel que tome aunque sea un marco de esto, es hombre muerto. Un número de hombres de las SS violó esta orden. No son muchos y son hombres muertos. (Gritando) ¡SIN PIEDAD! Tenemos el derecho moral, tenemos la obligación frente a nuestro pueblo para hacerlo, matar a esta gente que nos mataría. Pero no tenemos derecho de enriquecernos. Ni con una piel. Ni con un marco. Con un cigarrillo, con un reloj, con cualquier cosa que nos enriquezca. No lo hemos hecho. Porque no queremos al final, cuando hemos derrotado al bacilo, enfermarnos del bacilo y morir.

No veré nunca, que ni la más pequeña parte de putrefacción ingrese o se enraíce. Al contrario, donde una quiera enraizarse la quemaremos juntos. Pero juntos podremos decir: llevamos adelante esta pesada carga por amor a nuestro pueblo. Y no tenemos ningún daño en nosotros, en nuestra alma, en nuestro carácter." [24]

El brazo ejecutor del exterminio racial fueron las SS. Heydrich, que fue jefe de la SiPo y de la SD, fue encargado de la "*solución final*" sobre la cuestión judía, en la esfera de influencia alemana en Europa.

Durante el avance en el frente ruso, los Grupos de Tareas y la SD asesinaron a cientos de miles de judíos e intelectuales comunistas.

El exterminio se llevó a cabo a gran escala en los campos de concentración ubicados en Polonia, Auschwitz, Treblinka, Majdanek, Belsec, y Sobibor. Tras la invasión alemana a Polonia, todos los judíos fueron obligados a registrarse, vivir en guetos, y llevar la estrella de David amarilla.

Höss que fue el comandante de Auschwitz hasta diciembre de 1943, describió así el proceso de selección al que se los sometía cuando llegaban al campo de concentración:

"Teníamos dos médicos de las SS de guardia para examinar los transportes de prisioneros que llegaban. Los prisioneros eran hechos caminar por uno de los médicos, quien tomaría decisiones en el momento mientras marchaban. Aquellos que eran aptos para trabajar eran enviados al campo. Los otros eran enviados de inmediato a las plantas de exterminio. Los niños menores de diez años eran invariablemente exterminados desde que por su juventud eran incapaces de trabajar.

En Treblinka se hizo una mejora, pues en Treblinka las víctimas casi siempre sabían que serían exterminadas mientras que en Auschwitz teníamos que engañarlas haciéndolas pensar que iban a pasar a través de un proceso de desinfección. Por supuesto, frecuentemente se daban cuenta de nuestras verdaderas intenciones y algunas veces tuvimos alzamientos y dificultades por este hecho. Muy frecuentemente las mujeres ocultaban a sus hijos bajo la ropa, pero por supuesto los encontrábamos y enviábamos los niños a exterminación."[25]

Höss, comandante de Auschwitz, declarando ante el IMT

A partir de 1942, Auschwitz fue uno de los grandes campos de concentración bajo la jurisdicción de la WVHA. Centros de exterminio semejante existieron en Treblinka, Majdanek, Belsec, y Sobibor cerca de Lublin.

El proceso de selección usado por las SS era similar: las víctimas eran despojadas de sus ropas, dinero y cosas de valor. El pelo de las mujeres era cortado para ser utilizado luego en la confección de colchas.

Luego el grupo era dirigido como si fuera ganado, los hombres, mujeres y niños desnudos, a las cámaras de gas. Una vez muertos, los dientes de oro eran extraídos de los cuerpos. Se hizo un intento de extraer jabón con las partes grasas de los cuerpos y de usar las cenizas luego de la cremación como fertilizantes, pero no se insistió en el proceso.

Todo este programa de exterminio daba lugar a la confiscación de las propiedades judías en proporciones gigantescas, por lo que Pohl debió designar administradores económicos de las SS para administrar el botín y las riquezas que generaron a favor de la WVHA, que tuvo jurisdicción sobre todos los campos de concentración.

Los campos de Treblinka y Maidanek presentaron problemas especiales, por la magnitud de las operaciones de exterminio que tuvieron lugar en los mismos. Para esos campos se creó la División G de la WVHA en lo que fue conocido como la "*Operación Reinhardt.*" Esta operación se cumplió en tres etapas: primero, la deportación de los judíos; segundo, la expoliación de sus propiedades personales y tercero, la explotación de la mano de obra judía y el equipamiento industrial.

La remoción de los judíos del gueto de Varsovia para su esclavización en los campos de Lublin, fue un ejemplo típico de la fase de deportación de la Operación Reinhardt.

Evacuación del gueto de Varsovia

Entre abril y mayo de 1943, las SS se encargaron del gueto de Varsovia. Himmler pidió que se elaborara un plan para la eliminación del gueto y que se sometiera a su aprobación:

"Debe obtenerse, en todo caso, que el existente espacio para que vivan 500.000 subhumanos, que nunca será apto para alemanes, desaparezca de la escena, y que la metrópolis Varsovia, que siempre es un punto focalizado de desintegración y motines, sea reducida en tamaño."[26]

La carta de Himmler a Krüger del 16 de febrero de 1943, ordenando la destrucción del gueto de Varsovia estableció:

"... ¡Secreto!
Por razones de seguridad, di la orden de demoler el gueto de Varsovia, luego de que el campo de concentración ha sido trazado; todo el material de construcción utilizable, o material de cualquier clase debe ser removido previamente.
La demolición del gueto y la instalación del campo de concentración son necesarias, porque de otra manera nunca apaciguaremos Varsovia, y el desorden criminal nunca será arrancado en tanto el gueto continúe.
Debe presentárseme un plan maestro para la demolición del gueto. Debe cumplirse en cualquier caso con la desaparición, de un espacio vital que acomodó a 500.000 subhumanos, y que nunca fue apto para alemanes, y la ciudad de Varsovia con su millón de habitantes será reducida en tamaño, habiendo sido siempre un peligroso centro de descomposición y rebelión.
[Fdo.] H. Himmler. ..."[27]

El final del gueto. a criterio de la Fiscalía, puede resumirse con las palabras de Jürgen Stroop, el más alto oficial de las SS y líder de la policía de Varsovia:

"La resistencia presentada por los judíos y los bandidos, sólo pudo quebrarse usando toda nuestra fuerza y energía, noche y día. El 23 de abril de 1943, el Líder Imperial de las SS emitió una orden a través de los altos SS y el jefe de Policía del Este de Cracovia, para peinar completamente el gueto, con gran severidad, tenacidad y sin pausa. En consecuencia, se decidió demoler la totalidad del área residencial del gueto, incendiando cada manzana, incluyendo las manzanas con las residencias cerca de los talleres de armas. Una manzana tras otra fue sistemáticamente evacuada e incendiada. Los judíos salían de sus escondites y guaridas en casi todos los casos. No infrecuentemente, los judíos se quedaban en los edificios incendiados, hasta que, por el calor y el miedo de morir quemados vivos, preferían saltar desde los pisos superiores, luego de arrojar colchones y otros artículos mullidos a la calle desde los edificios en llamas. Con sus huesos rotos, algunos intentaron arrastrarse por la calle hasta otros edificios aún no incendiados.

Solo los judíos cambiaban sus escondites por las noches. moviéndose entre las ruinas del edificio quemado, ocultándose allí hasta que nuestras patrullas los descubrían. Se quedaron en las cloacas. lo que dejó de ser placentero luego de la primera semana. Frecuentemente. desde la calle podíamos oir voces que venían de las cloacas subterráneas. Entonces, los hombres de las Waffen SS, la policía o los ingenieros del ejército, bajaban a las alcantarillas para traer a los judíos y no infrecuentemente tropezaban con judíos ya muertos, o que eran ejecutados ahí. Era siempre necesario usar bombas de humo para sacar a los judíos de allí. Un día abrimos 183 tapas de alcantarillas al mismo tiempo, tiramos las bombas allí con el resultado que los bandidos huyeron de lo que creían era gas al centro del antiguo gueto. Allí pudieron ser extraídos de las cloacas. Un gran número de judíos que no pudo ser determinado fueron exterminados cuando se hicieron explotar las cloacas. Del total de 56.065 judíos capturados, cerca de 7.000 fueron ejecutados en el antiguo gueto, en el transcurso de una acción a gran escala y 6.929 transportándolos a T II (es una obvia referencia a Treblinka) lo que significó 14.000 judíos exterminados juntos. Más allá del número de 56.065 judíos un número estimado de 5 o 6 mil fueron muertos por las explosiones o el fuego."[28]

Jürgen Stroop supervisando la destrucción del gueto de Varsovia

El botín del que se apoderaron las SS con la destrucción del gueto fue de alrededor de cinco millones de RM en moneda polaca, incluyendo grandes cantidades de moneda extranjera y de valores, tales como anillos, relojes y joyas. Esta propiedad fue transferida a la WVHA. Luego de la evacuación, para demoler al gueto arrasado y dejarlo nivelado a cero, se usó una gran cantidad de prisioneros de los campos de concentración.

La Fiscalía recordó, que la segunda parte de la *Operación Reinhardt* se dirigió hacia la confiscación de la propiedad personal judía.

Cualquier reloj, lapicera de oro, par de zapatos representaba un hombre, mujer o niño muerto. Es literalmente imposible - dijo la Fiscalía- comprender la enormidad de los crímenes cometidos en Auschwitz. Para ello proyectó ante el Tribunal una película donde se veían los almacenes de los campos de muerte, abarrotados de ropa, zapatos, anteojos, y fardos de cabello humano, todo lo cual estaba bajo la jurisdicción y responsabilidad de la WVHA. El acusado Frank dio instrucciones sobre el destino de dichas confiscaciones. El dinero debía depositarse en una cuenta de la WVHA; las monedas extranjeras, joyas, piedras preciosas y semipreciosas, y oro extraído de los dientes debía ser enviado a las oficinas principales de la WVHA. Los relojes, despertadores, billeteras y bolsos debían ser reparados y enviados a las tropas. La ropa interior de hombre y ropa en general debía ser enviada a los campos de concentración, y el resto a la *Volksdeutsche Mittelstelle*, organización de caridad que las distribuiría. Las pieles de todo tipo debían ser enviadas a la WVHA, y a la oficina de ropa de las *Waffen* SS en Ravensbrück. Se exigía rigurosidad en la extracción de todas las Estrellas de David de la ropa confiscada. Una carta del acusado Frank fechada el 26 de septiembre de 1942, a la comandancia de Auschwitz[29] describe con minuciosidad el destino de las pertenencias confiscadas.

Anillos de boda confiscados en el campo de concentración de Buchenwald

La suma de las confiscaciones a los judíos alcanzó montos inconcebibles. La Fiscalía señaló que a diciembre de 1943 se había contabilizado como confiscaciones de propiedad personal una suma superior a los RM 180.000.000, que incluía moneda de 48 países, entre ellos U$S 1.300.000 y más de 260.000 artículos de considerable valor entre joyas, oro y relojes.[30] Se remitieron más de 2000 contenedores de ropas, sábanas y alfombras. Pohl organizó con el presidente del Banco Imperial Walther Funk el depósito de estos valores. Se estableció un fondo -"Reinhardt Fond",[31] que sería usado por la División W de la WVHA para solventar deudas de las empresas dirigidas por las SS. En este plan participaron los acusados Pohl, Frank, Fanslau, Georg y Hans Lörner, Hohberg, Baier, Volk, Bobermin, y Mummenthey, entre otros. Vogt fue Lublin a auditar las cuentas de Globocnik, Georg Lörner, se encargó de colocar cientos de contenedores de Auschwitz y Lublin. La propia fábrica de Ravensbrück procesó gran cantidad de material confiscado. Sommer se encargó de los relojes y joyas, y Pook fue el jefe de dentistas que supervisó la extracción de dientes de oro de los cadáveres.

La tercera parte de la Operación Reinhardt consistió en la explotación de la mano de obra judía esclava para levantar instalaciones en los campos de concentración. La Industria del Oeste[32] que dirigían Pohl y Georg Lörner estableció tres fundiciones de acero en las vecindades de Lublin, donde se pensó utilizar todo lo que pudiera expoliarse de Varsovia, pero la resistencia que opuso el gueto frustró estos planes, pues la maquinaria había sido destruida. Había otras 18 empresas que eran controladas por la Industria del Oeste, que incluían una fábrica de vidrio, una fundición de acero, una fábrica de cepillos, una cantera, y un laboratorio farmacéutico, los que utilizaron alrededor de 52.000 trabajadores esclavos.

Un documento presentado por la Fiscalía, fue una orden secreta de Himmler dirigida a Pohl y a otros entre los que estaban Brandt y Globocnik:

"... 1. He dado órdenes para que todos los así llamados trabajadores de armamentos, que trabajan solo en sastrería, y en los talleres de confección de zapatos, deban ser reunidos en el acto en campos de concentración; esto es, en Varsovia, y Lublin por los Líderes de Grupo de las SS Krüger y Pohl. El ejército nos dará sus pedidos y garantizaremos que la entrega de los productos de sastrería requeridos continúe. Sin embargo, he dado directivas para proceder sin pausa contra aquellos que creen que tienen que oponerse al paso con el llamado intereses armamentistas, pero que en realidad sólo desean apoyar a los judíos y sus negocios.

2. Los judíos que están actualmente en firmas de armamentos, esto es, en los negocios de producción de armamentos, talleres de motores de autos, etc. serán gradualmente sacados de ahí. En un primer paso, tienen que estar todos juntos en un taller en cada planta. En un segundo paso de este procedimiento, los trabajadores de esos talleres separados serán reunidos, tanto como sea posible, en fábricas separadas a través de un intercambio, de manera que eventualmente sólo tendremos algunas fábricas separadas en los campos de concentración en el Gobierno central.

Capítulo Quinto

3. Entonces sustituiremos polacos por estos trabajadores judíos, y para reducir la mayoría de estas fábricas judías de los campos de concentración en solo algunas fábricas judías en grandes campos de concentración, de ser posible en el Este del Gobierno central. Por supuesto, aquí también los judíos deberán desaparecer algún día de acuerdo con los deseos del Führer.

[Fdo..] Himmler. ,,,"[33]

Se acompañó una carta de Mommenthey a Baier, del 8 de junio de 1944, proponiendo el establecimiento de una fábrica de cortado de diamantes en Bergen Belsen, ya que los judíos de Amsterdam habían sido deportados al campo de concentración de Hertogenbosch.[34]

Inmediatamente, de esa evidencia, la Fiscalía presentó al testigo Dr. Viktor Abend[35] quien relató Tribunal sobre el exterminio en Auschwitz, y se transcribe parte de ese interrogatorio:

"... P: ¿Fue a Auschwitz en un transporte grande?

R: Si, había bastante gente.

P: Bueno ¿era un tren cargado?

R: Si.

P: ¿Cuántos prisioneros fueron puestos en cada vagón?

R: Un buen número.

P: Bueno ¿fueron tantos como 75?

R: Dependía del tamaño del vagón.

P: ¿Estaba lleno de gente?

R: Estaba muy lleno. Estaba totalmente ocupado.

P: ¿Cuánto tiempo estuvieron de viaje?

R: Aproximadamente, 4 días y noches.

P: ¿Tenían algo para comer o beber durante el viaje?

R: No.

P: ¿Sufrieron mucho los prisioneros durante este viaje?

R: Mucho.

P: ¿Qué pasó luego de su llegada a Auschwitz?

R: En Auschwitz cada vagón fue descargado separadamente.

P: ¿Entonces qué hicieron? Siga adelante y describa lo que pasó luego de su arribo a Auschwitz, ¿qué le pasó a usted y al resto del transporte?

R: Cuando nuestro vagón fue abierto en Auschwitz, muchas personas en el vagón cayeron inconscientes, y parte de ellos fueron sacados con látigos y golpes. Nos teníamos que poner delante del médico del campo. Este médico del campo nos preguntaba por nuestra edad y profesión. Él entonces señalaba con un dedo, así y así [señalando]. Fui para este lado, a la izquierda. Luego que nuestro vagón fue descargado, los otros vagones lo fueron, y se hizo el mismo procedimiento. Cuando todos los vagones fueron descargados, fuimos enviados con 55 guardias que estaban fuertemente armados y fuimos rodeados por ellos. Estábamos sin zapatos, sin pantalones, sin guantes. Entonces fuimos enviamos al campo bajo una severa golpiza. Fuimos golpeados con rifles y bayonetas. En el campo mismo fuimos enviados a un establo donde pasamos la noche, y donde debíamos estar de pie toda la noche. Al día siguiente fuimos tatuados, de nuevo bajo fuertes golpes.

P: ¿Fue usted tatuado?

R: Sí, tengo el número 160879.

P: ¿Sabe si fueron tatuados otros prisioneros en campos de concentración o no?

R: Sólo en Auschwitz.

P: En otras palabras, cualquier interno que tenía un tatuaje en su brazo era interno de Auschwitz; ¿correcto?

R: Sí, es correcto.

...

P: Testigo, ¿qué pasó con el grupo que fue dirigido a la derecha luego que llegara el transporte?

R: Luego que se acumulara un cierto número, esa gente fue cargada en camiones sin guardias, y acompañadas por un solo SS sentado al frente en el camión que los dirigía.

P: ¿Y sabe que pasó con ellos?

R: Sí.

P: ¿Qué?

R: En el campo se nos dijo que todas las personas que estaban paradas del lado derecho, y que todas las personas que fueron cargadas en los camiones fueron enviadas directamente al crematorio.

P: ¿Usted quiere decir que fueron gaseados?

R: Primero fueron gaseados, y luego enviados al crematorio.

...

P: ¿Recuerda si en el año 1944 hubo o no un gran transporte de judíos húngaros a Auschwitz?

R: Si. Fue en abril, al final de abril y principios de mayo de 1944. Eso fue cuando llegaron grandes transportes de judíos húngaros.

P: ¿Y qué pasó con esos judíos húngaros?

R: Fueron seleccionados bajo el procedimiento de selección y un cierto número de gente de nuevo fue gaseada y cremada.

P: ¿Hubo tanta gente gaseada que esta vez las instalaciones normales no fueron adecuadas?

R: ¿Se refiere a las instalaciones del crematorio?

P: Ambas, las del crematorio y la cámara de gas.

R: Si.

P: Bien, díganos cómo gaseaban a aquellos que eran incapaces de ir a las cámaras de gas normales. ¿Cómo se hacían cargo de eso?

R: Eran cremados en Pscenzinki.

P: ¿Tenía ahí un establo grande donde era acumulada la gente y luego dejaban caer el gas por la chimenea?

R: No. Era un establo pequeño y era conocido usualmente como la 'casa blanca'.

P: ¿Podría describirnos lo que ocurría allí?

R: La gente era apiñada en el establo y cuando todo el establo estaba lleno de gente, se cerraba la puerta y se enviaba el gas a través de ciertas compuertas.

P: ¿Y la gente siempre era muerta por el gas?

R: Sí, en parte, pero algunos quedaban vivos.

P: ¿Qué hacían con esos?

R: Aquellos que quedaban vivos eran arrojados al fuego.

P: Y esta era una forma de cremar los cuerpos ¿cavaron zanjas cerca de esta 'casa blanca' en donde hicieron un fuego y cremaron los cuerpos?

R: Se hicieron hoyos ahí y se puso madera en esos hoyos. Se volcó nafta en la madera y toda la cosa se incendió.

P: Ahora testigo, ¿sabe si tomaron todas las ropas y cosas valiosas, valijas, cosas similares, de los prisioneros en Auschwitz cuando llegaban?

R: Si, nos sacaron todos los valores y nuestras ropas. Nuestra ropa fue también sacada.

P: ¿Había gran cantidad de ropa, de zapatos, y valores en Auschwitz que fueron tomados?

R: Había un gran número.

P: ¿Sabe que pasó con esa ropa y esos valores?

R: Fueron cargados y llevados.

P: ¿Cargados dónde? ¿en vagones?

R: En vagones.

P: ¿Había alguna forma alrededor del campo en que fueran llamados esos valores, usaban los prisioneros alguna expresión con relación a esos cargamentos de ropa?

R: Si.

P: ¿Cuál era?

R: Bueno, usualmente se decía ' Aquí hay regalos de Polonia para Pohl.'

P: Repita su respuesta por favor.

R: Se decía usualmente que eran regalos para Pohl.

P: ¿Y era la forma común de expresarse acerca de esos transportes de ropa y valores?

R: Si. Así se decía.

P: ¿Sabía quién era Pohl?

R: No, entonces no lo sabía.
..."

El testigo fue interrogado por el presidente del Tribunal:

"P: Cuando fue arrestado ¿le dijeron las razones para su arresto?
R: No.
P: ¿Tuvo un juicio o audiencia antes que fuera enviado al campo?
R: Nunca.

P: En los vagones en los que viajó ¿podía la gente acostarse?
R: Era casi imposible.
P: ¿Porqué?
R: Porque había tanta gente apiñada en esos vagones.
P: ¿Había alguna agua para beber?
R: No.
P: ¿Había baños?
R: No.
...."

Luego el testigo fue interrogado por el Defensor de Pohl, el Dr. Seidl:

"P: Testigo, dijo que nació en Jaroslaw.
R: Si.
P: Cuando la guerra empezó en 1939 ¿fue ordenado ir al Este?
R: Si.
P: ¿Cuál fue la razón?
R: Me tenía que reportar con el comandante militar.
P: ¿Y lo hizo?
R: Si.
P: ¿Y entonces fue arrestado en 1943?
R: Si.
P: Y aparentemente por las razones que pensé por sus respuestas, usted es de descendencia judía.
R: Si.
P: ¿Ahora está viviendo en Munich?
R: Si.
P: De acuerdo con su testimonio, tengo que asumir que durante la guerra fue maltratado en Alemania por los alemanes Ahora le pregunto ¿cuáles fueron las razones que lo detuvieron para volver a su Polonia natal? Después de todo usted es un ciudadano polaco ¿no es cierto?
R: Porque no quise.
R: Bueno, le estoy preguntando, ¿porqué no quiso volver?
R: Porque perdí cuanto tenía en Polonia. Perdí a mi mujer en

Auschwitz, perdí mi departamento y mis muebles y toda la propiedad que tuve.

P: No más preguntas, sus señorías."

Pero el Juez Toms retomó el interrogatorio:

"P: Cuando fue arrestado ¿qué pasó con su mujer e hijos?

R: El 2 de octubre de 1943, mi mujer e hijo fueron enviados en un transporte. Entonces, cuando estaba en Auschwitz traté de obtener alguna información sobre lo que había pasado con esos transportes que en ese tiempo iban a Tarnow, Czernow [Chrzanow], Bocna [Bochnia], Prozeml [Przemysl] y Cracovia. Entonces me dijeron que todos habían sido mandados a las cámaras de gas y cremados.

P: ¿Tenía dos hijos?

R: Si, un hijo está conmigo.

P: ¿Volvió a ver a su mujer y al otro hijo luego que fue separado de ellos?

R: No los volví a ver nunca más. La última vez que los vi fue en la explanada de Tarnow.

P: ¿No tiene idea que pasó con ellos?

R: No. Sólo sé que ese transporte del 2 o 3 de octubre de 1943, fue a Auschwitz; y que todas esas personas fueron enviadas de inmediato a las cámaras de gas sin ninguna selección previa.

P: ¿Cómo fue capaz de salvar un hijo, el que está con usted ahora?

R: En el año 1942 cuando aún no estábamos confinados al gueto y vivíamos en la parte judía de la ciudad, mi mucama tomó al niño y se lo llevó a una granja polaca, y lo mantuvo allí. Cuando volví hizo que me enviaran al niño en abril de 1946 a Munich.

P: Entonces ¿su niño fue salvado por su sirvienta?

R: Si.

P; ¿Fue protegido hasta que usted fue liberado?

R: Por la mucama, por mi sirvienta. Si."

La Fiscalía presentó el testimonio de otro médico judío que fue prisionero en Auschwitz, el Dr. Bernhard Lauber,[36] que había estudiado en Bolonia (Italia) y practicado en Tarnow, Polonia.

"... P: ¿Cuándo comenzó a ejercer y durante cuánto tiempo lo hizo?

R: En 1937, en la segunda mitad, antes del inicio de la guerra cuando fui a un lugar cerca de Przemysl donde continué con la práctica.

P: ¿Cuánto tiempo estuvo allí?

R: En Przemysl hasta 1943, hasta julio de 1943.

P: ¿Tuvo que vivir en el gueto allí?

R: No. No viví en el gueto, porque antes de julio de 1943 se habían reubicado a todos los judíos, algunos de ellos fueron muertos, y yo fui el único médico al que se le permitió seguir con vida. Yo fui omitido, yo, mi mujer y mi pequeño hijo que tenía once meses de edad, porque trabajaba en el hospital. Mi mujer y mi hijo de once meses fueron fusilados por la Gestapo. Yo entonces estaba trabajando en el hospital. El hospital estaba a medio kilómetro de mi casa. Cuando volví a casa para el almuerzo, encontré algunos extraños que me dijeron que mi mujer y mi hijo habían sido muertos, y yo busqué que me fusilaran a mí también. Después me escondí en una granja donde quedé por dos semanas. Entonces huí de ahí. Caminé a Przemysl, al gueto.

P: ¿Volvió a ver a su mujer o su hijo?

R: No, nunca.

P; ¿Y que hizo cuando llegó al gueto?

R: Viví ahí con un nombre falso, conseguí papeles de identidad y fui basurero.

P: Entonces vino el momento en el que fue enviado a un campo de concentración.

R: Eso fue en agosto de 1943.

P: ¿Y fue enviado a Auschwitz?

R: No. Fui enviado a Schebnik, esto es en la Galicia polaca, Estuve ahí por cerca de 9 semanas, y entonces un día, con sólo la ropa interior, sin ropas, sin zapatos, fui cargado en un vagón y enviado a Auschwitz. Eso fue aproximadamente el 6 de noviembre.

P: ¿6 de noviembre de 1943?

R: 1943. Si.

P: ¿Cuántas otras personas fueron enviadas en ese transporte a Auschwitz con usted?

R: Aproximadamente 2.500.

P: ¿Fueron enviados en vagones de carga?

R: En vagones de ganado, en vagones de transporte de ganado, no vagones para personas.

P: ¿Cuánto tomó al transporte llegar hasta Auschwitz?

R: Aproximadamente 3 o 4 días.

P: ¿Fue provisto de comida y agua mientras estuvo en el transporte?

R: Nada de nada.

P: ¿Cuántas personas iban en cada vagón?

R: Entre 70 a 80 personas.

P: ¿Fue capaz de acostarse y dormir?

R: No. No había lugar.

P: ¿Y dijo que no le proveyeron ropas?

R: Solo la ropa interior, pero sin zapatos.

P: Ahora, ¿qué pasó luego de su arribo a Auschwitz?

R: Se abrieron los vagones y fuimos golpeados mientras nos sacaban de los vagones. Fuimos reunidos en filas y el médico del campo nos preguntó cuál era nuestra profesión. Algunos iban para la derecha y otros para la izquierda. Los de la derecha fueron cargados en camiones. Yo dije 'soy médico, tengo 32 años' y fui a la izquierda. Los de la derecha se sentaron y fueron cargados en camiones y llevados fuera. Oí después cuando estaba en el campo, que habían sido enviados a las cámaras de gas. Fuimos llevados al campo descalzos. Había nieve en el piso. Era noviembre. Se nos dieron muchas golpizas. Un SS gritaba 'golpeen rápido' y los otros SS nos golpeaban 'y manejen despacio'. Así bajo golpes llegamos a Auschwitz. Recuerdo muy bien cuando crucé la reja, un SS me señaló una chimenea y dijo 'Vamos, hay un solo camino a la libertad allí, es la chimenea.'

P: ¿Cuánto tiempo estuvo en Auschwitz?

R: Cerca de un año.

P: ¿Qué tipo de trabajo hizo mientras estuvo en Auschwitz?

R: Fui lo que era llamado enfermero, en un bloc.

P: ¿Cuál era el número del bloc?

R: Era... Yo trabajé en el bloc 6 de la estación de cuarentena, y luego en el hospital del Campo F que era el bloc 15.

P: ¿Sabe el nombre del médico que hacía las selecciones en Auschwitz?

R: Eran el Dr. Mengele y el Dr. Tilo.

P: Ahora Dr. Lauber ¿sería capaz de decirle a este Tribunal desde su observación en Auschwitz, el número de personas que fueron exterminadas ahí?

R: No. No puedo darle a usted los números, pero deben haber sido millones. No puedo darle el número exacto. No puedo estimarlo.

P: ¿Recuerda la llegada de judíos húngaros en 1944?

R: Lo recuerdo muy bien.

P: ¿Cuándo llegaron esos transportes con judíos húngaros?

R: Esos transportes llegaron entre mayo y julio, tres o cuatro trenes por día, cerca de tres o cuatro trenes por día. Llegaban tanto de día como de noche. Las vías estaban en el campo y desde mi puesto de trabajo podía observar cuando llegaban esos transportes. Los transportes eran alineados en filas y el Dr. Mengele y el Dr. Tilo, y otros hombres de las SS estaban allí y el Dr. Tilo o el Dr. Mengele apuntaban con su pulgar, su pulgar derecho, a la derecha, a la izquierda, y recuerdo que en una ocasión él silbó una suerte de canción. La gente que estaba a la derecha quedaba cerca del tren, los de la izquierda iban al campo. Venían los camiones y cargaban a la gente cerca del tren y los llevaban al crematorio. En ese tiempo veíamos las chimeneas del campo humeando, y los hoyos que habían sido cavados cerca de los crematorios mostraban una gran fogata..

P: Esos transportes de personas a Auschwitz, ¿traían las personas valijas de ropa y otros efectos personales?

R: Si. Algunos traían todo consigo. Algunos estaban muy bien vestidos.

P: ¿Sabe si a estos judíos que fueron enviados a Auschwitz se les dijo que iban a ser reubicados?

R: Los judíos decían que los habían enviado a Polonia a hacer algún trabajo.

P: Pero quiero decir, cuando los judíos fueron evacuados del gueto, ¿se les dijo, por ejemplo, que iban a ser reubicados por los alemanes y que tenían que traer todo consigo, todos sus efectos personales, toda su propiedad?

R: Sí. Se les dijo que tenían que traer todo. Cuando dejaron el tren en Auschwitz, se les sacó todo.

P: ¿Usted dijo que todo les fue tomado en Auschwitz?

R: Inmediatamente, debían dejar todo en el tren. Esa era una orden especial. Entonces un grupo de internos formaban y se ocupaban de sacar las cosas de la gente a su llegada.

P: ¿Eran obligados a entregar las ropas que estaban vistiendo?

R: No. No en el tren. Las ropas les eran tomadas cuando debían tomar el baño.

P: ¿Sabe que pasó con esa propiedad cuando era tomada de los prisioneros cuando llegaban, la ropa?

R: Sí. Toda la ropa se almacenaba en lo que se llamaba el campo de materiales y de ahí era sorteada y cargada en trenes y eran llamados 'presentes para Pohl.' Era enviada a Alemania.

P: ¿Sabe usted si el cabello de las mujeres era afeitado antes de ser ejecutadas?

R: Si."

La Fiscalía luego aporta el testimonio del ex prisionero de Auschwitz Jerzy Bielski,[37] quien atestigua sobre una visita de Pohl en junio de 1943 al campo de concentración de Auschwitz:

"... R: Ese día, aparte del comandante del destacamento de electricidad y construcción, nosotros internos, un capo y un capaz SS fuimos enviados de Auschwitz a Birkenau aproximadamente a las 7:30, y cuando llegamos empezamos una construcción. En este caso había que establecer una línea al campo F, en Birkenau, y esto era parte del campo en Birkenau. Trabajamos ahí hasta las 10 aproximadamente, con muy buena visibilidad, buen tiempo, cuando varios automóviles con oficiales SS pararon en la colina. Ya habíamos oído

Capítulo Quinto

desde el día anterior que la inspección del campo iba a ser hecha por el Obergruppenführer Pohl, el director del Departamento Principal Económico y Administrativo. Sin embargo, estuvimos sorprendidos que hubiera llegado tan temprano. Estaban situados aproximadamente a 60 u 80 metros de las cámaras de gas. Detrás de las cámaras de gas, estaba el crematorio número tres. Por eso fuimos capaces de observar muy bien todo el evento. Todo el grupo de oficiales de las SS junto con Pohl, a quien ya había visto en el campo en un período de tiempo anterior después que estuve en el campo por 3 meses, dejaron su auto, y caminaron hasta el crematorio. Ellos pasaron varios minutos en el crematorio, y salieron nuevamente y fueron a la cámara de gas, y luego de un corto tiempo bajaron las escaleras hasta la cámara de gas. Se quedaron allí, aproximadamente, entre 45 minutos y 1 hora. Luego de este tiempo, salieron nuevamente y todos se involucraron en una discusión, y entonces vino un coche y luego tres camiones cargados con prisioneros enfermos y exhaustos de la dirección de Auschwitz. Los vehículos vinieron por el camino principal al crematorio y entonces, aproximadamente 30 personas de tratamiento especial vinieron y removieron los enfermos de los camiones. Los camiones se fueron y volvieron a Auschwitz y los prisioneros del tratamiento especial llevaron a toda la gente que se había traído a las cámaras de gas, los llevaron en camillas, y también sin camillas. Diez minutos después un número adicional de camiones llegaron cargados de prisioneros. Eran aproximadamente cuatro o cinco y en cada camión había aproximadamente entre 25 y 50 personas. Muchos de ellos fueron tendidos en las vías y otros eran capaces de estar de pie. Todos estaban vestidos con una camisa corta. Era muy corta. No tenían nada más. Y entonces la misma historia se repitió otra vez: las personas fueron sacadas de los camiones y llevadas a las cámaras de gas. Entonces aparecieron dos hombres de las SS. Eran bajos, eran oficiales sin comisión de las SS. Vinieron con una ambulancia con una cruz roja, y trajeron varias latas. Para esta época sabíamos que estaban llenas de gas zyclon.

Esto no era un secreto porque aproximadamente a 100 metros de nuestro campo en Auschwitz, estaba el llamado edificio teatro donde estas latas de gas se almacenaban. En ese entonces, sabíamos que estaban llenas de gas zyclon. Los dos hombres de las SS caminaron con estas latas hasta una ventana de la cámara de gas. Las ventanas estaban sobre el terreno y la cámara de gas bajo el terreno, La ventana trabajaba desde arriba. Entonces las ventanas podían ser abiertas y uno podía ver a los prisioneros adentro, y era muy fácil tirar dentro las latas de gas. Los SS estaban en las ventanas, pero no tiraron las latas de gas dentro, y entonces Pohl fue escoltado por cinco oficiales de las SS y todos los huéspedes que habían llegado de Berlín y caminaron hasta las ventanas, y miraron dentro por cerca de 15 minutos. El miró debajo y vio los prisioneros que estaban dentro de la cámara de gas. Entonces Pohl se fue con su escolta de la cámara de gas.

P: Disculpe ¿Dónde estaba Pohl y su grupo parado cuando el hombre de las SS tomó las latas de gas y las tiró en la cámara de gas?

R: Estaban sobre la cámara de gas, aproximadamente a un metro de la ventana. Luego vi que una vez arrojadas las latas la ventana fue cerrada. Todo el asunto duró por aproximadamente 15 minutos.

P: Entonces, ¿adónde fue entonces Pohl y su grupo?

R: Entonces fueron de nuevo hacia la calle, donde estaba el otro grupo de oficiales. Entonces otros cuatro o cinco se acercaron a la cámara de gas. Se acercaron a la ventana allí, lo que fui capaz de ver, e hicieron lo mismo que Pohl hizo, esto es, miraron a través de la ventana y observaron. Entonces, luego de 20 minutos, cuando todos hubieron observado lo suficiente - creo que no me entendió correctamente, porque dije que la gente de las SS que arrojó esas latas no había tirado aún las latas, sino que estuvieron un buen rato parados con las latas en las manos, y todos los oficiales que estaban con Pohl, y Pohl mismo observaron a los prisioneros en las cámaras de gas, antes que las latas fueran arrojadas dentro. Entonces, luego que todos ellos miraran en la cámara de gas, entonces bajo las órdenes de nuestro jefe de sección, el Untersharführer Jenne y el adjunto del líder del campo Hoffman se aproximó a nuestro grupo y dijo a nuestro jefe 'haraganearon por media hora: vayan en esta dirección'. Entonces nuestro jefe nos alineó de a cinco y marchamos. Fuimos tan lejos como hasta el granero en el pueblo Babitz. Ese pueblo había sido arrasado y se habían establecido varios campos ahí, y fuimos y nos sentamos junto al granero, y descansamos por media hora.

Entonces volvimos y Pohl con todos sus oficiales ya no estaban en las cámaras de gas, pero continuaban parados ahí. Estaban parados donde estaban antes, en la calle. Entonces empezamos a trabajar y 10 minutos después vino Pohl, -esta vez acompañado por Höss- y Höss que eran los dos primeros y luego los otros. Entonces, fueron a las cámaras de gas y Pohl y Höss miraron a través de la ventana y los otros también miraron por la ventana y luego dejaron el crematorio.

P: Discúlpeme. ¿Cuánto tiempo pasó desde que fueron arrojadas las latas en el crematorio y cuando Pohl y su grupo regresó?

R: Una media hora. Pensamos que inmediatamente después que nos fuimos arrojaron las latas, y estuvimos en el otro lugar una media hora. Luego de diez minutos Pohl apareció nuevamente. Todo el procedimiento duró unos 40 minutos. Eso fue después que las latas fueron arrojadas.

P: ¿Entonces fueron removidos los cuerpos de la cámara de gas para llevarlos al crematorio?

R: Si. Cuando miré de nuevo, estaban todos ahí, entre los autos y el crematorio, y durante ese tiempo cerca de cien internos de los grupos de tareas especiales vinieron de la dirección de los crematorios uno y dos, y junto con los otros que estaban ya allí, abrieron las cámaras de gas y arrastraron los cuerpos fuera y los llevaron al crematorio. Tenían una especie de camilla chica y también tenían carretillas pequeñas con una rueda y dos manijas.

P: ¿Cuántos camiones cargados de prisioneros vio extraerse de las cámaras de gas?

R: Todos juntos eran entre nueve y diez camiones en la primera parte, después aproximadamente 13. No puedo decirlo con exactitud. Entonces vinieron algunos adicionales. Presumo que todos juntos serían unos 20 camiones. Entonces hubo una segunda porción por la tarde.

P: ¿Pohl y su grupo miraron el mismo procedimiento por la tarde?

R: Si.

P: ¿Cuánta gente había en el grupo de Pohl?

R: Veintidós o veintitrés.

P: ¿Eran todos hombres de las SS?

"R: La mayoría. Había dos civiles.

P: ¿Le diría de nuevo al Tribunal a qué distancia estuvo de los crematorios y las cámaras de gas donde estuvo trabajando?

R: Aproximadamente, entre 60 y 80 metros.

R: ¿Y entonces cuándo Pohl y su grupo se retiraron de las cámaras de gas caminó en su dirección?

R: Él estuvo muy cerca nuestro en dos ocasiones y preguntó al jefe sobre nuestro trabajo. En ese momento, estuvo a 2 o 3 metros de mí, los otros también. Entre ellos había oficiales de Auschwitz, Hoffmann, Grabner, Höss, Wosniza del departamento político, también Emmerich, Boger y Lachmann.

P: ¿Cómo sabe los nombres de toda esa gente que nombró?

R: Tenían muy mala reputación a través del campo. A gente como Grabner, o Hoffmann, Höss, Boger o Lachmann, todo el mundo les tenía miedo. ..."

También afirmó el testigo, que por su trabajo en el destacamento eléctrico pudo ver que los materiales para las construcciones venían de la oficina C VI de la WVHA y que los nombres de Bischoff y Eirenschmaltz aparecieron en los sobres de requisición. A Bischoff lo vio en el campo y a Eirenschmalz en el campo de construcción. También contó que por orden Pohl los zapatos de las víctimas no debían ser destruidos, ya muchas veces las víctimas ahí escondían dinero. Testificó al Tribunal que los internos que fueron llevados a la cámara de gas cuando Pohl estuvo allí, estaban en condiciones muy débiles y que eran incapaces de hacer cualquier trabajo. Interrogado el testigo por los abogados defensores de Eirenschmalz y Pohl, se produjo un diálogo elocuente, con una descripción tan acabada por parte del testigo, que merece a nuestro entender, ser transcripta literalmente:

"P: Testigo, el viernes dijo que vio gasear en Auschwitz, ¿dónde estaba la construcción donde dijo la gente fue gaseada?

R: Esas ejecuciones por gas de las que testifiqué tuvieron lugar en la cámara de gas cercana al crematorio tres.

P: Fue dentro del gran recinto de la guardia del campo Birkenau, y cerca de las barracas de Birkenau.

¿Supo si había otro campo en Auschwitz llamado Monowitz?

R: Sí, me era conocido.

P: ¿Cómo era el edificio donde vio gasear a la gente? ¿Puede darnos una descripción precisa?

R: Eso no fue en Monowitz; fue en Auschwitz.

P: ¿Cómo era el edificio?

R: No era un edificio; era un sótano subterráneo y tenía 30 metros de largo y 15 de ancho. Todo lo que se podía ver desde arriba era como una pequeña elevación de algo que estaba medio metro por encima del nivel del piso, y en el medio de esto había una ventana, y la entrada estaba en el lado izquierdo. La entrada estaba inclinada hacia la izquierda y había tres o cuatro escalones que lo llevaban abajo. Después la cámara de gas fue cambiada, quizás 3 o 4 meses después. Después no había más una entrada desde fuera, solo indirectamente desde el crematorio; pero al principio la entrada estaba afuera. Desde la ventana que estaba cerca de nuestro taller, supe que la construcción y la cámara de gas fue cambiada después, en lugar de la ventana hubo una pequeña abertura que era usada.

P: ¿En qué momento dijo haber visto estas cosas?

R: Lo vi desde las 10 de la mañana hasta que terminamos el trabajo, a las 4 y media.

P: Si recuerdo correctamente, dijo el viernes que esto pasó en junio de 1943.

R: Si. En junio de 1943.

P: ¿A que distancia estaba del horno de gas?

R: No era un horno de gas sino una especie de sótano de gas. No estuvimos siempre en el mismo lugar. Cambiamos nuestro lugar. Algunas veces estuvimos a 40 metros, otras a 80 metros.

P: ¿Dijo que vio al acusado Pohl tanto a la mañana como a la tarde?

R: Si.

P: Por la tarde había un número grande de personas presentes dijo el viernes. ¿Quién más estaba con Pohl? ¿Pudo reconocer a alguien del staff de Pohl?

R: Los conté bien. Eran 22 o 23 personas. Casi todos ellos eran huéspedes. Hubo solo 16 miembros permanentes del staff de Auschwitz. Los otros fueron todos huéspedes de Pohl; vinieron de fuera. Estuvo Bobermin, y dos civiles. Nos preguntamos porqué debía haber civiles, pero no encontramos respuesta.

...

P: ¿Cuán a menudo vio allí a Eirenschmalz? ¿Cuán a menudo?

R: Bien, lo vi claramente una vez, y antes de eso oí una o dos veces que él era el jefe del departamento C VI. Hubo otros visitantes, pero no lo he visto.

P: Cómo es posible que después de tanto tiempo después que usted dijo que lo había visto solo una vez, ¿cómo es posible que lo identificara?

R: Mi memoria es excelente.

...

P: Testigo, a la pregunta del abogado del acusado Bobermin, usted dijo que no era difícil llegar cerca de las cámaras de gas. ¿Lo recuerda, no es cierto?

R: Trabajé en la cámara de gas. Nuestro comando [destacamento de trabajo] tenía permiso para ir, porque había que hacer trabajos ahí.

P: El otro comentario que hizo, fue cuando sostuvo que durante todo el período de tiempo que usted estuvo en Auschwitz el comandante del campo fue Rudolf Höss.

R: No. Yo nunca dije semejante cosa. Yo dije que Höss fue uno de ellos, además de Liebehenschel y luego de eso Bär, y entonces Höss de nuevo.

P: Sin embargo, ¿es usted de la opinión que el comandante Rudolf Höss, tiene un buen conocimiento de la situación en Auschwitz?

R: ¿Höss? Si, así lo creo.

P: Correcto. Ahora le mostraré un comentario - o al menos puesto ante usted como comentario hecho por Höss ante el Tribunal Internacional Militar. Fue hecho el 15 de abril de 1946. Está en la página 7.800 del registro alemán. Se le hizo a Höss la siguiente pregunta:' ¿Describiría con pocas palabras si es correcto que el campo de concentración de Auschwitz estaba completamente aislado y qué medidas fueron tomadas para llevar adelante las tareas que le fueron asignadas?' A esa pregunta la respuesta que Höss dio fue: 'El campo de Auschwitz como tal estaba a tres kilómetros de la ciudad misma. Los alrededores fueron despejados de todos los previos habitantes y toda el área sólo podía ser visitada por hombres de las SS con pases especiales. El campo de Birkenau, de hecho, donde los exterminios tuvieron lugar, fue construido después, y estaba a más de dos kilómetros del campo de Auschwitz. Las instalaciones mismas, esto es, las instalaciones provisorias usadas al principio estaban dentro del bosque y no podían ser vistas ni desde allí y no podía ser vista de lejos. Ese territorio especial había sido declarado fuera de los límites y no podía ser visitado ni por los hombres de las SS - o sólo podían entrar por miembros de las SS que tenían un pase muy especial. Por eso es que, de acuerdo con la memoria humana, nadie estaba en condición de ingresar a ese territorio salvo esos mencionados con los pases,' Un momento. Testigo: necesito preguntarle ahora ¿todavía persiste en su afirmación que se acercó a las cámaras de gas a una distancia de 160 metros?

R: Si.

P: ¿Y usted vio al acusado Pohl?

R: Si. Sobre la afirmación hecha por Höss tengo que decir que es mentira porque nosotros sabemos mucho más de lo que Höss quería decir en su comentario.

P: ¿Y usted llama a la declaración de Höss una mentira?

R: Si.

P: ¿Aún cuando le digo que fue testigo para la acusación?

R: La distancia a la ciudad era de tres kilómetros; Birkenau estaba a dos kilómetros de Auschwitz. Eso es correcto también. Sin embargo, que los crematorios estuvieron en los bosques no es verdad, pues en 1944 se usó red de camuflaje. En otras palabras, árboles artificiales. Pero eso tampoco se aplica porque el bosque estaba detrás del crematorio dos; detrás del crematorio tres no había nada sino leños y cuando trabajábamos allí como electricistas - y pude ver las cámaras de gas varias veces- hablábamos siempre con la gente que iba a ser gaseada; aquellos que eran recién llegados de Holanda, de Francia, de Hungría; y podíamos ver todo. Entonces, no soy yo el único que puede afirmar esto-, pero puedo traerle a todos los hombres de mi comando para testificar a este efecto- los que le dirán exactamente los mismo que estoy afirmando. Yo, yo mismo, trabajé en los crematorios y trabajé en las cámaras de gas y trabajé en todas partes. Para nosotros no había un sólo lugar al que no pudiéramos entrar. Hicimos todo el trabajo allí, y aparte de eso, Höss dijo que sólo las SS se podían aproximar al campo o al territorio alrededor, lo que tampoco es verdad, porque había aproximadamente cinco mil civiles allí. Trabajaban dentro del recinto del campo -sino inmediatamente cerca-, trabajaban en varias instalaciones y los trabajos había que hacerlos ahí, y era su empresa particular a la que esta gente era asignada. Aparte de esto, muchos altos oficiales vinieron de fuera del campo y todos sabíamos de ello. Supimos que Höss y otros venían a visitar el campo.

En otras palabras, si venían por pura curiosidad, entonces sí tenían que conseguir que Höss emitiera los permisos para venir y visitar el campo. Vimos varios curiosos hombres de las SS, y alemanes que venía al campo.

P: Eso es suficiente."

El testigo es vuelto a interrogar por el Fiscal sobre esta última respuesta:

"P: Solo unas pocas preguntas, Señoría.

Herr Bielski, mencionó camuflaje para los crematorios y cámaras de gas. ¿Podría darnos un poco más de detalles sobre el camuflaje?

R: Bien, al tiempo cuando trabajábamos allí no había camuflaje. El camuflaje se usó luego de la llegada de los transportes griegos. Eso fue hacia el fin de julio, o agosto de 1943. Eso fue cuando los transportes griegos llegaron de Grecia, y durante ese tiempo los crematorios trabajaban muy a menudo, y esto era obvio para todos los internos. En el campo podíamos verlo.

Toda la gente fue enviada al crematorio - antes de ese tiempo las cámaras de gas, y esa fue la razón por la que se usó camuflaje en ese tiempo. Eran árboles artificiales como lo dije antes. Los árboles de Babitz fueron cortados y puestos allí, y había dos hileras de esos árboles justo alrededor del crematorio y la cámara de gas, y aparte de eso - creo que fue después de eso -una especie de cerca fue puesta alrededor de los árboles, sólo pequeños postes, y esa pequeña cerca uno podía ver pedazos de tela. Luego, cuando no pudimos ya entrar, no se podía ver cómo era enviada la gente a las cámaras de gas. Sólo podíamos oír los gritos y podíamos ver la nube de humo saliendo de la chimenea de los crematorios. Y nosotros también usamos una suerte de camuflaje, eso era en 1944; eso fue cuando los judíos húngaros llegaron usamos un camuflaje musical. En ese tiempo los niños eran quemados sobre grandes pilas de madera. Los crematorios no podían trabajar todo el tiempo, y entonces, la gente era quemada en campos abiertos en esas parrillas y también los niños eran quemados ahí. Los niños lloraban sin pausa y por eso es que la administración del campo ordenó que se hiciera una orquesta con cien internos y debían tocar. Ellos tocaban fuerte todo el tiempo. Ellos tocaban Danubio Azul y Rosamunde; así aún la gente de la ciudad de Auschwitz no podía oír los gritos. Sin la orquesta se hubieran oído los gritos de horror; esos fueron gritos horribles. La gente a dos kilómetros de ahí podía oír los gritos que venían del transporte de niños. Los niños eran separados de sus padres, y eran llevados a la sección III del campo. Quizás el número de niños fue de varios miles.

Entonces un día cualquiera los empezaron a quemar hasta morir. Las cámaras de gas en ese tiempo no funcionaban, por lo menos una de ellas estaba averiada, la que estaba cerca del crematorio; que había sido destruida en agosto de 1944 durante un motín en un comando especial. Las otras tres cámaras de gas estaban llenas de adultos y por ello los niños no fueron gaseados, sino simplemente quemados vivos.

Si uno de los SS tenía una suerte de piedad con los niños, él tomaba al niño y le golpeaba la cabeza contra una piedra antes de ponerlo en la pira de fuego y madera, de manera que el niño estaba inconsciente. Sin embargo, la forma regular que usaron fue simplemente arrojar los niños a la pira.

Solían poner una hoja de madera y toda la cosa era rociada con gasolina, entonces madera de nuevo, y gasolina y madera, y entonces se ponía la gente ahí. Luego toda la cosa se encendía.

P: ¿Durante qué período de tiempo continuó eso, Herr Bielski?

R: ¿Con los niños pregunta?

P: Si,

R: Eso fue durante esos tres meses en los que vinieron la mayoría de los transportes húngaros; eso fue junio de 1944, julio y agosto, aproximadamente durante ese período de tiempo. Sin embargo, lo que mencioné de la orquesta fue alrededor del final de agosto. Muchos miles de niños fueron quemados vivos."[38]

Cuando el principal acusado Pohl declaró ante el Tribunal, fue interrogado sobre el programa de exterminio por el Juez Toms:

"P: ¿Qué puede decir del programa intencional de exterminio? Eso empezó mucho antes del colapso de la defensa alemana, ¿o tampoco sabe nada acerca de esto?

R: Señoría, no se a qué programa de exterminio se está refiriendo. Supe de las transferencias de los campos dentro en el Imperio y que la colocación de esas masas dentro del Imperio, estaban basadas en el programa de exterminio.

P: Estoy hablando del exterminio intencional de los viejos, los enfermos y los judíos, sea que fueran aptos o no; por fusilamiento, por la horca, y gaseándolos especialmente en Auschwitz. ¿Sabe algo acerca del exterminio en Auschwitz?

R: Por supuesto que tuve conocimiento. Todo el programa de exterminio que estaba dirigido contra los judíos, fue un programa de acción canalizado a través de la RSHA, para el que Eichmann organizó los transportes de judíos que iban a Auschwitz y eran exterminados por Höss. Ese programa no tenía nada que ver con los campos de concentración como tales, y los campos de concentración existentes fueron malusados en ese aspecto. Los documentos y los informes de ese programa, en tanto estoy informado, no fueron siquiera a través de la Inspección de Campos de Concentración. Esto fue llevado a cabo en un círculo pequeño.

P: ¿Pero en gran escala?

R: Bueno, tuve los primeros números auténticos luego de la guerra. En aquel momento no tenía ninguna idea que se número se agrandaba a millones. Todo el programa de exterminio de los judíos fue manejado por la oficina IV de la RSHA, y el organizador de los transportes fue un cierto hombre llamado Eichmann, que envió esos transportes a Auschwitz, y ahí esos transportes fueron exterminados por Höss, que en ese caso no actuó como comandante de campo de concentración sino como comisionado de Himmler o del Gobierno Imperial.

P: ¿Estuvo a cargo de los campos de concentración mientras este programa fue llevado a cabo por la RSHA?

R: No se cuándo empezó este programa.

P: Bueno, no importa cuando empezó ¿fue llevado a cabo en cualquier momento mientras estuvo a cargo de los campos de concentración?

R: No sé si este programa todavía se llevó a cabo en los años 1942 o 1943. No sé cuánto duró.

P: ¿Sostiene que prestaron los campos de concentración para llevar adelante el programa de exterminio?

R: Si, esa es mi opinión.

P: Un segundo. ¿Para llevar adelante el programa de exterminio tenían que construir cámaras de gas en los campos de concentración?

R: Si. Pero no tenía ninguna cámara de gas construida. No di ninguna orden para que se establecieran cámaras de gas.

P: ¿Pero fueron construidas mientras estuvo a cargo?

R: No se exactamente en qué año las cámaras de gas fueron erigidas en Auschwitz.

P: No importa cuando fueron erigidas, ¿estaban ahí y operando mientras estuvo a cargo?

R: Mientras los judíos fueron exterminados, las cámaras de gas estuvieron trabajando y operando.

P: ¿Y eso fue mientras estuvo a cargo?

R: No puedo decirlo, porque visité Auschwitz solo una vez en 1944 y quizás dos en 1943. En esos momentos yo no vi que los judíos eran exterminados. Por lo tanto, no sé cuando estuvo en marcha este programa.

P: ¿Vio alguna cámara de gas cuando estuvo ahí?

R: Si, vi las cámaras de gas como edificios a la distancia.

P: Sabía que estaban ahí.

R: Si, supe eso.

P: ¿Y para qué cree que estaban siendo usadas?

R: Sabía que los judíos estaban siendo exterminados y que las cámaras de gas eran usadas para ese propósito.

P: ¿Y cuando las vio y supo que los judíos estaban siendo exterminados estuvo a cargo de ese campo de concentración?

R: Si. Las cámaras de gas estaban ahí hasta el último dia. Estuvieron ahí cuando los campos de concentración me estaban subordinados. No fueron destruidas previamente.

P: Tampoco después. ¿Continuaron operando luego que estuvo a cargo?

R: Si, en tanto la exterminación de judíos fue llevada adelante, pero no se cuanto continuó eso.

P: Bueno, por lo menos continuó mientras estuvo a cargo.

R: No sé cuanto continuó. No sé cuando los últimos judíos fueron exterminados.

P: Bueno, usted trata de evadirlo, quizás no intencionadamente. De cualquier manera ¿luego que fue el jefe de los campos de concentración, las cámaras de gas de Auschwitz y de otras partes continuaron trabajando?

R: Asumo que si, naturalmente."...[39]

Pohl dijo haber protestado con Himmler porque por el exterminio se perdían trabajadores valiosos, a pesar de darse cuenta que era un homicidio en masa. Reconoció que los crematorios habían sido construidos por la sección C II que dependió de su comando, aunque dijo que el proyecto fue llevado adelante directamente con esa sección. Cuando lo volvió a interrogar el Fiscal Robbins reconoció también haber estado en Poznam cuando Himmler, dio el discurso del 4 de octubre de 1943, transcripto precedentemente.

También en ocasión de presentar testigos la Defensa, surgieron algunos testimonios dignos de destacar por lo vívido de su relato, y que preferimos incluirlos en esta sección. Así el testigo Helmut Bickel, prisionero alemán en dos campos de concentración, recordó[40]:

" ... P: Para volver a su descripción, testigo, ¿cómo podía una persona saber lo que pasaba detrás de los muros de Sachsenhausen, si uno no podía entrar, particularmente desde que usted no tenía ninguna conexión con su familia?

R: Déjeme darle dos ejemplos, de un grupo de muchos, En mayo de 1940, el número de muertos en Sachsenhausen era mayor del que podía hacerse cargo el crematorio. Por eso fue usado un crematorio auxiliar de una ciudad cercana. Creo que fue Fürstenwalde.[41] Las cajas con los muertos -negras, cajas burdas- eran cargadas en camiones rentados, y ese camión con el remolque llena de internos muertos los entregaba. Llevó un montón de tiempo desbloquear esa ruta. En el entretiempo la gente lo vio. Eso debe haber actuado como una bomba atómica en los sentimientos de la gente alemana porque vieron esto. Y con el mismo celo que las victorias de Hitler ponía espíritu en los corazones de los seguidores de Hitler, esto debe haber ido al corazón del pueblo alemán. Déjeme darle otro ejemplo. Cuando vinimos a Sachenhausen desde Neuengamme, teníamos que bajarnos en la estación de Neuengamme y caminar por el pueblo por una hora entera. Todo el mundo lo vio. Desde Neuengamme teníamos que guardar un canal allí de nombre Dove(sic)-Elbe. Ese lugar de trabajo estaba aproximadamente de una hora y 15 minutos a una hora y 30 minutos de nuestro campo. Teníamos que caminar esa distancia. En su desesperación algunos de nuestros camaradas se suicidaban antes que ir a trabajar. Algunas veces se podían encontrar 3 o 4 internos en el camino del campo de concentración al lugar de trabajo. Esos internos habían roto o atravesado la línea, o se habían caído, o habían atravesado la cadena de guardias y esos guardias les dispararon. Ellos se suicidaron de esa manera. Todas esas cosas fueron vistas por la población allí. Eso era por la mañana, pero también veían nuestro regreso desde nuestro lugar de trabajo. No sé como tal marcha de regreso podría pasar posiblemente inadvertida en otros países como Francia o Suecia, sin hablar por supuesto de un país altamente democrático como América. Una larga columna de mil internos trotando a lo largo del camino. Al final de la columna tenemos 30 o 40 carretillas. Tenemos un hombre muerto en cada carretilla empujada por un interno medio muerto también. La cabeza del interno muerto está golpeando contra la rueda de la carretilla. Los hombres de las SS siguen a los internos. A la izquierda y a la derecha de ellos estaban los alemanes pueblo de cultura, a saber, la nación de Goethe. Ahora viene algún alemán, o algún otro, y me dice que esta sola imagen no habría sido suficiente para reaccionar como una bomba atómica en el sentimiento de sus corazones. Pero es más simple no ver nada. Era más inteligente no decir nada. Era más fácil no decir nada."

g. Adquisición y disposición de propiedades y valores de los judíos evacuados.

La acusación sostuvo que los imputados sistemáticamente confiscaron la propiedad personal de los internos -vivos y muertos- de los campos de concentración. Esto fue parte de la "*Acción Reinhardt*", e involucró el transporte desde Polonia a Alemania de propiedades de las víctimas del programa de exterminio, el envío de algunas propiedades a agencias del Imperio, tales como el Banco Imperial, y el Ministerio Imperial de Economía, y el uso de fondos derivados de la confiscación de estas propiedades, para financiar a diversos proyectos industriales de la WVHA. El principal argumento de la defensa fue que los imputados no sabían que la propiedad había sido obtenida por medios criminales.

Entre las evidencias presentadas, hubo una carta de Frank al jefe de la administración del campo de concentración de Auschwitz, fechada 26 de septiembre de 1942, de la que hemos transcripto algunas partes relevantes:

> "Sin tomar en cuenta la regulación general, que se espera sea emitida durante octubre, correspondiente a la utilización de la propiedad mueble e inmueble de los judíos evacuados, el siguiente procedimiento debe ser seguido con relación a la propiedad traída por ellos, la cual en todas las futuras ordenes será referida como bienes originados en robos, recepción de bienes robados o atesorados:
>
> 1. a. Dinero en efectivo en billetes del Banco Imperial alemán, deben ser pagados a la cuenta WVHA 158/1488 con el Banco Imperial en Berlín-Schöneberg.
>
> b. Moneda extranjera (acuñada o no), metales raros, joyería,

piedras preciosas y semi preciosas, perlas, oro de dientes y oro de desecho, deben ser enviadas a la SS WVHA. Esta última es responsable por inmediato envío al Banco Imperial alemán.

c. Relojes de todo tipo, relojes despertadores, estilográficas, lápices mecánicos, rasuradoras de mano y eléctricas, navajas, tijeras, linternas, billeteras y bolsos debe ser reparado por el WVHA en talleres especiales de reparación, limpiados y evaluados; y deben ser rápidamente enviadas a las tropas del frente.

...

d, Ropa interior de hombre y vestimenta masculina, incluyendo zapatos debe ser clasificada y evaluada. Luego de cubrir las necesidades de los internos de los campos de concentración, y en excepciones para las tropas deben ser entregadas a la Oficina de Medios del Pueblo Alemán. ..."[42]

También se presentó un informe de Pohl a Himmler, fechado 6 de febrero de 1943, relatando el envío de 825 vehículos con textiles de un reasentamiento judío.[43] Un informe de Globocnik, relativo a los valores obtenidos por la "Acción Reinhardt"y remitidos a la WVHA, presentó un total de 100.947.983,91 RM, informando que aún quedaron en stock alrededor de 1.000 furgones de textiles, y un 50% del monto señalado que debía aún ser evaluado y contado, que quizás fuera mayor después de vender los bienes en otros países con mejor cotización para metales preciosos y gemas.[44]

IV. EL TURNO DE LA DEFENSA

El Defensor de Pohl primero hizo referencia al cargo de plan común o conspiración y a la prohibición *ex post facto*, a los que ya nos hemos referido, en el Capítulo Primero y en el Capítulo Cuarto, al tratar el caso Altstötter.

Luego se refirió a las funciones de la WVHA en Alemania, apuntando a su dependencia directa con Himmler, a su esfuerzo por lograr el mejor resultado en la necesidad de la guerra y a la circunstancia de que Pohl su defendido no tuvo nada que ver con el programa de eutanasia, con los experimentos médicos o con la "solución final" o exterminio de los judíos. Todos los acusados remarcaron que su participación en la WVHA era puramente administrativa.

El Defensor de Georg Lörner sostuvo que su cliente nada sabía de lo que pasaba en los campos de concentración y que no dio orden para cometer ningún crimen.

El Defensor del dentista Pook sostuvo que su cliente era el jefe de dentistas de la *Waffen SS* que ocupaba un cargo intermedio en la WVHA, y no sabía nada de la remoción de dientes de oro de los cadáveres en los campos de concentración, tema que endilgó a los dentistas del campo.

Cuando Pohl declaró ante el Tribunal, fue interrogado sobre las instrucciones dadas a los comandantes de los campos de concentración y que fueran reproducidas precedentemente.[45] Pohl señaló que hubo discrepancias entre los intereses de los comandantes de planta y los del campo, y que él trató de hacerles comprender que había un interés superior y que debían volcar sus esfuerzos hacia el armamento. La palabra "exhaustivo" que apareció en sus instrucciones, dijo que tiene un doble significado en alemán, por un lado, significa el agotamiento de las posibilidades y por el otro, exhaustivo de agotamiento físico. La traducción al inglés no contempló ese primer sentido de la palabra, que fue el que incluyó ese texto que entregó a los comandantes. Que no hubiera límites en las horas de trabajo no era para agotar al turno de trabajadores que estaba trabajando, sino para que se implementaran turnos que cubrieran las veinticuatro horas del día.[46]

Cuando es confrontado por el presidente del Tribunal Toms, tras haber reconocido haber recibido los informes de Globocnik sobre los millones de valores que venían de los campos de concentración, se produjo el siguiente diálogo:

"P: Bien. Cuando recibió la lista del gran total ¿de dónde pensó que esos millones de marcos venían?

R: Cuando recibí el informe pude hacerme alguna clase de idea que había tenido que ver con la exterminación de los judíos.

P: Bien, tiene una buena idea, no simplemente alguna clase de idea; usted sabía exactamente de dónde venían ¿no es así?

R: No pude saber contra quien estaba dirigida, sin embargo,

pude imaginarme que era en conexión con la exterminación de los judíos. Eso me fue claro.

P: ¿Sabía que no eran regalo de alguien?

R: Si, Lo supe.

P: ¿Sabía que le había sido tomado a alguien?

R: Si. Lo supe también.

P: ¿Y sospechó que eran los judíos?

R: Si."[47]

Esta reticencia general al reconocimiento de los hechos, que debieron ser extraídos con forceps como lo muestran algunos de los interrogatorios reproducidos en este capítulo, puede advertirse también en otros testimonios aportados por las defensas de los acusados. Así, por ejemplo, el testimonio de Wolff, que fue uno de los oficiales de las SS con mayor rango, inmediatamente subordinado a Himmler, es un ejemplo del que reproducimos algunos párrafos:

"... P: ¿Usted no sabía que los judíos eran deportados de Varsovia a Treblinka y a Lublin ,y otros campos de concentración?

R: No.

P: General, usted mantuvo esa posición durante su testimonio aquí. Me gustaría mostrarle un documento que creo le refrescará considerablemente su memoria en este punto. Es una carta dirigida a usted ¿no es cierto? ¿Reconoce esta carta, general?

R: Solo vi la primera carta. ¿Puedo ver el envío, la segunda carta?

P: Si, ciertamente. Esta es su respuesta. Me gustaría leerle parte de la primera carta, que es una carta de Ganzenmüller, Secretario de Estado del Ministerio del Reich de Transporte. Está fechada 28 de julio de 1942 y se lee:' con referencia a nuestra conversación telefónica del 16 de julio, deseo pasarle el siguiente informe de mi Dirección General para las Ferrovías del Este en Cracovia, para su información:

'Desde el 22 de julio un tren por día con 5.000 judíos va de Varsovia vía Malkinia a Treblinka, así como dos trenes por semana con 5.000 judíos cada uno, desde Przemysl a Belsec. Bedob está en contacto constante con la SD en Cracovia. El último acuerda que los transportes de Varsovia vía Lublin a Sobibor, cerca de Lublin, sean interrumpidos en tanto construcciones en esa ruta hace los transportes imposibles.'

Y entonces su respuesta unos pocos días después el 13 de agosto de 1942 a Ganzenmüller: 'Querido miembro del Partido Ganzenmüller: Muchas gracias en nombre del Líder Imperial de las SS, por su carta de fecha 28 de julio de 1942. Me agradó especialmente saber que desde hace un par de semanas un tren diario, llevando 5.000 miembros del Pueblo Elegido cada vez, ha ido a Treblinka' y luego 'yo mismo he contactado los departamentos pertinentes para se vean garantizadas la suave puesta en marcha de todas estas medidas'. ¿Lo ayuda esto en su memoria, General?

R: Si, la carta es la carta original que el Secretario de Estado Ganzmüller me dirigió. También lleva mis marcas personales, y sin ninguna duda, es correcta. Igualmente, la carta que escribí como réplica.

P: ¿Leería al Tribunal las notas manuscritas de su propia mano en el original? No creo que están en nuestra copia.

R: Si, muy bien: 'Agradeciéndole mucho. Copia enviada al Dr. Brandt, Líder de Brigada Globocnik y Obergruppenführer Krüger. 2 de agosto' y mi inicial 'W'.

P: Ahora, dijo esta mañana que era considerado de mal gusto y poco delicado hablar estas cuestiones. Aparentemente, esas discusiones fueron llevadas a cabo. Esta carta dice que usted habló con Ganzenmüller sobre esto por teléfono; escribió cartas sobre ello. ¿Todavía mantiene que usted no sabía nada del transporte de judíos de Varsovia a Treblinka? ¿Estaba usted informado de ello?

R: Después de haber refrescado mi memoria, no niego que estaba en conexión con estas cosas. Sin embargo, es completamente imposible, luego de que han pasado tantos años, recordar con precisión cada carta que pudo haber pasado por mi oficina, y debo señalar, que este era el procedimiento habitual. Cuando fuimos capturados, no sólo se removieron todos nuestros papeles, sino también nuestra propiedad personal fue tomada.

P: ¿Quiere hacernos creer que no escuchó nada sobre este asunto hasta 1945, hasta que usted lo leyó en los periódicos en Suiza? ¿Usted quiere decir que no pudo recordar que 5.000 judíos por día eran embarcados desde Varsovia desde hace 6 días, no, usted dice catorce días. Eso suma 70.000 judíos, general.

R: Admito sin reservas que esto se me había escapado de la memoria. Sin embargo, no es posible para un ser humano recordar todas las cartas que escribí durante un número de años. Respondí de acuerdo con lo mejor de mi creencia y conocimiento y lo mejor que podía recordar.

P: No estoy preocupado acerca de su recuerdo de la carta, estoy preocupado sobre su recuerdo del tema en general. ¿Le pregunto si esto es lo que representa según usted lo mejor de la sangre alemana? ¿Este es el grupo de elite del que usted hablaba, el elegido carácter de la nación alemana? ¿Esta es la forma en la que usted estaba construyendo una Alemania más grande?, y si vamos a tener que mirar el examen de la historia, como nos dijo, estos son hechos que hay que poner ¿no es correcto?

R: Ciertamente. Sin embargo, en el transporte de los judíos no puedo encontrar nada que pueda ser considerado criminal.

P: Bueno, considera el transporte de masas enteras de judíos de Varsovia a Treblinka para ser exterminados un crimen de guerra ¿no es cierto?

R: Como le dije sólo puedo usar mi memoria y puedo certificarle que con el mejor de mi conocimiento y creencia no tengo nada que ver con esas cosas.

P: Veamos si su memoria anda mejor con otro tema. ¿Recuerda usted la charla de Himmler a los oficiales de las Leibstandarte SS Adolf Hitler[48] en Metz para la presentación de la bandera histórica nazi[49]?¿ Fue en 1940 o 41?

R: ¿Dónde tuvo lugar?

P: Bueno fue en Metz, M-e-t-z-. No tengo la ubicación de la charla. Fue para la presentación de la bandera nazi y fue dirigida a los oficiales de las Leibstandarte SS ¿Recuerda ello?

R: No quiero decir que no acompañé al Líder Imperial y que estaba allí. Como hecho lo considero probable. Sin embargo, no soy capaz de decirlo con absoluta certeza, luego de que han pasado 6 o 7 años.

"P: ¿Recuerda las afirmaciones de Himmler como siguen?: 'El programa de construcción que es el prerequisito para una base social saludable de las SS, así como de todo el Führerkorps, puede ser realizado si obtengo el dinero de alguna parte. Nadie me va a dar dinero. Debe ser ganado, y será ganado forzando la escoria de la humanidad a trabajar.' ¿Recuerda a Himmler diciendo esto?

R: No lo recuerdo, pero lo considero muy posible."[50]

El interrogatorio del testigo siguió, y se reproducen algunos párrafos adicionales, pues es una muestra del tipo de negativa y olvido en que se encerraron los acusados en este juicio, a pesar de haber ocupado cargos principales en la estructura de las SS.

"P: Hoy sabe que millones de judíos fueron exterminados bajo la política de Himmler, y ¿le pregunto si esto representa lo mejor de la sangre alemana? ¿Es esta la elite de la que usted nos hablaba, el carácter selecto de las SS con todas sus tendencias culturales?

R: La mayoría de los miembros de las SS no tienen nada que ver con esto.

P: ¿No niega que los mismos SS llevaron adelante el programa, no es cierto?

R: No. Dije que la mayoría de los miembros de las SS, y de nuevo quiero señalar que sólo una minoría pequeña tuvo que ver con este tema y tiene algún conocimiento del tema o lo oyeron consecuentemente.

P: Bien. ¿No proclama hoy que Himmler estaba dentro de esa gente de elite que representaban lo mejor del pueblo alemán, no es así?

R: No. No puedo mantenerlo hoy, por mucho que quisiera.

P: Rudolf Ferdinand Höss, que era un hombre de las SS a cargo de Auschwitz, dio una declaración jurada que es usada en este caso, en el que dice que llevó adelante la ejecución de tres millones de judíos. ¿Usted no considera a Höss un ejemplo de lo mejor de la clase alemana, no es así?

R: De ninguna manera. Sólo hay que mirarlo para darse cuenta.

P: ¿Y conoce a Otto Ohlendorf, no es así? ¿Era él un hombre de las SS?

R: Si.

P: Él dio una declaración jurada que es usada en este caso y dice: 'Cuando el ejército alemán invadió Rusia, era líder del Einsatzgruppe D; liquidó aproximadamente 90.000 hombres, mujeres y niños. La mayoría de los liquidados eran judíos, pero había entre ellos algunos funcionarios comunistas también. La unidad elegida para esta tarea entraría en un pueblo o una ciudad y ordenó a los más prominentes ciudadanos judíos a convocar a todos los judíos con el propósito de su reubicación,' y continúa diciendo cómo los fusilaron en zanjas. Eso no fue llevado adelante por un hombre solo de las SS ¿Usted no considera a esto como lo mejor que puede ofrecer Alemania, no es cierto?

R: No.

P: ¿Considera a esto sólo con una infracción menor a las leyes de la guerra, no es cierto?

R: No. Este es el peor crimen que ha sido cometido en la historia de la humanidad.

P: Bien, hubo un número bastante importante general, que fueron llevados adelante por las SS que fueron igual de malos. ¿Escuchó de la destrucción del pueblo de Lidice en Checoslovaquia? El IMT encontró como cuestión de hecho que había sido llevado a cabo por las SS ¿Esto no es lo mejor que la juventud alemana puede ofrecer, no es cierto?

R: Soy incapaz de juzgar eso. La corte en Dachau también determinó que 47 hombres del Leibstandarte dispararon a los americanos en Malmedy, y después fue descubierto.

P: No le pregunté nada acerca del juicio de Malmedy. Lo que le estoy preguntando es si usted condona la destrucción del pueblo de Lidice, ¿Lo aprueba, no es cierto?

R: No estoy al tanto de los detalles de lo que pasó ahí. Solo puedo proclamar que bajo mi comando no se destruyó ningún pueblo y no se llevaron adelante tales acciones.

...

P: ¿Conoce a Globocnik, no es cierto? Es un hombre de las SS.

R: Sí, conozco a Globocnik

P: ¿Supo de su informe sobre la limpieza del gueto de Varsovia?

R: Por lo mejor de mi conocimiento y creencia no tengo conocimiento de él.

P: Les podría leer por horas, los horribles detalles, pero sólo voy a leerle dos frases del informe de Globocnik. Este era su reporte a Himmler: 'Del total de 56.065 judíos atrapados cerca de siete mil fueron exterminados dentro del antiguo gueto en el transcurso de una acción a gran escala, y 6.929 transportándolos a Treblinka II de manera que catorce mil judíos fueron exterminados juntos. Más allá del número de 56.065 judíos un número estimado de cinco o seis mil fueron muertos por explosiones o fuego.' Estas acciones fueron llevadas adelante por hombres de las SS, General, y él informa que un total de 60 hombres de las Waffen SS fueron muertos durante la limpieza del gueto de Varsovia porque los judíos hicieron una fantástica pelea. Usted no está orgulloso de este informe como de los archivos de las SS ¿no es así?

R: No. No estoy orgulloso de estas atrocidades de forma alguna."

El defensor de Pohl, Seidl interrumpe diciendo que no se había dado el número del informe de Globocnik, pero cree que el informe al que se refiere el Fiscal es el preparado por el Líder de Brigada Stroop. El Fiscal dijo que era correcto lo que informaba la Defensa, que la acción en el gueto de Varsovia había sido llevada a cabo por Globocnik pero que el informe había sido escrito por Stroop.

El interrogatorio de Wolff continúa:

"P: ... ¿Conoce a Stroop? Él también es un hombre de las SS.

R: Si.

P: ¿Y a Eicke? ¿Piensa que él representa lo mejor de la juventud alemana? ¿Lo mejor que las SS podían ofrecer? El dirigió campos de concentración en donde miles de judíos fueron exterminados.

R: ¿Puedo preguntarle cuándo y dónde fueron masacrados bajo la responsabilidad de Eicke?

P: Bueno, fueron muertos desde 1939 hasta el momento en que fue removido de su función.

Capítulo Quinto

R: Si eso es correcto, y la Fiscalía debe estar en poder de los documentos apropiados, entonces por supuesto, solo puedo objetar esas acciones de la manera más rotunda.

P: ¿Y qué de los maravillosos diseños hechos por los SS? Usted nos dijo de Himmler diseñando caballos de porcelana que no tenían que ser apoyados por flores u otro instrumento y que se sostenían sobre sus patas traseras. ¿Puede decirnos si el mismo diseñador de esa pieza de porcelana fue quien diseñó las cabezas reducidas de Dachau? Eso fue también llevado adelante por las SS. ¿Oyó hablar de las cabezas reducidas de los prisioneros, no es así?

R: Sólo lo he oído aquí y lo he leído en el libro de Kogon,[51] lo leí con horror. Por supuesto, no puedo decirme si es verdadero o falso.

P: Si fuera verdad no sería nada para estar orgullosos ¿no es cierto?

R: No. De ninguna manera."

El juez Phillips repregunta sobre la respuesta de Wolff a Ganzenmüller y luego de algunas aclaraciones sobre los posibles destinatarios de las copias de la carta, se produce el siguiente diálogo:

"P: ¿Qué sería esta gente, estos 5.000 judíos por día, como usted los llamó? ¿el Pueblo Elegido'? ¿Fue así como los llamó usted: 'El Pueblo Elegido'?

R: Si. Probablemente eran judíos.

P: Yo dije que usted los llamó a ellos 'El Pueblo Elegido' ¿Quería significar los judíos, no es así?

R: No estoy seguro, pero probablemente quise significar con ello a los judíos.

P: Bien, General, contestó una carta sobre los judíos en el que la carta los llama judíos, contesta y los llama 'El Pueblo Elegido'. No hay sutilezas en ello.

R: Si. Los judíos se llaman orgullosamente a sí mismo 'El Pueblo Elegido.'

P: Yo dije cómo usted los llamó, y se refería a los judíos cuando dijo eso, ¿no es cierto?

R: Si.

P: Bien. Ahora, ellos eran enviados 5.000 por día a Treblinka ¿Porqué eran enviados allí?

R: No lo sé, pero era hecho por orden del Líder del Reich.

P: ¿Porqué? ¿No lo averiguó? Si estaba agradeciendo a alguien por hacer eso, ¿porqué no buscó porqué eran enviados allí?

R: Con las innumerables órdenes de las que debía hacerme cargo durante el día, era suficiente para mí que el Líder del Reich haya ordenado tal movimiento de transporte; y dado que se trataba de una cuestión de puro transporte y no una medida de exterminación, el Secretario de Estado del Ministerio del Reich de Transportes tenía que proveer los transportes necesarios y entonces, era una de mis tareas que me puso en contacto con la agencia adecuada, para que los necesarios transportes pudieran ser provistos; hice esto en buena fe y era mi forma de trabajarlo.

P: ¿Agradeció en nombre del Líder del Reich del las SS por llevar adelante este programa ¿Y le dice a este Tribunal que no sabía qué programa era?

R: Si."

Se acompañó al Tribunal, copia de la declaración de Ohlendorf[52] prestada ante el IMT el 3 de enero de 1946, de la que se transcriben algunas partes:

"P Coronel Amen: ¿Todas las víctimas, incluyendo los hombres, mujeres y niños, fueron ejecutadas de la misma manera?

R: Hasta la primavera de 1942, si. Entonces vino una orden de Himmler para que en el futuro las mujeres y los niños fueran muertos solo en camiones gasíferos.

P: ¿Cómo habían sido muertos previamente las mujeres y niños?

R: Precisamente como los hombres, por fusilamiento.

P: ¿Se hizo algo para enterrar a las víctimas luego de ser ejecutadas?

R: Al principio, los comandos enterraban a las víctimas completamente de modo que no pudieran ser vistos rastros de la ejecución, y entonces después la población financió el entierro, la población local.

P: Con referencia a los camiones gasíferos que mencionó recibió en la primavera de 1942 ¿qué orden recibió con respecto al uso de esos camiones?

R: Esos camiones gasíferos serían usados en el futuro para la muerte de mujeres y niños.

P: ¿Podría explicar al Tribunal la construcción de esos camiones y su apariencia?

R: El propósito de esos camiones no podía ser conocido desde fuera. Estaban disfrazados como remolques. Estaban construidos de manera que cuando funcionaba el motor, los gases eran dirigidos a la cabina de carga, y producía la muerte de los ocupantes en 10 o 15 minutos.

P: Explique en detalle cómo uno de esos camiones era usado para una ejecución.

R: Los camiones se cargaban con las víctimas y eran conducidos hasta el lugar de entierro, que usualmente era el mismo de las ejecuciones en masa. El tiempo requerido para el transporte era más que suficiente para sus muertes.

P: ¿Cómo se inducía a las víctimas para subir a los camiones?

R: Se les decía que serían transportados a otra localidad.

P: ¿Cómo se encendían los gases?

R: No estoy familiarizado con los detalles técnicos.

P: ¿Cuánto tomaba matar las víctimas de ordinario?

R: Cerca de 10 a 15 minutos y las víctimas no sufrían.

P: ¿Cuántas personas podían ser muertas simultáneamente en uno de esos camiones?

R: Los camiones eran de varios tamaños, entre 15 a 25 personas.

P: ¿Recibió informes de aquellos que estuvieron trabajando en los camiones?

R: No entiendo la pregunta.

P: ¿Si recibió informes de aquellos que trabajaban con los camiones?

R: Recibí informes de que los Grupos de Tareas no querían usar los camiones.

P: ¿Porqué no?

R: Porque el entierro de los ocupantes era desagradable para los miembros de los Comandos de Asalto.

P: ¿Diría al Tribunal quién les proveyó los camiones a los Grupos de Asalto?

R: Los camiones gasíferos no pertenecían al grupo motorizado de los Grupos de Tareas, pero venían de un Comando Especial. Este comando estaba dirigido por el hombre que hizo esos camiones. Los camiones fueron dados a los Grupos de Tareas por la RSHA."

El panorama presentado, sobre el funcionamiento de las SS y su participación en el exterminio, fue demoledor.

V. ARGUMENTACIONES FINALES

La Fiscalía en su alegato final, se quejó justamente de la cantidad de excusas y mentiras que declararon los acusados con tal de salvar su responsabilidad. Con cita de páginas, el Fiscal previene:

"Hemos sido confrontados con un diccionario de afirmaciones por los imputados, que los documentos dirigidos o firmados por ellos no fueron leídos; o si leídos no fueron comprendidos; o si comprendidos fueron comprendidos imperfectamente; que las directivas oficiales nunca fueron llevadas a cabo, o rescindidas secretamente; que los deberes oficiales no fueron nunca cumplidos; y que los informes oficiales en sus archivos estaban llenos de errores fácticos."[53]

La Fiscalía señaló la circunstancia de que muchas declaraciones juradas -*affidavits*- fueron retractadas durante el juicio. Pero señaló también que el repudio de declaraciones juradas no se limitó a los acusados, sino a casi todos los miembros de las SS, cuyo *affidavit* fue usado por la acusación, tuvo en este caso un súbito cambio de opinión y manifestó que el anterior era un error. Otra excusa fue que sus memorias mejoraron con el paso del tiempo y ahora recordaron eventos que antes no podían. Otro punto extraordinario, a criterio de la Fiscalía, fue que no hubo un solo miembro de las SS que recordara algo sobre el exterminio de los judíos, o el maltrato en los campos de concentración, o la comida inadecuada. Nunca supieron de la presencia de extranjeros en los campos de concentración o de la deportación de los judíos.

> "Esas protestas de ignorancia alcanzaron un climax cuando el acusado Scheide, coronel de las SS, miembro del partido desde 1928 y de las SS desde 1930, y una vez líder de la compañía que era guardaespaldas de Adolf Hitler dijo, que él no sabía siquiera que los judíos eran puestos en campos de concentración."[54]

La Fiscalía sostuvo que hasta los miembros del Tribunal se preguntaron dónde se iba a encontrar a alguien que supiera algo. La única excepción fue Hohberg, que no era miembro de las SS, que sostuvo que las SS llevaban a cabo permanentemente el gaseado y los fusilamientos de los internos. Luego de hacer una detallada y extensa lista de las responsabilidades que les cupo a cada uno de los acusados, la Fiscalía pide la pena de muerte para todos ellos.

El Defensor de Pohl invocó el estado de necesidad, para lo que hizo la siguiente construcción:

> "1. En marzo de 1942 y en los años siguientes, la situación de la guerra se desarrolló de tal forma que involucró un 'real,' i.e., un peligro inmediato inminente a los intereses vitales del estado como poder conductor de la guerra. Un incremento en la producción de guerra sólo podía ser alcanzada mediante un incremento en el empleo de nuevos trabajos, en vista del hecho que la Wehrmacht no aumentó sus requerimientos de tropa.
> 2. La concepción de un estado de emergencia presupone que la acción que es el sujeto de la acusación está dirigida a la remoción del peligro. Por esto es entiende el objetivo propósito de la acción y no el propósito subjetivo de la persona actuante. Queda por discutirse si la dirección uniforme de la ubicación del trabajo de prisioneros era un medio adecuado para evitar el peligro amenazando al estado.
> 3. Al final puede no haber sido posible remover el estado de emergencia por otro método. De acuerdo con el resultado de las

audiencias de evidencia, no puede haber duda que no existía otro camino.

En vista de estos hechos y sus consecuencias legales, el comportamiento del inculpado Oswald Pohl aparece ser justificado aún si el Tribunal, contrariamente a mi convicción, llega a la conclusión que el empleo de prisioneros de los campos de concentración para la economía de guerra, constituye un estado de hechos castigados por la ley.

Este motivo de exclusión de injusticia, sería aplicable tanto si el Tribunal considerara que las condiciones de trabajo (horas de trabajo) constituyen un estado de hechos punibles por la ley. Una excepción existiría entonces si sólo existiera un caso concreto por el que el inculpado Pohl deba ser considerado responsable personalmente. La evidencia no ha ofrecido, sin embargo, ninguna prueba de tal excepción."[55]

La Defensa de Pohl sostuvo que la correcta evaluación de su participación en los hechos de la llamada *Operación Reinhardt*, fue, en el mejor de los casos, la de un partícipe accesorio y luego de los hechos no tuvo participación ni dirección. No habiendo tenido dolo directo en los hechos imputados, se dio un importante conflicto de bienes jurídicos protegidos como el estado de necesidad y la obediencia debida. Cuando Pohl hizo su última aparición ante el Tribunal manifestó que las ideas de Henry Ford, que publicó en el libro "*El judío internacional*"[56] lo impresionaron, y acrecentaron su convencimiento de que la cuestión judía no era pura teoría, aunque estimó que el tema de resolvería con la legislación adecuada y nunca lo llevaron a participar de forma alguna, en medidas de fuerza contra los judíos.

El defensor de Scheide también discutió el grado de conocimiento de su defendido sobre los hechos y reducía la participación de su defendido a la pura instancia administrativa.

El resto de los acusados dio excusas semejantes y todos se desligaron de la comisión de crimen alguno.

VI. EL VEREDICTO

El 11 de noviembre de 1947, el Tribunal dio a conocer su veredicto. El Tribunal había sesionado por más de cien días, escuchado -incluidos los acusados- más de sesenta testimonios, y se habían recibido de las partes 1356 documentos como prueba.

El Tribunal comenzó haciendo referencia a su competencia y descartó el cargo de la conspiración. Luego el Tribunal se consagró a las acusaciones sobre crímenes de guerra y crímenes contra la humanidad, así como de pertenencia a una organización criminal. El tribunal hizo suyas la mayoría de las argumentaciones fiscales y luego detalló la responsabilidad de cada uno de los acusados:

1. **Oswald Pohl**: Por once años Pohl fue el jefe administrativo de todas las SS. Su único superior fue Himmler. Aunque ni Pohl ni sus co-acusados tenían decisión sobre la vida o la muerte en los campos de concentración, la Oficina de Personal de las SS designó a los comandantes de los campos de concentración de acuerdo a la sugerencia de Pohl que fue quien los proponía.[57] El fallo recordó la carta de Pohl a todos los comandantes de los campos de concentración, exigiendo que los prisioneros trabajaran once horas por día en invierno, seis días a la semana y medio día los domingos. Su control sobre los campos era total, decidiendo agrandarlos, crear nuevos crematorios y modernas cámaras de gas. Pohl visitó Ravensbrück, Auschwitz, Dachau, y Oranienburg. En su poder estaba el establecimiento de nuevos campos de concentración, su ubicación y capacidad. Sabía cuántos prisioneros morían, y cuántos estaban aptos para el trabajo. El fallo dijo que Pohl era quien más sabía en Alemania de los campos de concentración. A Pohl se le confió la destrucción y evacuación del gueto de Varsovia, la erección de un nuevo campo de concentración cerca de Riga nombrando Pohl a Göcke, veterano de Mauthausen como su comandante. Pohl eligió a las víctimas de los experimentos de frío y altitud de Dachau.[58] También Pohl fue responsable como participe de la *Operación Reinhardt*. Se lo encontró como culpable de los cargos dos, tres y

cuatro. Fue condenado a la horca, siendo ejecutado en 1951 tras varias apelaciones fallidas.

2. **August Frank**: Fue jefe de aprovisionamiento de las *Waffen SS* y de las SS *Totenkopf*.[59] Fue jefe de la WVHA y de la División A hasta 1943. Ese es el período de que analizó el fallo para resolver su responsabilidad y el Tribunal estima que los temas en los que Frank aparece involucrado son la *Operación Reinhardt* y la administración de los campos de concentración. El Tribunal estimó que existe abrumadora prueba que demuestra su activa y directa participación en el programa de trabajo esclavo. Su conexión con la *Operación Reinhardt* aparece como igualmente obvia y el fallo citó los documentos y cartas que por su posición Frank nunca pudo ignorar. Se lo encontró culpable de los cargos dos, tres y cuatro. Fue condenado a condena perpetua. En 1951 su sentencia fue reducida a 15 años y salió en libertad en 1954 muriendo en 1984.

3. **Heinz Karl Fanslau**: Jefe de la División A V de la WVHA y sucedió a Frank luego de su renuncia en 1943. El Tribunal estimó que muchas de las consideraciones que hizo sobre Frank le son aplicables, y que su responsabilidad por el trabajo esclavo quedó demostrada. El Tribunal dice que, aunque se introdujo evidencia que Fanslau estaba al comando de una división de aprovisionamiento que tuvo acciones en la campaña de Rusia, en Ucrania donde sus subalternos perpetraron atrocidades en Tarnopol, esto no pudo ser probado más allá de una duda razonable. Se lo declara culpable de los cargos dos, tres y cuatro. Fue condenado a 25 años de prisión y su sentencia fue reducida a 15 en 1951. Salió en libertad en 1954. Luego fue vuelto a condenar a tres años de prisión por un Tribunal alemán por el asesinato de Röhm. Murió en 1987 en Munich.

4. **Hans Lörner**: Jefe de la División A I y luego de la II de la WVHA. Cumplió vitales funciones en la WVHA para la administración de los campos de concentración, no siendo un contador como buscó aparecer sino una persona que tomó importantes decisiones. Se lo declara culpable de los cargos dos, tres y cuatro. Condenado a diez años de prisión, liberado en 1951.

5. **Josef Vogt**: Jefe de la División A IV de la WVHA. La Fiscalía buscó inculparlo por la administración de los campos de concentración

y por la *Operación Reinhardt*. El Tribunal estimó que el primer cargo no puedo ser probado y que su oficina no tenía el poder de proveer hombres, dinero, materiales o servicios a los campos. Con relación a la *Operación Reinhardt* sólo se probó que Vogt en forma no oficial tomó conocimiento de lo que se llamó "*el tesoro de Lublin*" y que Globocnik no había ingresado debidamente. El Tribunal no encontró elementos suficientes para condenarlo y se lo absolvió por los cargos dos, tres y cuatro, sobre este último sin especificar motivos.

6. **Georg Lörner**: Jefe de la División B de la WVHA, estaba encargado de distribuir comida a las tropas de las SS y a los campos de concentración. Mantuvo con Pohl relaciones a través de las empresas comerciales ligadas con las SS y con el manejo de la fuerza de trabajo de los campos de concentración. Aunque no se pudo probar definitivamente su conocimiento sobre los malos tratos a los prisioneros de los campos, existen suficientes elementos a criterio del Tribunal como para suponer que debió saberlo. La evidencia sobre su participación en la *Operación Reinhardt* es insuficiente. Se lo encontró culpable de los cargos dos, tres y cuatro. Fue condenado a morir en la horca, pero su sentencia luego de ser apelada se redujo a 15 años de prisión en 1951. Salió en libertad en 1954. Murió en 1959.

7. **Erwin Tschentscher**: Tuvo actividad en la primera campaña rusa en los últimos meses de 1941, hasta que fue trasladado a Obersalzberg. Durante la campaña, directamente subordinado a Fanslau, miles de judíos fueron exterminados y hay evidencia que miembros de la unidad del acusado participaron en esas matanzas. Hay evidencia de oídas de que el acusado participó, pero no hay evidencia directa que lo pruebe y él lo negó enfáticamente por lo que el Tribunal dice que se lo absuelve de ese cargo. Tschentscher fue nombrado Jefe de la División B I de la WVHA encargada de la provisión de comida a los campos de concentración y allí el Tribunal estimó que no fue una figura subalterna sino un miembro con responsabilidad plena y lo encontró culpable de los cargos dos, tres y cuatro. Condenado a diez años de prisión, fue liberado en 1951. Murió en 1972.

8. **Rudolf Scheide**: Jefe de la División B V de la WVHA como experto técnico en el transporte motorizado. Sorprendentemente, el Tribunal encuentra que la evidencia reunida no alcanza para conde-

narlo y lo absuelve de todos los cargos. Con relación al cargo de su participación en las SS - el cuarto- el fallo sostiene:

> "El acusado admite pertenecer a las SS, una organización declarada criminal por el fallo del Tribunal Internacional Militar, pero la fiscalía no ha ofrecido evidencia de que el acusado tuviera conocimiento de las actividades criminales de las SS, o que se quedara en la organización después de 1939 con tal conocimiento, o que él se involucrara en actividades criminales como miembro de tal organización."

Tal conclusión por parte del Tribunal por lo menos debe ser entendida como ingenua y el recurso defensivo de Scheide que hizo que el Tribunal con ironía dijera que ni siquiera sabía de la existencia de los campos de concentración, triunfó inexplicablemente.

9. **Max Kiefer**: Jefe de la División C II de la WVHA relacionada principalmente con labores de construcción. A pesar de la negativa del acusado, el Tribunal dio por probado que había participado y supervisado personalmente varias construcciones en Auschwitz, así como estuvo al tanto del uso de mano de obra esclava en diversos emprendimientos y de las matanzas y torturas que se llevaban a cabo en los campos de concentración. Se lo encontró culpable de los cargos dos, tres y cuatro. Condenado a prisión perpetua, se le redujo su pena y fue liberado en 1951. Murió en 1974.

10. **Franz Eirenschmalz**: Jefe de la División C VI de la WVHA, también involucrada en trabajos de construcción de los crematorios y las cámaras de gas de Auschwitz, así como de los crematorios de Dachau y Buchenwald. El Tribunal analiza durante varios párrafos la responsabilidad del acusado que negó esas funciones, para concluir que tuvo conocimiento de lo que sucedía en los campos, de la *Operación Reinhardt* y del exterminio de los judíos bajo la llamada "*solución final.*"

El fallo lo encontró culpable de los cargos dos, tres y cuatro. Condenado a la horca, tras apelaciones su pena fue reducida a nueve años de prisión, siendo liberado en 1951.

11. **Karl Sommer**: Jefe de la División D II de la WVHA encargada

de la ubicación del trabajo de los internos de los campos de concentración. El Tribunal dice estar muy impresionado por los detallados informes que preparó el acusado pero que demuestran su conocimiento y participación del exterminio de judíos, del uso de mano esclava y de la *Operación Reinhardt*. Se lo encontró culpable de los cargos dos, tres y cuatro. Condenado a morir en la horca, su pena fue reducida a prisión perpetua y luego a veinte años de prisión. Salió liberado en 1953.

12. **Hermann Pook**: Jefe del servicio odontológico de las SS, transferido a la División D III de la WVHA. Aunque la Fiscalía presentó un affidavit del Dr. Werner Greunuss que certificó la negativa de Pook de dar a los internos de los campos algo más que un servicio muy básico odontológico para los prisioneros, Pook negó enfáticamente su veracidad, pero el Tribunal lo aceptó como válida prueba de las condiciones en los campos. Pook sabía de la orden de Himmler de remover los dientes de oro de los prisioneros muertos. Se lo encontró culpable de los cargos dos, tres y cuatro. Condenado a diez años de prisión, salió liberado en 1951. Murió en 1983.

13. **Hans Hohberg**: No fue ni miembro del partido ni de las SS. Era Jefe de la División W de la WVHA, y aunque lo negó el Tribunal lo tuvo al hecho acreditado por testimonios. Fue el consejero económico de Pohl y fue asociado tanto con el manejo de las empresas de las SS como de los campos de concentración. Fue encontrado culpable de los cargos dos y tres y no había sido acusado por el cargo cuatro. Condenado a la pena de diez años de prisión, salió en libertad en 1951. Murió en 1968.

14. **Hans Baier**: En 1943 fue Jefe del staff de la División W de la WVHA. Estaba al tanto de las condiciones de trabajo de los internos en los campos. Participó con Volk para la compra del terreno del campo de concentración de Stutthof. Se lo encontró culpable de los cargos dos, tres y cuatro. Condenado a diez años de prisión salió en libertad en 1951. Murió en 1969.

15. **Leo Volk**: Fue jefe del departamento legal de la División W de la WVHA y fue una figura vital en el manejo de empresas de las SS que se manejaron con trabajo esclavo. Volk estuvo al tanto de la Industria del Este y de la *Operación Reinhardt*. Se lo encontró culpable de los

cargos dos y tres y fue condenado a 10 años de prisión. Con relación al cargo cuatro, el Tribunal no logró superar una duda razonable sobre su conocimiento de los objetivos de las SS y lo absolvió por ese cargo.

16. **Karl Mummenthey**: Fue jefe de la Dirección W 1 de la WVHA. Las industrias manejadas por el acusado fueron las que más aprovecharon la mano de obra esclava. Fue un espectador pasivo y sin humanidad de lo que pasaba. Se lo encontró culpable de los cargos dos, tres y cuatro. Condenado a cadena perpetua, en 1951 se redujo su condena a veinte años y salió en libertad en 1953.

17. **Hans Bobermin**: Fue puesto a cargo del Departamento III A 4 de la WHVA. Su primera tarea fue tomar a su cargo las fábricas de ladrillos confiscadas en Polonia. Se lo encontró culpable de los cargos dos, tres y cuatro. Condenado a veinte años de prisión, su condena fue reducida a 15 años y salió en libertad en 1951.

18. **Horst Klein**: Fue Jefe de la División W VIII de la WVHA, pero el Tribunal no encontró pruebas suficientes para encontrarlo culpable de la comisión de crímenes de guerra o crímenes contra la humanidad por lo que lo absuelve de los cargos dos y tres. Con relación al cuarto cargo también se lo declaró inocente.

Bibliografía

ARAD, Yitzhak, Belzec, Sobibor, Treblinka—The Operation Reinhard Death Camps, Indiana University Press, Bloomington,1999.

ALLEN, Michael Thad, "The Puzzle of Nazi Modernism: Modern Technology and Ideological Consensus in an SS Factory at Auschwitz," 37 Technology and Culture (1996), 527.

"The Banality of Evil Reconsidered: SS Mid-Level Managers of Extermination through Work," 30 Central European History (1997), 253.

"Oswald Pohl Chef der SS-Wirtschaftsunternehmen," en SMELSER, Ronald & SYRING, Enrico (Eds.), Die SS. Elite unter dem Totenkopf. 30 Lebensläufe, Schöningh, Paderborn, 2000, 394.

The Business of Genocide: The SS, Slave Labor, and the Concentration Camps, The University of North Carolina Press, Chapel Hill, 2002.

BANKEN, Ralf, Edelmetallmangel und Großraubwirtschaft: Die Entwicklung des deutschenEdenmetallsektor im "Dritten Reich" 1933-1945, Akademie Vlg., Berlin, 2009.

BARKAI, Avraham, Das Wirtschaftssystem des Nationalsozialismus. Ideologie, Theorie, Politik 1933–1945, Fischer, Frankfurt am Main, 1977.

BENZ, Wolfgang & DISTEL, Barbara (Eds.), Flossenbürg: das Konzentrationslager Flossenbürg und seine Außenlager, C. H. Beck, München, 2007.

BIATMAN, Daniel, The Death Marches: The Final Phase of Nazi Genocide, Harvard UP, Cambridge, 2011.

BLACK, Peter, "Foot Soldiers of the Final Solution: The Trawniki Training Camp and Operation Reinhard," 25 Holocaust Genocide Studies (2011), 1.

BLOOD, Philip W., Hitler's Bandit Hunters: The SS and the Nazi Occupation of Europe, Potomac Books, Washington, 2006.

BLOXHAM, Donald, "A Survey of Jewish Slave Labour in the Nazi System," 10 The Journal of Holocaust Education (2001), 25.

BRAJOHR, Frank, Aryanisation" in Hamburg: The Economic Exclusion of Jews and the Confiscation of Their Property in Nazi Germany, Berghahnn, New York, 2001.

BREITMAN, Richard, "Plans for the Final Solution in Early 1941," 17 German Studies Review (1994), 483.

BROWDER, George C., Hitler's Enforcers: The Gestapo and the SS Security Service in the Nazi Revolution, Oxford UP, New York, 1996.

BROWNING, Christopher R., The Path to Genocide. Essays on Launching the Final Solution, Cambridge UP, Cambridge, 1992.

Der Weg zur Endlösung. Entscheidungen und Täter, Dietz, Bonn, 1998.

BRYANT, Michael, Eyewitness to Genocide: The Operation Reinhard Death Camp Trials, 1955-1966, University of Tennessee Press, Knoxville, 2014.

BUCHHEIM, H. et al., Anatomie des SS-Staates, DTV, München, 1994.

BUDRASS, Lutz, "Der Schritt über die Schwelle. Ernst Heinkel, das Werk Oranienburg und der Einstieg in die Beschäftigung von KZ-Häftlingen," en NEITMANN, Klaus (Ed.), Zwangsarbeit während der NS-Zeit in Berlin und Brandenburg, Berlin-Brandenburg Vlg., Potsdam, 2001, 152.

BUGGELN, Marc, "Building to Death: Prisoner Forced Labour in the German War Economy — The Neuengamme Subcamps, 1942—1945," 39 European History Quarterly (2009), 606, disponible en https://www.geschichte.hu-berlin.de/de/bereiche-und-lehrstuehle/dtge-20jhd/dokumente/publikationen/publikationen-buggeln/building-to-death-ehq-2009.pdf.

Slave Labor in Nazi Concentration Camps, Oxford UP, Oxford, 2014.

"Forced Labour in Nazi Concentration Camps," en DE VITO, Christian Giuseppe & LICHTENSTEIN, Alex, Global Convict Labour, Brill, Leyden, 2015, 333.

BUGGELN, Marc & WILDT, Michael, Arbeit in Nazionalsozialismus, De Gruyter, Oldembourg, 2014, cit BUGGELN/ WILDT.

BÜTOW, Tobias & BINDERNAGEL, Franka, Ein KZ in der Nachbarschaft. Das Magdeburger Außenlager der Brabag und der "Freundeskreis Himmler," Böhlau, Köln, 2004.

COUTIN, Willi, "Les rapports Globocnik. Rapports d'Odilo Globocnik sur le volet économique de l'Aktion Reinhardt," 196 Revue d'Histoire de la Shoah (2012), 421, disponible en https://www.cairn.info/revue-revue-d-histoire-de-la-shoah-2012-1-page-421.htm.

DEAN, Martin, "Jewish Property Seized in the Occupied Soviet Union in 1941 and 1942: The Records of the Reichshauptkasse Beutestelle," 14 Holocaust and Genocide Studies (2000), 83.

"La spoliation des « biens juifs » dans le commissariat général des territoires de l'est (1941-1944)," 186 Revue d'Histoire de la Shoah (2007), 393, disponible en https://www.cairn.info/revue-revue-d-histoire-de-la-shoah-2007-1-page-393.htm.

Robbing the Jews: The Confiscation of Jewish Property in the Holocaust, 1933-1945, Cambridge UP, New York, 2008.

DROBISCH, Klaus, "Hinter der Torinschrift 'Arbeit macht frei.' Häftlingsarbeit, wirtschaftliche Nutzung und Finanzierung der Konzentrationslager 1933 bis 1939," en KAIENBURG, cit. 17.

ENNO, Georg, "Die wirtschaftlichen Unternehmungen der SS, Deutsche Vlg., Stuttgart 1963.

ESCHENBACH, Insa, "Sex-Zwangsarbeit in NS-Konzentrationslagern. Geschichte, Deutungen und Repräsentationen," 21 L'Homme (2013), 65.

FABRÉGUET, Michel, "Une entreprise concentrationnaire SS. La société des terres et pierres allemandes (1938-1945)," 54 Vingtième Siècle, (1997), 51.

Mauthausen. Camp de concentration national-socialiste en Autriche rattachée (1938-1945), H. Champion, Paris, 1999

FREI, Norbert et al. (Eds.), Darstellung und Geschichte von Auschwitz, Saur, München, 2000.

GALLEGO, Ferran, "Otto Ohlendorf en perspectiva. Radicalismo ideológico, ingeniería social y violencia de masas en el fascismo alemán," 35 Historia y Política (2016), 231, disponible en https://recyt.fecyt.es/index.php/Hyp/article/view/50919/31065

GEORG, Enno, Die wirtschaftlichen Unternehmungen der SS, Deutsche Vlg, Stuttgart, 1963.

GERLACH, Christian , "Die Wannsee-Konferenz, das Schicksal der deutschen Juden und Hitlers politische Grundsatzentscheidung, alle Juden Europas zu ermorden," 18 WerkstattGeschichte (1997), 7.

GOLDIN, Milton, "Financing the SS," 48 History Today (1998), 28.

GRABOWSKI, Hans-Ludwig, Das Geld des Terrors. Geld und Geldersatz in deutschen Konzentrationslagern und Ghettos, 1933 bis 1945, Battenberg, Regenstauf, 2008.

GREGOR, Neil, "Neue Machtzentren in der Deutschen Kriegswirtschaft 1942-1945. Die Wirtschaftsorganisation der SS, das Amt des Generalbevollmächtigten fur den Arbeitseinsatz und das Reichsministerium für Bewaffnung und Munition Reichsministerium für Rüstung und Kriegsproduktion im nationalsozialistischen Herrschaftssystem," 13 German History (1995), 275.

GRIEGER, MANFRED, "Unternehmen und KZ-Arbeit. Das Beispiel der Volkswagenwerk GmbH," en KAIENBURG cit, 77.

GRUNER, Wolf, Jewish Forced Labor Under the Nazis, Cambridge, UP, New York, 2006.

GUST, Michael, Grenzenlose Gier: Oswald Pohl, Heinrich Himmler und Martin Bormann in Mecklenburg-Strelitz, HWV, Neubrandenburg, 2006.

GUTTERMAN, Bella, A Narrow Bridge to Life: Jewish Forced Labor and Survival in the Gross-Rosen Camp System, 1940–1945, Berghanh, New York, 2008.

HERBERT, Ulrich, "Labour and Extermination: Economic Interest and the Primacy of Weltanschauung in National Socialism," 138 Past & Present (1993), 144.

HÖRDLER, Stefan, "Rationalisierung des KZ-Systems 1943–1945

Arbeitsfähigkeit und Arbeitsunfähigkeit als ordnende Selektionskriterien," en BUGGELN/ WILDT cit., 349, disponible en https://www.degruyter.com/downloadpdf/books/9783486858846/9783486858846.349/ 9783486858846.349.pdf.

JACOBEIT, Sigrid, "Zur Arbeit weiblicher Häftlinge im Frauen-KZ Ravensbrück,"en KAIENBURG cit. 199.

JAMES, Harald, Die Deutsche Bank und die "Arisierung, C. H. Beck, München, 2001.

JASKOT, Paul B., The Architecture of Oppression. The SS, Forced Labor and the Nazi Monumental Building Economy, Routledge, London, 2000.

KAIENBURG, Hermann, "KZ-Haft und Wirtschaftsinteresse: Das Wirtschaftsverwaltungshauptamt der SS als Leitungszentrale der Konzentrationslager und der SS-Wirtschaft, en KAIENBURG cit, 29.

KAIENBURG, Hermann (Ed.), Konzentrationslager und deutsche Wirtschaft 1939-1945, Leske und Budrich, Opladen 1996, cit/ KAIENBURG.

Die Wirtschaft der SS, Metropol Vlg., Berlin 2003.

KOCH, Peter Ferdinand, Die Geldgeschäfte der SS. Wie deutsche Banken den schwarzen Terror finanzierten, Hoffmann und Kampe, Hamburg, 2000.

KOGON, Eugen, The Theory and Practice of Hell: The German Concentration Camps and the System behind Them, Farrar, Straus and Giroux, New York, 2006.

KOPALEK, Thomas, Die "Deutsche Erd- und Steinwerke GmbH"

am Standort Mauthausen-Gusen 1938–1945, (2013) Universität Wien, disponible en http://othes.univie.ac.at/28102/1/2013-03-27_0349003.pdf.

KRONDORFER, Bjorn, "A Perpetrator's Confession: Gender and Religion in Oswald Pohl's Conversion Narrative," 2 Journal of Men, Masculinities and Spirituality (2008), 62, disponible en https://search.informit.com.au/fullText;dn=322157794077309;res= IELHSS.

LE BOR, Adam, Les banquiers secrets de Hitler, Editions du Rocher, Monaco, 1997.

LEWY, Günther, "Gypsies in German Concentration Camps," (2002) disponible en http://romagenocide.com.ua/data/files/bibliography/Lewy_CC.pdf

LIPPMAN, Ellen J. & WILSON, Paula A., "The culpability of accounting in perpetuating the Holocaust," 12 Accounting History (2007), 283.

LONGERICH, Peter, Holcaust. The nazi Persecution and Murder of the Jews, Oxford UP, Oxford, 2010.

MACQUEEN, Michael. "The Conversion of Looted Jewish Assets to Run the German War Machine," 18 Holocaust and Genocide Studies (2004), 27.

MENDELSOHN, John (Ed.), Punishing the Perpetrators of the Holocaust: The Brandt, Pohl, and Ohlendorf Cases, Garland, New York, 1982.

MIRA, Roberta, "Razzie di uomini per il lavoro nella Germania nazista. Una messa a punto sul caso italiano," 266 Italia Contemporanea (2012), 80.

MIX, Andreas, "Die Räumung des Konzentrationslagers Warschau," 13 Theresienstädter Studien und Dokumente (2006), 251.

MUSIAL, Bogdan, "The Origins of "Operation Reinhard"1: The Decision- Making Process for the Mass Murder of the Jews in the Generalgouvernement ," (2000) Shoah Resource Center, The International School for Holocaust Studies, disponible en http://www.yadvashem.org/odot_pdf/Microsoft%20Word%20-%203222.pdf.

NAASNER, Walter (Ed.), SS-Wirtschaft und SS-Verwaltung. Das SS-Wirtschafts-Verwaltungshauptamt und die unter seiner Dienstaufsicht stehenden wirtschaftlichen Unternehmungen, Droste Vlg.,

Düsseldorf 1998.

NEUMANN, Franz L., "Die Wirtschaftsstruktur des Nationalsozialismus," en DUBIEL, Helmut & SÖLLNER, Alfons (Eds.), Wirtschaft, Recht und Staat im Nationalsozialismus. Analysen des Instituts für Sozialforschung 1939–1942, Europäische Verlagsanstalt, Frankfurt am Main, 1981, 129.

OBENAUS, Herbert, "Die Außenkommandos des Konzentrationslagers Neuengamme in Hannover,"en KAIENBURG cit., 211.

ORTH, Karin, Das System der nationalsozialistischen Konzentrationslager. Eine politische Organisationsgeschichte, Hamburger Edition, Hamburg 1999.

PERZ, Bertrand, "The Austrian Connection: SS and Police Leader Odilo Globocnik and His Staff in the Lublin District," 29 Holocaust and Genocide Studies (2015, 400.

POHL, Dieter, Von der "Judenpolitik" zum Judenmord. Der Distrikt Lublin des Generalgouvernements 1939-1944, Peter Lang, Frankfurt am Main, 1993.

"L'Aktion Reinhardt à la lumière de l'historiographie," 196 Revue d'Histoire de la Shoah (2012), 21, disponible en https://www.cairn.info/revue-revue-d-histoire-de-la-shoah-2012-2-page-21.htm.

PRIEMEL, Kim C., "Into the Grey Zone: Wehrmacht Bystanders, German Labor Market Policy and the Holocaust," 10 Journal of Genocide Research (2008), 389.

REYNOLDS, Kevin, "Banking against Humanity: The Holocaust, the Reichsbank Loot Film and the American Prosecution at the Nuremberg International Military Tribunal,"98 History (2013), 511.

RICHTER, Ilka, SS-Elite vor Gericht: die Todesurteile gegen Oswald Pohl und Otto Ohlendorf, Tectum, Marburg, 2011.

RINGS, Werner, L'or des nazis. La Suisse, un relai discret, Payot, Lausanne, 1985.

ROTH, Karl Heinz, "Zwangsarbeit im Siemens-Konzern (1938–1945): Fakten — Kontroversen — Probleme," en KAIENBURG, cit., 149.

SCHLAGDENHAUFFEN-MAÏKA, Regis, "Promotion de la prostitution et lutte contre l'homosexualité dans les camps de concentration nazis," (2007) disponible en http://journals.openedition.org/trajectoires/109.

SCHULTE, Jan Erik, Zwangsarbeit und Vernichtung: Das Wirtschaftsimperium der SS Oswald Pohl und das SS-Wirtschafts-Verwaltungshauptamt 1933–1945, F. Schöningh, Paderborn, 2001.

Vom Arbeits- Zum Vernichtungslager. Die Entstehungsgeschichte von Auschwitz-Birkenau 1941/42, 50 Vierteljahrehefte für Zeitgeschichte (2002), 41 disponible en http://www.ifz-muenchen.de/heftarchiv/2002_1_2_schulte.pdf.

SCHWINDT, Barbara, Das Konzentrations- und Vernichtungslager Majdanek: Funktionswandel im Kontext der "Endlösung," Königshausen & Naumann, Wurzburg, 2005.

SOMMER, Robert, Der Sonderbau. Die Errichtung von Bordellen in Nationalsozialistischen Konzentrationslager, publicación propia, Berlin, 2006.

Das KZ-Bordell: Sexuelle Zwangsarbeit in nationalsozialistischen Konzentrationslagern, Schöningh, Padeborn, 2009.

SPÖRER, Mark, Zwangsarbeit unter dem Hakenkreuz. Ausländische Zivilarbeiter, Kriegsgefangene und Häftlinge im Deutschen Reich und im besetzten Europa 1939-1945, DVA, München, 2001.

SPÖRER, Mark & FLEISCHHACKER, Jochen, "Forced Laborers in Nazi Germany: Categories, Numbers, and Survivors," 33 Journal of Interdisciplinary History (2002), 169.

STEINBERG, Jonathan, The Deutsche Bank and Its Gold Transactions During the Second World War, C. H. Beck, München, 1999.

TUCHEL, Johannes, Konzentrationslager: Organisationsgeschichte und Funktion der Inspektion der Konzentrationslager 1934–1938, Diss., Harald Boldt Vlg., Boppard am Rhein, 1989.

Die Inspektion der Konzentrationslager 1938-1945: Das System des Terrors, Hentrich, Berlin, 1994.

"Fall 4: Der Prozeß gegen Oswald Pohl und andere, " en ÜBERSCHÄR, Gerd R., Die alliierten Prozesse gegen Kriegsverbrecher und Soldaten 1943–1952, Fischer, Frankfurt,1999.

WACHSMANN, Nikolaus, KL. A History of the Concentration Camps, Parrar, Straus and Giroux, New York, 2015.

WAGNER, Jens-Christian, Produktion des Todes. Das KZ Mittelbau-Dora, Wallstein, Göttingen, 2004.

"Work and Extermination in the Concentration Camps," en CAPLAN, Jane & WACHSMANN, Nikolaus (Eds.), Concentration Camps, Routledge, New York, 2010, 127.

WERNER, Constanze, Kriegswirtschaft und Zwangsarbeit bei BMW, Oldenbourg Vlg., München, 2006.

WHINSTON, Stephen, "Can Lawyers and Judges Be Good Historians: A Critical Examination of the Siemens Slave-Labor Cases," 20 Berkeley J. Int'l L. (2002), 160.

WITTE, Peter & TYAS, Stephen, "A New Document on the Deportation and Murder of Jews during Einsatz Reinhardt 1942," 15 Holocaust & Genocide Stud. (2001), 468.

WRITTE, Peter & TYAS, Stephen, "A New Document on the Deportation and Murder of Jews during "Einsatz Reinhardt" 1942," 15 Holocaust and Genocide Studies (2001), 468.

WYSOCKI, Gerd, "Arbeit, Sozialpolitik und staatspolizeiliche Repression bei den Reichswerken „Hermann Göring" in Salzgitter,"en KAIENBURG, cit. 113.

6

CAPÍTULO SEXTO

U.S. v. FRIEDRICH FLICK ET AL.
EL PRIMER CASO CONTRA LOS INDUSTRIALISTAS

I. INTRODUCCIÓN

El caso contra Friedrich Flick y otros cinco acusados,[1] conocido también como "caso cinco," fue uno de los tres casos contra los industrialistas de la Alemania nazi, iniciados por los Tribunales Militares de los EEUU. Se buscó castigar a aquellos sectores de gran poder económico privado que apoyaron a Hitler y aprovecharon de la guerra para enriquecerse.[2]

Todos los casos tuvieron como factor común el haber utilizado el trabajo esclavo, la expoliación y expropiación de propiedad en los territorios ocupados, pero fue la magnitud de los carteles investigados en cada uno de esos tres casos y sus diferentes actividades, lo que explica la decisión de hacer tres juicios separados y no un gran juicio juntos.[3] Los casos de IG Farben y Krupp llevaron la acusación por crímenes contra la paz, que no estuvo en el juicio contra Flick. Asimismo, tanto en Flick como en IG Farben, se planteó como cargo de la acusación la pertenencia al Partido Nazi y a las SS, lo que no pasó en Krupp. El juicio contra Flick, fue el único donde se discutió como cargo la "*aria-*

nización" de la propiedad judía expoliada, y se aplicó a situaciones en Austria en marzo de 1938, pero sobre los que el Tribunal interviniente decidió no tener competencia, rechazando en consecuencia, su jurisdicción.

Este juicio duró nueve meses entre el 20 de abril y 22 de diciembre de 1947, y en el transcurso del mismo se produjeron más de once mil páginas de documentos y testimonios. La Fiscalía presentó 869 pruebas documentales y la Defensa 613. Fueron llamados 51 testigos, y se presentaron más de 500 affidavits.

El Tribunal en el caso Flick (fuente U.S. Holocaust Memorial Museum)

El Tribunal designado para juzgarlo fue el Tribunal Nro. IV, compuesto por Charles B. Sears, quien lo presidía y que era juez de la Cámara de Apelaciones de Nueva York. Lo acompañaban Frank N. Richman, juez de la Suprema Corte de Indiana y William C. Christianson, juez de la Suprema Corte de Minnesota. El juez suplente fue Richard D. Dickson, juez de la Suprema Corte de Carolina del Norte.

Los jueces que componían el Tribunal: de izquierda a derecha, Richman, Sears, Christianson y Dixon (fuente U.S. Holocaust Memorial Museum).

El Fiscal Telford Taylor, que estuvo presente durante la lectura de la acusación, fue representado en la labor acusatoria, mayoritariamente, por un abogado de Nueva York que se había desempeñado en los últimos años como un enlace de inteligencia, de nombre Thomas E. Erving y por Rawlings Ragland, junto con sus ayudantes Norbert Barr, Erich Kaufman, Charles S. Lyon y Edwin H. Sears.

Entre los defensores estuvo Otto Kranzbuhler y Rudolf Dix que tuvieron experiencia en otros tribunales

Los acusados en este caso fueron:

1. Friedrich Karl Flick, de 64 años, contador, miembro del Partido Nazi desde 1937, nombrado como "*Líder de la economía*," y condecorado con la cruz al mérito. Hombre de pocos escrúpulos, dueño de una gran fortuna desarrollada durante la I Guerra Mundial, comprando restos de acero que fundió en sus talleres aportando material para el conflicto, se transformó en uno de los más ricos alemanes para la época del gobierno nazi. Era dueño de un conglomerado de industrias para el carbón y para el acero, creadas frecuentemente a través de subvenciones obtenidas, no siempre por medios legítimos, especialmente por medio de Hermann Göring y otros líderes del nacional-socialismo. Esos contactos le sirvieron para adquirir propiedades judías en la industria del carbón, como sucedió con las de la familia Petschek, amenazando con expropiaciones forzadas para quienes no aceptaran. Esto lo transformó en uno de los industriales más cercanos al nacional-socialismo, y sin duda, uno de los más poderosos. Así, por ejemplo, puedo adquirir propiedades francesas tras la ocupación alemana de ese país, y donde ocupó mano de obra esclava. Casado con Maria Schuss, su hijo Rudolf murió como militar en la campaña rusa. La ocupación en Rusia hizo de Flick uno de los mayores productores de armamentos usando más de 100.000 prisioneros para trabajo esclavo en Ucrania. Miembro del "círculo de amigos de Himmler."

Friedrich Karl Flick

La fortuna de Flick perduró mucho después del juicio, hasta la actualidad, transformándose en uno de los principales accionistas de Daimler-Benz, habiendo reunido una de las mayores colecciones de arte contemporáneo que hoy integra un museo en Berlín.

En este juicio, fue declarado culpable y condenado a 7 años de prisión. En 1963 fue condecorado por el Gobierno alemán. Murió en 1972.

2. Otto Steinbrinck, de 59 años, un oficial naval muy condecorado durante la I Guerra Mundial como comandante de submarinos. Casado con Lola Vogelsang. Se unió al Partido Nazi en 1933, y en 1935 a las SS, donde fue rápidamente creciendo en el rango hasta

Brigadier General. reactivado como capitán de fragata, fue el enlace entre el gobierno nazi y el conglomerado Flick.

Otto Steinbrinck

Declarado "Líder de la Economía". En 1939 se pasó al conglomerado Thyssen-Krupp, tan poderoso como el anterior, y fue durante la guerra un plenipotenciario general para todos los temas de acero en Francia, Bélgica y Holanda. Fue declarado culpable en este juicio, condenado a 6 años de prisión.

Enfermó gravemente durante su transcurso, y murió en prisión en 1949.[4]

3. Bernard Weiss, de 43 años, sobrino político del acusado Flick - la madre de Weiss era hermana de la mujer de Flick- y apoderado del conglomerado industrial. Fue además accionista principal de la empresa de su tío Carl Weiss por parte paterna, la Fábrica de Máquinas de Siegen o *Siegener Machinenbau*, conocida como "*Siemag.*"

Bernhard Weiss

Fue el más joven de los miembros dirigentes de la empresa. Fueron muy unidas las familias Weiss y Flick al punto que este último festejó su fiesta de matrimonio en la casa Weiss.[5] Fue encontrado culpable por el trabajo esclavo. Condenado a 2 años y medio de prisión fue liberado en 1948 continuando con su carrera empresarial, siendo presidente por muchos años de la Cámara de Industria y Comercio de Siegen. Murió en 1973

4. Odilo Burkart, de 48 años, abogado, doctorado en derecho.

Odilo Burkart

Empezó a trabajar para Flick en 1936, y reemplazó a Steinbrinck en el conglomerado Flick cuando aquél renunció. En 1940 fue nombrado "*Líder de la Economía.*"

Su especialidad fue la industria del acero. Fue apoderado del cartel Flick. Fue absuelto. Murió en 1979.

5. Konrad Kaletsch, de 49 años, primo de Flick y su más importante hombre de confianza, especialista en los negocios especulativos que desarrolló parte de la fortuna del imperio durante las crisis económicas alemanas.

Konrad Kaletsch

En los años 20 hizo de Flick uno de los más importantes conglomerados de acero en Europa. Fue absuelto. Murió en 1978.

6. Hermann Terberger, de 57 años, abogado, doctorado en derecho, casado con Else Sartorius. Miembro del Partido Nazi en 1939 y de las SA, estuvo a cargo de la fundición Maxhütte, la más importante de Baviera. Fue absuelto. Murió en 1975.

Los acusados leyendo documentos, de izquierda a derecha, Weiss, Flick, Burkart, Kaletsch y Terberger.

II. LA ACUSACIÓN

La Fiscalía presentó 869 documentos como evidencia y acusó por cinco cargos:

El primer cargo fue por crímenes de guerra y crímenes contra la humanidad que los acusados habrían cometido entre septiembre de 1939 y mayo de 1945. La acusación sostuvo que los inculpados, como autores, instigadores o partícipes de esclavitud y deportación de trabajo esclavo en gran escala de miembros de la población civil de los territorios ocupados por las fuerzas alemanas. También por usar el trabajo esclavo de prisioneros de los campos de concentración, incluyendo a nacionales alemanes, así como por el uso de prisioneros en operaciones de guerra o trabajo directamente relacionado con operaciones de guerra, incluyendo la fabricación y transporte de armamento y municiones.

Estos actos fueron parte del programa de trabajo esclavo del gobierno nazi, en el curso del cual millones de personas, incluyendo mujeres y niños, fueron sujetos a trabajo esclavo en condiciones inhumanas que resultaron en sufrimientos y muertes. Al menos 5.000.000 de personas fueron deportadas a Alemania mediante métodos crueles y drásticos, encerrándolas en trenes sin comida, agua, ropa ni facilidades sanitarias. Los habitantes de los territorios ocupados por Alemania fueron alistados y compelidos a trabajar en sus propios países, pero para ayudar la economía de guerra alemana. Los recursos y las propias necesidades de esos países fueron totalmente desatendidas en la ejecución del plan nazi, como lo fueron también los derechos de la población civil involucrada. El trato dado a los trabajadores esclavos y a los prisioneros de guerra que les fueron asignados, estuvo basado en el principio de explotarlos lo máximo posible con el mínimo de gasto.

El acusado Flick, entre 1942 y 1945, fue miembro del presidium de la Unión Imperial del Acero -*Reichvereinigung Eisen*- conocida como "RVE", una organización para la regulación de toda la industria del hierro y del acero. Los acusados Burkart y Terberger también cumplieron importantes funciones en la RVE, y apoyaron y asesoraron a Flick en temas del RVE.[6] Esta unión tuvo influencia y control sobre un amplio sector de la economía, que fue una importante agencia en la administración de la mano de obra esclava. También Flick, participó con el programa de trabajo esclavo en el llamado "*Grupo Económico de la Industria Productora de Acero"* - Wirtschaftsgruppe Eisenshaffende Industrie- y en organizaciones secundarias y subcomités. Flick y Burkart participaron con el programa de mano de obra esclava a través del llamado *"Pequeño Círculo"* de los líderes del grupo noroeste de la industria del acero, que tuvo en forma no oficial gran influencia en la política del hierro y del acero.

Durante el período entre marzo de 1941 hasta abril de 1945, los acusados Flick y Steinbrinck fueron miembros del presidium de la Unión Imperial del Carbón -*Reichsvereinigung Kohle*-, abreviada "RVK" que manejaba la industria del carbón. Las funciones del presidium de la RVK fueron equivalentes a los de la RVE. Los acusados Burkart y Weiss fueron activos partícipes en esta organización sobre la que informaban a Flick y su conglomerado de empresas, sin embargo, por una moción de la Fiscalía estos dos acusados fueron tenidos como no responsables por estos actos. Como miembros del presidium Flick y Steinbrinck participaron en la administración del programa de trabajo esclavo.

Entre septiembre de 1939 y abril de 1945 el acusado Steinbrinck ocupó la función de Plenipotenciario para el Carbón en los Territorios Occidentales Ocupados que incluían Francia, Holanda, Bélgica y Luxemburgo y la función de Plenipotenciario para la Industria del Acero en el norte de Francia, Bélgica y Luxemburgo, posición desde la cual participó en el programa de mano de obra esclava.

Entre septiembre de 1939 y mayo de 1945, decenas de miles de trabajadores esclavos y prisioneros de guerra fueron usados por los acusados en todas las industrias que controlaron. Los trabajadores fueron explotados en condiciones infrahumanas, disponiéndose medidas de represión para obligarlos a trabajar. Los acusados Flick, Burkart, Kaletsch y Weiss son tenidos como responsables por estos actos en relación al grupo empresario Flick. El acusado Terberger es acusado por estos actos en lo que concierne a la Sociedad de Talleres de Hierro de la Fundición Maximilian Sociedad por Acciones -*Eisenwerk Gesellschaft Maximilianshütte A.G.*-, transformada en sociedad de responsabilidad limitada luego de 1944. Weiss es acusado también por estos actos en lo que respecta a la Sociedad Siemag.

A criterio de la Fiscalía todos estos actos constituyeron violaciones de los artículos 3 a 7, 14, 18, 23, 43, 46 y 52 de las Regulaciones de La Haya de 1907; y de los artículos 2-4, 6, 9 a 15, 23, 25, 27-34, 46-48, 50, 51, 54, 56, 57, 60, 62, 63, y 65 a 68 de la Convención de Ginebra de 1929 sobre Prisioneros de Guerra, así como las leyes y costumbres de la guerra, los principios generales de derecho penal derivados de la ley penal de todas las naciones civilizadas, las leyes penales domésticas de los países donde esos crímenes fueron cometidos y el artículo II de la CCL 10.

El segundo cargo de la Fiscalía acusó a los imputados de haber cometido entre septiembre de 1939 y mayo de 1945, crímenes de guerra y crímenes contra la humanidad de expoliación y apropiación de propiedades en los territorios ocupados por Alemania.

La Fiscalía dijo que todos los acusados, a excepción de Terberger, participaron extensivamente en los programas del gobierno nazi, para quedarse con valiosas propiedades ocupadas por Alemania, sea para sí mismos, o para el grupo Flick, o para otras empresas de propiedad o controladas por el grupo. Para llevar adelante este programa se apoderaron además de los terrenos, de las maquinarias, equipamientos, materias primas y otros valores. En Lorena, que fuera anexada a Alemania en violación del derecho internacional inmediatamente de su ocupación, se confiscaron propiedades francesas bajo la fachada de establecer administradores temporarios, previo a su "*reprivatización*" por grupos industriales alemanes. La Fiscalía al presentar el cargo puso como ejemplo lo sucedido en Francia con relación a las plantas Rombach y Machern, y durante la invasión a la Unión Soviética, con relación a la compañía Acero Dnjepr, y la fábrica de vagones Vairogs, anticipando lo que dijo, sería presentado como evidencia a lo largo del juicio. Entre 1940 y 1945, el acusado Steinebrick participó en los programas de expoliación de los territorios ocupados en el Oeste de Europa, desde su cargo de plenipotenciario general para el acero. Estos actos fueron violatorios de las leyes y costumbres de la guerra, de los tratados internacionales y convenciones, incluyendo los artículos 46 a 56 inclusive de las regulaciones de La Haya de 1907, los principios generales de derecho penal derivados de la ley penal de todas las naciones civilizadas, las leyes penales domésticas de los países donde esos crímenes fueron cometidos y el artículo II de la CCL 10.

. . .

El tercer cargo fue por crímenes contra la humanidad. La Fiscalía acusó a Flick, Steinbrinck, y Kaletsch del grupo empresario Flick, en el planeamiento y ejecución de varios proyectos de "*arianización*" de propiedades judías, de forma voluntaria o coactiva. Los mencionados usaron sus fluidos contactos con la dirigencia nazi para obtener ventajas especiales y transacciones con oficiales de las fuerzas armadas, el OKW -*Oberkommando der Wehrmacht*- o comando supremo de las fuerzas armadas alemanas, y la oficina del Plan Cuatro Años incluyéndolo a Hermann Göring. Ejemplos de este programa llevado a cabo por los acusados fueron los casos de los Altos Hornos Lübeck - *Hochofenwerk Lübeck*- y sus compañías asociadas, y el caso de las propiedades de la familia judía Petschek. Estos actos dolosos constituyeron violaciones de convenciones internacionales, de los principios generales de derecho penal derivados de la ley penal de todas las naciones civilizadas, las leyes penales domésticas de los países donde esos crímenes fueron cometidos y el artículo II de la CCL 10.

El cuarto cargo de la acusación se dirigió a los acusados Flick y Steinbrinck y los acusó de haber cometido entre enero de 1933 y abril de 1945, crímenes de guerra y crímenes contra la humanidad por los asesinatos, brutalidades, crueldades, torturas, atrocidades y otras injusticias cometidas con su ayuda, por el Partido Nazi y sus organizaciones, especialmente las SS.

Flick y Steinbrinck eran miembros del grupo conocido como "*Amigos de Himmler*," "*Círculo de Amigos*" o "*Círculo Keppler*" que trabajó íntimamente con las SS, dándoles ayuda, apoyo financiero o de otra manera. Cada año entre 1933 a 1945, el círculo contribuyó con un millón de marcos a Himmler para financiar a las SS. Flick y Steinbrinck agregaron cien mil marcos, por lo menos, anualmente durante varios años. Steinbrinck hizo también importantes contribuciones a la Sociedad por Acciones Talleres de Acero Unidos -*Vereinigte Stahlwerke A.G.*- de las SS y empresas afiliadas durante varios años entre 1940 y 1944.

El quinto cargo fue contra Steinbrinck que fue miembro de las SS después de 1939, organización que había sido considerada como criminal por el fallo del IMT y por el párrafo 1.d del artículo II de la CCL 10.

Todos estos actos dolosos que enumeró la Fiscalía, a su criterio constituyeron violaciones de convenciones internacionales, de los principios generales de derecho penal derivados de la ley penal de todas las naciones civilizadas, las leyes penales domésticas de los países donde esos crímenes fueron cometidos y del artículo II de la CCL 10.

III. EL CARTEL FLICK

La Fiscalía presentó un Anexo "A" con la acusación, explicando el significado de la referencia al "*Grupo Flick*" o al "*Cartel Flick*" que involucró las siguientes empresas:

a. *Anhaltische Kohlenwerk A.G.* abreviada "AKW" o Planta de Carbon del Anhalt Sociedad por Acciones que administraba minas de lignito en Alemania.

b. *Allgemeine Transportanlage Machinenbau GmbH*, abreviada "ATG" o Constructora General de Máquinas de Transporte Sociedad de Responsabilidad Limitada de Leipzig, dedicada a la producción de aviones.

c. *Brandenburger Eisenwerke A.G.* o Talleres de Acero Brandenburgueses Sociedad por Acciones, cerca de Berlín, dedicada a la producción de vehículos acorazados, tanques y vehículos blindados.

d. *Chemische Werke Essener Steinkohle A.G.,* o Plantas Químicas de Carbón de Piedra de Essen Sociedad por Acciones.

e. *Eisenwerk Gesellschaft Maximilianhütte A.G.* o "*Maxhütte*" o Sociedad de Talleres de Hierro de la Fundición Maximilian Sociedad por Acciones, que después de 1944 se transformó en una SRL, y que explotaba minas de hierro y fundiciones.

f. *Essener Steinkohlenbergwerke A.G.* o Minas de Carbón de Piedra de Essen Sociedad por Acciones, que explotaba explotaciones mineras en el Ruhr.

g. *Fella Werke A.G.* o Talleres Fella Sociedad por Acciones, cerca de

Nüremberg, que en 1944 se transformó en SRL y que producía maquinaria agrícola.

h. *Friedrich Flick Kommanditgesellschaft*, abreviada "FKG" o "FFKG" de Berlín, o Sociedad Comandita Friederich Flick que era la sociedad principal del consorcio y que además de poseer varias de las empresas tenía plantas de acero.

i. *Harpener Bergbau A.G.* o Minas Harpener Sociedad por Acciones que explotaba yacimientos de carbón en el Ruhr.

j. *Hochofenwerk Lübeck A.G.*, luego nombrada *Lübeck-Herrenwyk* que explotaba altos hornos.

k. *Linke-Hoffmann Werke A.G.* o Talleres Linke-Hoffmann Sociedad por Acciones, de Breslau, que producía tractores, vagones de tren y camiones.

l. *Maschinenfabrik Donauwört GmbH*, o Fábrica de Máquinas Donauwört SRL, que fabricaba máquinas en Donauwört.

m. *Mitteldeutsche Stahlwerke A.G.*, o Talleres de Acero Centroalemanes Sociedad por Acciones, transformada en SRL en 1943, en la localidad de Riesa y que explotaba las más grandes acerías fuera del Ruhr.

n. *Sächsische Gusstahlwerke Döhlen A.G.*, o Talleres Sajones de Fundición de Acero Döhlen Sociedad por Acciones, en Döhlen, donde se explotaban talleres de acero y fundiciones de hierro.

o. *Spandauer Stahlindustrie GmbH* o Industrias de Acero de Spandau SRL.

p. *Spandau Waggon und Maschinenfabrik A.G.* o Fábrica de Vagones y Máquinas Spandau SRL, conocida también como "Busch-Bautzen" que era su nombre anterior, que fabricaba locomotoras eléctricas, vagones y material ferroviario.

De todo este gigantesco conglomerado de industrias, Friedrich Flick fue su dueño o principal accionista, y aunque algunas de las empresas fueron transferidas a sus hijos, Flick conservó el manejo de las mismas como si fueran de su exclusiva propiedad.[7]

En algún momento de 1939 el grupo ocupó a 80.000 personas y durante la guerra ese número alcanzó las 120.000, de las cuales entre el 30 y el 40% eran prisioneros de guerra y de los campos de concentración. La Fiscalía, al respecto, sostuvo:

"Debe tenerse en cuenta que esas estadísticas no reflejan el constante flujo en esas clases de trabajadores debido a muertes, escapes e incapacidades. Por consiguiente, mientras que aproximadamente 40.000 trabajadores forzados eran ocupados durante todo el tiempo por el grupo Flick, un grupo substancialmente mayor de individuos fueron involucrados en el período 1940-45."[8]

IV. EL JUICIO

Cuando el juicio inició, correspondió a la Fiscalía presentar sus comentarios iniciales. Telford Taylor señaló en la presentación del primer juicio contra los industrialistas por transgresiones a la ley de las naciones, imponía a la acusación claridad. Los acusados poseyeron y explotaron enormes recursos humanos y naturales que los volvió inmensamente ricos. Pero no es por esa calidad de ricos lo que impulsó la acusación. La Fiscalía sostuvo que los acusados violaron la ley y deshonraron la imagen de la humanidad a plena vista de todos. Los acusados cercenaron las libertades y negaron el simple derecho a existir a otros seres humanos, uniéndolos a la esclavitud que sufrían millones de personas por toda Europa, las que fueron arrancadas de sus hogares y hechas prisioneras en Alemania para trabajar en minas y en fábricas bajo condiciones inhumanas, multiplicándose las muertes, enfermedades y miserias. La acusación fue que, con avaricia expoliaron los recursos de los países vecinos que cayeron bajo la bota alemana. Se los acusó de apoyar, unirse y aprovechar las prácticas y políticas más corruptas y asesinas del régimen nazi, en el transcurso de las cuales los judíos fueron expulsados de Alemania y exterminados por toda Europa y millones pertenecientes a otros grupos fueron esclavizados, torturados y asesinados. Los acusados representan uno de los dos principales grupos de concentración de poder en Alemania. La propia capacidad de Alemania para conquistar derivó de su industria pesada y técnicas científicas de sus millones de hombres capaces y obedientes, disciplinados. Krupp, Flick, Thyssen manejaban el mundo industrial, Beck, Fritsch y Rundstedt junto con otros manejaban el grupo militar. Sobre los hombros de estos dos grupos Hitler conquistó el poder y del poder saltó a la conquista. Luego estos poderosos industrialistas se llenaron los bolsillos a expensas de las fortunas de los judíos en Alemania y en los territorios ocupados. Luego de las victorias alemanas en Francia y en el frente ruso, fueron ellos los que se apoderaron y explotaron las mejores propiedades industriales. Ellos esclavizaron y deportaron gente de los territorios ocupados para mantener la maquinaria de guerra alemana funcionando y los trataron como animales. La tolerancia sobre tales crímenes destruiría la capacidad del hombre al auto respeto. Su repetición destruiría la humanidad misma.

Luego de hacer un recuento de la industria pesada alemana, así como del comienzo y desarrollo de Flick, el Fiscal se concentró en las labores de Flick bajo el régimen de Hitler. El secretario de Flick, Steinbrinck, se unió a las filas del Partido Nazi en 1933 y se vinculó rápidamente con eminentes figuras del régimen como fueron Walther Funk, Robert Ley y Wilhelm Keppler, este último en ese momento el más cercano consejero de Hitler en temas económicos.

Ya en febrero del año anterior el acusado Flick sostuvo un largo encuentro privado con Hitler, y Hitler le pidió a Keppler que recolectara algunos importantes nombres de la industria en un círculo de consulta y de apoyo. Los hombres de negocios apoyaron económicamente a Hitler para las elecciones de 1933 con más de tres millones de RM, de los cuales 240.000 habían sido aportados por Flick. Luego de que Hitler se afianzara en el poder, los contactos de Flick se canalizaron a través de Hermann Göring, sobre todo para el rearme alemán y la futura guerra. En 1934 la figura de Keppler fue desplazada por Himmler, al punto que el círculo empezó a ser conocido como "*Círculo de Amigos de Himmler*". El grupo colectó un millón de RM anuales para los fondos privados de Himmler, y la contribución de Flick fue de 100.000 RM. Mientras tanto, el imperio industrial de Flick se expandió. En 1933-1934, Flick adquirió el 40% de las acciones de la Harpen *Bergbau AG*, el tercer grupo de minas de carbón más importantes del Ruhr, y luego en 1936, cuando ya manejaba totalmente esa empresa por su intermedio adquirió la *Essener Steinkohlenbergwerke AG* o Minas de Carbón de Piedra de Essen Sociedad por Acciones, con lo que su producción de carbón alcanzó las 15.000.000 de toneladas anuales.

Un ejemplo del aprovechamiento de la *"arianización"* llevada a cabo por el gobierno nazi, se pudo ver con la conducta de Flick en relación con los altos hornos de Lübeck. Los altos hornos permitían un rápido transporte de materia prima desde Suecia y que el material producido se re-exportara desde Berlín y Dresden, y que fueron "*arianizados*" por Flick en 1938. Cuando hizo esa compra, Flick comprobó a criterio de la Fiscalía, las ventajas que presentaba el sistema de "*arianización*" de propiedades judías. Una gran parte de las minas de carbón alemanas fueron propiedad de una familia judía de Checoslovaquia, los Petschek. En 1938 Flick obtuvo autorización de Hermann Göring para tratar con los Petscheks, trato que concluyó en 1938 en una venta muy favorable a los intereses de Flick.[9]

Simultáneamente, Flick adquirió el 50% de las acciones de los Talleres Sajones de Fundición de Acero Döhlen Sociedad por Acciones situados cerca de Dresden que elevó la producción de acero de Flick a 2.150.000 toneladas anuales.

Aunque Flick sostuvo que la época de la expansión había pasado, recordó la Fiscalía que cuando el ejército alemán ocupó Francia, las minas de hierro de la Lorena fueron como un imán para Flick y para otros industrialistas alemanes. Así, pocos días después de la ocupación, obtuvo propiedades valiosas de la *Société Lorraine des Aciéries de Rombas,* en la Mosela y fueron subsecuentemente administradas por una compañía nueva, propiedad conjunta de la *Maxhütte* y la *Harpener Bergbau.*

Luego, cuando avanzó el frente en la Unión Soviética, Flick comenzó a adquirir fideicomisos de varias empresas mineras e industriales en las áreas ocupadas. El acusado Weiss, por ejemplo, logró el traspaso de una planta en Riga que fabricaba vagones y equipo ferroviario. También Flick se unió a los Talleres de Acero Hermann Göring para la explotación de minas y fundiciones en la zona de rio Dnieper en Ucrania.

Durante el juicio, se presentó un diagrama que se puso en unas de las paredes de la sala, que mostraba el funcionamiento de las empresas, dirigidas todas desde la *Friedrich Flick Kommanditgesellschaft* (FFKG) o Friedrich Flick sociedad en comandita, que controlaba como trust al conglomerado.[10] Hacia el final de 1938, el acusado Steinbrinck, quien era el manager más cercano a Flick y apoderado de la FFKG, buscó alejarse de Flick al entender que Flick buscaba crear una dinastía familiar.

Otro de los magnates del acero, Fritz Thyssen, quien inicialmente había apoyado el ascenso de Hitler, había huido de Alemania para buscar refugio en Suiza al inicio de la guerra. Thyssen era un ferviente católico y había protestado contra los pogroms contra los judíos y votado contra la invasión a Polonia, habiendo enviado una carta a Hitler al respecto.[11] Como reacción, las propiedades de Thyssen fueron confiscadas y el acusado Steinbrinck fue nombrado fiduciario de las mismas y luego presidente del directorio de la Unión de Talleres de Acero -*Vereinigte Stahlwerke*.

El acusado Kaletsch empezó a hacerse cada vez más importante en el grupo, y el hijo mayor de Flick, de nombre Otto Ernst Flick, alcanzó la edad para empezar a ocuparse también de los intereses familiares.

A comienzos de 1939, Flick buscó traer al grupo a su sobrino, el acusado Bernard Weiss, y cuando Steinbrinck dejó el grupo, Weiss y Burkart tomaron la mayoría de las actividades que dejó Steinbrinck. Así, Kaletsch se ocupó de los aspectos económicos-financieros, Burkart se ocupó de supervisar a las compañías del grupo en las cuestiones relativas al carbón y al acero y Weiss se concentró en las operaciones de carbón del Ruhr. Terberger, que se había unido al Partido Nazi, se ocupó principalmente de la Maxhütte, la empresa principal de Flick en lo que luego sería luego la zona norteamericana de ocupación.

a. Mano de obra esclava

Ya al comienzo de la guerra, las empresas del grupo comenzaron a sufrir la falta de mano de obra, que el régimen nazi comenzó a suplir con mano de obra esclava.

Uno de los procesados por el IMT, Fritz Sauckel, que fue el ministro plenipotenciario del trabajo, estimó que 5.000.000 de trabajadores extranjeros fueron transportados a Alemania, de los que sólo 200.000 fueron voluntarios. La forma de esta política inhumana se puede entender con una frase de Sauckel que citó la Fiscalía:

"Todos los hombres deben ser alimentados, cobijados y tratados de tal manera de poder explotarlos hasta sus máximas posibilidades, usando el menor grado posible de gasto".[12]

La Fiscalía dijo que todos los acusados fueron culpables de la utilización de mano de obra esclava en todas las empresas que controlaron. Los acusados tuvieron una participación en este programa, con pleno conocimiento de los brutales métodos utilizados para el reclutamiento de los trabajadores esclavos, por lo que son culpables del crimen de deportación, y de los asesinatos, brutalidades y crueldades cometidas en relación con tal reclutamiento y deportación.

Finalmente, la Fiscalía sostuvo que los acusados fueron culpables como autores principales por las muertes, tratamiento inhumano y sufrimiento de los trabajadores, mientras fueron utilizados en las empresas bajo su control. El primer responsable de la salud y bienestar de los trabajadores es el empleador, remarcó la Fiscalía.

El Grupo Flick fue un consumidor de mano de obra esclava. Los prisioneros de guerra fueron usados para la fabricación de armamentos en las empresas del grupo. Las propias estadísticas de la empresa mostraron, por ejemplo, que, durante julio de 1943, 1017 prisioneros de guerra fueron empleados en *Linke-Hoffmann* donde se fabricaron vehículos blindados, entre otros casos, donde se documentó la presencia de trabajadores esclavos en otras empresas del grupo relacionadas con la producción bélica. El interés del grupo por el uso de mano de obra esclava fue tal que, a sólo un mes y medio de la invasión a Polonia, los prisioneros de guerra polacos empezaron a llegar a la *Maxhütte*.

El asistente de Burkart en 1942 entró en tratos con el Ministerio de Trabajo para poder contar con trabajadores franceses y rusos. En 1944 se sumaron los trabajadores italianos. Sin embargo, los necesarios viajes que debieron soportar los prisioneros en condiciones inhumanas, hasta el lugar donde iban a ser explotados, trajo sus consecuencias. La Fiscalía trajo como ejemplo, un informe escrito por un manager de la AKW dirigido al directorio:

"El 16 de diciembre de 1944, recibimos nuevamente un transporte de prisioneros del Este, consistente en 15 hombres, 36 mujeres y 36 niños; en total, 87 personas. Entre estas había un hombre ciego de 80 años, y varios hombres tenían más de 65 años. Las mujeres estaban parcialmente enfermas, o embarazadas, o madres de niños, por lo que tampoco pueden ser usadas en trabajo minero. Hay un cierto número de familias entre ellos de los que ninguno está trabajando y por consiguiente no están ganando ni para vivir. Los hombres también, en tanto están en una edad apta para el trabajo, están enfermos o sufriendo una enfermedad que les impide su empleo total."[13]

Hubo varios informes de otras empresas del grupo que se expresaron en términos semejantes, pero resultó claro que ni Flick ni sus asesores pudieron haber dejado de ver las terribles condiciones de trabajo al inspeccionar sus empresas, los alambres de púas y los perros de guardia. La tasa de mortalidad de los prisioneros rusos usados en Harpen fue tan alarmante en 1942, que el vicepresidente del directorio Buskühl, le escribió a Flick directamente:

"Querido Señor Flick: Adjunto le transmito a Usted una copia de una directiva secreta del presidente de la Oficina Regional de Trabajo de Westfalia sobre el empleo de los PG rusos. Suplementando los contenidos de esta directiva, la que precisa poca explicación, le informo que el empleo de PG rusos en la mina Friedrich Heinrich a demostrado ser un total fracaso pues el tifus se ha extendido entre ellos a pesar de una cuidadosa desinfección y de darles nuevas ropas. Los casos de enfermedad y muerte han llevado a un extraordinario estado de alarma entre los empleados.

Tal como están las cosas, el empleo de PG rusos, al menos en las minas, no está garantizado, y este método de empleo tendrá que ser, al menos en el tiempo actual, discontinuado"[14]

Esta carta fue contestada por el acusado Weiss en los siguientes términos:

"Objeto: Utilización de prisioneros de guerra soviéticos.

Querido Señor Buskühl: Su carta del 16 dirigida al Señor Flick adjuntando un informe secreto del presidente de la Oficina Regional de Trabajo de Westfalia, ha sido reenviada hoy por mí al Señor Flick, que al momento se encuentra tomando unas cortas vacaciones en Tölz.

En conexión con esto, estará interesado en oír que hemos obtenido excelentes resultados con prisioneros de guerra rusos en los Talleres Linke-Hoffmann de Breslau. ...

Sobre la base de mis experiencias en Breslau, estoy inclinado a pensar que en muchos casos es más fácil obtener resultados acordes con prisioneros de guerra rusos que con italianos, españoles u otros trabajadores civiles que, adicionalmente tienen que ser manejados con guantes de seda."[15]

Una investigación oficial llevada a cabo en 1942, sobre un número de campos de concentración que alojaron trabajadores del Este, cerca de de la ciudad alemana de Essen, incluyó varios de los campos de la sociedad Minas de Carbón de Piedra de Essen. El informe contuvo algunos párrafos reveladores que remarcó la Fiscalía:

"En las áreas inspeccionadas, sin embargo, a excepción de algunas empresas modelo, el trabajador del Este es dejado a su propio destino, siendo visto como un simple medio de producción que puede ser reemplazado en cualquier momento por [alguien del] el extenso territorio del Este. Por mucho, la gran mayoría de los jefes de planta no perciben la esencia del problema del trabajador del Este ni están interesados en ello.

Por eso, frecuentemente falta lo que es precisado más urgentemente como comida o cobijo, que dejan mucho que desear. Son insuficientes, preparadas descuidadamente, sucias, y de alguna manera, malas más allá de lo imaginable. Las barracas parcialmente están sin luz y mal aireadas.

Los líderes de campo son generalmente incapaces de hacer sus tareas, y también carecen de cualquier percepción sobre la importancia de los trabajadores del Este para la economía de guerra.

Falta un tratamiento sistemático del enfermo. En las enfermerías a veces, se observan tratamientos insuficientes que duraron varios meses, trayendo consigo como una cuestión de rutina, el peligro de mutilaciones voluntarias. Algunas de las enfermerías son francamente hediondas. No se le da consideración suficiente al tema del personal entrenado que se pueda hacer cargo de los enfermos de manera experta, a pesar que la actual falta de médicos, camas y medicinas en los hospitales, debería hacer esto especialmente importante. Tanto más lamentable es el hecho de que razones financieras comparativamente insignificantes, son decisivas para no contratar a los médicos disponibles.

En lo que hace a los castigos, se dice que golpear es necesario en lo que se refiere a los trabajadores de minas.

Con relación a las listas de enfermos, los números se han omitido, así como sobre escapes, porque la comisión determinó mediante el examen del registro de enfermos y las salas, que las peores plantas tenían en algunos casos un número muy pequeño en sus listas de enfermos. Remarcable, sin embargo, fue la observación: 'El trabajador del Este es muy fuerte. Se mantiene trabajando hasta que cae rendido en tierra y no queda nada para el doctor sino escribir su certificado de defunción.' ..."[16]

Los trabajos en las minas no eran el único lugar donde el porcentaje de muertos y enfermos causó alarma. La Fiscalía presentó una nota del 30 de diciembre de 1941 de los archivos de la *Maxhütte* informando sobre una discusión de varios médicos sobre el alto porcentaje de enfermedades entre los prisioneros rusos:

"Las ocho muertes no deben ser vistas como dando razón para alarmarse. Este fenómeno ha aparecido en mucha mayor extensión en Regensburg y Nürnberg."[17]

El 22 de agosto de 1944 se envió a los oficiales sanitarios en varios campos, un memorando inicialado por el acusado Terberger:

"De acuerdo con un informe del comandante de campo Renner, al trabajador del Este Rohull, ficha nº 720, se le dio un pase para ver al médico, cuando sufría solamente de ligera herida en la cabeza. En conexión con esto, llamamos su atención sobre el hecho de que estos pases deben darse sólo en casos realmente necesarios, pues no debe tolerarse que trabajadores civiles extranjeros vayan a ver al médico por el dolor más liviano, obligándolo a un trabajo innecesario y aún alejándolo de su trabajo."[18]

Los acusados indudablemente dirán, dijo la Fiscalía, que las enfermedades y muertes entre los trabajadores extranjeros, se debieron primariamente a la malnutrición y que eso no fue un tema de ellos, que estuvo fuera de su control. Pero esto no puede justificar su criminal explotación de personas malnutridas. Ellos voluntariamente y con conocimiento pleno, usaron esos trabajadores y continuaron usándolos a través de todas las instancias de la guerra, aún sabiendo que los porcentajes de muerte y enfermedad eran terroríficos. Un informe del jefe de los Talleres Fella a los trabajadores de la cocina, ilustró esta situación:

"Referencia: Alimentación de los PG rusos.
 A partir de hoy, los PG rusos tendrán 500 gramos adicionales de papas hervidas por cabeza, para mejorar el estado de nutrición. Ese adicional no se aplica a los PG rusos que están enfermos o son incapaces de trabajar.[19]

El incremento fue solo para mejorar la producción, y no se aplicó a nadie que no sirviera para esos propósitos.

Además de esos problemas, el ambiente de trabajo para esos trabajadores esclavos fue degradante y humillante. Vivían con miedo, miedo a los golpes y a morir de hambre. Pero además del sufrimiento físico, los trabajadores extranjeros fueron sometidos a segregación y discriminación, la que fue llevada a tal extremo que los empleados alemanes fueron castigados por el menor gesto de humanidad para con los trabajadores extranjeros. Véase esta carta de la *Maxhütte* del 28 de agosto de 1944 dirigida por la dirección a un empleado alemán:

"Tengo por cierto que el viernes 25, usted le llevó una hogaza de pan a un prisionero de guerra ruso a su lugar de trabajo. Esta conducta es, como ya se lo apunté en nuestra discusión, tan increíble que debería informarlo a las autoridades competentes para castigo. Es porque hasta la fecha usted ha cumplido con sus deberes a conciencia y porque prometió no repetir este tipo de cofraternización con prisioneros de guerra, que me he refrenado de hacer tal informe. Por lo tanto, mediante la presente lo prevengo muy severamente, repito, que considero que su acción de hacer amigos con los prisioneros de guerra como increíble, especialmente en un tiempo como este, cuando muchos de sus compañeros de trabajo están siendo muertos por el enemigo.

Como usted aparentemente no precisa los cupones suplementarios de comida que le fueron provistos por la dirección, no recibirá las raciones para trabajos pesados por las próximas 2 semanas."[20]

La Fiscalía presentó inmediatamente otra nota de la dirección de Harpen fechada el 29 de agosto de 1943, a la filial de Dortmund de la Gestapo, inicialado por el acusado Terberger:

"El trabajador occidental August Franssen, nacido el 2 de marzo de 1921, domiciliado en Dortmund-Derne, Complejo de Trabajadores .... que está empleado en nuestra mina, ha estado recientemente ausente sin permiso con frecuencia. A pesar de todas las advertencias y castigos, continuamente está holgazaneando. Cuando el 17 de agosto de 1943 le fue requerido por nuestro capataz Heinrich Grünscheidt que trabajara más enérgicamente, él levantó su mano e hizo como si lo golpearan. Durante la discusión que siguió, él dijo entre otras cosas 'el tiempo vendrá en que ustedes tendrán que levantar las manos para rendirse," y el subrayó su comentario con el gesto apropiado.

Requerimos de usted que arreste inmediatamente a Franssen y lo pongan en un campo de concentración, de otra forma no podremos mantener el orden entre los extranjeros, especialmente los belgas, y ellos serán más insolentes si Franssen no es arrestado."[21]

La magnitud del sufrimiento, miseria y muerte que resultó de la implementación del programa de obra esclava en el que los acusados estaban directamente implicados, no puede, a criterio de la Fiscalía, ser estimado acabadamente. Por lo menos 40.000 trabajadores fueron esclavizados por el grupo Flick, 403.344 trabajadores extranjeros se usaron en total en la industria del carbón y 125.000 en la del acero. Estas estadísticas aturden los sentidos. El Fiscal dijo:

"... Quizás es mejor pensar en términos de un solo hombre. Digamos que es un granjero ruso, de 41 años. Tiene mujer y dos hijos. Es levantado por hombres de las SS en su camino a una granja vecina. Está desconcertado, y no tiene forma de avisar a su familia que le pasó algo. Dos días después, está en un tren con destino a Alemania. Está amontonado en el vagón y está hambriento, pero hay guardias uniformados y no quiere meterse en problemas. Eventualmente se lo manda a trabajar a una mina de carbón. Está acostumbrado a trabajar muchas horas en los campos, pero 12 horas por día subterráneo y con el frío húmedo es diferente. Está parado en agua hasta arriba de sus rodillas. Sus zapatos están rotos. No hay botas para él, aunque los trabajadores alemanes las tienen. Escribe a su familia, pero nunca escucha de ellos. La sopa aguachenta que será todo lo que comerá no es suficiente para mantenerlo en funcionamiento. Empieza a perder peso y se vuelve más y más cansado a medidas que pasan los días y los meses. Desarrolla una tos y piensa que es un hombre muy enfermo. El capataz no lo deja ir a ver al médico del campo por varios meses. Colapsa en su trabajo y se le dan 2 días de descanso. Se le toma una radiografía y deciden mandarlo de vuelta a las minas. En dos semanas está muerto.[22]

Cualquier estudiante de derecho podría poner varias etiquetas en este ejemplo: secuestro, privación ilegal de la libertad, esclavización, homicidio; puede agregar la violación de la los derechos y la deportación para trabajo desde los territorios ocupados. Todos los estándares más elementales de decencia humana fueron violados.

. . .

b. Expoliación de propiedades

El ayudante del Fiscal Lyon señaló que, durante los seis años de guerra el mundo oyó rumores de que el régimen nazi estaba expoliando los países y territorios que había ocupado. La realidad probó ser mucho más impactante que el rumor. El IMT lo describió en su fallo:

> "La evidencia en este caso ha establecido, sin embargo, que los territorios ocupados por Alemania fueron explotados por el esfuerzo de guerra alemán de la forma más despiadada, sin consideración de la economía local y como consecuencia de un plan o designio deliberado. En verdad hubo un sistemático saqueo de la propiedad pública y privada, que fue criminal bajo el artículo 6 (b) de la Carta."[23]

Los acusados, así como otros industrialistas alemanes, jugaron un papel dominante en el planeamiento y ejecución de estos crímenes. Los programas de expoliación de Francia y de la Unión Soviética fueron diferentes. En Francia el saqueo fue más sutil, mientras que en Rusia adoptó su forma más despiadada.

En Francia, Flick logró que en seis meses las acerías y fundiciones francesas fueran entregadas a los grandes grupos alemanes, quienes operarían las plantas como fiduciarios, guardándose los beneficios, amén de una regalía pagada al gobierno alemán, y se les prometió una oportunidad para adquirir las plantas ocupadas, si ello fuera posible tras el retorno a la paz.

El plan de distribución de empresas que fue puesto en marcha en marzo de 1941, concedió a Flick las plantas de la *Société Lorraine des Aciéries de Rombas,* en la Lorena. Esas plantas fueron de las más codiciadas en Francia e incrementaron la producción de acero de Flick en un 25%. Para explotarlas Flick formó la Sociedad de Responsabilidad Limitada Acería Rombacher, cuya propiedad estaba dividida entre las sociedades Harpen y *Maxhütte.*

La toma de Rombach fue resultado de un cuidadoso planeamiento por parte de Flick, Kaletsch, Burkart y Weiss, quienes hicieron constantes esfuerzos para influenciar a los funcionarios del gobierno, incluyendo a Göring, y a Funk a su favor, en contra de los intereses de Hermann Röchling, que era el líder industrial en el Sarre.

Con relación al saqueo de la Unión Soviética, los planes fueron hechos con meses de anticipación a la invasión, y apuntaron a las minas, a las fundiciones y a las empresas productoras de acero. Para ello se creó una compañía llamada "Minería y Acerías del Este Sociedad de Responsabilidad Limitada", -*Berg- und Hüttengesellschaft Ost. m.b.H-,* abreviada "BHO." Flick fue nombrado en el directorio de BHO como uno de los cuatro representantes de la industria del carbón y del acero.

Flick, Kaletsch, Burkart y Weiss participaron también en la apropiación ilegal y explotación de la fábrica de Riga conocida como "*Vairogs*" que fabricó antes de la guerra vagones de tren y otros productos de hierro y acero. Flick intentó, tras sólo un mes de la invasión alemana a la Unión Soviética, de adquirir esa fábrica, pero la obtuvo recién en septiembre de 1942.

En julio de 1943, la evacuación de Riga pareció ser inminente. Sin esperar las órdenes oficiales para proceder a la evacuación, la gerencia de Flick empezó a preparar la maquinaria para el envío. El 29 de septiembre se recibieron las órdenes oficiales de evacuación. pero más de 320 toneladas de material ya habían sido removidas. El acusado Weiss congratuló a los directivos en Riga que aún podían cargar 50 vagones más en Riga, que fueron enviados a las empresas del grupo.

En opinión de la Fiscalía, la adquisición de minas de carbón a través de la "arianización" de grupos judíos fue parte integral de un programa para hacer a Alemania autosuficiente para la guerra, usando el carbón marrón para hacer gasolina sintética. Los crímenes contra la humanidad cometidos por las SS, a las cuales Flick y Steinbrinck ayudaron a financiar, están inextrincáblemente entrecruzados con los crímenes de guerra y la preparación y ejecución de una guerra de agresión.

c. La "*arianización*"

La desposesión por medios coactivos de propiedades judías llevada a cabo por el gobierno nazi, fue parte del programa de ocupación conocido como "*arianización."*

Los acusados Flick, Kaletsch y Steinbrinck fueron instigadores y partícipes en la arianización de las minas de carbón marrón en el centro y sud de la parte oriental de Alemania, poseídas originalmente por los Petschecks, familia judía de la que la mayor parte de sus miembros eran ciudadanos de Checoslovaquia. También los mismos acusados participaron en la arianización de los Altos Hornos Lübeck y otras compañías vinculadas como Rawack y la Sociedad por Acciones Grünfeld.

Los medios usados por el gobierno alemán, el Partido Nazi y los intereses empresariales para forzar a los propietarios judíos a abandonar sus propiedades a precios de ganga o por ningún precio, fueron múltiples y variados. Los alemanes que tuvieron interés en quedarse con propiedades judías, habitualmente buscaron presiones o amenazas a las víctimas, por parte de oficiales del Partido Nazi o de la Gestapo.

Los acusados Flick, Kaletsch y Steinbrinck fueron acusados de haber jugado un rol principal en la aplicación de varios tipos de coerción hacia los propietarios de las propiedades que deseaban

c. 1. El apoderamiento de los Altos Hornos Lübeck

Los Altos Hornos Lübeck fueron la primera industria mayor adquirida por Flick mediante el proceso de arianización. Fue realizada la adquisición a través de una serie de transacciones durante los años 1938 y 1939, mediante las cuales Flick se apoderó del paquete accionario de Lübeck por medio de sociedades vinculadas a ésta que poseían sus acciones, como sucedió con las empresas Rawack y Grünfeld AG que tenían en conjunto cerca de los dos tercios de las acciones de Lübeck. Flick realizó esta compra asistido por Steinbrinck, Kaletsch y otro de sus asistentes, Rhode. Debe tenerse presente para comprender este movimiento, la inconcebible presión que recibían los judíos después de las leyes de Nuremberg. Los acusados hicieron ingresar ese miedo en la negociación, asegurando reiteradamente durante las negociaciones, tener la autorización del gobierno para la arianización de estas propiedades judías. Flick amenazó a los propietarios que, si intentaban vender las acciones en el exterior, él tendría que reportarlo a las autoridades.

La familia Hahn en Lübeck, por miedo a las consecuencias que amenazaban los discursos de Göring y otros líderes nazis, así como por las presiones e indirectas que recibieron del grupo Flick, se decidieron a vender su parte a Flick con la promesa de que serían dejados en paz y no serían sometidos a presiones por otros intereses industriales que poseían.

En 1940, Flick reconoció en una conferencia que había adquirido Lübeck mediante la arianización. Obtenida la Lübeck, Flick iría inmediatamente por los intereses de la familia judía Petscheks.

c.2. Los Petscheks y las minas de lignito

La arianización de las propiedades Petscheks comprendió unas extensas minas de lignito ubicadas en el centro y sudeste de Alemania, junto con fábricas y establecimientos comerciales en conexión con dicho mineral. Las minas equivalían al 30% de la producción de lignito de Alemania. El lignito no sólo se usaba para combustible, sino también como materia prima para alimentar las usinas eléctricas, para producir gasolina sintética y otros productos químicos. Esa línea de producción estuvo a cargo de IG Farben[24] y otros consorcios químicos alemanes.

Los Petscheks, familia de judíos checoslovacos, poseían esas minas desde hacía décadas. Sus intereses podían ser divididos en dos grupos, el llamado grupo Julius por Julius Petschek que poseía a través de un holding norteamericano - la United Continental Corporation- intereses en la AKW, y en la *Werschen Weissenfels* (WW). El otro grupo, el grupo Ignaz por Ignaz Petschek, que era el más poderoso de los dos, controlaba minas de carbón y fábricas, campos mineros conocidos como Eintracht, NKW o *Niederlausitzer Kohlenwerke,* Phoenix y Leonhard, así como intereses en una empresa minera conocida como *Ilse Bergbau.*

Para 1937, los intereses de los Petscheks no habían sido aún arianizados, quizás debido al hecho de que eran ciudadanos extranjeros y habían puesto su paquete accionario en manos de holdings extranjeros. El uso de coerción contra los Petschek podría producir represalias contra intereses alemanes en otros países. Esto explicó la preocupación que mostraron altos oficiales alemanes y la sutileza con la que Flick se acercó al tema en sus primeras etapas.

Con el grupo Julius, recién se entró en negociaciones al finalizar 1937 y estos estuvieron cercanos a vender sus intereses al grupo Wintershall por un precio cercano a las U$S 12.000.000, considerablemente más de lo que había ofrecido Flick. Flick entonces, recurrió a Göring quien lo designó como único negociador con el grupo Julius, quien de pronto se encontró que Flick era su único interlocutor. Era importante para el acusado, convencer primero al grupo más chico para restarle poder al grupo más fuerte y hacerlo más accesible. Flick envió un memorando a Göring en los siguientes términos:

> "Cualquiera sea la posición, ellos aparentemente no están preparados para hacer nada por su propia voluntad y han hecho arreglos muy cuidadosos para una posible guerra. No debe olvidarse que debemos empezar a confiscar propiedades legalmente o por decreto, algo que no será fácil de hacer y cuyas consecuencias, desde un punto de vista internacional, no pueden ser descuidadas. Pero siento como posible que tengan ser tomados en serio al negociar."

Flick propuso como la mejor alternativa a la confiscación, ser el único autorizado para negociar:

"Podría en el curso ordinario, sin ninguna autorización en particular, comenzar negociaciones privadas para una compra privada de acciones en el grupo Petschek. Pero también podrían hacerlo un gran número de personas y debe temerse que surja una lista de partes interesadas como potenciales compradores. Eso llevaría automáticamente a una puja mutua por el precio. Y finalmente los oficiales del Estado no tendrían una visión de la situación actual. (Y esta es la razón porque debo ser el único apoderado para negociar en este momento.)" [25]

Flick esperaba llegar a un fin negociando sobre una base de voluntad con el grupo Julius para reforzar su posición táctica frente al grupo Ignaz. Flick tenía razones para suponer que el grupo Ignaz resistiría, pero se negó a aceptar que las propiedades a arianizar fueron poseídas por no judíos. Murnane, el banquero norteamericano enviado por los Petscheks, pidió U$S 16.000.000 en cambio de RM. Flick estimó que no había necesidad de pagar ese precio.

En una sutil prevención a Murnane, le dijo:

"Si una persona objetiva hubiera escuchado nuestras negociaciones hasta ahora, se llevaría probablemente una impresión diferente de la que es actualmente nuestra situación. Él podría tener la impresión de que estoy considerablemente ansioso y tengo que ocupar mi cabeza noche y día para encontrar una solución, como si nuestros roles se hubieran revertido. Esto no es lo que sucede."[26]

Finalmente, Murnane dejó Berlín y las negociaciones quedaron a cargo del Vizconde Strathallan de Londres. Se reasumieron en mayo de 1938 y se convino un precio de U$S 6.325.000 pagadero en Nueva York más RM 970.000 pagaderos en Berlín.

La Fiscalía señaló que la esencia del crimen en este caso fue la coerción practicada por los acusados sobre la propiedad judía para obligarla a vender, siendo al respecto técnicamente inapropiado averiguar si se pagó o no un justo precio. Flick vendió parte de las compañías a otras compañías alemanas (IG Farben, Wintershall y Saltzderfurth) por un precio mayor del que él había pagado a Petscheks for todas las propiedades. De tal forma, Flick concluyó con una valiosa parte de las propiedades de Julius Petschek sin pagar ningún costo.

Mientras el grupo Julius decidió ser prudente vendiendo con sacrificio para evitar un destino peor, el grupo Ignaz le hizo saber a Steinbrinck que ellos no estaban dispuestos a ser "*descuartizados*," lo que produjo en Flick una grave consternación. No había una ley aún que forzara a vender la propiedad judía, y las presiones informales incluidas las de la Gestapo habían sido, en general, suficientes. Pero cuando los dueños no eran alemanes el problema no era tan fácil. Todo cambió cuando el ejército ocupó la ciudad de Ausig en los Sudetes, y enviaron a un escuadrón de contadores para asumir las oficinas de Ignaz Petschek. En diciembre de 1938 se dictó una ley para proveer al nombramiento de fideicomisarios para las propiedades industriales judías, con poder para vender sin el consentimiento de los propietarios. Con la invasión alemana de Checoslovaquia en marzo de 1939, el fideicomisario transfirió las propiedades a una sociedad propiedad del Estado, la sociedad Minas Alemanas de Carbón o DKB -abreviatura de *Deutsche Kohlen Bergbau.*

Luego, en 1939, esas propiedades fueron transferidas a la *Reichwerke Hermann Göring* o HGW, quién a su vez, transfirió a Flick algunas minas de lignito. La historia de la apropiación del grupo Ignaz se prueba a través del detallado archivo de los acusados, quienes a través de 98 cartas y memorandos prueban el interés de los acusados en quedarse con esas propiedades lo antes posible. Uno de los abogados de Flick, Hugo Dietrich, tuvo directa participación en la redacción de la ley de expropiaciones. El proyecto que Dietrich envió, es muy similar a la legislación que finalmente fue promulgada en diciembre de 1939, y este criterio parecido no fue casual ya que el mismo había sido canalizado por el Ministerio Imperial de Justicia. Los acusados sabían que la apropiación de las propiedades de los Petscheks había sido ilegal bajo el derecho internacional o bajo el orden jurídico de cualquier nación civilizada. Pero fueron aconsejados por sus abogados que el riesgo sería amortiguado si se pudiera arreglar que el Estado tome primero las propiedades y luego les ordene a los acusados tomarlas, por lo que durante 1939 los acusados resistieron cualquier propuesta de tomar las propiedades directamente de los Petscheks. Alrededor de junio de 1939, Steinbrinck mantuvo varias conversaciones con oficiales alemanes sobre este tema. Él escribió con respecto a uno de esos oficiales:

> "Él compartió mi opinión de que las propiedades de lignito deben ser transferidas primero al Imperio, y luego el Imperio debe vendernos esas plantas industriales."[27]

Un memorando de Steinbrinck de 1939 señaló haberle indicado al asistente de Göring, Paul Körner, que la apropiación de las propiedades de lignito, podrían ser objeto de investigación por una corte internacional. Por lo que no puede constituir una sorpresa para los acusados que se encontraron rindiendo cuentas de sus hechos. Como señaló el Fiscal, estuvieron conscientes en todo momento de su culpa en todas las instancias del proceso.

d. Ayuda e instigación a las actividades ilegales de las SS

La Fiscalía anunció que la evidencia que se presentaría bajo este cargo, demostraría porqué hombres como Himmler, Keppler y Göring consideraron a Flick como un apoyo leal al régimen nazi. Por el cargo cuarto se acusó a Flick y a Steinbrinck de haber mantenido una actitud positiva para con el gobierno, y de haber participado en las actividades criminales del Partido Nazi y sus organizaciones secundarias, particularmente las SS, a través del apoyo financiero y de otro tipo. Estas organizaciones nunca hubieran podido superar sus problemas financieros sino hubiera sido mediante la ayuda de los hombres de negocio alemanes como Flick y Steinbrinck.

Antes de 1933 ya habían contribuido con el Partido, con las SS, y con las SA, canalizando las contribuciones a través de varias empresas del grupo. En 1933 Flick donó un cuarto de millón de RM para financiar la exitosa campaña de Hitler en las elecciones de marzo de 1933. También se mencionaron las donaciones anuales de 100.000 RM a través del llamado "*Círculo Keppler*," luego conocido como "Círculo de Amigos de Himmler," al que pertenecieron Flick y Steinbrinck. El dinero fue vital para que las SA y las SS continuaran funcionando, pues en los primeros años esas organizaciones carecían de apoyo del gobierno o fondos propios.

El cargo a los acusados fue que ellos colaboraron con el Partido Nazi y las SS con los ojos abiertos y con plena conciencia de lo que estaban financiando. Pero su apoyo no fue sólo económico, pues influenciaron para que los líderes nazis ganaran poder como sucedió con Göring, Funk y otros.

Encontramos a Flick activo en el temprano desarrollo de la *Luftwaffe*, y en la expansión alemana en la producción del carbón, del hierro y del acero, en la producción de vainas para proyectiles, construcción de tanques y carros blindados, y en el desarrollo de todos los elementos necesarios para la guerra relámpago alemana, o Blitzkrieg. En abril de 1933, un mes antes de las elecciones a las que Flick había contribuido generosamente, un hombre de Flick, Heinrich Koppenberg, atendió una conferencia junto con otros industriales alemanes como Thyssen, Vögler y oficiales del gobierno para estudiar las posibilidades de un rápido rearme. La planta de ATG de Flick se convirtió en una fábrica de aviones bajo la dirección de Koppenberg. En 1935, cuando la planta para la producción de los Junkers fue asumida por el gobierno, Koppenberg fue puesto a dirigir la misma y Flick fue invitado a participar.

Milch, a quien ya estudiamos en el caso tratado en el Capítulo Tercero, estimó que la participación del grupo Flick fue de gran importancia y que Göring debía convencerlo de continuarla. En 1933, Flick ya estuvo produciendo municiones en violación de las disposiciones del Tratado de Versalles, por lo que su participación fue desde el mismo inicio.

e. Pertenencia a las SS

Este cargo fue imputado sólo al acusado Steinbrinck que tuvo en las SS, un cargo en las mismas equivalente a Brigadier General. Esa organización, como ya fue expuesto, fue vista como criminal por el fallo del IMT.

. . .

V. LAS DEFENSAS

Dix, defensor de Flick, planteó la primera cuestión de la defensa, con relación al grado de participación de los acusados, el que estimó no era directo como reclamó el tipo penal, y de forma tal que se pudiera señalársele culpabilidad criminal, sino secundario. Dix sostuvo que Hitler no llegó al poder a hombro de los industrialistas sino por elección popular.

Con relación a la acusación de trabajo esclavo, la Defensa sostuvo que no fue cierto que Flick, de manera voluntaria y consciente dejó que esos trabajadores fueran usados en sus plantas. En el régimen nazi no podían dejar de cumplirse las demandas de producción del gobierno con la explicación de no tomar trabajadores extranjeros o prisioneros de los campos de concentración, lo que hubiera significado una condena a muerte por sabotaje o por actitud derrotista que minara la defensa moral alemana, y nadie que conociera al régimen nazi podría suponer que la muerte de un mártir hubiera cambiado algo.

Con relación al cargo de expoliación, la Defensa sostuvo que demostraría que Flick no se enriqueció personalmente administrando las empresas del Este y del Oeste como fideicomisario, sino más bien que persiguió una política de inversiones, especialmente en Rombach en la que que mejoró el capital real de la empresa. También dijo que intentaría probar que la política de apropiaciones fue dictada por la política de la guerra.

En cuanto al cargo de arianización, el Estado fue el responsable en sentido legal respecto de la arianización de de los *Hochofenwerk Lübeck* y la Rawack-Grünfeld AG, así como de las posesiones de las familias de Julius e Ignaz Petschek. También dijo que probaría que no hubiera existido una acción posible de parte de Flick, la que pudiera haber evitado la arianización, y que, por el contrario, su participación sirvió para proteger los derechos e intereses de los Petschecks, ya que el resultado hubiera sido peor sin la intervención de Flick. Flick representó sus intereses en una desesperada situación económica. El hecho de que hubiera obtenido una ganancia personal y alguna ventaja económica no fue un punto de relevancia legal.

Con relación al cargo sobre su participación en el "círculo de amigos" será cuestión de la Defensa averiguar hasta que punto la pura pertenencia a un círculo puede ser considerado un delito, así como el conocimiento que Flick tuvo de las actividades de las SS.

El defensor de Steinbrinck señaló que su representado había dejado al grupo Flick en 1939. El solo hecho de haber sido miembro del directorio de la RVK, no pudo autorizar que le fuera imputada la política de trabajo forzado desarrollado por el gobierno alemán. Tampoco se le puede atribuir esa responsabilidad por haber sido plenipotenciario para el carbón en los territorios occidentales ocupados, donde los prisioneros que trabajaron en las minas francesas y belgas lo hicieron en irreprochables condiciones. Desde su posición no influyó en ninguna política criminal y su pertenencia a las SS fue solo debido al hecho de que Himmler quería mejorar la imagen de las SS ante el público, incluyendo personas respetadas por la población.

El defensor del acusado Burkart sostuvo que la Fiscalía equivocó con la imputación de trabajo esclavo a los acusados, pues el programa existió sin participación de los acusados, quienes no podían ni cambiarlo ni evitarlo. El Estado fue quien procuraba e imponía al programa de trabajo esclavo. Con relación al crimen de expoliación con referencia a Rombach, el defensor adujo que cuando fue devuelta al gobierno francés lo fue en mejores condiciones que como estaba originalmente.

El defensor de Kaletsch insistió sobre el punto de la inexistencia de culpa personal de su defendido, de donde pudiera surgir responsabilidad penal. Su cliente no fue ni el dueño del grupo ni se enriqueció desmedidamente. Era un simple empleado con salario, cuya función se redujo al estudio de cuestiones fiscales y a la preparación de balances. Tampoco pudo considerarse un crimen *per se* que hubiera firmado el acta de adquisición de las propiedades de Julius Petschek.

El defensor de Weiss se explayó sobre la responsabilidad del Estado y no de los particulares por las políticas del primero.

El de Terberger, sostuvo que en la Maxhütte que estuvo bajo su responsabilidad, los prisioneros fueron tratados humanamente.

VI. EL FALLO

Luego de hacer algunas consideraciones sobre los derechos del acusado, la naturaleza del Tribunal y la ley aplicable, el fallo del juicio comenzó enunciando los cinco cargos que pesaron sobre los acusados.

El primero de ellos cargó sobre todos los acusados, aunque bajo diversas modalidades, por el delito de participación en el programa de trabajo esclavo del gobierno nazi, y por el uso de prisioneros de guerra para la producción de armamentos, en violación de las disposiciones sobre derecho de la guerra. El segundo, acusó a todos los acusados con la excepción de Terberger, por el delito de la expoliación de la propiedad pública y privada en los territorios ocupados. El tercer cargo pesó sobre Flick, Kaletsch y Steinbrinck, por crímenes contra la humanidad en razón de haber obligado, mediante presión económica claramente antisemita, a que los propietarios judíos de ciertas propiedades industriales, tuvieran que venderlas. El cuarto cargo sostuvo que Flick y Steinbrinck, como miembros del llamado "*Círculo de Amigos de Keppler*" o "*Amigos de Himmler*", con conocimiento de las actividades criminales, contribuyeron con grandes sumas de dinero al financiamiento de las SS. El último cargo, incriminó a Steinbrinck por su calidad de miembro de las SS, organización que el IMT determinó como criminal.

Fue digno de notar que los acusados no fueron imputados del crimen de planeamiento, preparación o iniciación de una guerra de agresión, o de conspirar o cooperar para tal fin, como sucedió en otros juicios de esta serie de los Tribunales Militares norteamericanos.

Ninguna de las actividades de los acusados, salvo el caso de Steinbrinck, estuvo oficialmente conectado por el gobierno nazi, sino que actuaron como ciudadanos privados. como hombres de negocios en la industria pesada alemana. Sus abogados y el mismo Flick en sus declaraciones finales sostuvieron que a través de sus personas la propia industria estaba siendo perseguida. Ese tema no estuvo en discusión

a. El primer cargo

El cargo estableció que, entre septiembre de 1939 y mayo de 1945, todos los acusados cometieron crímenes de guerra y contra la humanidad como fueron definidos en el artículo II de la CCL 10, al haber sido autores principales o accesorios, haber ordenado, instigado o colaborado, haber tomado parte con consentimiento, en planes y empresas involucradas en el trabajo esclavo y deportación. en escala gigante, de miembros de la población civil de los países ocupados o controlados por Alemania.

Esta acusación involucró la esclavización de los prisioneros de los campos de concentración, incluyendo nacionales alemanes, y el uso de prisioneros de guerra en operaciones de guerra y trabajo, directamente relacionados con las operaciones de guerra. Más específicamente, se señaló que entre las fechas mencionadas más arriba, los acusados buscaron y utilizaron al programa de trabajo esclavo desarrollado por el gobierno nazi, aprovechando decenas de miles de trabajadores esclavos, incluyendo a los internos en los campos de concentración y prisioneros de guerra, para hacerlos trabajar en las empresas industriales y establecimientos poseídos, controlados o influenciados por ellos.

Flick, como miembro de la RVE y de la RVK, así como miembro del grupo económico productor de acero, participó en la formulación y ejecución del programa de trabajo esclavo. Steinbrinck también fue miembro directivo de la RVE y ejerció gran influencia en la formulación y ejecución del programa de trabajo esclavo.

Entre septiembre de 1939 y abril de 1945, Steinbrinck fue plenipotenciario para el carbón en los países occidentales ocupados -Francia, Holanda, Bélgica y Luxemburgo- y fue plenipotenciario para la industria del acero en el norte de Francia, Bélgica y Luxemburgo, y mediante el uso de su posición, ejerció gran influencia y autoridad en la obtención, uso, tratamiento, colocación y transporte de miles de trabajadores esclavos y prisioneros de guerra.

También son acusados de la utilización de decenas de miles de trabajadores esclavos y prisioneros de guerra en las empresas y establecimientos que poseían, controlaban o influenciaban, explotando dicho trabajo esclavo en condiciones inhumanas, con relación a la libertad personal, cobijo, comida, pago, horas de trabajo y salud, y que los acusados usaron prisioneros de guerra en trabajos con relación directa con operaciones de guerra, incluyendo la manufactura y transporte de armamento y municiones.

Debió señalarse que Flick, Burkart, Kaletch y Weiss fueron acusados de actos inhumanos y represivos con respecto a las plantas del grupo Flick, y que Terberger es acusado con los actos relativos al grupo Flick y a la *Maxhütte*. Weiss, adicionalmente, fue acusado por los actos relacionados con la empresa *Siemag*.

Los actos y conductas de los acusados fueron cometidos dolosamente y constituyeron violaciones de los artículos 3 a 7, 14, 18, 23, 43, 46 y 52 de las regulaciones de La Haya de 1907, de los artículos 2 a 4, 6, 9 a 15, 23, 25, 27 a 34, 46 a 48, 50,51, 54, 56, 57, 60, 62, 63, 65 a 68 y 76 de la Convención sobre Prisioneros de Guerra de Ginebra de 1929, de las leyes y costumbres de la guerra y de los principios generales de derecho penal de todas las naciones civilizadas, así como del derecho penal interno de los países en los cuáles los crímenes fueron cometidos y del artículo II de la CCL 10.

A criterio del Tribunal, no fue necesario indagar en profundidad sobre el origen y extensión del notorio programa de trabajo esclavo, como se desarrolló en el juicio del IMT. Es importante notar, sin embargo. que, en base a la prueba colectada, resultó claro que el programa tuvo su origen en los círculos gubernamentales del gobierno nazi, y fue un programa de gobierno, y que los acusados no tuvieron parte en la creación o lanzamiento de este programa. La evidencia que fuera colectada durante el proceso, estableció claramente que los trabajadores obtenidos en aplicación de las regulaciones del gobierno alemán, incluyendo a los trabajadores extranjeros voluntarios o no, a los prisioneros de guerra y a los internos de los campos de concentración, fueron empleados en las plantas del grupo Flick y *Siemag*. Los de Flick, fueron involucrados además en trabajos directamente vinculados con operaciones de guerra.

La evidencia mostró, a criterio del Tribunal, que los acusados no tuvieron el control en la administración de dicho programa, aún cuando afectó a sus propias plantas. El control quedó en el Estado, en las fuerzas armadas y en las SS. Se probó que los jefes de planta no tenían acceso libre a los campos de concentración de los prisioneros de guerra conectados con sus plantas, aunque les fue permitido visitarlos al arbitrio de quien estaba a cargo.

La evacuación de los prisioneros de los campos de concentración enfermos de la planta de Gröditz con el propósito de "*liquidarlos,*" fue hecha a pesar de los esfuerzos del jefe de planta para frustrar esa atrocidad, e ilustró de manera gráfica el control y supervisión que ejercieron las SS sobre el trabajo de los campos de concentración y sus internos.

A criterio del Tribunal, pareció que los acusados involucrados no estaban deseosos de emplear mano de obra extranjera o prisioneros de guerra, aunque, sin embargo, estaban conscientes del hecho que hubiera sido fútil y peligroso objetar su uso. La propia Fiscalía reconoció que, si Flick hubiera amenazado con cerrar sus plantas por no querer usar el trabajo esclavo, le hubieran quitado el manejo de las mismas y probablemente enviado a un campo de concentración.[28] La excepción a lo expuesto, fue el caso de la activa participación de Weiss, quien con conocimiento y aprobación de Flick, solicitó el aumento de la cuota de producción de vagones de carga para la Linke-Hoffmann Werke, una planta del grupo Flick.

También se probó la participación de Weiss en asegurar el uso de prisioneros de guerra rusos en las plantas involucradas con el trabajo de fabricación de las cuotas incrementadas. En ambos casos, los esfuerzos de los acusados fueron exitosos. Sin embargo, la prueba no alcanza para determinar que Flick desde su posición en la RVE o en la RVK o como miembro del grupo de producción de acero, ejerció alguna influencia en la formación, administración o promoción del programa de trabajo esclavo. Lo mismo pudo decirse de Steinbrinck en la RVK. Las posiciones que ocupó como plenipotenciario fueron mucho después que el programa de trabajo esclavo fuera creado e implementado. También puede suponerse que hubiera tenido las mismas dificultades reconocidas por la Fiscalía si hubiera rehusado. Sin embargo, debe remarcarse que no se ha probó que el trabajo esclavo involucrado en sus plantas fue en condiciones inhumanas con relación a la libertad personal, cobijo, comida, pago, horas de trabajo y salud, y pareciera que estas condiciones no imperaban en las industrias de los acusados, que incluso recibieron muestras de aprecio al finalizar la guerra por muchos de sus empleados.

El Tribunal entonces, se enfrentó con una pregunta que involucró al estado de necesidad o la coerción que pudieron haber sufrido los acusados, con la conscripción de trabajadores en el programa de trabajo esclavo. El Tribunal dijo tener presente, tanto las disposiciones que importan responsabilidad por mera participación, como la circunstancia de no ser excusable por obediencia debida la comisión de un crimen. Sin embargo, el Tribunal estimó que esas disposiciones no obstan al estado de necesidad en que pudieron encontrarse los acusados Steinbrinck, Burkart, Kaletsch y Terberger. Esa actitud contrastó con los pasos activos tomados por Weiss, con el conocimiento y aprobación de Flick, con relación al incremento de cuotas en el Linke-Hofmann Werke, que los privó a estos últimos de invocar el estado de necesidad.

Al juzgar la conducta de Weiss se debe tener presente que la obtención de más materiales de los necesarios, estuvo prohibida tanto como lo era también quedarse corto en la producción. El esfuerzo de guerra requirió a todas las personas involucradas, usar todas las facilidades para llevar la producción de guerra a su máxima capacidad. Pero los pasos tomados en esta instancia no se generaron en los círculos gubernamentales, sino en en la propia dirección de la planta. No fueron movidos por el miedo o compulsión, sino con el admitido propósito de mantener la planta en plena producción. Por eso el Tribunal encontró culpables de este cargo sólo a Flick y a Weiss, y absolvió del cargo al resto de los acusados.

b. Segundo cargo: la expoliación

El Tribunal entendió innecesario extenderse en las aseveraciones hechas sobre el segundo cargo, que acusó de expoliación y saqueo en los territorios ocupados. Siguió los lineamientos del primer cargo, repitiendo los hechos sobre el programa nazi descripto en el fallo del IMT, y estableciendo las instancias en la que los respectivos acusados habrían participado. La acusación concluyó que dichos actos fueron violación de las leyes y costumbres de la guerra, de los artículos 45 a 66 de las

Regulaciones de La Haya de 1907, de los principios generales de derecho penal, del derecho penal de los países en donde los actos fueron perpetrados y del artículo II de la CCL 10.

Flick y sus asistentes Weiss, Burkart y Kaletsch fueron acusados de la explotación de propiedades en Rombach, en la Lorena francesa, Vairogs en Latvia y Aceros Dnjepr en Ucrania. Las actividades de Steinbrinck como plenipotenciario de la industria del carbón y del acero en los territorios occidentales ocupados, fueron vistas por el Tribunal, como criminales.

Flick y Steinbrinck fueron acusados de participar en programas de expoliación de plantas a través de la RVE, la RVK y sus organizaciones predecesoras y subsidiarias. Esta acusación no se encontró, a criterio del Tribunal, suficientemente apoyada en la evidencia.

Flick solo fue acusado con participación en los planes y programa de expoliación en Rusia a través de su posición en el Consejo de Administración de la BHO, aunque su influencia allí, si tuvo alguna, fue insignificante. No se demostró en este caso, que algún acusado haya sido responsable por actos de pillaje tal como se entiende esta palabra comúnmente. Hubo bienes muebles traídos de Latvia y Ucrania a Alemania cuando se acercaron las tropas rusas, pero una gran parte había sido, primero extraída de Alemania para equipar las plantas industriales rusas que habían sido desmanteladas por los rusos durante su retirada. Los bienes muebles que dejaron los rusos no pueden haber sido, en opinión del Tribunal, de valor significativo, y no existió en la causa evidencia que pudiera probar la responsabilidad de los acusados por la evacuación. Las diez barcazas que desaparecieron de las plantas de Rombach, fueron después encontradas por los franceses. Algunas habían sido usadas, otras hundidas en la retirada alemana, pero los acusados no pueden ser hechos responsables por ello. La acusación dice que hubo un "*saqueo sistemático*," expresión ésta que viene del fallo del IMT, pero no fueron útiles para que el Tribunal pudiera determinar a qué disposiciones de las Regulaciones de La Haya se refirió la Fiscalía. Aquí el fallo desmenuzó uno a uno los artículos citados por la Acusación. Dice:

"En los artículos listados encontramos que 'la propiedad privada' ... 'debe ser respetada' y ... 'no puede ser confiscada' (artículo 46). 'El pillaje está formalmente prohibido' (artículo 48). No hay nada pertinente en [los artículos] 48, 48, 50 y 51. Del 52 el IMT, obtuvo algún lenguaje para su fallo. El artículo dice:

'No podrán exigirse empréstitos en especie y servicios del común o de los habitantes sino para atender a las necesidades del ejército que ocupe el territorio. Serán proporcionados a los recursos del país y de tal naturaleza que no impliquen para los habitantes la obligación de tomar parte en las operaciones de la guerra contra su país.

Esos empréstitos y servicios no serán exigidos sino con la autorización del Comandante de la localidad ocupada.

Los empréstitos en especie serán, en cuanto sea posible, pagados de contado; en caso contrario se dejará constancia de aquellos por medio de documentos, y el pago se hará lo más pronto posible.'[29]

Citamos también, teniendo en cuenta las preguntas ante nosotros, al artículo 53:

'El ejército que ocupe un territorio no podrá apoderarse sino del numerario, fondos, obligaciones por cobrar que pertenezcan al Estado, depósitos de armas, medios de transporte, almacenes y provisiones, y en general toda propiedad mueble del Estado que pueda servir para operaciones militares.

Todos los medios destinados en tierra, en mar y en los aires para la transmisión de noticias o para el transporte de personas o cosas, excepción hecha de los casos regidos por el derecho marítimo, los depósitos de armas y en general toda especie de municiones de guerra, pueden ser tomados, aunque pertenezcan a particulares, pero deberán ser restituidos, y la indemnización se fijará cuando se restablezca la paz.'[30]

Los cables submarinos tratados en el 54 y las propiedades referidas en el 56, no están aquí involucrados. Esto nos deja solo con el 55 que dice:

'El Estado ocupante no debe considerarse sino como administrador y usufructuario de los edificios públicos, inmuebles, bosques y explotaciones agrícolas que pertenezcan al Estado enemigo y se encuentren en el país ocupado. Deberá defender el capital de esas empresas y administrar conforme a las reglas del usufructo.'

De los artículos 48, 49, 52, 53, 55 y 56, el IMT dedujo que 'bajo las reglas de la guerra, a la economía de un país ocupado sólo puede requerírsele que soporte el gasto(s) de la ocupación, y ellos no podrán ser mayores que lo que la economía del país pueda soportar razonablemente.' Siguiendo esta idea la acusación en el primer párrafo del cargo dos, dice que los actos de los acusados 'no guardaban relación con las necesidades del ejército de ocupación y estaban fuera de toda proporción con los recursos de los territorios ocupados.' Un concepto legal no más específico que esto, deja mucho espacio para controversia cuando se hace el intento de aplicarlo a una situación de hecho. Esto se vuelve evidente cuando se considera Rombach."[31]

Antes de la I Guerra Mundial, cuando Lorena fue alemana, una gran planta fue construida con capital alemán cerca de la ciudad de Rombach. Luego de la guerra, esa planta fue expropiada por Francia, de quien fue adquirido el título por una sociedad francesa dominada por la familia Laurent. La empresa consistió fundamentalmente de altos hornos, molinos y cementeras. Dio trabajo y empleo a la población local.

Cuando Alemania invade Francia en 1940, aunque la dirección huyó, muchos de los técnicos y empleados se quedaron. Varias partes vitales habían sido destruidas o removidas por lo que la planta no estuvo de nuevo en funcionamiento, sino hasta que se hicieron importantes reparaciones. Luego de la ocupación, se dictó un decreto del 23 de junio de 1940 sobre la administración de empresas en los territorios ocupados. Un administrador fue designado para Rombach quien firmó un contrato con la FFK a fines de 1942, que se hizo efectivo retroactivamente a cuando el grupo Flick tomó posesión en marzo de 1941.

El contrato designó a Flick como fiduciario, y aunque deseó adquirir la empresa los avatares de la guerra se lo impidieron. Charles Laurent, uno de los antiguos dueños declaró en el proceso y manifestó que Flick no tuvo nada que ver con la expropiación que sufrió. Una corporación, llamada Sociedad de Responsabilidad Limitada Talleres de Fundición de Rombach. fue creada por Flick para operar la planta. Las operaciones continuaron en la misma hasta la ocupación aliada en septiembre de 1944. Todas las ganancias fueron reinvertidas en reparaciones, mejoras y nuevas instalaciones. Cuando los Aliados se acercaron a Rombach, las autoridades alemanas dieron orden de destruir la planta lo que fue desobedecido por las autoridades fiduciarias. Cuando la dirección francesa retomó la planta esta estaba intacta, en mejores condiciones de las que tenía cuando fue tomada por los alemanes, como necesidad militar. La corte hace un silogismo: si después de la captura de la planta por los alemanes trataron esa posesión como conservación de los intereses de sus legítimos propietarios, ningún error puede encontrarse en la conducta subsecuente a la posesión. Pero luego de su captura, el gobierno alemán en la persona de Hermann Göring, ministro plenipotenciario del plan de cuatro años, hizo saber su intención de operarla como propiedad del Imperio, lo que consta en el contrato que firmó Flick. No hubo duda que la intención de Göring fue explotarla al máximo para el esfuerzo de guerra alemán. El Tribunal consideró que esa intención no fue compartida por Flick, quien estuvo interesado en extender su organización a través de la adquisición de adicionales acerías. Lorena había sido alemana antes de la guerra y muchos habitantes veían la toma de la empresa como la recuperación de algo que tenían antes, además de que el Imperio trató siempre a Lorena como parte del mismo. En opinión del Tribunal, Flick vio las posibilidades resultantes de la invasión a Francia y pensó sumar a Rombach a su grupo, pero la política gubernamental fue en otra dirección. Mientras que la captura original de la empresa pudo haber sido legal, la exclusión total de los propietarios originales fue incorrecta y representó un daño para la familia Laurent que debió ser compensado. Por otra parte, la empresa no había sido ni expoliada ni mal manejada.

Tampoco se podía decir según el fallo, que los actos de Flick colaboraron con un plan sistemático de expoliación, aunque los actos y conductas de Flick contribuyeron a una violación del derecho, ya que no se respetó la propiedad privada como exige el artículo 46 de las Regulaciones de La Haya. Sin embargo, dice el fallo, sus actos no estuvieron destinados según su conocimiento, a contribuir con un programa de saqueo sistemático, concebido por el régimen de Hitler y por el que han sido castigados los principales criminales de guerra. Si ellos sumaron algo a este programa de expoliación, fue muy pequeño.

El Tribunal considera al acusado Flick como culpable por el tema vinculado con la apropiación de Rombach, pero tendrá en cuenta todas las circunstancias bajo las cuales actuó, al momento de fijar su castigo. Weiss, Burkart y Kaletsch tienen roles menores en esta transacción. Fueron empleados de Flick sin capital invertido en sus empresas y el Tribunal no encontró motivo para responsabilizarlos.

Las expropiaciones de Vairogs y Aceros Dnjepr tuvieron situaciones *de facto* similares. La primera fue una antigua fábrica de vagones y motores en Riga que fue propiedad una vez de una subsidiaria de Flick. Se vendió al gobierno de Latvia en 1936 y fue expropiada en 1940 como propiedad del gobierno soviético. Aceros Dnjepr fue un gran complejo industrial con tres fundiciones, dos plantas de tubos, un molino de enrollado, y una fábrica de máquinas también propiedad del gobierno Soviético. Esas plantas habían sido muy dañadas, destruidas y desgüasadas de todos los muebles utilizables cuando el ejército ruso de retiró hacia el Este, y se tomaron los recaudos para dejar todo inutilizado para cuando llegaran los alemanes.

Cerca de un millón de RM se invirtieron en Vaigos y más de veinte en Aceros Dnjepr para reactivar las plantas. Estuvieron en posesión de subsidiarias del grupo Flick como fiduciarios por dos años y por ocho meses, respectivamente. En la fábrica de vagones el fiduciario no solo fabricó y reparó vagones y equipamiento para el ferrocarril alemán, sino que también fabricaban clavos, seguros y herraduras, entre otros productos. La Acusación sostuvo que allí se fabricaron carros armados, pero la evidencia no apoyó esta acusación.

Cuando los civiles alemanes dejaron las plantas estas no fueron dañadas y ante la ausencia de evidencia en contrario, el Tribunal presumió que así las encontraron los rusos. La única actividad que mantuvieron los acusados con este caso, fue la negociación del contrato fiduciario. La dirección de hecho fue del Estado alemán que pagó los salarios, las operaciones estaban a cargo de los técnicos. El capital para ponerla en operación fue provisto por BHO. Todas estas actividades tuvieron una diferente base legal al caso de Rombach. Aquí las dos propiedades pertenecieron al gobierno soviético, una se dedicaba a la producción de armamentos y la otra a vagones y equipamiento vial. El Tribunal afirmó:

"No hay una sola regulación de La Haya mencionada arriba que sea exacta en el punto, pero, adoptando el método usado por el IMT, deducimos de ellas, consideradas como un todo, el principio de que la propiedad del estado de este tipo puede ser capturada y usada en beneficio de la potencia de ocupación beligerante por la duración de la ocupación. El intento del gobierno alemán de hacerlas propiedad del Reich por supuesto, no fue efectivo. El título no fue adquirido, no pudo transmitirse al gobierno alemán. El ocupante, sin embargo, tenía un privilegio de usufructo. La propiedad que el gobierno mismo pudo haber operado en su beneficio, puede también ser operada legalmente por un fiduciario. Vemos como insubstancial el propósito último de Flick de adquirir título. La codicia es un pecado bajo el Decálogo pero no es una violación de las regulaciones de La Haya ni un crimen de guerra."[32]

Tampoco el Tribunal encontró nada incriminante para con ninguno de los acusados en relación con estas dos expropiaciones.

Steinbrinck sirvió como Comisionado para el Acero (Luxemburgo, Bélgica y en el norte de Francia) desde mayo de 1941 a junio de 1942 y plenipotenciario para el carbón (Holanda, Bélgica, Luxemburgo y el norte de Francia) entre marzo de 1942 y septiembre de 1944. Su salario fue pagado por una corporación del estado de Prusia. Sus funciones fueron equivalentes en ambos cargos, Sus políticas de administración lo llevaron a tener conflictos con otros administradores alemanes y ello lo llevó a dimitir como comisionado para el acero en 1942. El Tribunal no encontró reproche en su conducta.

En suma, el Tribunal encontró sólo a Flick como culpable del segundo cargo y los acusados Steinbrinck, Weiss, Burkart y Kaletsch son absueltos.

c. Tercer cargo: crímenes contra la humanidad

La evidencia con relación a este cargo estuvo vinculada con cuatro transacciones separadas por las que Flick adquirió propiedades, originariamente controladas por judíos. Tres de ellas fueron compras de acciones controlantes en sociedades fabricantes y en minas. La cuarta, se relacionó con las minas de lignito de Ignaz Petschek en Alemania central y hubo una expropiación por parte del gobierno alemán, después de la cual Flick y otros adquirieron la parte sustancial de las propiedades. No existe acusación que los acusados habrían participado de ninguna forma en persecuciones de judíos, más que en el hecho de tomar ventaja del programa de "arianización" de propiedades, usando presión económica para obtener de los propietarios, no todos los cuales eran judíos, las cuatro propiedades en cuestión.

Estas transacciones se completaron antes de la guerra, por lo que debe recordarse que en el fallo del IMT, ese Tribunal declinó su jurisdicción por los crímenes contra la humanidad ocurridos antes del 1 de septiembre de 1939, basándose su juicio en modificar la frase "*en ejecución o en conexión con cualquier crimen dentro de la jurisdicción del Tribunal,*" del artículo 6 (a) de la Carta adjunta al Acuerdo de Londres del 8 de agosto de 1945. Se argumentó que la ausencia de esa frase en la CCL 10 evidenció el intento de ensanchar la jurisdicción de este Tribunal para incluir tales crímenes.

El Tribunal, sin embargo, no encontró apoyo para el argumento en el lenguaje expreso de la CCL 10. Para alcanzar la conclusión deseada, sus abogados debían resolver la ambigüedad mediante un proceso de interpretación de leyes. La jurisdicción no puede presumirse. Una corte no debe buscar poder fuera de los límites claramente definidos de su legislación fundacional. La carta no fue adjunta al Acuerdo de Londres sino declarada parte integral del mismo. El único propósito del Acuerdo de Londres era traer a juicio "criminales de guerra," por lo que sólo será competencia del Tribunal lo que pase dentro de la guerra o en conexión con ella. Los crímenes cometidos antes y que no tienen conexión con ella, no son contemplados.

El Tribunal señaló que bajo la ley básica de muchos estados, la toma de propiedad por el soberano sin justa compensación está prohibida, pero usualmente no es ello considerado un crimen penal. Una venta obligada de propiedad industrial, hecha por coacción o necesidad puede que sea cuestionada, según el fallo, en una corte de equidad,[33] pero para el Tribunal, el uso de tal presión, aún por motivos raciales o religiosos, nunca fue vista como un crimen contra la humanidad.[34] La Fiscalía asumió que lo opuesto había sido había sido decidido por el IMT, pero ese Tribunal habló de discriminación económica, pero en ninguna parte del fallo del IMT se dijo que una persona fuera autor de crímenes contra la humanidad, por haber ejercido presión antisemita para comprar o procurarse a través de una expropiación estatal propiedad de los judíos. Esta peculiar interpretación del Tribunal continúa:

> "Ni siquiera bajo una interpretación adecuada de la Ley Nº 10 relativa a los crímenes contra la humanidad, los hechos garantizan una condena. Las 'atrocidades y ofensas' listadas allí, 'asesinato, exterminación' etc. son todas ofensas contra la persona. La propiedad no es mencionada. Bajo la doctrina del ejusdem generis,[35] las palabras claves 'otras persecuciones' parecen incluir solo aquellas que afecten la vida y la libertad de las personas oprimidas. La toma compulsiva de propiedad, aunque reprensible, no está en tal categoría." [36]

El Tribunal agrega que, tal como se decidiera en el caso Altstötter,[37] los crímenes contra la humanidad deben ser interpretados estríctamente para excluir casos aislados de atrocidades o persecuciones sea que hayan sido cometidas por personas privadas o por la autoridad gubernamental. Los acusados, en opinión del fallo, no pueden ser condenados culpables, ya que la evidencia sometida en este caso se refiere a un tema que no está dentro de la jurisdicción del Tribunal, por lo que el cargo tres fue rechazado.

d. Cargos cuarto y quinto

El Tribunal consideró juntos los cargos cuarto y quinto. El último se refiere a la pertenencia después del 1 de septiembre de 1939 por parte de Steinbrinck a las SS. El cuarto, hace referencia al círculo de amigos de Himmler, donde Flick y Steinbrinck, con conocimiento de las criminales actividades de las SS contribuyeron con fondos e influyeron en su apoyo. La base la responsabilidad de los miembros de las SS fue declarada por el IMT para aquellos que después del 1 de septiembre de 1939:

"se hicieron o quedaron miembros de la organización con conocimiento que era usada para actos declarados criminales por el artículo 6 de la Carta, o que se implicaron personalmente como miembros de la organización en la comisión de tales crímenes, excluyendo, sin embargo, aquellos que fueron enrolados por el Estado de forma que no les quedó opción en el tema y no cometieron tales crímenes."[38]

Steinbrinck fue miembro desde 1933 y lo fue hasta el final de la guerra. No existe evidencia que se haya visto involucrado en la comisión de esos crímenes, pero el IMT entendió que el conocimiento de los mismos era suficiente, ya que involucraron todo tipo de crímenes contra la humanidad. Alguien que, con conocimiento y mediante su influencia y dinero, contribuyó a apoyar a esa organización criminal, aunque no sea visto como principal autor de dichos crímenes, ciertamente fue un accesorio. Un hombre de la capacidad de Steinbrinck no pudo haber estado sin conocimiento de lo que sucedía. El grupo de amigos de Himmler, donde se incluyeron Flick y Steinbrinck, tuvo encuentros, fiestas y comidas donde se intercambiaban relaciones, pero el Tribunal no vio en la participación de los acusados en esas reuniones nada inmoral o criminal.

En 1936 Himmler llevó a los integrantes del círculo al campo de concentración de Dachau. Fueron escoltados a través de ciertos edificios incluyendo la cocina donde probaron la comida, pero no vieron nada de las atrocidades que quizás ya habían comenzado. Flick tuvo la impresión de que no era un sitio agradable. Los miembros del grupo visitaron otros lugares dedicados a excavaciones culturales o arqueológicas, tras los que se les solicitó que contribuyeran con dinero y de las cuarenta personas que integraban el círculo, al menos la mitad contribuyó con dinero. Flick y Steinbrinck cada uno entregaron 100.000 RM a través de sus compañías. La contribución fue anterior a la guerra cuando las actividades criminales de las SS, si habían comenzado, no eran aún conocidas. La Acusación no probó que esas y otras contribuciones posteriores fueron usadas en las actividades criminales de las SS.

Flick en su testimonio dijo. que la pertenencia al círculo era una especie de seguro. Steinbrinck tuvo la misma idea. La cantidad de 100.000 RM por año para un hombre rico no era una suma apreciable, si servía para asegurarse su seguridad personal en esos días del régimen de Hitler. Esto pudo ser visto como una atenuante, pero el Tribunal sostuvo que no se puede hablar aquí de compulsión para ser miembros o para hacer contribuciones. Los acusados en sus defensas no se refirieron a haber tenido miedo, sino que que no sabían lo que estuvo sucediendo, aunque quedó claro que le dieron a Himmler un cheque en blanco y los dos acusados son culpables del cargo cuarto.

Hubo sin duda, circunstancias atenuantes: el miedo a las represalias en las que Flick fue más vulnerable. Sus conversaciones fueron grabadas. Steinbrinck por otra parte, fue un condecorado oficial de submarinos de la I Guerra Mundial, respetado y admirado por el público.

Esa respetabilidad fue la razón de su enrolamiento en las SS, pues él no buscó su admisión y su pertenencia fue honoraria.

Durante toda su condición de miembro tuvo dos tareas donde usó su uniforme de SS: atender un encuentro en Godesberg con los generales y acompañar a la familia Hindenburg en el funeral del canciller.

Recibió dos promociones de rango, la segunda a Brigadier General en su cumpleaños 50 en 1938. Pero de otra forma, no tuvo otra conexión ni salario ni obligaciones, y esas actividades no lo relacionan con el programa criminal de las SS.

Ambos acusados se unieron al Partido Nazi, Steinbrinck antes que Flick, pero no participaron en las actividades del partido, no se manifestaron antisemitas, no renunciaron a sus afiliaciones religiosas y cada uno de ellos ayudó a un número de judíos en la obtención de fondos para emigrar. Los acusados ni aprobaron ni condonaron las actividades criminales de las SS. Pareció impensable para el Tribunal que Steinbrinck, comandante de un submarino durante la I Guerra Mundial, y que arriesgó su vida para rescatar a náufragos del barco que había hundido, tomara parte voluntariamente en la exterminación de miles de personas indefensas. Estas contradicciones dice haberlas tenido en cuenta el Tribunal para fijar sus sentencias. También el Tribunal toma en consideración el tiempo que estuvieron detenidos.

Flick durante el juicio.

En suma, el Tribunal encontró culpable a Flick de los cargos, primero, segundo y cuarto condenándolo a siete años de prisión contando el tiempo de la que venía sufriendo.

A Steinbrinck se lo encontró culpable del cargo cuarto y quinto, y se lo condenó a cinco años de prisión.

Con relación a Weiss, se lo encontró culpable del primer cargo y se lo condenó a dos años y medio de prisión.

A todos los demás se los absolvió de los cargos, con excepción del cargo tres que fue descartado como cargo, como se explicó oportunamente.

Bibliografía

AHRENS, Ralf, "Unternehmer vor Gericht. Die Nürnberger Nachfolgeprozesse zwischen Strafverfolgung und symbolischem Tribunal, en LILLTEICHER, Jürgen (Ed.), Profiteure des NS-Systems? Deutsche Unternehmen und das 'Dritte Reich', Berlin, 2006, 128.

"Kartelle und Verschwörungen. Franz Neumanns »Behemoth« und die Nürnberger Prozesse,"en FREI cit., 26.

BÄHR, Johannes, "The personal Factor in Business under Nacional Socialism: Paul Reusch and Friedrich Flick," en BERG-

HOFF, Hartmut, KOCKA, Jürgen & ZIEGLER, Dieter (Eds.), Business in the Age of Extremes: Essays in Modern German and Austrian Economic History (Publications of the German Historical Institute), Cambridge UP, New York, 2013, 153.

BÄHR, Johannes, DRECOLL, Axel, GOTTO, Bernhard, PRIEMEL, Kim C. & WIXFORTH, Harald, Der Flick-Konzern im Dritten Reich, Oldemburg Vlg., München, 2008 cit. BÄHR.

BAJOHR, Frank, 'Arisierung' in Hamburg. Die Verdrängung der jüdischen Unternehmer 1933-1945, Christian Vlg., Hamburg, 1997.

"Aryanisation et restitution en Allemagne," en GOSCHLER, Constantin, THER, Philipp & ANDRIEU, Claire, Spoliations et restitutions des biens juifs en Europe, Autrement, Paris, 2007, 49.

BARKAI, Avraham, "Die deutschen Unternehmer und die Judenpolitik im 'Dritten Reich,'" 15 Geschichte und Gesellschaft (1989), 227.

BERA, Matt, Lobbying Hitler: Industrial Associations Between Democracy and Dictatorship, Berghahn Books, New York, 2016.

BERGHOFF, Hartmut, KOCKA, Jürgen & ZIEGLER, Dieter (Eds.), Wirtschaft im Zeitalter der Extreme: Beiträge zur Unternehmensgeschichte Deutschlands und Österreich, C. H. Beck, München, 2010, cit. BERGHOFF.

BILSKY, Leora Yedida, The Holocaust, Corporations, and the Law: Unfinished Business, University of Michigan Press, Ann Arbor, 2017.

BUSH, Jonathan A., " The Prehistory of Corporations and Conspiracy in International Criminal Law: What Nuremberg Really Said," 109 Colum. L. Rev., (2009) 1094, disponible en <http://columbialawreview.org/wp-content/uploads/2014/04/109-5-Bush.pdf>.

DANNER, Allision Marston, "The Nuremberg Industrialist Prosecutions and Aggressive War," Virginia J. of Int'l. L. (2006), 651.

D'ANTONIO, Michael. Before the Storm: German Big Business and the Rise of the NSDAP, Diss. University of Delaware, 2016.

DIX, Helmut, Die Urteile in den Nürnberger Wirtschaftsprozessen, NJW 1949, 376.

DIXON, Joseph Murdock, History of the Friedrich Flick Concern, 1916-45, Department of History, Stanford University, 1959.

DROBISCH, Klaus, "Der Freundeskreis Himmler. Ein Beispiel für die Unterordnung der Nazipartei und des faschistischen Staatsapparates durch die Finanzoligarchie," 8 ZfG (1960) 304.

"Dokumente zur direkten Zusammenarbeit zwischen Flick-Konzern und Gestapo bei der Unterdrückung der Arbeiter," JbWG (1963) 211 disponible en http://www.digitalis.uni-koeln.-de/JWG/jwg_15_211-225.pdf.

Die Ausbeutung ausländischer Arbeitskräfte im Flick-Konzern während des zweiten Weltkrieges, Diss., Humboldt-Universität, Berlin, 1964.

"Flick und die Nazis," 14 ZfG (1966) 378.

Der Prozess gegen Industrielle (gegen Friedrich Flick und andere), en UEBERSCHÄR, G.R. (ed.), Der Nationalsozialismus vor Gericht. Die alliierten Prozesse gegen Kriegsverbrecher und Soldaten 1943-1952, Fischer Taschenbuch Verlag, Frankfurt am Main, 1999, 121.

EICHHOLTZ, Dietrich, Gewalt und Ökonomie. 5 JbWG (1964), 358.

EISFELD, Reiner, "Die Flick-Affäre als Vorspiel zu Bimbesgate: 'Politische Landschaftspflege' und die 'Verschwiegene Kunst' der Korruption in Deutschland," en GOURD, Andreas & NÖTZEL, Thomas (Eds.), Zukunft der Demokratie in Deutschland, Leske + Budrich, Opladen, 2001, 235.

ERKER, Paul, & PIERENKEMPER, Toni (Eds.), Deutsche Unternehmer zwischen Kriegswirtschaft und Wiederaufbau: Studien zur Erfahrungsbildung von Industrie-Eliten, de Gruyter, Berlin, 1999.

FELBER, Ulrike, MELICHAR, Peter, PRILLER, Markus, UNFRIED, Berthold & WEBER, Fritz, Ökonomie der Arisierung, Veröffentlichungen der Österreichischen Historikerkommission, Wien, 2004.

FIEDLER, Martin, "Die »Arisierung« der Wirtschaftselite. Ausmaß und Verlauf der Verdrängung der jüdischen Vorstands- und Aufsichtsratsmitglieder in deutschen Aktiengesellschaften (1933-1938)," en WOJAK/ HAYES cit. 59.

FREI, Norbert, AHRENS, Ahrens, OSTERLOH, Jörg & SCHANETZKY, Tim, Flick. Der Konzern. Die Familie. Die Macht, Blessing Verlag, München 2009.

FREI, Andreas & SCHANETZKY, Tim, Unternehmen im Nationalsozialismus. Zur Historisierung einer Forschungskonjunktur, Wallstein Vlg., Göttingen, 2010, cit. FREI, disponible en http://www.zeithistorische-forschungen.de/sites/default/files/medien/material/2008-3/Frei_2010.pdf.

FREYMOND, Jean, "Les industriels allemands de l'acier et le bassin minier lorrain (1940-1942)," 19 Revue d'histoire moderne et contemporaine, (1972) 27.

GOSCHLER, Constantin, "Sklaven, Opfer und Agenten.Tendenzen der Zwangsarbeiterforschung," en FREI cit. 116.

GOSCHLER, Andreas & THER, Philipp (Eds.), Raub und Restitution. »Arisierung« und Rückerstattung jüdischen Eigentums in Europa, Fischer, Frankfurt, 2003.

GREGOR, Neil, " Wissenschaft, Politik, Hegemonie. Zum Boom der NS-Unternehmensgeschichte," en FREI cit, 79.

"Big Business, Barbarism and Benefaction: The Fick Affair," 31 Patterns of Prejudice (1997) 51.

GUTTERMAN, Bella, A Narrow Bridge to Life: Jewish Forced Labor and Survival in the Gross-Rosen Camp System, Berghahn Books, Jerusalem, 2008.

HALLGARTEN, Georges W. F., "Adolf Hitler and German Heavy Industry, 1931–1933," 12 The Journal of Economic History, (1952), 222.

HAYSE, Michael R., Recasting West German Elites: Higher Civil Servants, Business Leaders, and Physicians in Hesse Between Nazism and Democracy, 1945-1955, Berghahn Books, Oxford, 2003.

HELLER, Kevin Jon, The Nuremberg Military Tribunals and the Origins of International Criminal Law, Oxford UP, Oxford, 2011.

HILTON, Laura J. & DELANEY, John J., Forced Foreign Labourers, POWs and Jewish Slave Workers in the Third Reich, Regional Studies and New Directions, 23 German History (2005) 83.

JACOBSON, Kyle Rex, "Doing Business with the Devil: The Challenges of Prosecuting Corporate Officials Whose Business Transactions Facilitate War Crimes and Crimes against Humanity," 56 A.F. L. Rev. (2005) 167.

JAMES, Harold, The Deutsche Bank and the Nazi economic war

against the Jews: The Expropriation of Jewish-owned property, Cambridge UP, Cambridge, 2001.

JAMES, Harold & BARKAI, Avraham, Die Deutsche Bank und die" Arisierung," CH Beck, München, 2001.

JONES, Marcus O., Nazi steel: Friedrich Flick and German expansion in Western Europe, 1940-1944, Naval Institute Press, Annapolis, 2012.

JUNG, Susanne: Die Rechtsprobleme der Nürnberger Prozesse: dargestellt am Verfahren gegen Friedrich Flick, Diss., Mohr, Tübingen, 1992.

KOPPER, Christopher, "Wer waren der Hauptprofiteure der 'Arisierungen'? Zu neuen Forschungen über eine alte Kontroverse,"en BERGHOFF cit., 298.

KREINDLER, Stuart M. History's Accounting: Liability Issues Surrounding German Companies for the Use of Slave Labor by Their Corporate Forefathers, 18 Dick. J. Int'l L., (1999), 343.

KUNER, Janosch O. A., The war crimes trial against German Industrialist Friedrich Flick et al - a legal analysis and critical evaluation, University of Western Cape, Belville, 2010, disponible en http://etd.uwc.ac.za/xmlui/bitstream/handle/11394/3063/Kuner_LLM_2010.pdf?sequence=1&isAllowed=y.

LILLTEICHER, Jürgen (Ed.), Profiteure des NS-Systems? Deutsche Unternehmen und das "Dritte Reich," Nicolai Vlg., Berlin, 2006.

LIPPMAN, Matthew, "War Crimes Trials of German Industrialists: The Other Schindlers," 9 Temp. Int'l & Comp LJ, (1995), 173.

LUNTOWSKI, Gustav, Hitler und die Herren an der Ruhr: Wirtschaftsmacht und Staatsmacht im Dritten Reich, P. Lang, Berlin, 2000.

MANALE, Margaret, "Industrie de guerre et patrimoine: les usines Röchling face à l'histoire," 2 Les Temps Modernes, (2013), 76.

"Les usines Völklingen, patrimoine sans mémoire?," L'Homme et la société, (2014), 31.

"Hermann Röchling: un baron de fer allemand en Lorraine (1914-1944)," 2 Les Temps Modernes, (2014), 214.

MOLLIN, Gerhard T., Montankonzerne und" Drittes Reich". Vandenhoeck und Ruprecht, Göttingen, 1988.

MÖNNINGHOFF, Wolfgang, Enteignung der Juden: Wunder der Wirtschaft, Erbe der Deutschen, Europa Vlg., Hamburg, 2001.

NICOSIA, Francis R. & HUENER, Jonathan (Eds.), Business and industry in Nazi Germany, Berghahn Books, New York, 2004.

NOLTE, Ernst, "Big Business and German Politics: A Comment," 75 The American Historical Review (1969), 71.

OGGER, Günter, Friedrich Flick der Grosse, Scherz Verlag, Bern-München-Wien 1971.

OHLSEN, Manfred, Milliarden für den Gaier oder der Fall des Friedrick Flick, Vlg. der Nation, Berlin, 1980.

OSTERLOH, Jörg & WIXFORTH, Harald (Eds.), Unternehmer und NS-Verbrechen: Wirtschaftseliten im Dritten Reich und in der Bundesrepublik Deutschland, Campus Verlag, Frankfurt, 2014.

PAUWELS, Jacques R., Big Business and Hitler, James Lorimer & Company, Toronto, 2017.

PINTO-DUSCHINSKY, Michael. Fundraising and the Holocaust: the case of Dr Gert-Rudolf Flick's contribution to Oxford University, en MONTEFIORE, Allan & VINES, David (Eds.), Integrity in the Public and Private Domains, Routledge, London,1999, 205.

PLUMPE, Werner, "Flicks Karrieren. Ein Kapitel deutscher Unternehmensgeschichte aus dem 20. Jahrhundert, 53 Neue Politische Literatur (2008), 5.

PRIEMEL, Kim Christian, Flick - Eine Konzerngeschichte vom Kaiserreich bis zur Bundesrepublik, Wallstein Verlag, Göttingen 2007.

"Finis Imperii: Wie sich ein Konzern auflöst. Informationsströme und Verfügungsrechte im Flick-Konzern 1945/46," 95 VSWG (2008), 1.

"Twentieth Century Flick: Business History in the Age of Extremes," 47 Journal of Contemporary History (2012), 754.

"Mehr Exempel als Modell. Die Nürnberger Prozesse gegen deutsche Industrielle und die Ursprünge des Wirtschaftsvölkerstrafrechts," en JEẞBERGER, Florian, KALECK, Wolfgang & SINGELNS-

TEIN, Tobias, (Eds.), Wirtschaftsvölkerstrafrecht, Nomos, Baden-Baden, 2015, 25.

RADTKE-DELACOR, Arne, "Produire pour le Reich. Les commandes allemandes à l'industrie française (1940-1944)," Vingtieme siecle. Revue d'histoire, (2001), 99.

RAMGE, Thomas, Die Flicks. Eine deutsche Familiengeschichte um Geld, Macht und Politik, Campus-Verlag, Frankfurt am Main, 2004.

RECKENDREES, Alfred & PRIEMEL, Kim C., "Politik als produktive Kraft? Die „Gelsenberg-Affäre" und die Krise des Flick-Konzerns (1931/32)," 47 JbWG (2006), 63.

ROTH, John K., "Holocaust business: Some Reflections on 'Arbeit macht frei,'" 450 The Annals of the American Academy of Political and Social Science, (1980). 68.

SALTARI, Dario, The Participation of Economic Actors in the Commission of International Crimes, Master Thesis, Sapienza Universitá di Roma, 2013, disponible en http://www.academia.edu/9089009/The_Participation_of_Economic_Actors_in_the_Commission_of_International_Crimes.

SALTER, Michael, Neo-Fascist legal theory on trial: An interpretation of Carl Schmitt's defence at Nuremberg from the perspective of Franz Neumann's critical theory of law, 5 Res Publica, (1999), 161.

SCHANETZKY, Tim, Regierungsunternehmer: Henry J. Kaiser, Friedrich Flick und die Staatskonjunkturen in den USA und Deutschland. Wallstein Vlg, Göttingen, 2015.

SCHERNER, Jonas, "Anreiz statt Zwang. Wirtschaftsordnung und Kriegswirtschaft im Dritten Reich," en FREI cit. 140.

SCHILLER, Thomas, NS-Propaganda für den "Arbeitseinsatz": Lagerzeitungen für Fremdarbeiter im Zweiten Weltkrieg: Entstehung, Funktion, Rezeption und Bibliographie, LIT Verlag, Münster, 1997.

SCHLEUSENER, Jan, "Deutsche Großunternehmer vor Gericht. Vorgeschichte, Verlauf und Folgen der Nürnberger Industriellenprozesse 1945-1948/51, Schriftenreihe Studien zur Zeitgeschichte 77, 2012.

STALLBAUMER, Lisa M., Strictly Business? The Flick Concern

and 'Aryanizations': Corporate Expansion in the Nazi Era, Diss., University of Wisconsin-Madison, 1995.

"Big Business and the Persecution of the Jews: The Flick Concern and the Aryanization of Jewish Property before the War," 13 Holocaust & Genocide Stud. (1999), 1.

"Between Coercion and Cooperation: the Flick Concern in Nazi Germany Before the War," 17 Essays in Economic & Business History, (2012) 63, disponible en http://www.ebhsoc.org/journal/index.php/journal/article/view/182/176

STEGMANN, Dirk, "Friedrich Flick: Vom industriellen Außenseiter zum Konzernstrategen 1918 bis 1933," en HERING, R. & NICOLAYSEN, R. (Eds.), Lebendige Sozialgeschichte, VS Verlag für Sozialwissenschaften, Wiesbaden, 2003, 347.

THIELEKE, Karl-Heinz, Die »Arisierungen« des Flick-Konzerns. Eine Studie zur Geschichte des staatsmonopolistischen Kapitalismus, Diss., Berlin, 1963.

THYSSEN, Fritz, I Paid Hitler, Farrar & Rinehart, New York, 1941.

TURNER, Henry Ashby Jr., "Big Business and the Rise of Hitler," 75 The American Historical Revie (1969), 56.

"Großunternehmertum und Nationalsozialismus 1930-1933," 221 Historische Zeitschrift, (1975), 18.

VAN DER WILT, Harmen, "Corporate Criminal Responsibility for International Crimes: Exploring the Possibilities," 12 Chinese J. of Int'l L. (2013), 43, disponible en <http://chinesejil.oxfordjournals.org/content/12/1/43.full>.

WIESEN, S. Jonathan, West German Industry and the Challenge of the Nazi Past: 1945 - 1955, University of North Carolina Press, Chapel Hill, 2004.

WIXFORTH, Harald & ZIEGLER, Dieter, "Die Expansion der Reichswerke „Hermann Göring "in Europa," 49 JbWG (2008), 257.

WOJAK, Irmtrud & HAYES, Peter, (Eds.) "Ariesierung" im Nationalsozialismus. Volksgemeinschaft, Raub und Gedächnis, Jahrbuch 2000 zur Geschichte und Wirkung des Holocaust, Campus Vlg., Frankfurt, 2000, cit WOJAK/ HAYES.

ZIEGLER, Dieter, "Erosion der Kaufmannsmoral. 'Arisierung', Raub und Expansion," en FREI cit. 156.

NOTAS

Introducción

1. La transcripción de ese juicio principal ocupa varios volúmenes, el primero de los cuales está disponible en https://www.loc.gov/rr/frd/Military_Law/pdf/NT_Vol-I.pdf, para referencia.
2. Véanse las estadísticas no oficiales al año 1947 en http://www.unwcc.org/wp-content/uploads/2017/04/UNWCC-history.pdf, aquí apéndice IV, pág. 515 y sigts.
3. Véase KÖSSLER, Maximilian, "American War Crimes Trials in Europe," 39 Geo L. J. (1950), 18.
4. HÉBERT, Valerie, "From Clean Hands to Vernichtungskrieg. How the High Command Case Shaped the Image of the Wehrmacht,"en PRIEMEL, Kim C. & STILLER, Alexa, Reassessing the Nuremberg Military Tribunals. Transitional Justice, Trial Narratives and Historiography, Berghahn, New York, 2014, aquí Loc 5473 Kindle, cit. PRIEMEL.
5. Véase KELLER, Kevin Jon, The Nuremberg Military Tribunals and the Origins of International Criminal Law, Oxford UP, Oxford, 2012.

1. Capítulo Primero

1. TAYLOR, Telford, The Anatomy of the Nuremberg Trials, Little, Brown & Co., New York, 1992. Curiosamente Taylor usó el plural "Trials" aunque se refirió a un solo juicio, el principal con Göring a la cabeza de los acusados. Un autor sostiene que era intención de Taylor escribir otro libro sobre estos juicios a los que se dedica nuestra obra. Es una pena que, si tal labor alguna vez fue imaginada, no se haya llevado a cabo por quien fue, indudablemente, un testigo privilegiado de esta parte de la historia. Véase MARRUS, Michael R., "Foreword" en PRIEMEL, cit. Loc. 225 Kindle.
2. "*The United States of America, the French Republic, The United Kingdom of Great Britain and Northern Ireland, and the Union of Soviet Socialist Republics against Herman Wilhelm Goering, et al*," al que nos referiremos en este trabajo IMT o el caso principal.
3. Véase el texto de la CCL 10 en http://avalon.law.yale.edu/imt/imt10.asp.
4. Véase la transcripción de la Declaración de Moscú en http://avalon.law.yale.edu/wwii/moscow.asp.
5. Véase transcripción del Acuerdo en http://avalon.law.yale.edu/imt/imtchart.asp.
6. Véase Report of Robert H. Jackson, United States Representative to the International Conference on Military Trials, London 1945, at 432, 436 (U.S. Dep't of State, Pub. No. 3080, 1949).
7. Véase DOUGLAS, Lawrence, "From IMT to NMT. The Emergence of a Jurisprudence of Atrocity," en. PRIEMEL cit. Loc 7637 Kindle.

8. Véase las críticas del defensor de Krauch en http://www.loc.gov/rr/frd/Military_-Law/pdf/NT_war-criminals_Vol-VII.pdf, págs. 88 y 89.
9. Véase el artículo de PRIEMEL, Kim C. & STILLER, Alexa, "Introduction – Narratives – Revising the Legacy of the 'Subsequent Trials', PRIEMEL cit Loc 375 Kindle.
10. Conf. ZUPPI, Alberto L., "Aggression as International Crime. Unattainable Crusade or Finally Conquering the Evil?," 26 Penn St. Int'l L. R, (2007), 101.
11. Véase DOUGLAS, Lawrence, en PRIEMEL cit. Loc 7637 Kindle, con referencias.
12. Véase nuestro "Slave Labor in Nuremberg's I.G. Farben Case: The Lonely Voice of Paul M. Hebert," 66 La. L. Rev. (2006) 495.
13. Véase, EARL, Hilary, "A Judge, a Prosecutor, and a Mass Murderer. Courtroom Dynamics in the SS Einsatzgruppen Trial," en PRIEMEL cit, Loc 1415 Kindle.
14. Véase PENDAS, Devin O., "The fate of Nuremberg. The Legacy and Impact of the Subsequent Nuremberg Trials in Postwar Germany," en PRIEMEL cit. Kindle Loc 6891, aquí Loc 7371.
15. Este problema que era de gran interés en Alemania hasta la reunificación en 1990, curiosamente se presentó en Argentina como argumento de defensa para impedir la extradición del nazi Josef Schwammberger. La Defensa del extraditable, sostuvo que el país que reclamaba la extradición - la República Federal de Alemania - no era el país para el cual Schwammberger había servido - el Tercer Reich. El tema dio lugar a un dictamen que elaboramos y que sirvió para fundar el fallo de extradición. Véase el fallo de la Cámara Federal de La Plata en https://www.legal-tools.org/doc/115213/pdf/.
16. Véase copia del documento de rendición en http://www.ourdocuments.gov/doc_large_image.php?flash=true&doc=78. Copia de muchos de los documentos anteriores y posteriores a la rendición y que están directamente vinculados con el gobierno aliado sobre Alemania se encuentran en el sitio http://ibiblio.org/hyperwar/Dip/AxisInDefeat/index.html.
17. Véase el texto de la declaración en http://avalon.law.yale.edu/wwii/ger01.asp.
18. *Idem*, segundo párrafo de la Declaración.
19. Véase, entre otros, MANN, F. A., "The Present Legal Status of Germany," 1 Int'l L.Q. (1947) 314; KELSEN, Hans, "The Legal Status of Germany According to the Declaration of Berlin," 30 Am. J. Int'l L. (1945), 518; WRIGHT, Quincy, "The Status of Germany and the Peace Proclamation," 46 Am. J. Int'l L. (1952) 299; KUNZ, Josef, "Ending the War with Germany," 46 Am J. Int'l L. (1952), 114; FRIED, John H. E., "Transfer of Civilian Manpower from Occupied Territory," 40 Am. J. Int'l L. (1946) 303; VON MUNCH, Ingo, "Die Folgen des Zweiten Weltkrieges: politisch, rechtlich, moralisch," 23 Archiv des Völkerrechts (1985) 205; RUMPF, Helmut, "Deutschland Rechtslage nach 1973,"22 Zeitschrift Fúr Politik (1975), 111; SCHLOHAUER, Hans Jürgen, Zur Frage eines Besatzungsstatuts für Deutschland," 1 Archiv des Völkerrecht (1948), 188; MENZEL, Eberhard, "Wie souverän ist die Bundesrepublik?" 4 Zeitschrift für Rechtspolitik (1971), 178; STÖDTER, Rolf, "Die völkerrechtliche Stellung Deutschlands,"48 *Die* Friedens-Warte (1948) 111; MOSLER, Hermann, "Deutschlands Rechtslage von Rolf Stödter," 75 Archiv des öffentlichen Rechts (1949), 385; y FIEDLER, Wilfried, "Staats- und Völkerrechtlihe Probleme des Staatsuntergangs: Zum rechtlichen Selbstverständnis der Bundesrepublik nach dem Grundvertrag,"20 Zeitschrift für Politik (1973), 150.

20. Véase el texto en http://avalon.law.yale.edu/20th_century/decade17.asp. La referencia es al artículo,VI.
21. Véase, entre otros, FREEMAN, Alwyn V., "War Crimes by Enemy Nationals Administering Justice in Occupied Territory," 41 Am J. Int'l L. (1947), 579
22. Véase FRIED, John H. E., "Transfer of Civilian Manpower from Occupied Territory. 40 Am. J. Int'l L. (1946), 303, 327.
23. Juicio contra los principales jerarcas nazis, "*Göring. Hermann et al*" disponible en el proyecto Avalon de la Universidad de Yale, en http://avalon.law.yale.edu/subject_menus/imt.asp que en este trabajo será citado como el fallo del IMT. IMT. 45. Véase ZUPPI, Alberto L., cit. "Aggression as International Crime. Unattainable Crusade or Finally Conquering the Evil?," 26 Penn St. Int'l L. R, (2007), cit. as ZUPPI/ Aggression, 101.
24. Véase MOSLER, Hermann, "Der Einfluss der Rechtsstellung Deutschlands auf die Kriegsverbrecherprocesse,' 2 Süddeutsche Juristen Zeitung (1947), 362 y los artículos de FREEMAN, y FRIED, citados *supra*.
25. WECHSLER, Herbert, "The Issues of the Nuremberg Trial," 52 Pol. Sci. Q. No. (1947), 14.
26. Véase Resolución 95 (I) UNGA, del 11 de diciembre de 1946, disponible en http://www.un.org/es/comun/docs/?symbol=A/RES/95%28I%29.
27. Conf. http://www.loc.gov/rr/frd/Military_Law/pdf/NT_war-criminals_Vol-III.pdf, págs. 959 y sigts.
28. Véase https://archive.org/stream/trialsofwarcrimi10inte/trialsofwarcrimi10inte_djvu.txt, pág. 56.
29. 327 U.S. Reports, pág. 1.
30. Al respecto, véase nuestro trabajo "La prohibición `ex post facto` y los crímenes contra la humanidad," en El Derecho, 131, (1989) 765.
31. Conf. http://www.loc.gov/rr/frd/Military_Law/pdf/NT_war-criminals_Vol-III.pdf, pág. 966.
32. Véase su texto en el Proyecto Avalon de la Universidad de Yale en http://avalon.law.yale.edu/imt/imt07.asp.
33. *Idem*.
34. Véase la decisión del 31 de julio de 1942 en 317 U.S. 1; 87 L. ed. 3; 63 S. Ct. 2. Disponible en http://caselaw.findlaw.com/us-supreme-court/317/1.html.
35. Conf. ZUPPI, Alberto L., "Immunity v. Universal Jurisdiction. The Yerodia Ndombasi Decision of the International Court of Justice," 63 La. L. Rev. (2003), 309, aquí pág. 332.
36. Conf. http://www.loc.gov/rr/frd/Military_Law/pdf/NT_war-criminals_Vol-III.pdf, pág. 966, citando a HACKWORTH, Green H., Digest of International Law, Government Printing Office, Washington, 1940, Vol. I, págs. 1 a 4.
37. Citando HYDE, Charles Cheney, International Law Chiefly as Interpreted and Applied by the United States, Little, Brown & Co., Boston, 1945, pág. 51.
38. *Idem* pág. 111.
39. Conf. WRIGHT, Lord, "War Crimes Under International Law," 62 L. Quar. Rev. (1946) 40, aquí pág. 61.
40. Véase resolución UNGA 95 (I) del 11 de diciembre de 1946 titulada "Confirmación de los principios de derecho internacional reconocidos por el Tribunal de Nuremberg disponible en http://www.un.org/es/comun/docs/?symbol=A/RES/95%28I%29.

41. Conf. cita del fallo del IMT en http://www.un.org/es/comun/docs/?symbol=A/RES/95%28I%29, pág. 969.
42. *Idem*, pág. 970.
43. Sobre estos temas nos hemos referido en otros trabajos a los que remitimos: ZUPPI, Alberto L., Jurisdicción universal para crímenes contra el derecho internacional. El camino de Nuremberg al Estatuto de Roma, Ad Hoc, Buenos Aires, Argentina, 2002 y "La jurisdicción universal para el juzgamiento de crímenes contra el derecho internacional," Cuadernos de Doctrina y Jurisprudencia Penal, 9 (1999) C, XIV, 371. Véase también BASSIOUNI, M. Cherif & WISE, Edward, Aud dedere aut iudicare: The Duty to Extradite or Prosecute in International Law, Nijhoff, The Hague, 1995.
44. Véase una transcripción en http://avalon.law.yale.edu/20th_century/addsepro.asp.
45. Véase ZUPPI/ Aggression cit. 101.
46. Al respecto, véase nuestro "Derecho Penal Internacional," Abeledo Perrot Thompson, Buenos Aires, 2013, 345 y sigts.
47. Conf. http://www.loc.gov/rr/frd/Military_Law/pdf/NT_Vol-I.pdf, pág. 226.
48. Véase, por ejemplo, la Defensa de Pohl, en el caso que será estudiado en el Capítulo Quinto, en http://www.loc.gov/rr/frd/Military_Law/pdf/NT_war-criminals_Vol-V.pdf, págs. 262 y sigts. También el defensor de Krauch en el caso que se estudia en el Capítulo Séptimo, hace la misma impugnación en un video que se encuentra disponible en https://www.youtube.com/watch?v=anofcdN-BsU y cuyo texto se encuentra en http://www.loc.gov/rr/frd/Military_Law/pdf/NT_war-criminals_Vol-VII.pdf, pág. 84. Véase la moción general hecha por los defensores de los acusados en el caso Krauch, ahí mismo, págs. 473 y sigts. La aceptación del Tribunal de este argumento puede comprobarse en http://www.loc.gov/rr/frd/Military_Law/pdf/NT_war-criminals_Vol-VIII.pdf, pág. 2.
49. Conf. http://www.loc.gov/rr/frd/Military_Law/pdf/NT_war-criminals_Vol-V.pdf, pág. 264.
50. " *a) CRIMENES CONTRA LA PAZ: A saber, planificar, preparar, iniciar o librar guerras de agresión, o una guerra que constituya una violación de tratados, acuerdos o garantías internacionales, o participar en planes comunes o en una conspiración para lograr alguno de los objetivos anteriormente indicados; ...*"
51. "*Cualquier persona, sin importar su nacionalidad o la capacidad en la que actuó, que sea tenida por haber cometido un crimen como están definidos en el párrafo 1 de este artículo, si era (a) principal o (b) accesorio a la comisión de tal crimen o lo ordenó o lo instigó o (c) tuvo una participación consentida o (d) estuvo relacionado con planes o proyectos que se referían a su comisión o (e) era miembro de cualquier organización o grupo relacionado con la comisión de tal crimen ...*".
52. La Ordenanza Nº 7 fue emitida por el Gobernador Militar de la Zona norteamericana (N. del A.).
53. Acto legislativo que señala a un individuo o grupo para el castigo sin juicio. Prohibida expresamente por el artículo I sección 9 de la Constitución de los EEUU. (N. del A.)
54. "Artículo X: *Las determinaciones del Tribunal Militar Internacional en el fallo del caso Nº 1 que invasiones, actos agresivos, guerras de agresión, crímenes, atrocidades o actos inhumanos fueron planeados u ocurrieron, será obligatoria para todos los tribunales establecidos a continuación y no podrá ser cuestionada excepto se refiera en tanto a la participación en los mismos o conocimiento de los mismos por cualquier persona en particular*

que pueda estar involucrada. Las afirmaciones del Tribunal Militar Internacional en el fallo del Caso Nº 1 constituye prueba de los hechos afirmados, en ausencia de nueva evidencia substancial en contrario." Conf. http://avalon.law.yale.edu/imt/imt07.asp. (N. del A.)
55. Conf. http://www.loc.gov/rr/frd/Military_Law/pdf/NT_war-criminals_Vol-VIII.pdf, pág. 877.
56. Conf. KELSEN, Hans, "The Rule Against Ex Post Facto Laws and the Prosecution of the Axis War Criminals," 2 The Judge Advocate J. (1945), 8, aquí pág. 46, disponible en http://www.loc.gov/rr/frd/Military_Law/pdf/JAG_II-3.pdf.
57. Del 27 de agosto de 1928, disponible en http://www.yale.edu/lawweb/avalon/imt/kbpact.htm. Sobre el tema véase nuestro trabajo ZUPPI/Aggression cit., págs. 8 y sigts.
58. Véase http://avalon.law.yale.edu/20th_century/kbhear.asp.
59. Conf. STIMSON, Henry L., "Pact of Paris: Three Years of Development," 77 Foreign Affairs 10 (1932), disponible en https://www.foreignaffairs.com/articles/1932-10-01/pact-paris-three-years-development.
60. Sobre el tema véase nuestro trabajo ZUPPI/Aggression 1 al que remitimos para otros análisis y consideraciones.
61. Véase http://www.loc.gov/rr/frd/Military_Law/pdf/NT_war-criminals_Vol-VI.pdf, págs. 85 y sigts.
62. Conf. TAYLOR, ob. cit. pág. 54.
63. Conf. WRIGHT, Quincy, "The Law of the Nuremberg Trial," 41 A. J. Int'l L. (1947), 38, aquí pág. 60.
64. Véase VAN SCHAAK, Beth, "The Definition of Crimes Against Humanity: Resolving the Incoherence," 37 Colum. J. Transnat'l L. (1999), 787, aquí, págs. 803 y sigts.
65. Véase la "*ley de protección de la sangre alemana y del honor alemán*" del 15 de septiembre de 1935, *Reichsgesetzblatt* I, pág. 1146. Se discutió activamente entre los internacionalistas alemanes si la privación de la nacionalidad alemana a los judíos de aquel orígen, violaba alguna disposición del derecho internacional. Sobre el tema con referencias véase, VAGTS, Detlev,"International Law in the Third Reich", 84 Am. J. Int'l L. (1990) 661-704, aquí pág. 694, especialmente nota no. 177.
66. Véase http://www.loc.gov/rr/frd/Military_Law/pdf/NT_war-criminals_Vol-VI.pdf, págs. 85 y 86.
67. Conf. STIMSON, Henry L., "The Nuremberg Trial: Landmark in Law," 25 Foreign Affairs (1946), 180, aquí pág.187.
68. Taylor cita como fuente "*Le Proces de Nuremberg, Conference de Monsieur le Professeur Donnedieu de Vabres, Juge au Tribunal Militaire International des Grands Criminels de Guerre, under the auspices of the Association des Etudes Internationales and the Association des Etudes Internationales and the Association des Etudes Criminologiques, March 1947.*"
69. La transcripción trae una cita así, cuando el Papa se unió a Inglaterra, Holanda y seis otros países y el Papa en un movimiento para proteger a los judíos de Moravia, cuya expulsión había sido ordenada por María Teresa, Reina de Austria. Sin embargo, no hemos encontrado otras referencias a ese suceso.
70. Citando OPPENHEIM, Lassa, International Law, 3ª Ed., Vol. I, Longman, Green & Co., London, 1920, pág. 229, disponible en https://archive.org/details/internationalla01oppe.

71. Véase copia de la carta a la Embajada de los EEUU en Turquía en KOHLER, Max J & EZEKIEL, H. C., "Miscellaneous," Publications of the American Jewish Historical Society, No. 9 (1901), p. 153.
72. Véase AKARLI, Engin. The Long Peace: Ottoman Lebanon, 1861-1920. University of California Press, Berkeley, 1993, disponible en http://ark.cdlib.org/ark:/13030/ft6199p06t/.
73. Véase con referencias FINK, Carole, Defending the Rights of Others. The Great Powers, the Jews, and International Minority Protection, 1878-1938, Cambridge UP, Cambridge, 2006, pág. 52.
74. Véase el discurso del Presidente Roosevelt en http://www.ourdocuments.gov/print_friendly.php?page=transcript&doc=56&title=Transcript+of+Theodore+Roosevelt%27s+Corollary+to+the+Monroe+Doctrine+(1905)
75. Véase http://www.presidency.ucsb.edu/ws/?pid=103901.
76. Conf. BLUNTSCHI, Johann K., Das Moderne Voelkerrecht der Zivilisierten Staaten als Rechtsbuch dargestellt, 3ª Ed., Beck, Nördlingen, 1878, pág. 270.
77. Conf https://www.loc.gov/rr/frd/Military_Law/pdf/NT_Vol-III.pdf, pág. 92.
78. Véase http://www.loc.gov/rr/frd/Military_Law/pdf/NT_war-criminals_Vol-V.pdf, págs. 266 y sigts.
79. Véase Capítulo Séptimo.
80. Conf. http://www.loc.gov/rr/frd/Military_Law/pdf/NT_war-criminals_Vol-VII.pdf, págs. 523 y 524.
81. Véase Capítulo Décimo Segundo, pág- Vol. 3 p. 491 y sigts y https://www.loc.gov/rr/frd/Military_Law/pdf/NT_war-criminals_Vol-XII.pdf, pág. 355.
82. Conf. http://www.loc.gov/rr/frd/Military_Law/pdf/NT_war-criminals_Vol-VI.pdf, pág. 77.
83. Idem. El artículo citado es el de STIMSON, Henry L., "The NurembergTrial: Landmark in Law," 25 Foreign Affairs (1946), 180.
84. Citado por Taylor en el juicio Flick en http://www.loc.gov/rr/frd/Military_Law/pdf/NT_war-criminals_Vol-VI.pdf, pág. 81 con referencia a la cita original del IMT.
85. Taylor cita como fuente de esta cita *Joint Report of the Anglo-Soviet-American Conferences, Berlin 2 August 1945, part III, paragraphs 3 and* 4." Cita encontrada en http://www.pbs.org/wgbh/americanexperience/features/primary-resources/truman-potsdam/.
86. Véase http://www.loc.gov/rr/frd/Military_Law/pdf/NT_war-criminals_Vol-VI.pdf, pág. 83.
87. La referencia es a la acusación en el caso Flick, tratado en el capítulo VI.
88. Conf. http://www.loc.gov/rr/frd/Military_Law/pdf/NT_war-criminals_Vol-VI.pdf, págs. 1212 y 1213.
89. Véase Capítulo Séptimo
90. Conf. https://www.loc.gov/rr/frd/Military_Law/pdf/NT_war-criminals_Vol-IV.pdf, pág. 498.

2. Capítulo Segundo

1. "*USA, France, UK, and USSR v. Hermann Goering et al.*" El juicio principal puede consultarse en múltiples sitios en internet. Entre ellos, http://avalon.law.yale.e-

du/subject_menus/imt.asp, http://www.worldcourts.com/imt/eng/decisions/1946.10.01_United_States_v_Goering.pdf, y http://www.nizkor.org/hweb/imt/tgmwc/judgment/. En esta obra será citado como "IMT".
2. Véase BRODY, "The Origins and Impact of the Nuremberg Doctors Trial, en RUBENFELD, Sheldon & BENEDICT, Susan, Human Subject Reasearch After the Holocaust, Springer International, Cham, 2014, 163, aquí pág. 164. Sobre las discusiones presentadas con posterioridad, relativas al uso de las informaciones obtenidas en los experimentos nazis, véase el artículo de WILKERSON, Isabel, "Nazi Scientists and Ethics of Today," *The New York Times*, 21 de mayo de 1989, disponible en http://www.nytimes.com/1989/05/21/us/nazi-scientists-and-ethics-of-today.html?pagewanted=all.
3. Conf. WEINDLING, Paul, "From International to Zonal Trials: The Origins of the Nuremberg Medical Trial," 14 Holocaust & Genocide Stud., (2000), 367, pág. 372 y sigs., y del mismo autor, "Victims, Witnesses and the Ethical Legacy of the Nuremberg Medical Trial,"en PRIEMEL cit. Loc 2182 Kindle, aquí Loc 2295 Kindle.
4. Véase WEINDLING, Paul, "'Tales from Nuremberg:'the Kaiser Wilhelm Instute for Anthropoly and Allied Medical War Crimes Policy," en KAUFMANN, Doris (Ed.), Geschichte der Kaiser Wilhelm-Gesellschaft im Nationalsozialismus. Bestandaufnahme der Forschung, Wallstein Vlg., Göttingen, 2000, págs. 621 y sigts.
5. Véase FREYHOFER, Horst H., The Nuremberg Medical Trial: the Holocaust and the Origin of the Nuremberg Medical Code, Peter Lang, New York, 2005, pág. 2.
6. No fue éste el único caso seguido contra médicos nazis por su actuación durante la II Guerra Mundial. Los EEUU en 1945 juzgaron el caso de Claus Schilling por experimentos médicos en Dachau y el "*caso Hademar*" por eutanasia de prisioneros polacos y rusos. Véase, WEINDLING, cit., pág. 372. Los británicos llevaron a cabo otros juicios como "*el caso Ravensbrück*", "*el caso Tech*", y "*el caso Bergen-Belsen,*" entre otros. En Francia se llevó a cabo "*el caso Rastatt.*" En Alemania Federal se llevaron a cabo también varios procesos de importancia contra médicos del régimen nazi. Ninguno de estos casos será analizado en el presente trabajo. Al respecto véase el documentado libro de DE MILDT, Dick, In the Name of the People: Perpetrators of Genocide in the Reflection of their Post-War Prosecution in West Germany - The 'Euthanasia' and 'Aktion Reinhard' Trial Cases, Martinus Nijhoff Publishers, The Hague, 1996. Véase también LIPPMAN, Matthew, "War Crimes Prosecutions of Nazi Health Professionals and the Contemporary Protection of Human Rights," 21 T. Marshall L. Rev. 11 (1995-1996), págs. 20 y sigts.
7. Los antecedentes del caso y su desarrollo están extensamente documentados en el excelente trabajo de WEINDLING, Paul Julian, Nazi Medicine and the Nuremberg Trials- From Medical War Crimes to Informed Consent, Palgrave Macmillan, Houndmills, 2004, disponible en internet íntegramente en https://pdf.k0nsl.org/N/Nazi%20Medicine%20And%20The%20Nuremberg%20Trials%20-%20Paul%20Julian%20Weindling.pdf, en adelante "WEINDLING".
8. El caso se encuentra transcripto e impreso en inglés y en alemán en treinta volúmenes en cada uno de esos idiomas, en los *Official Records* (en adelante "OR"). Otras trascripciones no oficiales del caso se encuentran en varias partes en internet: hay una transcripción en http://digitalcommons.law.uga.edu/nmt1/, también en http://nuremberg.law.harvard.edu/NurTranscript/TranscriptPages/43_4.html, otra

en http://www.phdn.org/archives/www.mazal.org/archive/nmt/01/NMT01-T002.htm. Copia del caso se encuentra en http://www.loc.gov/rr/frd/Military_Law/pdf/NT_war-criminals_Vol-II.pdf. El inicio microfilmado puede consultarse en http://www.archives.gov/research/captured-german-records/microfilm/m887.pdf. El primer rollo de microfilms del caso se puede consultar en http://www.profit-over-life.org/rolls_887.php?roll=1&pageID=4&expand=no aunque se trata sólo de la transcripción de las minutas diarias del caso. El texto del veredicto en inglés puede ser consultado en el sitio http://werle.rewi.hu-berlin.de/MedicalCase.pdf. Algunas filmaciones originales de porciones o interrogatorios del caso en inglés y alemán se encuentran en internet: https://www.youtube.com/watch?v=tu4hvHzN7i4, https://www.youtube.com/watch?v=RtjuyMHJ-_Q, https://www.youtube.com/watch?v=o9Moe5mIRyM, https://www.youtube.com/watch?v=jk9OViQx0WQ, https://www.youtube.com/watch?v=bZLTpU0eFNE&index=2&list=PLB741761F006D31CF, y

http://de.wn.com/Ärzteprozess. Existe también una exhibición online del caso en http://www.nus.edu.sg/irb/Articles/Nuremberg.pdf. Véase también los papeles de Leo Alexander en el depositorio de Harvard University, donde hay varios de los documentos originales nazis, que pueden consultarse en https://iiif.lib.harvard.edu/manifests/view/drs:50705743$1i.

9. El Tribunal I dictó reglas especiales de procedimiento que se encuentran en http://avalon.law.yale.edu/imt/rules3.asp.
10. Véase su *affidavit* en http://nuremberg.law.harvard.edu/php/pflip.php?caseid=HLSL_NMT01&docnum=80&numpages=3&startpage=1&title=Affidavit.&color_setting=C.
11. Véase su *affidavit* en http://nuremberg.law.harvard.edu/php/pflip.php?caseid=HLSL_NMT01&docnum=1761&numpages=2&startpage=1&title=Affidavit.&color_setting=C.
12. Véase su *affidavit* en http://nuremberg.law.harvard.edu/php/pflip.php?caseid=HLSL_NMT01&docnum=1863&numpages=2&startpage=1&title=Eidesstattliche+Erklaerung..&color_setting=C.
13. Véase su *affidavit* en http://nuremberg.law.harvard.edu/php/pflip.php?caseid=HLSL_NMT01&docnum=180&numpages=3&startpage=1&title=Affidavit+of+Kurt+Blome.&color_setting=C.
14. BLOME, Kurt, Arzt im Kampf - Erlebnisse und Gedanken, Johann Ambrosius Barth Verlag, Leipzig, 1942.
15. Véase su *affidavit* en http://nuremberg.law.harvard.edu/php/pflip.php?caseid=HLSL_NMT01&docnum=1734&numpages=4&startpage=1&title=Eidesstatliche+Erklaerung..&color_setting=C.
16. MRUGOWSKY, Joachim, Das ärztliche Ethos. Christoph Wilhelm Hufelands Vermächtnis einer fünfzigjährigen Erfahrung. Lehmann, München, 1939.
17. Su *affidavit* se encuentra en http://nuremberg.law.harvard.edu/php/pflip.php?caseid=HLSL_NMT01&docnum=1865&numpages=2&startpage=1&title=Eidesstattliche+Erklaerung..&color_setting=C.
18. Véase su *affidavit* en http://nuremberg.law.harvard.edu/php/pflip.php?caseid=HLSL_NMT01&docnum=1860&numpages=1&startpage=1&title=Affidavit+concerning+Wolfram+Sievers\'s+career+in+the+SS,+including+the+Ahnenerbe+institute.&color_setting=C.

19. El nombre de la organización que fue muy importante para la realización de los experimentos que fueron juzgados en este caso es "*Ahnenerbe e. V. – Studiengesellschaft für Geistesurgeschichte,*" que estudiaba la raza y espíritu de los pueblos indogermanos del norte. Himmler cambió ese nombre a "*Forschungs- und Lehrgemeinschaft Das Ahnenerbe.*" Véase, DE LEEUW, Daan, In the Name of Humanity Nazi Doctors and Human Experiments in German Concentration Camps, 1939-1945, Tesis de maestría en historia, University of Amsterdam, 2013, disponible en http://www.niod.nl/sites/niod.nl/files/Scriptie%20Daan%20de%20Leeuw%20-%20In%20the%20Name%20of%20Humanity.pdf, pág. 71.
20. Véase *affidavit* en http://nuremberg.law.harvard.edu/php/pflip.php?caseid=HLSL_NMT01&docnum=1973&numpages=3&startpage=1&title=Affidavit.&color_setting=C.
21. Véase su *affidavit* en http://nuremberg.law.harvard.edu/php/pflip.php?caseid=HLSL_NMT01&docnum=26&numpages=4&startpage=1&title=Affidavit.&color_setting=C.
22. Véase su declaración jurada al respecto en el tribunal, traducción al inglés en http://nuremberg.law.harvard.edu/php/pflip.php?caseid=HLSL_NMT01&docnum=26&numpages=4&startpage=1&title=Affidavit.&color_setting=C.
23. Conf. http://nuremberg.law.harvard.edu/NurTranscript/TranscriptPages/244_205.html.
24. Véase su *affidavit* en http://nuremberg.law.harvard.edu/php/pflip.php?caseid=HLSL_NMT01&docnum=1879&numpages=2&startpage=1&title=Affidavit.&color_setting=C.
25. Véase *affidavit* en http://nuremberg.law.harvard.edu/php/pflip.php?caseid=HLSL_NMT01&docnum=1826&numpages=2&startpage=1&title=Affidavit.&color_setting=C.
26. Véase su *affidavit* en http://nuremberg.law.harvard.edu/php/pflip.php?caseid=HLSL_NMT01&docnum=1869&numpages=2&startpage=1&title=Eidesstattliche+Erklaerung..&color_setting=C.
27. Véase su *affidavit* en http://nuremberg.law.harvard.edu/php/pflip.php?caseid=HLSL_NMT01&docnum=1944&numpages=1&startpage=1&title=Affidavit.&color_setting=C.
28. Véase su *affidavit* en http://nuremberg.law.harvard.edu/php/pflip.php?caseid=HLSL_NMT01&docnum=1875&numpages=2&startpage=1&title=Affidavit.&color_setting=C.
29. Una copia íntegra de la acusación está disponible en http://www.loc.gov/rr/frd/Military_Law/pdf/NT_Indictments.pdf#page=2 y del discurso de presentación de Taylor en http://nuremberg.law.harvard.edu/php/pflip.php?caseid=HLSL_NMT01&docnum=565&numpages=62&startpage=1&title=Opening+Statement+for+the+United+States+of+America.&color_setting=C.
30. Una imagen del gráfico utilizado, con la participación de cada uno de los acusados está disponible en http://www.ushmm.org/wlc/es/media_da.php?ModuleId=10008013&MediaId=8333.
31. Conf. http://nuremberg.law.harvard.edu/NurTranscript/TranscriptPages/65_26.html
32. MITSCHERLICH Alexander & MIELKE, Fred. Doctors of Infamy: The Story of the Nazi Medical Crimes, Schuman, New York, 1949, pág.26. Conf. testimonio de Neff, transcripto en http://0-www.heinonline.org.pegasus.law.columbia.e-

du/HOL/Page?handle=hein.hoil/doctinfa0001&div=8&collection=hoil&set_as_-cursor=13&men_tab=srchresults&terms=The|Doctors|Trial|Nuremberg&type=matchall#68.
33. Véase el sitio https://littlegreyrabbit.wordpress.com/2011/01/17/pacholegg-polygal-and-puzzling-friendships/ con transcripciones y copias de los reportes sobre el uso de esta droga en los internos.
34. Conf. http://nuremberg.law.harvard.edu/NurTranscript/TranscriptPages/78_39.html.
35. Se refiere al médico de las SS Erwin Ding-Schuler que efectuó experimentos con prisioneros en Buchenwald y que será mencionado durante varios de estos juicios. Véase KLEE, Ernst, Das Personenlexikon zum Dritten Reich, Fischer Vlg., Frankfurt, 2003, pág. 111.
36. Véase http://nuremberg.law.harvard.edu/NurTranscript/TranscriptPages/83_44.html.
37. Véase una transcripción en inglés de la carta de referencia en http://nuremberg.law.harvard.edu/NurTranscript/TranscriptPages/96_57.html.
38. Nos referiremos en el futuro a este Tribunal mediante su abreviatura "IMT."
39. IMT, fallo, pág. 17.007.
40. Véase WEINDLING cit. pág. 160.
41. Véase *affidavit* de Romberg en http://nuremberg.law.harvard.edu/documents/26-affidavit-concerning-the-high?q=%2A#p.1.
42. Véase http://nuremberg.law.harvard.edu/php/pflip.php?caseid=HLSL_NMT01&docnum=27&numpages=41&startpage=1&title=Photographs+of+Sigmund+Rascher\'s+high+altitude+experiments+at+Dachau.&color_setting=C.
43. Véase http://nuremberg.law.harvard.edu/php/pflip.php?caseid=HLSL_NMT01&docnum=28&numpages=4&startpage=1&title=Affidavits+concerning+the+high+altitude+experiments+at+Dachau.&color_setting=C.
44. Véase http://nuremberg.law.harvard.edu/php/pflip.php?caseid=HLSL_NMT01&docnum=29&numpages=4&startpage=1&title=Affidavit+concerning+the+high+altitude+experiments+at+Dachau.&color_setting=C.
45. Véase http://nuremberg.law.harvard.edu/php/pflip.php?caseid=HLSL_NMT01&docnum=35&numpages=3&startpage=1&title=First+interim+report+on+the+low+pressure+chamber+experiments+in+the+concentration+camp+of+Dachau.&color_setting=C.
46. Véase http://nuremberg.law.harvard.edu/NurTranscript/TranscriptPages/305_266.html.
47. Véase http://nuremberg.law.harvard.edu/NurTranscript/TranscriptPages/270_231.html.
48. Véase http://nuremberg.law.harvard.edu/NurTranscript/TranscriptPages/277_238.html.
49. Informe final sobre los experimentos de congelamiento en http://nuremberg.law.harvard.edu/php/pflip.php?caseid=HLSL_NMT01&docnum=3088&numpages=48&startpage=1&title=Bericht+uber+Abkuehlungsversuche+am+Menschen.+Report+on+Cooling+Experiments+on+Human+beings[.].&color_setting=C.
50. Aplicación de corrientes de alta frecuencia sobre los tejidos para producir calor sin que se produzca estimulación muscular ni nerviosa.
51. Véase http://nuremberg.law.harvard.edu/NurTranscript/TranscriptPages/298_259.html.

Notas 469

52. El informe señala que se mantuvieron durante catorce horas a 6 grados bajo cero de temperatura exterior, tras lo que los prisioneros llegaban a 25 grados de temperatura corporal, con congelamientos periféricos, pero pudieron salvarse después de un baño en agua caliente. Conf. http://nuremberg.law.harvard.edu/NurTranscript/TranscriptPages/393_354.html.
53. Conf. http://nuremberg.law.harvard.edu/NurTranscript/TranscriptPages/384_345.html.
54. Véase el affidavit de Rascher sobre la reavivación de sujetos congelados mediante calor humano en http://nuremberg.law.harvard.edu/php/pflip.php?caseid=HLSL_NMT01&docnum=2554&numpages=7&startpage=1&title=Secret.+ y http://nuremberg.law.harvard.edu/php/pflip.php?caseid=HLSL_NMT01&docnum=3076&numpages=7&startpage=1&title=.
55. La referencia es al primer caso de Dachau, Case No. 000-50-2, "*United States versus Weiss, Ruppert, et al.*" en el que el médico del campo Schilling junto con otros 35 acusados fueron condenados a muerte. El caso está en http://nuremberg.law.harvard.edu/php/pflip.php?caseid=HLSL_NMT01&docnum=69&numpages=9&startpage=1. Los párrafos del caso traídos como evidencia por la fiscalía están en http://nuremberg.law.harvard.edu/php/pflip.php?caseid=HLSL_NMT01&docnum=69&numpages=9&startpage=1&title=Extracts+from+the+review+of+proceedings+of+the+general+military+court+in+the+case+of+United+States+vs+Weiss,+Ruppert,+et+al+held+at+Dachau,+Germany..&color_setting=C.
56. Conf. http://loc.gov/rr/frd/Military_Law/pdf/NT_war-criminals_Vol-I.pdf.
57. Conf. http://loc.gov/rr/frd/Military_Law/pdf/NT_war-criminals_Vol-I.pdf pág. 353.
58. Conf. http://loc.gov/rr/frd/Military_Law/pdf/NT_war-criminals_Vol-I.pdf pág. 356.
59. Conf. http://loc.gov/rr/frd/Military_Law/pdf/NT_war-criminals_Vol-I.pdf pág. 359.
60. Véase su *affidavit* al respecto en http://nuremberg.law.harvard.edu/php/pflip.php?caseid=HLSL_NMT01&docnum=389&numpages=11&startpage=1&title=Affidavit+.+.+.+II.+The+matter:+Results+and+Evaluation+of+experiments..&color_setting=C.
61. En el sistema educativo alemán aún hoy vigente, una vez obtenido el doctorado, para ser profesor universitario es preciso hacer un nuevo trabajo de mayor envergadura que es llamado "*habilitación.*"
62. Una transcripción del testimonio está disponible en http://loc.gov/rr/frd/Military_Law/pdf/NT_war-criminals_Vol-I.pdf págs. 409 y siguientes.
63. Véase http://loc.gov/rr/frd/Military_Law/pdf/NT_war-criminals_Vol-I.pdf pág. 444.
64. Véase *idem* págs. 457 y 458.
65. Comp. WEINDLING cit. en PRIEMEL cit. Loc 2528 Kindle.
66. Conf. http://loc.gov/rr/frd/Military_Law/pdf/NT_war-criminals_Vol-I.pdf pág. 556.
67. Bacilo del tifus, propagado habitualmente por los piojos, también por inhalación o contacto con las membranas de los ojos y la boca.
68. Conf. http://loc.gov/rr/frd/Military_Law/pdf/NT_war-criminals_Vol-I.pdf pág. 632.

69. La aconitina es uno de los venenos más poderosos de los alcaloides. Su uso se atribuye a los rusos para eliminar a sus opositores durante el régimen comunista.
70. Véase http://loc.gov/rr/frd/Military_Law/pdf/NT_war-criminals_Vol-I.pdf, pág. 654.
71. Conf. http://loc.gov/rr/frd/Military_Law/pdf/NT_war-criminals_Vol-I.pdf, pág. 695.
72. Se trata de la *dieffenbachia seguine* que también se encuentra en América del Sud.
73. El párrafo pertinente de la carta a Himmler dice:"... *Si, sobre la base de esta investigación, fuera posible producir una droga que luego de un tiempo relativamente breve tuviera como efecto una imperceptible esterilización de seres humanos, tendríamos un nuevo y poderoso armamento a nuestra disposición.*" Conf. http://loc.gov/rr/frd/Military_Law/pdf/NT_war-criminals_Vol-I.pdf, pág. 696.
74. Conf. http://loc.gov/rr/frd/Military_Law/pdf/NT_war-criminals_Vol-I.pdf, pág. 701.
75. RM= Reich Mark, 5 RM equivalían en ese tiempo a una libra esterlina.
76. Conf. http://loc.gov/rr/frd/Military_Law/pdf/NT_war-criminals_Vol-I.pdf, pág. 720.
77. Idem.
78. Conf. http://loc.gov/rr/frd/Military_Law/pdf/NT_war-criminals_Vol-I.pdf, pág. 739.
79. Conf. http://www.loc.gov/rr/frd/Military_Law/pdf/NT_war-criminals_Vol-I.pdf, pág. 795.
80. Una traducción al inglés del formulario está disponible en la pág. 850 de http://www.loc.gov/rr/frd/Military_Law/pdf/NT_war-criminals_Vol-I.pdf.
81. "*Nutzlose esser*" o "*useless eaters*" que hemos traducido como "*consumidores inútiles.*"
82. Conf. http://www.loc.gov/rr/frd/Military_Law/pdf/NT_war-criminals_Vol-I.pdf, pág. 804.
83. Conf. http://www.loc.gov/rr/frd/Military_Law/pdf/NT_war-criminals_Vol-I.pdf, pág 865 y siguientes.
84. La historia de Kurt Gerstein, ingeniero alemán, de profundas convicciones religiosas y que se alistó en las SS, fue llevada al cine en la película "Amen," dirigida por Costa Gavras y con el actor Ulrich Tukur personificando a Gerstein. Gerstein, que fue un testigo calificado de la Shoa, terminó suicidándose en su celda el 25 de julio de 1945, luego de haber intentado durante la guerra alertar sobre lo que sucedía. Véase, entre otros, FRANZ, Helmut, Kurt Gerstein: Aussenseiter des Widerstandes der Kirche gegen Hitler EVZ-Verlag, Zürich, 1964.
85. Véase el informe Gerstein en http://www.ns-archiv.de/verfolgung/gerstein/gersteinbericht.php. También véase ROQUES, Henri, "Die 'Gestaendnisse' des Kurt Gerstein" disponible en https://archive.org/stream/DiegestaendnisseDesKurtGerstein198699S..pdf/RoquesHenri-DiegestaendnisseDesKurtGerstein198699S._djvu.txt.
86. Véase KELSEN, Hans, "The Legal Status of Germany According to the Declaration of Berlin," 39 Am. J. Int'l L. 518 (1945).
87. Está disponible en el sitio de la Cruz Roja Internacional en https://www.icrc.org/spa/resources/documents/misc/treaty-1907-regulations-laws-customs-war-on-land-5tdm39.htm. La sección tercera del Reglamento bajo el título "DE LA AUTORIDAD MILITAR SOBRE EL TERRITORIO DEL ESTADO ENEMIGO " relata los artículos 42 a 56.:

"*Art. 42. Se considera como ocupado un territorio cuando se encuentra colocado de hecho bajo la autoridad del ejército enemigo.*

La ocupación no se extiende sino a los territorios donde esa autoridad esté establecida y en condiciones de ejercerse.

Art. 43. Desde el momento en que la autoridad legítima pase de hecho a manos del ocupante, éste tomará todas las medidas que estén a su alcance a fin de restablecer y conservar, en cuanto sea posible, el orden y la vida públicos, respetando, salvo impedimento absoluto, las leyes vigentes en el país.

Art. 44. Es prohibido a un beligerante compeler a los habitantes de un territorio ocupado por él a dar informes sobre el ejército del otro beligerante o sobre sus medios de defensa.

Art. 45. Es prohibido constreñir a los habitantes de un territorio ocupado a prestar juramento a la potencia enemiga.

Art. 46. El honor y los derechos de la familia, la vida de los individuos y la propiedad privada, así como las creencias religiosas y la práctica de los cultos, deben ser respetados.

La propiedad privada no puede ser confiscada.

Art. 47. El pillaje es formalmente prohibido.

Art. 48. Si el ocupante recauda en el territorio ocupado los impuestos, derechos y peajes establecidos en beneficio del Estado, lo hará, en cuanto sea posible, con arreglo a la tasa y distribución de impuestos en vigencia, resultando para él la obligación de proveer a los gastos de administración del territorio ocupado en la medida en que el Gobierno legal estaba obligado a ello.

Art. 49. Si además de los impuestos previstos en el artículo precedente el ocupante recauda otras contribuciones en dinero en el territorio ocupado, no lo podrá hacer sino para atender a las necesidades del ejército o a la administración del territorio.

Art. 50. Ninguna pena colectiva, pecuniaria o de otra clase podrá imponerse a los habitantes por causa de hechos individuales de que no puedan ser considerados como solidariamente responsables.

Art. 51. No se podrá percibir ninguna contribución sino en virtud de una orden escrita y bajo la responsabilidad de un General en Jefe.

No se procederá, en cuanto sea posible, a verificar dicha recaudación sino de acuerdo con la tasa y distribución de impuestos en vigencia.

De toda contribución se dará un recibo al contribuyente.

Art. 52. No podrán exigirse empréstitos en especie y servicios del común o de los habitantes sino para atender a las necesidades del ejército que ocupe el territorio. Serán proporcionados a los recursos del país y de tal naturaleza que no impliquen para los habitantes la obligación de tomar parte en las operaciones de la guerra contra su país.

Esos empréstitos y servicios no serán exigidos sino con la autorización del Comandante de la localidad ocupada.

Los empréstitos en especie serán, en cuanto sea posible, pagados de contado; en caso contrario se dejará constancia de aquellos por medio de documentos, y el pago se hará lo más pronto posible.

Art. 53. El ejército que ocupe un territorio no podrá apoderarse sino del numerario, fondos, obligaciones por cobrar que pertenezcan al Estado, depósitos de armas, medios de transporte, almacenes y provisiones, y en general toda propiedad mueble del Estado que pueda servir para operaciones militares.

Todos los medios destinados en tierra, en mar y en los aires para la trasmisión de noticias o para el transporte de personas o cosas, excepción hecha de los casos regidos por el derecho marítimo, los depósitos de armas y en general toda especie de municiones de guerra, pueden ser tomados, aunque pertenezcan a particulares, pero deberán ser restituidos, y la indemnización se fijará cuando se restablezca la paz.

Art. 54. Los cables submarinos que pongan en comunicación un territorio ocupado con uno neutral no podrán ser tomados o destruidos sino en el caso de necesidad absoluta. Deben ser restituidos y las indemnizaciones se fijarán cuando se haga la paz.

Art. 55. El Estado ocupante no debe considerarse sino como administrador y usufructuario de los edificios públicos, inmuebles, bosques y explotaciones agrícolas que pertenezcan al Estado enemigo y se encuentren en el país ocupado. Deberá defender el capital de esas empresas y administrar conforme a las reglas del usufructo.

Art. 56. Los bienes de las comunidades, los de establecimientos consagrados a los cultos, a la caridad, a la instrucción, a las artes y a las ciencias, aun cuando pertenezcan al Estado, serán tratados como propiedad privada.

Se prohíbe y debe perseguirse toda ocupación, destrucción, deterioro intencional de tales edificios, de monumentos históricos y de obras artísticas y científicas."

88. "Declaration regarding the defeat of Germany and the assumption of supreme authority with respect to Germany by the Governments of the United States of America, the Union of Soviet Socialist Republics, the United Kingdom and the Provisional Government of the French Republic." Disponible en http://avalon.law.yale.edu/wwii/ger01.asp.
89. Trial of the Major War Criminals, vol. I, p. 218, Nuremberg, 1947.
90. Disponible en http://avalon.law.yale.edu/imt/imt10.asp.
91. La referencia es a la "ley de protección de la sangre alemana y del honor alemán" del 15 de septiembre de 1935, RGBl. I, pág. 1146. Se discutió activamente entre los internacionalistas alemanes en aquel momento si la privación de la nacionalidad alemana a los judíos de aquel orígen, violaba alguna disposición del derecho internacional. Sobre el tema con referencias véase, VAGTS, Detlev F., "International Law in the Third Reich", 84 Am. J. Int'l L., (1990), 661-704, aquí pág. 694, Sin embargo, algunos autores dudaban que tales leyes podían entonces al momento de su sanción, considerarse como una violación de la ley de las naciones. Sobre el tema véase la nota no. 177 del artículo citado, con referencias.
92. Este tema lo hemos tratado en ZUPPI, Alberto L., Derecho Penal Internacional, Abeledo-Thompson, 2014, pág. 17 y siguientes.
93. Como señala BASSIOUNI, M. Cherif, Crimes Against Humanity in International Criminal Law, Kluwer, The Hague, 1999, pág. 12, el objetivo de la disposición era derogar la disposición del Código Penal alemán de 1935 que castigaba con prisión "...al que cometa un acto, sea que la ley declara punible o sea que merezca castigo de acuerdo a los principios básicos de la ley penal o sea de acuerdo con la sana opinión popular." En alemán "gesundes Volksempfinden," agregado por la ley modificatoria del Código Penal alemán del 28 de junio de 1935 (RGBl. 1935 I, pag. 839) en el § 2.
94. La referencia es a la expresión "Gesundes Volksempfinden" que los jueces nazis usaban para extender por analogía situaciones vistas como criminales, o para castigar basados en el sano sentimiento popular que interpretaban (N. del A.).
95. Conf. http://www.loc.gov/rr/frd/Military_Law/pdf/NT_war-criminals_Vol-I.pdf, pág. 926.
96. Conf. In re Yamashita, 66 Supreme Court 340 (1946), disponible en https://supreme.justia.com/cases/federal/us/327/1/case.html.

97. Véase, WIRTH, Mathias, Distanz des Gehorsams: Theorie, Ethik und Kritik einer Tugend, Mohr Siebeck, Tübingen, 2016, aquí pág. 87.
98. Véase el interrogatorio en http://www.loc.gov/rr/frd/Military_Law/pdf/NT_war-criminals_Vol-I.pdf, págs. 970 y siguientes.
99. Conf. Trial of the Major War Criminals, vol. I, pág. 254, Nuremberg, 1947.
100. Una copia fotostática del pacto está disponible en http://www.lituanus.org/1989/89_1_03.htm. Más nítidamente, su texto puede consultarse en español en http://www.alerta360.org/secciones/documentos/pacto.pdf. Su texto en inglés con el protocolo adicional secreto en https://www.jewishvirtuallibrary.org/jsource/ww2/molotovpact.html.
101. Véase el testimonio de Eugen Kogon, en http://www.loc.gov/rr/frd/Military_Law/pdf/NT_war-criminals_Vol-I.pdf, pág. 993. Kogon luego publicaría un conocido libro sobre sus experiencias.
102. Disponible en http://www.loc.gov/rr/frd/Military_Law/pdf/NT_war-criminals_Vol-II.pdf pág.171 y siguientes.
103. Conf.http://0www.heinonline.org.pegasus.law.columbia.edu/HOL/Page?handle=hein.journals/hlps3&div=12&collection=journals&set_as_cursor=10&men_tab=srchresults&terms=Medical|Trial|Nuremberg&type=matchall#117.
104. Véase http://www.loc.gov/rr/frd/Military_Law/pdf/NT_war-criminals_Vol-II.pdf, pág. 182.
105. Véase *supra* nota 77.
106. Véase ANNAS, George J. y GRODIN, Michael A. (eds.), The Nazi Doctors and the Nuremberg Code: Human Rights in Human Experimentation, Oxford University Press, 1992, pág. 106.
107. Véase http://www.loc.gov/rr/frd/Military_Law/pdf/NT_war-criminals_Vol-II.pdf, pág. 226.
108. Véase http://www.loc.gov/rr/frd/Military_Law/pdf/NT_war-criminals_Vol-II.pdf, págs,. 237 y 238
109. Véase *supra*
110. Véase http://www.loc.gov/rr/frd/Military_Law/pdf/NT_war-criminals_Vol-II.pdf, pág. 256.
111. *Idem,* pág. 258.
112. Véase sentencia, pág. 123.
113. Véase pág. 132.
114. German Aviation Medicine. World War II, Washington, 1950. Véase http://babel.hathitrust.org/cgi/pt?id=mdp.39015009662845;view=1up;seq=.
115. En lo que fue conocido como "Operación Paperclip." Véase HUNT, Linda, Secret Agenda. The United States Government, Nazi Scientists and Project Paperclip 1945 to 1990," St. Martin Press, New York, 1991, con referencias.
116. Véase pág. 171.
117. Véase http://www.loc.gov/rr/frd/Military_Law/pdf/NT_war-criminals_Vol-II.pdf, pág. 288.
118. Véase http://www.loc.gov/rr/frd/Military_Law/pdf/NT_war-criminals_Vol-II.pdf, pág. 291.
119. *Idem* págs. 292 y 293.
120. Consúltese esta Ordenanza en http://avalon.law.yale.edu/imt/imt07.asp.
121. Véase http://www.loc.gov/rr/frd/Military_Law/pdf/NT_war-criminals_Vol-II.pdf, pág. 326.

122. Art. 63. "*Una sentencia sólo se pronuncia sobre un prisionero de guerra por los mismos tribunales y de conformidad con el mismo procedimiento que en el caso de las personas pertenecientes a las fuerzas armadas de la Potencia detenedora.*"
123. Art. 64. "*Todo prisionero de guerra tendrá derecho de apelación en contra de cualquier sentencia contra él en la misma forma que las personas pertenecientes a las fuerzas armadas de la Potencia detenedora.*"
124. Art. 60:"*Al comienzo de una audiencia judicial contra un prisionero de guerra, la Potencia detenedora comunicará a la representante de la Potencia protectora lo antes posible y, en todo caso antes de la fecha fijada para la apertura de la audiencia.*

   Dicha información deberá contener los siguientes datos:
   (a) Estado civil y el rango del prisionero.
   (b) Lugar de residencia o de detención.
   (c) Declaración del cargo o cargos, y de las disposiciones legales aplicables.

   Si no es posible en la presente notificación que consigne los datos del tribunal que juzgará el caso, la fecha de la apertura de la audiencia y el lugar donde se llevará a cabo, estas indicaciones se presenta a la representante de la Potencia protectora a una fecha posterior, pero tan pronto como sea posible y en cualquier caso al menos tres semanas antes de la apertura de la audiencia."
   ."

3. Capítulo Tercero

1. Transcripción del caso disponible en http://www.loc.gov/rr/frd/Military_Law/pdf/NT_war-criminals_Vol-II.pdf, pág. 352 y sigs. También en http://www.worldcourts.com/imt/eng/decisions/1947.04.17_United_States_v_Milch.pdf y en http://nuremberg.law.harvard.edu/php/docs_swi.php?DI=1&text=milch hay un sumario del caso. Un buen análisis está en el trabajo aparecido en internet de David Thompson, en http://forum.axishistory.com/viewtopic.php?t=65002. Hay imágenes noticiosas sobre el desarrollo del caso en internet, tal como la primera sesión del Tribunal en https://www.youtube.com/watch?v=yE94p7IRWU0, y también hay conferencias posteriores al caso por parte del Fiscal King en https://www.youtube.com/watch?v=heoPUy2iCRA

    La sentencia se encuentra en http://werle.rewi.hu-berlin.de/Milch.pdf y en http://digitalcommons.law.uga.edu/nmt2/.
2. Antecedentes de Erhard Milch pueden consultarse en el libro de MITCHAM Jr., Samuel W., The Rise of the Wehrmacht, Greenwood, Wesport, 2008, Vol. I, págs. 35 y sigts.
3. Que traducimos como "Grupo cazador." La función del *Jägerstab* era incrementar la producción de aviones, sin los cuales la industria alemana quedaría destruida por los bombardeos de los Aliados.
4. Conf. texto en https://www.icrc.org/spa/resources/documents/misc/treaty-1907-regulations-laws-customs-war-on-land-5tdm39.htm

    "**Art. 4.** *Los prisioneros de guerra están bajo el poder del Gobierno enemigo y no de los individuos o Cuerpos que los hayan capturado.*

    Deben ser tratados con humanidad. Todo lo que les pertenezca personalmente, exceptuando armas, caballos y papeles militares es de su propiedad.

    Art. 5. *Se puede someter a los prisioneros de guerra a la internación en una ciudad,* *fortaleza, campo o localidad cualquiera con la obligación de no alejarse más allá de ciertos límites determinados; pero no pueden ser encerrados sino como medida de seguridad indispensable y únicamente en el caso de circunstancias imperiosas que determinen esa medida.*

Art. 6. *El Estado puede emplear como trabajadores a los prisioneros de guerra, según su grado y aptitudes, excepción hecha de los Oficiales. Los trabajos no serán excesivos y no tendrán relación alguna con las operaciones de la guerra.*

Puede autorizarse a los prisioneros para trabajar por cuenta de administraciones públicas o privadas o por cuenta propia.

Los trabajos ejecutados en beneficio del Estado, se pagarán de acuerdo con las tarifas en vigor para los militares del ejército nacional que ejecuten los mismos trabajos, o si aquéllas no existen, de acuerdo con una tarifa en relació n con los trabajos ejecutados.

Cuando los trabajos se verifiquen por cuenta de otras administraciones públicas o por cuenta de particulares, las condiciones se fijarán de acuerdo con la autoridad militar. El salario de los prisioneros debe contribuir para mejorar su situación, y el excedente les será entregado en el momento de su liberación, deducidos los gastos de sostenimiento.

Art. 7. *El Gobierno en cuyo poder se encuentren los prisioneros de guerra se encarga de su sostenimiento.*

A falta de acuerdo especial entre los beligerantes los prisioneros de guerra serán tratados en cuanto a alimentación, alojamiento y vestuario, en el mismo pie que las tropas del Gobierno que los haya capturado.

Art. 46. *El honor y los derechos de la familia, la vida de los individuos y la propiedad privada, así como las creencias religiosas y la práctica de los cultos, deben ser respetados.*

La propiedad privada no puede ser confiscada.

Art. 52. *No podrán exigirse empréstitos en especie y servicios del común o de los habitantes sino para atender a las necesidades del ejército que ocupe el territorio. Serán proporcionados a los recursos del país y de tal naturaleza que no impliquen para los habitantes la obligación de tomar parte en las operaciones de la guerra contra su país.*

Esos empréstitos y servicios no serán exigidos sino con la autorización del Comandante de la localidad ocupada.

Los empréstitos en especie serán, en cuanto sea posible, pagados de contado; en caso contrario se dejará constancia de aquellos por medio de documentos, y el pago se hará lo más pronto posible."

Véase textos en SCOTT, James Brown (Ed.), The Hague Conventions and Declarations of 1899 and 1907, Oxford University Press, New York, 1915, disponible en https://archive.org/stream/hagueconventions00inteuoft#page/n5/mode/2up.

5. Art. 2: *"Los prisioneros de guerra están en poder del Gobierno enemigo, pero no de los individuos o la formación que los capturados. Que en todo momento ser tratados humanamente y protegidos, especialmente contra todo acto de violencia, los insultos y la curiosidad pública. Las medidas de represalia en contra de ellos están prohibidas."*

Art. 3: *"Los prisioneros de guerra tienen derecho al respeto de su persona y honor. Las mujeres serán tratadas con todas las consideraciones debidas a su sexo. Reclusos seguirán gozando de su plena capacidad civil."*

Art. 4: *"El poder de detención está obligado a proporcionar para el mantenimiento de los prisioneros de guerra en su cargo. Las diferencias de trato entre los prisioneros sólo* son admisibles si esas diferencias se basan en el rango militar, el estado de salud física o mental, las habilidades profesionales, o el sexo de los que se benefician de ellos."

Art. 6: *"Todos los efectos personales y artículos de uso personal - excepto las armas, caballos, equipo militar y los documentos militares - quedarán en poder de los prisioneros de guerra, así como los cascos metálicos, y las máscaras de gas. Las sumas de dinero realizadas por los presos sólo se puede tomar de ellos en el orden de un oficial y después de la cantidad se ha registrado. Un recibo se dará por ellos. Las sumas así incautado se deberá ingresar en la cuenta de cada prisionero. Sus señas de identidad, insignias de rango, condecoraciones y objetos de valor no pueden ser retiradas a los prisioneros."*

Art. 31: *"El trabajo realizado por los prisioneros de guerra no tendrá conexión directa con las operaciones de la guerra. En particular, está prohibido emplear a los prisioneros en la fabricación o el transporte de armas o municiones de cualquier clase, o en el transporte de material destinado a las unidades combatientes. En el caso de violación de las disposiciones del párrafo anterior, los presos se encuentran en libertad, después de realizar o comenzar a realizar el pedido, para que sus quejas presentadas a través de la mediación de representantes de los presos cuyas funciones se describen en los artículos 43 y 44, o, en ausencia de un representante de los presos, a través de la mediación de los representantes de la Potencia protectora."*

Véase texto en https://www.icrc.org/applic/ihl/ihl.nsf/INTRO/305?OpenDocument.
6. Véase el texto en http://avalon.law.yale.edu/imt/imt10.asp.
7. Véase GRZEBYK, Patrycja, Criminal Responsibility for the Crime of Aggression, Routledge, New York, 2010, pág. 168.
8. Que dice: "*quien se apodere de otro por medio de ardid, amenaza o fuerza con el fin de someterlo a un estado de indefensión, o lo pone en esclavitud, o en servidumbre, o en un servicio militar o naval extranjero, será castigado por secuestro a confinamiento en un centro penitenciario*".
9. Véase texto actual en inglés en http://www.gesetze-im-internet.de/englisch_stgb/englisch_stgb.html.
10. *Jägerstab* podría traducirse como "grupo cazador," fue una institución creada por Albert Speer para lograr llevar la producción de aviones a los más altos parámetros.
11. El *Jägerstab* fue creado por el RMfRUK (Reichministerium für Rüstung und Kriegsproduction) o Ministerio Imperial para el Armamento y la Producción de Guerra, dentro del esquema de "guerra total" que sostuvo Hitler. Milch dependía de Speer y Saur, que era el director técnico del RMfRUK.
12. Conf. en http://www.loc.gov/rr/frd/Military_Law/pdf/NT_war-criminals_Vol-II.pdf, págs. 375 y 376.
13. Véase Trial of Major War Criminals, vol. I, págs. 188 y 200, Nuremberg, 1947.
14. Recuérdese que en septiembre de 1938 Hitler obtuvo los Sudetes de Checoslovaquia y que previamente en marzo había anexado a Austria.
15. Hace referencia al corredor de Danzig, consecuencia del Tratado de Versalles y por el que una parte de Prusia se había convertido en territorio polaco y la ciudad alemana de Danzig aislada del territorio principal.
16. Hace referencia al bloqueo que sufrió Alemania durante la I Guerra Mundial.
17. Conf. en http://www.loc.gov/rr/frd/Military_Law/pdf/NT_war-criminals_Vol-II.pdf, págs. 387 a 389.
18. Conf. http://www.loc.gov/rr/frd/Military_Law/pdf/NT_war-criminals_Vol-II.pdf, págs. 389 a 392.

19. *Idem*, págs. 392 y 393.
20. *Idem*, págs. 393 a 395.
21. Conf http://www.loc.gov/rr/frd/Military_Law/pdf/NT_war-criminals_Vol-II.pdf, págs. 400 a 402.
22. Conf. *Idem* pág. 407.
23. Conf http://www.loc.gov/rr/frd/Military_Law/pdf/NT_war-criminals_Vol-II.pdf, págs. 478 y 479.
24. *Idem* pág. 516.
25. *Idem* págs. 516 y 517.
26. En http://www.loc.gov/rr/frd/Military_Law/pdf/NT_war-criminals_Vol-II.pdf, pág. 536 hay agregado un croquis con la distribución de cargos.
27. *Idem* págs. 532 y 532.
28. *Idem* págs. 533 y 534.
29. El He 177 Greif era un bombardero pesado de largo alcance de cerca de 6.700 kilómetros (N. del A.).
30. Avión de caza alemán, llamado Bf 109, fue el aparto principal de la fuerza aérea alemana (N. del A.).
31. *Idem págs. 537 y 538.*
32. La Organisation Todt, era una tropa paramilitar de construcción que dependía del RMfRUK y que utlizando el trabajo esclavo, llevó adelante empresas de ingeniería de importancia como la muralla atlántica.
33. *Idem* págs. 589 y 590.
34. Véase http://www.loc.gov/rr/frd/Military_Law/pdf/NT_war-criminals_Vol-II.pdf, pág.554.
35. Conf. *Idem*, págs. 555 y sigts.
36. Kammler, era oficial de la SS, ocupando un prominente lugar en la WVHA sobre la que tratará el juicio contra Pohl, que se verá en el Capítulo Quinto.
37. *Idem, pág. 558.* Las actividades de Kammler querían ser investigadas en otro juicio. Sin embargo, se pensó que se había suicidado.
38. Véase http://www.loc.gov/rr/frd/Military_Law/pdf/NT_war-criminals_Vol-II.pdf, págs. 559 y sigts-
39. Véase http://www.loc.gov/rr/frd/Military_Law/pdf/NT_war-criminals_Vol-II.pdf, págs. 567 y sigts.
40. Véase http://www.loc.gov/rr/frd/Military_Law/pdf/NT_war-criminals_Vol-II.pdf, pág. 597.
41. El sistema de "sobres rojos" era emitido por las oficinas de Speer para dar prioridad a la colocación de la mano de obra.
42. *Idem*, págs. 563 y 564.
43. La palabra falta en el original inglés en http://www.loc.gov/rr/frd/Military_-Law/pdf/NT_war-criminals_Vol-II.pdf, pág. 599.
44. Véase http://www.loc.gov/rr/frd/Military_Law/pdf/NT_war-criminals_Vol-II.pdf, pág. 601.
45. *Idem*, pág. 602.
46. SD es la abreviatura de *Sicherheitsdienst* o servicio de seguridad o inteligencia de las SS.
47. Véase http://www.loc.gov/rr/frd/Military_Law/pdf/NT_war-criminals_Vol-II.pdf, págs. 603 y 604.
48. *idem*, págs. 605 y 606

49. *Idem*, pág. 607.
50. *Idem* págs. 607 y 608.
51. *Idem* págs. 613 y 614.
52. Véase pág. 75 y sigts.
53. Véase http://www.loc.gov/rr/frd/Military_Law/pdf/NT_war-criminals_Vol-II.pdf, pág. 625.
54. GL es la abreviatura de *Generalluftzeugmeister* o Maestro General de la Aviación y fue el cargo que desempeñaron Milch y Udet. (N. del A.)
55. Comp. http://www.loc.gov/rr/frd/Military_Law/pdf/NT_war-criminals_Vol-II.pdf, págs. 615 a 623.
56. Conf, *idem* págs. 651 y sigts.
57. *Idem* págs. 675 y sigts.
58. "*Articulo 31: El trabajo realizado por los prisioneros de guerra no tendrá conexión directa con las operaciones de la guerra. En particular, está prohibido emplear a los prisioneros en la fabricación o el transporte de armas o municiones de cualquier clase, o en el transporte de material destinado a las unidades combatientes. En el caso de violación de las disposiciones del párrafo anterior, los presos se encuentran en libertad, después de realizar o comenzar a realizar el pedido, para que sus quejas presentadas a través de la mediación de representantes de los presos cuyas funciones se describen en los artículos 43 y 44, o, en ausencia de un representante de los presos, a través de la mediación de los representantes de la Potencia protectora.*"
    Conf.https://www.icrc.org/applic/ihl/ihl.nsf/Article.xsp?action=openDocument&documentId=8B7B7425B25A2A4CC12563CD00518F29
59. Véase http://www.loc.gov/rr/frd/Military_Law/pdf/NT_war-criminals_Vol-II.pdf, págs. 730 y sigts.
60. *Idem*, págs. 773 y sigts.
61. *Idem*, págs. 778 y 779.
62. Disponible en el Proyecto Avalon de la Universidad de Yale en http://avalon.law.yale.edu/imt/imt07.asp. El Artículo X dice: "*Las determinaciones del Tribunal Militar Internacional en las resoluciones judiciales en el caso número 1 en cuanto que las invasiones, actos agresivos, guerras de agresión, crímenes, atrocidades o actos inhumanos se planificaron o se produjeron, será vinculante para los tribunales establecidos bajo la presente y no podrán ser cuestionadas, excepto en la medida en que la participación en los mismos o conocimiento de los mismos por cualquier persona en particular pueda verse afectada. Las declaraciones del Tribunal Militar Internacional en la sentencia No. 1 constituye prueba de los hechos declarados, a falta de nuevas pruebas sustanciales en contrario.*"
63. *Idem*, pág. 789.
64. *Idem*, pág. 791.
65. TAYLOR, Telford, "The Nuremberg War Crimes Trials," 27 Int'l Conciliation (1949) 244, en pág. 280 recuerda que el caso de Milch fue el segundo en abrirse y el primero en cerrarse.

4. Capítulo Cuarto

1. La transcripción del caso está disponible en http://www.loc.gov/rr/frd/Military_Law/pdf/NT_war-criminals_Vol-III.pdf. La acusación está disponible en

http://www.loc.gov/rr/frd/Military_Law/pdf/NT_Indictments.pdf#page=21. Un video sobre el inicio del juicio, parte de la lectura de la acusación por Telford Taylor y la condena sobre dos acusados puede verse en https://www.youtube.com/watch?v=lAuQ1TnfTkg. También véase http://werle.rewi.hu-berlin.de/Juristenurteil.pdf y http://law2.umkc.edu/faculty/projects/ftrials/nuremberg/Alstoetter.htm.

2. El Tribunal Popular y las Cortes Especiales, fueron un sistema paralelo de justicia nazi, desarrollado tras la asunción al poder. El primero tenía, en principio, jurisdicción concurrente sobre subversión interna, y las segundas, también inicialmente, sobre amenazas externas, sabotaje y desobediencia al gobierno. Véase KRAMER, Helmut, "Richter vor Gericht: Die juristische Aufarbeitung der Sondergerichtsbarkeit," 15 Juristische Zeitgeschichte (2007), 121, acá pág. 122, disponible en https://www.justiz.nrw.de/JM/haus_und_historie/zeitgeschichte/3publikationen/jur_zeitgeschichte/bandXV/leseprobe.pdf.

3. Véase http://www.loc.gov/rr/frd/Military_Law/pdf/NT_war-criminals_Vol-III.pdf, pág. 27.

4. Véase FREEMAN, Alwyn V., "War Crimes by Enemy Nationals Administering Justice in Occupied Territory," 41 Am J. Int'l L. (1947), 579.

5. Véase OPPENHEIM, Lassa, Tratado de Derecho Internacional Público, Bosch, Barcelona,1966,T. II Vol. 1, §170, págs. 446 y sigts. Las disposiciones citadas están, disponibles en https://www.icrc.org/spa/resources/documents/misc/treaty-1907-hague-convention-4-5tdm34.htm.

"Art. 43. Desde el momento en que la autoridad legítima pase de hecho a manos del ocupante, éste tomará todas las medidas que estén a su alcance a fin de restablecer y conservar, en cuanto sea posible, el orden y la vida públicos, respetando, salvo impedimento absoluto, las leyes vigentes en el país."

"Art. 46. El honor y los derechos de la familia, la vida de los individuos y la propiedad privada, así como las creencias religiosas y la práctica de los cultos, deben ser respetados.

La propiedad privada no puede ser confiscada."

"Art. 50. Ninguna pena colectiva, pecuniaria o de otra clase podrá imponerse a los habitantes por causa de hechos individuales de que no puedan ser considerados como solidariamente responsables."

"Art. 23. Además de las prohibiciones establecidas por Convenciones especiales, es particularmente prohibido:

(a) Emplear veneno o armas envenenadas;

(b) Dar muerte o herir a traición a individuos pertenecientes a la nación o al ejército enemigo;

(c) Dar muerte o herir a un enemigo que habiendo depuesto las armas o no teniendo medios para defenderse se haya rendido a discreción;

(d) Declarar que no se dará cuartel;

(e) Emplear armas, proyectiles o materias propias para causar males innecesarios;

(f) Usar indebidamente el pabellón parlamentario, el pabellón nacional o las insignias militares y el uniforme del enemigo, así como los signos distintivos de la Convención de Ginebra;

(g) Destruir o tomar propiedades enemigas, a menos que tales destrucciones o expropiaciones sean exigidas impe riosamente por las necesidades de la guerra;

(h) Declarar extinguidos, suspendidos o inadmisibles ante los Tribunales los derechos y acciones de los nacionales del adversario.

> *Es igualmente prohibido a un beligerante compeler a los nacionales del adversario a tomar parte en las operaciones de la guerra dirigidas contra su país, aun en el caso de que ellos hayan estado a su servicio antes de comenzar la guerra."*

6. Conf. http://www.loc.gov/rr/frd/Military_Law/pdf/NT_war-criminals_Vol-III.pdf, pág. 4.
7. Véase la "*ley de protección de la sangre alemana y del honor alemán*" del 15 de septiembre de 1935, *Reichsgesetzblatt* I, pág. 1146. Existe una traducción al español disponible en http://www.yadvashem.org/yv/es/holocaust/about/pdf/Nuremberg15.9.1935.pdf.
8. Véase ALTSTÖTTER, Josef, Bürgerliches Gesetzbuch nebst Einführungsgesetz, Jugendwohlfahrtsgesetz, Ehegesetz, Testamentsgesetz, De Gruyter, Berlin, 1939.
9. Su tesis de doctorado, titulada "Der bindende rechtswidrige Befehl," Breslau 1926, se traduce como "la obligatoriedad de la orden ilegal."
10. Conf. WACHSMANN, Nikolaus, Hitler's Prisons: Legal Terror in Nazi Germany, Yale UP, New Have, 2004, aquí págs. 294 y sigts.
11. Conf. HOHENGARTEN, André, Das Massaker im Zuchthaus Sonnenburg vom 30. /31. Januar 1945, Imprimerie Saint-Paul, Luxemburg, 1979.
12. Partes de ese proceso pueden verse en internet en la serie de documentales en https://www.youtube.com/watch?v=QKB4NA2IDOg
13. Existe una tesis doctoral sobre su vida hecha por SCHOTT, Susanne, Curt Rothenberger – eine politische Biographie, que se puede consultar en internet en http://d-nb.info/96359043x/34.
14. Disponible en https://www.youtube.com/playlist?list=PL94E3D22E33283028.
15. Véase, entre otros, ASIMOW, Michael, *Judges Judging Judges - Judgement at Nuremberg*, en https://www.sott.net/article/274432-Judges-judging-judges-Judgment-at-Nuremberg; COUTIN, Willy, Hollywood ou l'édification d'une morale universelle: *Jugement à Nuremberg* de Stanley Kramer (1961), 195 Revue d'Histoire de la Shoah (2011), 533, disponible en https://www.cairn.info/revue-revue-d-histoire-de-la-shoah-2011-2-page-533.htm.; y WECKEL, Ulrike, "The Power of Images. Real and Fictional Roles of Atrocity Film Footage at Nuremberg," en PRIEMEL cit., Loc 6188 Kindle.
16. Véase el portal austríaco ALEX en http://alex.onb.ac.at/tab_dra.htm. También hay material sobre el período nazi en http://www.verfassungen.de/de/de33-45/verf33-i1.htm.
17. Toda la legislación sobre la implementación del Tribunal Popular puede consultarse en http://www.loc.gov/rr/frd/Military_Law/pdf/NT_war-criminals_Vol-III.pdf, pág. 218 y sigts.
18. Un cuadro explicando la organización jerárquica de la justicia en tiempos de Hitler puede verse en http://www.loc.gov/rr/frd/Military_Law/pdf/NT_war-criminals_-Vol-III.pdf, pág. 216. En la pág. sigt. se completa el cuadro con la posición que ocupan los acusados dentro del organigrama.
19. Conf. Decreto del 6 de junio de 1940, sobre la introducción de la ley penal en los incorporados Territorios del Este, en RGBl. 1940 I, 844, Decreto del 4 de diciembre de 1941, RGBl. 1941 I, 759, y Decreto del 31 de enero de 1942, RGBl.1942 I, 52.
20. La documentación sobre el caso de la "*custodia preventiva*" se encuentra en http://www.loc.gov/rr/frd/Military_Law/pdf/NT_war-criminals_Vol-III.pdf, págs. 317 y sigts. Véase también en el mismo lugar pág. 342.

21. *Idem* págs. 347 y sigts.
22. Véase http://www.loc.gov/rr/frd/Military_Law/pdf/NT_war-criminals_Vol-III.pdf, págs. 340 y sigts.
23. OKW o *Oberkommando der Wehrmacht*, comando superior del ejército.
24. "*Nacht und Nebel Erlass,*" fue un decreto de Hitler formado por Keitel que estaba al frente del OKW. Su texto en inglés se encuentra en http://www.yale.edu/lawweb/avalon/imt/nightfog.htm. Sobre el tema véase GRUCHMANN, Lothar, "'Nacht- und Nebel'-Justiz. Die Mitwirkung Deutscher
    Strafgerichte an der Bekämpfung des Widerstandes in den Besetzten Westeuropäischen Ländern 1942-1944," 29 VfG 342 (1981) disponible en http://www.ifz-muenchen.de/heftarchiv/1981_3_2_gruchmann.pdf.
25. Véase el pertinente decreto transcripto en http://www.loc.gov/rr/frd/Military_Law/pdf/NT_war-criminals_Vol-III.pdf, págs. 685 y sigts.
26. Véase *infra* notas en págs.
27. La cita perteneció al IMT.
28. Véase http://www.loc.gov/rr/frd/Military_Law/pdf/NT_war-criminals_Vol-III.pdf, págs. 31 y siguientes.
29. Conf. RGBl 1933, I, 141, citada en el juicio como "*Ley de habilitación*" por la que se autorizó a Hitler y a su gobierno a alterar las leyes e incluso la constitución alemana sin la participación o consentimiento de los cuerpos legislativos.
30. Conf. RGBl. 1934, I, 91.
31. Es la famosa "*noche de los cuchillos largos*" que descabezó a Ernst Röhm, jefe de las SA que se habían transformado en un ejército paralelo a la Wehrmacht y era la única sombra que podía obstruir la figura de Hitler.
32. Para justificar porque habían ajusticiado a Röhm y sus cómplices, y no habían acudido a los Tribunales. Véase el video con el discurso de Hitler en https://www.youtube.com/watch?v=Js2paBSknb0.
33. Roland Freisler fue la encarnación del fanatismo nazi en el mundo judicial. Murió poco antes de la conclusión del la II Guerra Mundial, en febrero de 1945, pero él mejor que nadie debía estar en el banquillo de los acusados en este juicio. Videos de sus juicios se encuentran en You Tube, véase https://www.youtube.com/watch?v=Nzz700H6T9M. Véase ORTNER, Helmut, Der Hinrichter: Roland Freisler - Mörder im Dienste Hitlers, Zsolnay Vlg., Wien, 1993.
34. Véase RGBl 1933, I, 535, 537, disponible en http://www.documentarchiv.de/ns/1933/sondergerichte-bildung_vo.html.
35. Conocida como ordenanza por el incendio del Reichtag, disponible en http://www.documentarchiv.de/ns/rtbrand.html.
36. Los documentos relativos a estas cortes aparecen en http://www.loc.gov/rr/frd/Military_Law/pdf/NT_war-criminals_Vol-III.pdf, págs. 243 y sigts.
37. Conf. Ley del 14 de julio de 1933, RGBl. 1933 I, 529, Decreto del 5 de diciembre de 1933, RGBl. 1933 I, 1021, y Decreto del 25 de febrero de 1935, RGBl. 1935 I, 289.
38. Conf. RGBl. 1934 I, 341 y citada *supra* nota 32.
39. Estadísticas sobre las sentencias dictadas por los "Tribunales Populares" pueden encontrarse en el mismo sitio, págs. 677 y sigts.
40. Citando un discurso publicado en el diario nazi *Völkischer Beobachter*, del 27 de agosto de 1930, conf. http://www.loc.gov/rr/frd/Military_Law/pdf/NT_war-criminals_Vol-III.pdf, pág. 41.

41. *Idem,* citando un texto el *Deutsche Allgemeine Zeitung* del 28 de noviembre de 1934.
42. 1933 RGBl I, 176.
43. Véase, por ejemplo, la ley del 20 de diciembre de 1934 sobre actos insidiosos contra el estado y del partido y la protección de los uniformes, conocida como *"Heimtückgesetz"* o ley de la insidia, RGBl. 1934, I, 1269.
44. Conf. Ley del 24 de abril de 1934, RGBl. 1939, I, 341.
45. Conf. Decreto del 6 de mayo de 1940, RGBl. 1940, I, 754.
46. Véase la ley del 15 de septiembre de 1935 para la protección de la sangre y el honor alemán, en RGBl. 1935, I, 1146.
47. Véase BELING, Ernst, Die Lehre von Verbrechen, Mohr, Tübingen, 1908, disponible en http://www.archive.org/stream/dielehrevomverb00beligoog, pág. 7.
48. Ley de modificación del Código Penal del 28 de junio de 1935 (RGBl. 1935 I, 839) disponible en http://alex.onb.ac.at/cgi-content/alex?aid=dra&datum=1935&page=981&size=45.
49. *"gesundes Volksempfinden".*
50. Conf. las modificaciones al Código de Procedimiento Penal y la Ley de la Judicatura por ley del 28 de junio 1935, en RGBl. 1935, I, 844.
51. Véase la ley del 1 de diciembre de 1936 contra el sabotaje económico, en RGBl. 1936, I, 999.
52. Conf. Decreto del 4 de septiembre de 1939, RGBl. 1939, I, 1609.
53. Conf. Decreto del 5 de septiembre de 1939, RGBl. 1939, I, 1679.
54. Véase Decreto del 1 de septiembre de 1939, RGBl. 1939, I, 1683.
55. Conf. RGBl 1939 I, 1841. Este poder fue ampliado por un decreto de 1942. Conf. RGBl 1942 I, 508.
56. Extraído del diario *Völkischer Beobachter* del 27 de abril de 1942. Trraducción en inglés en http://www.loc.gov/rr/frd/Military_Law/pdf/NT_war-criminals_Vol-III.pdf, pág. 50.
57. Resolución del Gran Reichtag alemán del 26 de abril de 1942, Deutsche Justiz 1942, 283.
58. Decreto del 20 de agosto de 1942, RGBl 1942, 535.
59. Véase http://www.loc.gov/rr/frd/Military_Law/pdf/NT_war-criminals_Vol-III.pdf, págs. 534 y 535.
60. Véase http://www.loc.gov/rr/frd/Military_Law/pdf/NT_war-criminals_Vol-III.pdf, págs. 54 y 55. Véase el documento de Rothenberger acusando de estafa a una madre judía que vendió su leche materna a un médico en el mismo lugar, pág. 702 y los dichos del acusado sobre este tema al ser interrogado por la Fiscalía en págs. 760 y sigts.
61. Véase la opinión del Ministro Imperial de Justicia, en http://www.loc.gov/rr/frd/Military_Law/pdf/NT_war-criminals_Vol-III.pdf, págs. 532 y 533.
62. "**Art. 4.** *Los prisioneros de guerra están bajo el poder del Gobierno enemigo y no de los individuos o Cuerpos que los hayan capturado. Deben ser tratados con humanidad. Todo lo que les pertenezca personalmente, exceptuando armas, caballos y papeles militares es de su propiedad.*

    Art. 5. *Se puede someter a los prisioneros de guerra a la internación en una ciudad, fortaleza, campo o localidad cualquiera con la obligación de no alejarse más allá de ciertos límites determinados; pero no pueden ser encerrados sino como medida de seguridad indispensable y únicamente en el caso de circunstancias imperiosas que determinen esa medida.*

Art. 6. El Estado puede emplear como trabajadores a los prisioneros de guerra, según su grado y aptitudes, excepción hecha de los Oficiales. Los trabajos no serán excesivos y no tendrán relación alguna con las operaciones de la guerra.

Puede autorizarse a los prisioneros para trabajar por cuenta de administraciones públicas o privadas o por cuenta propia.

Los trabajos ejecutados en beneficio del Estado, se pagarán de acuerdo con las tarifas en vigor para los militares del ejército nacional que ejecuten los mismos trabajos, o si aquéllas no existen, de acuerdo con una tarifa en relación con los trabajos ejecutados.

Cuando los trabajos se verifiquen por cuenta de otras administraciones públicas o por cuenta de particulares, las condiciones se fijarán de acuerdo con la autoridad militar.

El salario de los prisioneros debe contribuir para mejorar su situación, y el excedente les será entregado en el momento de su liberación, deducidos los gastos de sostenimiento.

Art. 7. El Gobierno en cuyo poder se encuentren los prisioneros de guerra se encarga de su sostenimiento.

A falta de acuerdo especial entre los beligerantes los prisioneros de guerra serán tratados en cuanto a alimentación, alojamiento y vestuario, en el mismo pie que las tropas del Gobierno que los haya capturado." Véase https://www.icrc.org/spa/resources/documents/misc/treaty-1907-regulations-laws-customs-war-on-land-5tdm39.htm

63. Idem. "*Art. 23.* Además de las prohibiciones establecidas por Convenciones especiales, es particularmente prohibido:

(a) Emplear veneno o armas envenenadas;

(b) Dar muerte o herir a traición a individuos pertenecientes a la nación o al ejército enemigo;

(c) Dar muerte o herir a un enemigo que habiendo depuesto las armas o no teniendo medios para defenderse se haya rendido a discreción;

(d) Declarar que no se dará cuartel;

(e) Emplear armas, proyectiles o materias propias para causar males innecesarios;

(f) Usar indebidamente el pabellón parlamentario, el pabellón nacional o las insignias militares y el uniforme del enemigo, así como los signos distintivos de la Convención de Ginebra;

(g) Destruir o tomar propiedades enemigas, a menos que tales destrucciones o expropiaciones sean exigidas imperiosamente por las necesidades de la guerra;

(h) Declarar extinguidos, suspendidos o inadmisibles ante los Tribunales los derechos y acciones de los nacionales del adversario.

Es igualmente prohibido a un beligerante compeler a los nacionales del adversario a tomar parte en las operaciones de la guerra dirigidas contra su país, aun en el caso de que ellos hayan estado a su servicio antes de comenzar la guerra.

64. "*Artículo 2:* Los prisioneros de guerra están en poder del Gobierno enemigo, pero no de los individuos o la formación que los capturados. Que en todo momento ser tratados humanamente y protegidos, especialmente contra todo acto de violencia, los insultos y la curiosidad pública. Las medidas de represalia en contra de ellos están prohibidas.

Artículo 3: Los prisioneros de guerra tienen derecho al respeto de su persona y honor. Las mujeres serán tratadas con todas las consideraciones debidas a su sexo. Reclusos seguirán gozando de su plena capacidad civil.

Artículo 4: El poder de detención está obligado a proporcionar para el mantenimiento de los prisioneros de guerra en su cargo. Las diferencias de trato entre los prisio-

neros sólo son admisibles si esas diferencias se basan en el rango militar, el estado de salud física o mental, las habilidades profesionales, o el sexo de los que se benefician de ellos."
65. Acrónimo de *Sicherheitspolizei* o policía de seguridad.
66. Los documentos relativos a la constitución de cortes marciales para civiles están disponibles en http://www.loc.gov/rr/frd/Military_Law/pdf/NT_war-criminals_Vol-III.pdf, págs. 250 y sigts.
67. Conf. http://www.loc.gov/rr/frd/Military_Law/pdf/NT_war-criminals_Vol-III.pdf, págs. 72 y 73.
68. El decreto secreto se tituló "Directivas para la persecución de las infracciones cometidas contra el Reich o las fuerzas de ocupación en los territorios ocupados,"
    Véase una transcripción parcial del decreto en http://www.loc.gov/rr/frd/Military_Law/pdf/NT_war-criminals_Vol-III.pdf, págs.775 y sigts. Véase también http://www.yale.edu/lawweb/avalon/imt/nightfog.htm.
69. Texto del decreto disponible en http://www.yale.edu/lawweb/avalon/imt/nightfog.htm
70. En la ópera de Wagner, "El Oro del Rhin", en la escena III Alderico pronuncia la frase "Nacht und Nebel - niemand gleich" ("noche y niebla - nadie igual") volviéndose invisible vinculándose con las desapariciones resultantes del decreto en cuestión. Véase http://www.ffi33.org/33Nuit.htm.
71. Véase GRUCHMANN, Lothar, "'Nacht- und Nebel'-Justiz. Die Mitwirkung Deutscher Strafgerichte an der Bekämpfung des Widerstandes in den Besetzten Westeuropäischen Ländern 1942-1944," 29 VfG 342 (1981) disponible en http://www.ifz-muenchen.de/heftarchiv 1981_3_2_gruchmann.pdf.
72. Conf. http://www.loc.gov/rr/frd/Military_Law/pdf/NT_war-criminals_Vol-III.pdf, pág. 76.
73. En los últimos tiempos del programa de desapariciones, la efectividad de los bombardeos Aliados obligó a los alemanes a transferir la corte de Colonia a Breslau.
74. *Idem nota 58.* Carta presentada en el IMT.
75. Quien por este hecho sería procesado en el caso del Alto Mando que se estudia en el Capítulo Décimo Tercero.
76. Véase en el mismo sitio su declaración como testigo, págs. 808 y sigts.
77. En el mismo sitio véanse los memoriales firmados por von Ammon, págs. 786 y sigts. Su declaración está en las págs. 815 y sigts.
78. *Idem* págs. 77 y 78.
79. Esta circunstancia fue constatada en el jucio ante el IMT. Conf. *idem*, nota precedente, pág. 80.
80. Conf. http://www.loc.gov/rr/frd/Military_Law/pdf/NT_war-criminals_Vol-III.pdf, pág. 81.
81. 1943 RGBl, I, 372.
82. Véase la regulación del 1 de julio de 1943, RGBl. 1943 I, 372.
83. Conf. http://www.loc.gov/rr/frd/Military_Law/pdf/NT_war-criminals_Vol-III.pdf , págs. 83 y 84.
84. *Idem*, pág. 84.
85. *Idem*, págs. 85 y 86.
86. Aunque las manifestaciones de Rothaug cuando declaró ante el Tribunal, no aportan nada para la evaluación del caso, sus dichos sobre la forma en que desarrolló el jucio, las declaraciones al público y detalles sobre el artículo aparecido en el diario

Die Stürmer, son de interés y aparecen transcriptos en http://www.loc.gov/rr/frd/Military_Law/pdf/NT_war-criminals_Vol-III.pdf, págs. 747 y sigts.
87. Véase un extracto del artículo publicado el 2 de abril de 1942 en *Der Stürmer*, en http://www.loc.gov/rr/frd/Military_Law/pdf/NT_war-criminals_Vol-III.pdf, págs. 650 y sigts.
88. El texto del fallo, aparece en http://www.loc.gov/rr/frd/Military_Law/pdf/NT_war-criminals_Vol-III.pdf, págs. 653 y sigts.
89. *Idem*, págs. 86 y 87. Véase transcripción de un artículo del diario "*Der Stürmer*" sobre la sentencia de ese caso en el mismo sitio, págs. 650 y sigts. El veredicto dictado por Rothaug se encuentra en las págs. 653 y sigts. y en las págs. 753 y sigts. el acusado es interrogado al respecto por el Tribunal.
90. *Idem*, pág. 88. El veredicto está transcripto a partir de la pág. 852 junto con la decisión de el Tribunal Popular, las notas de clemencia y ejecución del convicto, concluyendo en la pág. 863. Cuando Rothaug declaró ante el Tribunal dijo que había un error de tipeo que no hablaba de la "raza subhumana" sino de la "subhumanidad polaca," no queriendo referirse a la subhumanidad de la raza polaca sino a la subhumanidad en Polonia. Véase pág. 909.
91. Véase Decreto del 21 de febrero de 1940, RGBl. 1940 I, 405.
92. Principio amparado expresamente por la V. Enmienda de la Constitución de los EEUU de no poder volver a ser juzgado por el mismo hecho.
93. Conf. Ley del 16 de septiembre de 1939, enmendando el Código Procesal Penal, el Código de Procedimiento Militar y el Código Penal, en RGBL. 1939 I, 1841.
94. Conf. http://www.loc.gov/rr/frd/Military_Law/pdf/NT_war-criminals_Vol-III.pdf, pág. 89.
95. Véase http://www.loc.gov/rr/frd/Military_Law/pdf/NT_war-criminals_Vol-III.pdf, págs. 760 y sigts.
96. *Idem*, págs. 761 y sigts.
97. La prohibición de "sorpresa injusta" es una regla del procedimiento de los EEUU, y en la que se basa el *discovery* o entrega de la copia de la prueba de la que una parte pretende valerse a la otra. Véase el comentario a la Regla 403 de las Reglas Federales de Evidencia, disponible en https://www.law.cornell.edu/rules/fre/rule_403.
98. WIGMORE, John Henry, A Treatise on the Anglo-Anterican System on Evidence in Trials at Common Law (Wigmore on Evidence), Little, Brown & Co., Boston, 1940, 3d Ed., vol. II. p. 206.
99. Véase RGBl. 1933 I, 188, la Ley del 7 de abril de 1933 relativo al ingreso a la barra de abogados, revocando la afiliación a quienes no tuvieran ascendencia aria, y el ingreso se veda a quienes no lo tuvieran, y a los comunistas.
100. Comp. http://www.loc.gov/rr/frd/Military_Law/pdf/NT_war-criminals_Vol-III.pdf, pág. 98.
101. *Idem* pág. 99.
102. Preussisches Justizministerialblatt, (I 10136) 29 de junio de 1933, pág. 210.
103. "*Artículo 9: En el juicio de aquella persona o personas miembros de algún grupo u organización, el Tribunal podrá declarar (en relación con cualquier acto por el que dicha persona o personas puedan ser castigados) que el grupo u organización a la que pertenecía la citada persona o personas era una organización criminal. Una vez recibido el Escrito de Acusación, el Tribunal hará las notificaciones que estime convenientes si estima que la acusación pretende que el Tribunal haga tal declaración, y cualquier miembro de la organización tendrá derecho a solicitar al Tribunal permiso para ser oído*

por el mismo respecto de la cuestión de la naturaleza criminal de la organización. El Tribunal estará facultado para acceder a la petición o denegarla. En caso de acceder, el Tribunal podrá indicar la forma en que serán representados y oídos los solicitantes." Disponible en el sitio de la Cruz Roja Internacional http://www.cruzroja.es/dih/pdf/estatuto_del_tribunal_militar_internacional_de_-nuremberg.pdf.

104. La Carta o Acuerdo de Londres del 8 de agosto de 1945, estableció el IMT y su artículo VI estableció los crímenes que juzgaría:

    " Artículo 6: El Tribunal establecido por el Acuerdo aludido en el Artículo 1 del presente para el enjuiciamiento y condena de los principales criminales de guerra del Eje Europeo estará facultado para juzgar y condenar a aquellas personas que, actuando en defensa de los intereses de los países del Eje Europeo, cometieron los delitos que constan a continuación, ya fuera individualmente o como miembros de organizaciones: Cualesquiera de los actos que constan a continuación son crímenes que recaen bajo la competencia del Tribunal respecto de los cuales habrá responsabilidad personal:

    a) CRIMENES CONTRA LA PAZ: A saber, planificar, preparar, iniciar o librar guerras de agresión, o una guerra que constituya una violación de tratados, acuerdos o garantías internacionales, o participar en planes comunes o en una conspiración para lograr alguno de los objetivos anteriormente indicados;

    b) CRIMENES DE GUERRA: A saber, violaciones de las leyes o usos de la guerra.

    En dichas violaciones se incluye el asesinato, los malos tratos o la deportación para realizar trabajos forzados o para otros objetivos en relación con la población civil de un territorio ocupado o en dicho territorio, el asesinato o malos tratos a prisioneros de guerra o a personas en alta mar, el asesinato de rehenes, el robo de bienes públicos o privados, la destrucción sin sentido de ciudades o pueblos, o la devastación no justificada por la necesidad militar, sin quedar las mismas limitadas a estos crímenes;

    c) CRIMENES CONTRA LA HUMANIDAD: A saber, el asesinato, la exterminación, esclavización, deportación y otros actos inhumanos cometidos contra población civil antes de la guerra o durante la misma; la persecución por motivos políticos, raciales o religiosos en ejecución de aquellos crímenes que sean competencia del Tribunal o en relación con los mismos, constituyan o no una vulneración de la legislación interna del país donde se perpetraron.

    Aquellos que lideren, organicen, inciten a la formulación de un plan común o conspiración para la ejecución de los delitos anteriormente mencionados, así como los cómplices que participen en dicha formulación o ejecución, serán responsables de todos los actos realizados por las personas que sea en ejecución de dicho plan." Conf. http://www.cruzroja.es/dih/pdf/estatuto_del_tribunal_militar_internacional_de_-nuremberg.pdf.

105. Conf. http://www.loc.gov/rr/frd/Military_Law/pdf/NT_Vol-I.pdf, págs. 255 a 257.
106. Véase *supra* pág. 19.
107. Aunque el tema va a ser estudiado con detenimiento en el Capítulo Décimo Tercero, en http://www.loc.gov/rr/frd/Military_Law/pdf/NT_war-criminals_Vol-III.pdf, págs. 569 y sigts. hay una profusión de documentos, desde los memorandos y notas de Warlimont, uno de los acusados en el caso del Alto Mando, instrucciones de Keitel, cartas del embajados Ritter que fue juzgado en el caso estudiado en el Capítulo Décimo Segundo, circulares secretas de Bormann, y carta de Lemmers.
108. La cita en comillas dentro de la cita pertenece a la frase con la que Jackson comenzó

su exposición ante el IMT. Conf. http://www.loc.gov/rr/frd/Military_-Law/pdf/NT_war-criminals_Vol-III.pdf, pág. 107.
109. Véase IMT cit. http://werle.rewi.hu-berlin.de/IMTJudgement.pdf, pág. 52.
110. Véase http://www.loc.gov/rr/frd/Military_Law/pdf/NT_war-criminals_Vol-III.pdf, pág. 119.
111. TRIEPEL, Heinrich, Völkerrecht und Landesrecht. Hirchfeld, Leipzig 1899, pág. 153.
112. El artículo 30 del Reglamento relativo a las leyes y costumbres de la guerra terrestre dice: *"El espía cogido in fraganti no podrá ser castigado sin juicio previo."* (N. del a.). Disponible en https://www.icrc.org/spa/resources/documents/misc/treaty-1907-regulations-laws-customs-war-on-land-5tdm39.htm.
113. Conf. http://www.loc.gov/rr/frd/Military_Law/pdf/NT_war-criminals_Vol-III.pdf, pág. 120.
114. Conf. copia fotostática de los documentos firmados en http://www.lituanus.org/1989/89_1_03.htm, aunque no existe la referencia que la defensa indica.
115. Comp. http://www.loc.gov/rr/frd/Military_Law/pdf/NT_war-criminals_Vol-III.pdf, págs. 804 y sigts.
116. Conf. FREEMAN, Alwyn V., "War Crimes by Enemy Nationals Administering Justice in Occupied Territory," 41 Am.J. Int'l L. (1947), 605, aquí pág. 606.
117. FRIED, John H. E., "Transfer of Civilian Manpower from Occupied Territory," 40 Am. J. Int'L (1946), 303, aquí págs. 326 y 327.
118. Véase Capítulo Sexto.
119. Conf. http://www.loc.gov/rr/frd/Military_Law/pdf/NT_war-criminals_Vol-III.pdf, pág. 976.
120. MAXWELL-FYFE, David, "Foreword" en COOPER, R. W., The Nuremberg Trial, Penguin Books, London, 1947. 7.
121. Del 11 de agosto de 1919, llamada así por la ciudad donde se desarrolló la asamblea constituyente, disponible en http://www.jura.uni-wuerzburg.de/fileadmin/02160100/Elektronische_Texte/Verfassungstexte/Die_Weimarer_Reichsverfassung.pdf.
122. Conf. http://www.loc.gov/rr/frd/Military_Law/pdf/NT_war-criminals_Vol-III.pdf, págs. 977 y 978.
123. Véase el Tratado, sus discusiones y el texto citado en http://fama2.us.es/fde/ocr/2006/tratadoDeVersalles.pdf, pág. 304. El texto continúa: *"Esta disposición se aplicará, sin perjuicio de los procedimientos que se sigan ante una jurisdicción de Alemania o de sus aliados. El Gobierno alemán deberá entregar a las Potencias aliadas y asociadas, o a la que de entre ellas le fuere indicado, las personas que, acusadas de haber cometido un acto contrario a las leyes y a las costumbres de la guerra, sean designadas, bien por su nombre, bien por el grado, la función o el empleo que tenían en las jerarquías alemanas."*
124. BLUNTSCHLI, Johann Caspar, Das moderne Völkerrecht der Civilißirten Staaten, C.H. Beck'sche Buchhandlung, Nördlingen, 1868, pág. 263, disponible en https://archive.org/details/dasmodernevlker00blungoog, § 471. La cita transcripta de acuerdo al fallo del Tribunal, pertenece a la tercera edición de 1870 y a la pág. 270.
125. Véase Resolución 96 (I) del 11 de diciembre de 1946, "El Crimen de Genocidio" disponible en http://www.un.org/es/comun/docs/?symbol=A/RES/96(I).

126. Conf. http://www.loc.gov/rr/frd/Military_Law/pdf/NT_war-criminals_Vol-III.pdf, pág. 983.
127. *Idem* pág. 984.
128. *idem* pág. 985.
129. Véase HOEFER, Frederick, "The Nazi Penal System," 35 J. Crim. L. & Criminology (1944-1945), 385, disponible en http://scholarlycommons.law.northwestern.edu/cgi/viewcontent.cgi?article=3313&context=jclc, con una buena cronología de las modificaciones penales llevadas a cabo.
130. Es de resaltar la absoluta coherencia entre las ideas que esbozó Hitler en su libro y lo que hizo cuando llegó al poder, al punto que resulta sorprendente considerar que alguien pudo haber resultado sorprendido. La versión original alemana puede descargarse en http://downloadmeinkampf.com/downloads/Adolf%20Hitler%20-%20Mein%20Kampf%20-%20German.pdf. Una versión en inglés se encuentra en <https://archive.org/details/meinkampf035176mbp>.
131. Conf, RGBl. 1934 I, 75.
132. Conf. Ley del 24 de abril de 1934, RGBl. I, 341.
133. Conf. Ley del 28 de junio de 1935, RGBl. I, 839.
134. Conf. Decreto del 1 de diciembre de 1936, RGBl. I, 999.
135. Conf. Decreto del 1 de septiembre de 1939, RGBL. I, 1455.
136. Conf. Decreto del 5 de septiembre de 1939, RGBL. I, 1683.
137. Conf. Decreto del 25 de noviembre de 1939, RGBl. I, 2319.
138. Véase http://www.loc.gov/rr/frd/Military_Law/pdf/NT_war-criminals_Vol-III.pdf, pág. 1014.
139. *Idem*, pág. 1016.
140. *Idem*.
141. *Idem* pág. 1017.
142. *Idem* pág. 1024.
143. *Idem*, pág. 1028.
144. *Idem*, págs. 1063 y sigts.
145. RM es el acrónimo de *Reichmark*, moneda corriente en Alemania hasta el final de la guerra.
146. Conf. págs. 1178 y sigts. y luego págs. 1195 y sigts. en http://www.loc.gov/rr/frd/Military_Law/pdf/NT_war-criminals_Vol-III.pdf.

5. Capítulo Quinto

1. El caso está transcripto a partir de la pág. 195 en el V volumen de la serie disponible en http://www.loc.gov/rr/frd/Military_Law/pdf/NT_war-criminals_Vol-V.pdf . La acusación está transcripta en http://www.loc.gov/rr/frd/Military_Law/pdf/NT_Indictments.pdf#page=36. El fallo se encuentra en http://werle.rewi.hu-berlin.de/POHL-Case.pdf. Copia fotostática del fallo se encuentra en http://digitalcommons.law.uga.edu/cgi/viewcontent.cgi?article=1002&context=nmt4. Información adicional puede encontrarse en la base de datos de la Universidad de Harvard en http://nuremberg.law.harvard.edu/php/docs_swi.php?DI=1&text=pohl y en el proyecto Avalon de la Universidad de Yale en http://avalon.law.yale.edu/subject_menus/pohl.asp. Films sobre el caso están disponibles en https://www.youtube.com/watch?v=_IJiGxUiHpk

2. Véase págs. 147 y sigts.
3. Se encuentra en el Capítulo Segundo de esta obra.
4. Véase Decreto de Himmler para su creación en http://www.loc.gov/rr/frd/Military_Law/pdf/NT_war-criminals_Vol-V.pdf, pág. 293.
5. Véase http://www.loc.gov/rr/frd/Military_Law/pdf/NT_war-criminals_Vol-V.pdf, págs. 296 y 297. Ese Decreto fue complementado con otro más detallado, que se lee a partir de la pág. 313 a la 319.
6. IMT, Vol. I, pág. 273.
7. Véase http://www.loc.gov/rr/frd/Military_Law/pdf/NT_war-criminals_Vol-V.pdf, págs. 211 y 212.
8. Conf. http://www.loc.gov/rr/frd/Military_Law/pdf/NT_war-criminals_Vol-V.pdf, pág. 221.
9. Estas estadísticas han sido estudiadas en profundidad en el trabajo de WACHSMANN, Nikolaus, KL. A History of the Concentration Camps, Parrar, Straus and Giroux, New York, 2015, que estima que 2.300.000 personas fueron llevadas a los campos de cocentración entre 1933 y 1945; la mayoría, 1.700.000 perdió su vida, de los cuales 1.000.000 corresponde sólo a Auschwitz. Conf. ob. cit. Loc 98 Kindle.
10. Conf. *idem* pág. 222. Véase, sin embargo, los números de WACHSMANN, cit. *supra*, nota 9.
11. *Idem* págs. 222 y 223.
12. *Idem*, pág. 229.
13. *Idem*, pág. 228.
14. *Idem*, págs. 230 y 231.
15. *Idem*, pág. 232.
16. *Idem*, pág. 235.
17. *Idem*, pág. 236. Esta afirmación aparece también en documentos anteriores. Como ejemplo, el campo de concentración de Mauthausen había recibido 7.587 prisioneros y 3.306 habían muerto el primer año.
18. El uso de prisioneros de guerra y de los campos de concentración en la fabricación de armamentos, fue visto en el caso Milch que hemos tratado en el Capítulo Tercero de esta obra. Los acusados del caso Pohl fueron imputados de proveer mano de obra esclava a los programas de Milch. Véase http://www.loc.gov/rr/frd/Military_Law/pdf/NT_war-criminals_Vol-V.pdf, págs. 239 y sigts.
19. Léase la declaración de un médico testigo, sobre las condiciones en que vivían en Dora en http://www.loc.gov/rr/frd/Military_Law/pdf/NT_war-criminals_Vol-V.pdf, págs. 394 y sigts.
20. Conf. http://www.loc.gov/rr/frd/Military_Law/pdf/NT_war-criminals_Vol-V.pdf, pág. 242.
21. *Idem*, pág. 245.
22. *Idem*, pág. 246.
23. La referencia es a la llamada "*noche de los cuchillos largos*" en la que fue ejecutado Röhm y sus principales acólitos de las SA por mano de las SS. (N. del A.)
24. Véase http://www.loc.gov/rr/frd/Military_Law/pdf/NT_war-criminals_Vol-V.pdf págs. 251 y 252. Existe una transcripción fonográfica del discurso que puede escucharse en https://www.youtube.com/watch?v=mRO04q_lQi4 y de donde se ha obtenido la transcripción que se ofrece que es diversa y más amplia que la de la transcripción del juicio. La grabación se encuentra en los United States National Archives en College Park, Maryland.

25. *Idem*, págs. 252 y 253.
26. *Idem*. pág.255.
27. *Idem* pág. 622.
28. *Idem*, págs. 255 y 256.
29. *Idem*, págs. 695 a 697.
30. Véase, el meticuloso informe del acusado Globocnik en http://www.loc.gov/rr/frd/Military_Law/pdf/NT_war-criminals_Vol-V.pdf, págs. 704 y sigts yen págs. 721 y sigts.
31. *Idem*, pág. 258.
32. Véase el memorando sobre las actividades de la Industria del Oeste en págs. 512 y sigts.
33. *Idem,* lo transcripto está en la pág. 617.
34. *Idem* págs. 639 a 641.
35. *Idem,* págs. 641 a 646.
36. *Idem,* págs. 646 y sigts.
37. *Idem,* págs. 650 y sigts.
38. Hay una nota final tras la transcripción, afirmando que el testigo Bielski dijo haber visto a los acusados Bobermin y Sommer en Auschwitz.
39. Conf. http://www.loc.gov/rr/frd/Military_Law/pdf/NT_war-criminals_Vol-V.pdf>, págs. 664 y sigts.
40. Conf. http://www.loc.gov/rr/frd/Military_Law/pdf/NT_war-criminals_Vol-V.pdf, págs. 813 y sigts. Otros párrafos de la declaración del testigo se encuentran a partir de la pág. 685 y sigts.
41. La transcripción pone una nota al pie de página diciendo que el testigo se refiere evidentemente a Fürstenberg, aproximadamente 60 millas al norte de Berlín, la ubicación del campo de concentración de Ravensbrück.
42. *Idem*, págs. 695 y sigts.
43. *Idem*, págs. 699 y sigts.
44. *Idem*, págs. 704 y sigts.
45. Véase págs. 331 y sigts.
46. Véase http://www.loc.gov/rr/frd/Military_Law/pdf/NT_war-criminals_Vol-V.pdf, págs. 434 y 435.
47. Véase *idem* págs. 748 y 749.
48. Las *Leibstandarte SS* Adolf Hitler era la guardia personal de Hitler. (N. del A.)
49. La bandera histórica nazi era la *Blutfahne* o bandera ensangrentada, manchada con sangre de heridos o caídos en el golpe que intentó Hitler en Munich el 9 de noviembre de 1923 y por el que fue encarcelado y que era un verdadero objeto de culto nazi. A su salida de prisión la bandera le fue entregada a Hitler y desde entonces Hitler 'consagraba' otras banderas poniéndolas en contacto con la *Blutfahne.* (N. del A.)
50. Véase http://www.loc.gov/rr/frd/Military_Law/pdf/NT_war-criminals_Vol-V.pdf, págs.768 y sigts, aquí págs. 777 y sigts.
51. La referencia es al libro de KOGON, Eugen**,** Der SS-Staat. Das System der deutschen Konzentrationslager. Verlag Karl Alber, München 1946. (N. del a.)
52. Ohlendorf fue jefe de uno de los Grupos de Tareas, de cuyo juicio se ocupa el Capítulo Décimo. La declaración que se transcribe, se encuentra en http://www.loc.gov/rr/frd/Military_Law/pdf/NT_war-criminals_Vol-V.pdf, págs. 637 y sigts.

53. Véase http://www.loc.gov/rr/frd/Military_Law/pdf/NT_war-criminals_Vol-V.pdf, pág. 826.
54. *Idem*, pág. 831.
55. *Idem*, pág. 885.
56. Conjunto de artículos claramente antisemitas del fabricante de vehículos, Henry Ford, publicado originalmente en el periódico de la Compañía Ford, "*The Dearborn Independent,*" a partir de mayo a octubre de 1920, y que luego será publicado como libro, que puede consultarse en http://www.jrbooksonline.com/Intl_Jew_full_version/ijtoc_.htm.
57. Véase http://www.loc.gov/rr/frd/Military_Law/pdf/NT_war-criminals_Vol-V.pdf, pág. 982.
58. Véase *supra* Capítulo II
59. Las SS *Totenkopf* - SS calavera- tenían mayormente a su cargo las guardias de los campos de concentración, aunque participaron en algunas campañas de guerra en Rusia y en Polonia. Llevaban una calavera con dos huesos, plateada, en su gorra y en el cuello de su uniforme.

6. Capítulo Sexto

1. La transcripción del caso la seguimos en https://www.loc.gov/rr/frd/Military_Law/pdf/NT_war-criminals_Vol-VI.pdf, y en http://www.loc.gov/rr/frd/Military_Law/pdf/Law-Reports_Vol-9.pdf. Un resumen del caso puede consultarse en http://www.worldcourts.com/ildc/eng/decisions/1947.12.22_United_States_v_Flick2.pdf. La sentencia puede consultarse en http://werle.rewi.hu-berlin.de/Flick-Case%20Judgment.pdf. Videos de la lectura de la acusación y de la presentación de los acusados, pueden verse en https://www.youtube.com/watch?v=RHmjBg62TrU, https://www.youtube.com/watch?v=S1tcAph0NaM, https://www.youtube.com/watch?v=2bQ6gzd_tIY, https://www.youtube.com/watch?v=-0kG5-4p87A. Todos los acusados se declararon inocentes de la acusación. También hay un interesante documental alemán sobre la reconstrucción después de la guerra del imperio Flick https://www.youtube.com/watch?v=n-It-yRmIS8, pero siendo un hombre dueño de las más grandes fortunas hay múltiples documentales sobre Flick y su familia. Véase https://www.youtube.com/watch?v=SO8vmMIdUxQ y https://www.youtube.com/watch?v=Y87d-tdfddc.
2. Los otros dos casos fueron el seguido contra el cartel IG Farben - U.S. vs. Carl Krauch et al.- y el tercero contra el grupo Krupp - U.S. vs. Alfried Krupp etc. al.- que serán estudiados en los capítulos Séptimo y Décimo Primero respectivamente. En la colección de transcripciones Flick ocupa el volúmen VI, IG Farben los volúmenes VII y VIII, y Krupp el IX.
3. HELLER, Kevin Jon, The Nuremberg Military Tribunals and the Origins of International Criminal Law, Oxford UP, Oxford, 2011, pág. 59 explica que Taylor confiaba en que los británicos iniciarían un proceso contra los industrialistas del Ruhr, y además preparar un proceso con múltiples protagonistas llevaría mucho tiempo.
4. Alguna fuente acusa a los guardias británicos de no informar su enfermedad o negarse a tratarlo. Véase por ejemplo ese comentario en http://uboat.net/wwi/men/commanders/343.html.

5. Véase BÄHR, Johannes, DRECOLL, Axel, GOTTO, Bernhard, PRIEMEL, Kim C. & WIXFORTH, Harald, Der Flick-Konzern im Dritten Reich, Oldenburg Vlg., München, 2008 (cit. en adelante BÄHR), pág. 189.
6. Una moción posterior de la Acusación, concentró este cargo en Flick y los exceptuó a Burkart y Terberger..
7. Véase el gráfico con la distribución de cargos entre los acusados para el manejo del grupo, en la obra de BÄHR, cit. pág. 197.
8. Conf. http://www.loc.gov/rr/frd/Military_Law/pdf/NT_war-criminals_Vol-VI.pdf, págs. 55 y 56.
9. Copia fotostática de la autorización se encuentra en http://www.loc.gov/rr/frd/Military_Law/pdf/NT_war-criminals_Vol-VI.pdf, pág. 1277.
10. Puede verse en http://www.loc.gov/rr/frd/Military_Law/pdf/NT_war-criminals_-Vol-VI.pdf, pág. 49.
11. Sería luego detenido por el régimen de Vichy, cuando intentaba emigrar a la Argentina y concluiría la guerra en el campo de concentración de Sachenhausen. Sobre las razones de su exilio véase THYSSEN, Fritz, I Paid Hitler, Farrar & Rinehart, New York, 1941. Véase sobre su consideración por parte de la Fiscalía, la conclusión de Telford Taylor en http://www.loc.gov/rr/frd/Military_Law/pdf/NT_war-criminals_-Vol-VI.pdf, págs. 113 y sigts., criticando que Flick pretendiera compararse al mismo.
12. Véase http://www.loc.gov/rr/frd/Military_Law/pdf/NT_war-criminals_Vol-VI.pdf, pág. 54.
13. *Idem*, pág. 58.
14. *Idem*, pág. 59.
15. *Idem*.
16. *Idem*, pág. 60.
17. *Idem*, pág. 61.
18. *Idem*, y pág. 62.
19. *Idem*.
20. *Idem*, págs. 62 y 63.
21. *Idem*, pág. 63.
22. *Idem*, pág. 69.
23. *Idem*, pág. 70.
24. El caso de IG Farben será estudiado en el capítulo VII de esta obra.
25. Conf. http://www.loc.gov/rr/frd/Military_Law/pdf/NT_war-criminals_Vol-VI.pdf, pág. 96.
26. *Idem*.
27. *Idem*, pág. 102.
28. Conf. http://www.loc.gov/rr/frd/Military_Law/pdf/NT_war-criminals_Vol-VI.pdf, pág. 1197.
29. Hemos usado la traducción que está disponible en la base de datos de la Cruz Roja Internacional, en el sitio https://www.icrc.org/spa/resources/documents/misc/treaty-1907-regulations-laws-customs-war-on-land-5tdm39.htm. Sin embargo, la palabra "requisiciones" nos parece más apropiada que "empréstito."
30. *Idem*, aquí las palabras "dinero efectivo" nos parecen más apropiadas que "numerario."
31. Conf. http://www.loc.gov/rr/frd/Military_Law/pdf/NT_war-criminals_Vol-VI.pdf, págs. 1203 y sigts.

32. Conf. http://www.loc.gov/rr/frd/Military_Law/pdf/NT_war-criminals_Vol-VI.pdf, pág. 1210.
33. El Tribunal se refiere a la *court of equity*, original del sistema inglés, que aplica equidad para resolver los casos.
34. Conf. http://www.loc.gov/rr/frd/Military_Law/pdf/NT_war-criminals_Vol-VI.pdf, pág. 1214.
35. "*Del mismo tipo.*" En la interpretación legislativa la regla *ejusdem generis* es que cuando hay palabras generales que siguen una enumeración de personas o cosas, mediante palabras de un significado particular y específico, tales palabras generales no pueden ser interpretadas en su acepción más amplia, sino ser aplicadas solo a personas o cosas del mismo tipo o clase a las que son específicamente mencionadas. N. del A.
36. Conf. http://www.loc.gov/rr/frd/Military_Law/pdf/NT_war-criminals_Vol-VI.pdf, págs. 125 y 126.
37. Véase capítulo IV de esta obra.
38. Véase caso IMT, Vol. I, pág. 273.

Índice Temático Vol. 1

A

Acción Reinhardt, 372–373
Acuerdo de Londres, 2, 13–15, 19–20, 22, 29–30, 34, 266, 447–448
AGNU, 12, 15, 281
agresión, 13, 16–18, 21, 23–26, 30–34, 108, 113, 152, 157, 248, 277, 279, 427, 437
agua de mar, 58–59, 68, 85–87, 117, 119–126, 130, 135–137
Ahnenerbe, 63, 117, 130–131, 144
AKW, 412, 419, 429
Albrecht, 155
Alemania, 2–3, 6, 9–14, 16, 20, 31–33, 40, 42, 56, 71, 73, 95, 106–108, 115, 117, 119, 122, 126, 139, 148, 150, 153–155, 157, 163–164, 166–168, 170, 173, 183–184, 194–197, 201–202, 204, 207, 209, 211, 213, 219, 226, 231, 234, 237–239, 241, 243–244, 246, 251–252, 261, 268, 272, 274–277, 279, 287, 309–311, 320, 322–324, 328, 353, 358, 372, 374, 377, 379, 387, 401, 408–412, 415, 417–418, 424–425, 427–428, 437, 441, 443, 447
Alexander G. Hardy, 44
Alfred M. Wooleyhan, 221
alistamiento, 241
Alta Silesia, 272
Alto Mando, 12, 19, 197, 251
Altstötter, 12, 14–15, 217, 221–222, 236, 266–268, 287–289, 374, 448
aluminio, 171–172
arianización, 312, 411, 416, 427–428, 435, 447
Arnost Horlik-Hochwald, 44
Asamblea General de las Naciones Unidas, 12, 15
asociales, 115, 234–235, 321
Atenas, 228
August Franz Frank, 299
Auschwitz, 8, 54, 68, 76, 78, 86–87, 89, 94, 96, 99, 118, 125, 143, 178, 233, 305–306, 323, 333–334, 337–338, 341–342, 346–347, 349–352, 354–359, 362–365, 367–370, 372, 379, 387, 390, 392, 395, 399
Ausig, 431
Austria, 26, 31–32, 34, 150, 402
autoridad suprema, 12, 106, 276
aviadores, 65, 76–77, 199–200, 235, 286

B

Babitz, 360, 367
Baier, 306, 319–320, 347, 349, 391
Banco Imperial, 110, 347, 372–373
Barnickel, 223, 287
Beck, 35, 393, 396, 399, 415, 453, 455
Becker, 48–49, 76, 81, 86, 88–89, 91, 135
Becker-Freyzeng, 76
Beigelböck, 87–88
Beiglböck, 59, 68, 86, 88, 137
Bélgica, 251–252, 405, 410, 438, 446
beligerante, 10–12, 23, 106, 275–276, 446

Belsec, 341–342, 376
Belzec, 392
Berger, 142, 286, 293
Berghof, 46
Berlín, 27, 53, 58, 71, 123, 129, 173, 193, 224, 241, 244, 252, 263, 265, 275, 360, 373, 404, 413, 416, 431
BHO, 426, 441, 446
Bickenbach, 118
Bielski, 358, 366, 368
Birkenau, 358, 363, 365, 399
Blome, 52, 71–72, 79–81, 94, 99–100, 126, 141
Bloque, 90, 124
Bobermin, 308, 319, 347, 364, 392
Boger, 362
Bohemia y Moravia, 31, 235, 256
Böhringer, 139
bolchevique, 98
bomba atómica, 371–372
bombas incendiarias, 70, 92, 123
Bormann, 148, 285, 396
BRABAG, 394
Brack, 57, 61, 68, 72, 95–98, 100, 106, 134–135
Brandt, 3, 39, 43, 45–46, 54–55, 61–64, 68, 70–73, 75–76, 79–81, 84–85, 88–89, 91, 95–96, 98–100, 106, 111, 117–120, 126–128, 131, 144, 216, 298, 348, 376, 397
Brno, 174
Brückner, 191–193
Bubermin, 320
Buchenwald, 8, 50, 59, 63, 68–70, 86–87, 90–91, 93, 95, 114, 129, 133, 136, 320, 323, 338, 347, 390
buna, 334
Burkart, 406, 408–410, 417, 419, 426, 435, 438, 440–441, 445, 447

C

cámara de gas, 99, 104, 351, 359–364, 367, 369–370
cámaras de gas, 104–105, 119, 312, 324, 342, 351, 354, 356, 359–362, 364–367, 369–370, 387, 390
camiones gasíferos, 382–384
campos de concentración, 41–42, 54, 57, 66, 68–69, 86, 92, 95, 101, 109–110, 118–119, 127–128, 132–133, 139, 153, 166–167, 179–187, 189–191, 198, 200–202, 212, 233–234, 248, 254–256, 267, 297–298, 310–312, 315, 318–325, 327, 329, 332–334, 336–338, 341–343, 346–350, 368–375, 381, 385–391, 408, 420, 434, 437, 439
campos de trabajo, 193, 310, 323
Cancillería del Partido, 246
Cancillería Imperial, 246
carga de la prueba, 266
Carl Weiss, 405
Carrington T. Marshall, 221
carros blindados, 433
Carta, 11–13, 15–19, 24, 26, 29–30, 32, 34–35, 63, 70–71, 75, 99–100, 106, 118–119, 129, 131, 138, 157, 159, 173–174, 191, 203, 219, 246, 252–253, 266, 276–277, 283, 285, 318, 325, 328, 344, 347, 349, 372, 375–377, 381–382, 387, 417, 420, 423, 425, 447–449
Carta de Londres, 24, 29–30, 35
Carta de Nuremberg, 12–13, 15–17, 24, 30, 34, 277
caucho sintético, 334
CC, 2, 16, 20–21
CCL, 2, 9, 11–14, 16, 19–21, 25, 29–30, 32–33, 35, 39, 45, 106–110, 115, 117, 140, 151–152, 211, 220, 236, 247, 262, 266,

Índice Temático Vol. 1

274, 276–281, 287, 310–311, 313, 410–412, 437–438, 441, 447
Charles B. Sears, 402
Charles S. Lyon, 403
Checoslovaquia, 34, 234, 379, 416, 427, 431
China, 56
Churchill, 10, 257
Círculo de Amigos de Himmler, 404, 416, 433, 449
Círculo Keppler, 412, 433
Clark Denney, 149, 208
Código Penal alemán, 153, 233, 271
colección de esqueletos, 55, 70, 98, 128, 132
Comandante en Jefe del Ejército, 317
comando especial, 367, 384
comandos, 383–384
Common Law, 4, 14, 30–31, 209, 269, 278
Concentración, 41–42, 48, 51–52, 54, 57–59, 63–64, 66–70, 75–76, 79–82, 84, 86–87, 89–90, 92–96, 99, 101, 109–110, 118–119, 121–122, 124–125, 127–129, 131–134, 139, 151, 153, 160–162, 165–167, 174, 179–191, 193, 195, 198, 200–203, 212, 233–234, 248, 254–256, 267, 297–299, 310–312, 314–315, 318–325, 327, 329, 331–334, 336–338, 341–344, 346–350, 355, 358, 365, 368–375, 381, 385–391, 408, 415, 420, 424, 434, 437, 439, 450
confiscación, 25, 256, 312, 315, 343, 346, 372, 430
congelamiento, 65–66, 76, 78, 112, 117, 119–124, 126–128, 130–131, 134–135, 151
conspiración, 17–21, 26, 45, 154, 219–220, 231, 238, 273, 287, 310, 373, 387
consumidores inútiles, 72, 101,

235, 315, 328
Convención de Ginebra, 139, 152, 208, 235, 247, 313, 410
Convención de Ginebra sobre Prisioneros de Guerra, 152, 235, 247
Convención sobre Prisioneros de Guerra, 438
corte marcial, 140, 171, 176
Corte Penal Internacional, 4
Cortes de Esterilización, 241
Cortes de Salud Hereditaria, 241
Cortes Especiales, 218, 225, 232, 252
Cracovia, 344, 354, 376
crematorio, 80, 320, 334, 351, 357, 359, 361–363, 365–367, 370–371, 387, 390
crímenes contra la humanidad, 12, 14, 18–19, 21, 25–26, 29–35, 37, 41, 45, 107–108, 115, 119, 126, 133–134, 138–140, 151–152, 209, 214, 219–220, 231, 236, 238, 247–248, 262, 270, 273, 277, 279–281, 309–310, 313, 387, 392, 408, 410–412, 427, 447–449
crímenes contra la paz, 13, 16–19, 21, 24–25, 29–31, 33, 35, 248, 273, 278, 401
crímenes de guerra, 14, 18–19, 25–26, 29–33, 35, 45, 72–73, 107, 115, 119, 124, 133–134, 136, 138–139, 149, 151–152, 209–210, 213–214, 219–220, 231–232, 236, 247, 262, 273, 277–279, 281, 285, 309–311, 313–314, 387, 392, 408, 410, 412, 427, 437
Crohne, 263
Cruz Roja, 51, 63, 359
culpa colectiva, 273
custodia preventiva, 233–234

D

Dachau, 48, 57–59, 63, 65–68, 73, 75–76, 79, 86–87, 94, 121–123, 127, 131, 134–135, 142, 151, 197, 200–201, 299, 323, 333–335, 338, 379, 381, 387–388, 390, 450
Danzig, 156
débiles mentales, 119
Declaración de Moscú, 2
Decreto contra Enemigos Públicos, 260
Departamento D, 329
deportación, 107, 149, 152, 162–163, 208, 213, 311, 343, 408, 418, 437
Der Stürmer, 259
derecho humanitario bélico, 10, 151
derecho internacional, 1, 12, 14–15, 28–31, 37, 106–108, 111–113, 129, 139, 170, 205, 207–208, 211, 226, 253, 256, 270, 274–278, 280–281, 283, 411, 432
derecho penal internacional, 37
Dessau, 196
DEST, 337
Deutschmann, 193–194
dientes de oro, 105, 342, 348, 374, 391
Dietrich, 30, 216, 230, 432, 453
difteria, 69, 91
Ding-Schuler, 91–92, 121, 124, 128–129, 136
Directorio Central de Planeamiento, 148, 151, 164, 175, 211
disentería, 90
División D, 305, 311, 326, 328, 332, 336, 391
División G, 343
División W, 306–308, 311, 333, 335, 337–338, 347, 391–392
Dnjepr, 411, 441, 445
Dönitz, 8, 106
Donnedieu de Vabres, 26
Dortmund, 424
Dresden, 10, 233, 295, 416
Düsseldorf, 214, 288, 398
DWB, 300, 319–320

E

Edwin H. Sears, 403
EEUU, 7, 17, 23, 27, 39, 41–43, 53, 73, 113, 123, 126, 135–137, 139–140, 147, 217, 270, 284, 323, 401
Eichmann, 368–369
Eicke, 319, 381
Einsatzgruppen, 35
Eintracht, 429
Eirenschmalz, 304, 311, 319, 362, 364, 390
Eisfeld, 453
Emmerich, 362
enfermedades tropicales, 79, 132
Engert, 218, 224, 236, 240–241, 253, 255, 266–268, 290
Erich Kaufman, 403
esclavización, 208, 425, 437
espacio vital, 155–156, 344
España, 28
espionaje, 316
Essen, 225, 252, 413, 416, 420
estado de necesidad, 41, 111, 272, 385–386, 440
Estado Protector, 140
esterilización, 57, 68, 95–97, 118–119, 124–126, 128, 134, 138, 234, 241, 270, 310
Estrasburgo, 70, 80, 98–99, 118, 127, 131–132
Estrella de David, 71, 102, 341
eutanasia, 55, 57, 59, 71–72, 100–101, 106, 118–119, 126, 129, 134–137, 229, 270, 310, 327
evacuación, 169, 339, 343, 346,

387, 426–427, 439, 442
experimentos bacteriológicos, 126
experimentos médicos, 40, 42, 51, 113, 119, 126, 152, 197, 209, 310, 313, 326–327, 374
expoliación, 237, 312, 335, 343, 401, 410–411, 425, 434, 436, 441, 445
exterminio, 3, 54, 71–72, 99, 101–102, 107, 127, 137, 163, 234, 255, 267, 286–287, 310, 312, 323, 325, 331–332, 339–341, 343, 349, 365, 368–370, 372, 384–385, 391

F

F. Donald Phillips, 297
fábricas de armamentos, 150, 182
falsificaciones de monedas, 336
Fanslau, 300–301, 311, 319, 347, 388–389
Farben, 6–8, 16, 22, 29, 34, 37, 334, 401, 431
Fella, 413, 422
fenol, 94–95, 129, 136
Ferencz, 8
FFK, 444
fiebre amarilla, 50, 69, 90–91
Fischer, 51–52, 61, 63, 67, 81–85, 94, 118, 124, 138–139, 143, 170, 289, 393, 400, 453–454
Fitzroy D. Phillips, 148
Flick, 7, 24, 30, 225, 277, 288, 401–420, 424, 426–441, 444–447, 449–458
Flossenbürg, 319, 337, 393
formación de la calavera, 317–318
fortificaciones, 151, 320
Francia, 27, 47, 182, 190, 195, 234, 250, 252, 366, 371, 405, 410–411, 415–416, 425–426, 438, 443, 445–447
Franck, 8, 264
Frank, 143, 272, 293, 299, 310–311, 319, 346–347, 372, 388, 393, 402, 452
Franz Gürtner, 217, 240
Freisler, 218, 229, 240–241, 246, 263–264, 271–272, 293
Freyseng, 48–49, 81, 86, 88–89, 91, 135
Fritsch, 415
Führer, 111, 154–155, 169, 175–176, 190–191, 197, 245, 249–251, 256, 258, 264–265, 269, 282–283, 289, 315, 349
Funk, 110, 153, 347, 415, 426, 433
Fürstenwalde, 371

G

gangrena, 67, 80–82, 129
Ganzenmüller, 375–376
gas mostaza, 66, 79–80, 117–118, 120–122, 124, 126–127, 130–131
gases venenosos, 123
gasolina sintética, 427, 429
Gebhardt, 50, 61, 63, 66, 73, 76, 79–82, 84–85, 88–89, 91–93, 95, 121, 124–126, 129
Gelsenberg, 457
genocidio, 12, 281, 286
Genzken, 49–50, 61, 63, 70, 80, 84, 89, 91–93, 123–124
Georg Lörner, 298, 301, 310–311, 319–320, 347–348, 374, 389
Gerbhardt, 67, 70, 83, 85, 118, 124, 138–139
Gerstein, 142, 144
Gestapo, 160, 224, 231, 233–235, 240, 248, 255, 257, 284, 286, 309, 316, 325, 355, 393, 424, 427, 431, 453
Globocnik, 102, 347–348, 373–374, 376, 380, 389, 394, 398

Índice Temático Vol. 1

Göbbels, 242
Gobernador General, 71, 203, 272
Göcke, 388
Godesberg, 450
Göring, 43, 45, 147, 153–154, 159, 173, 179, 187, 191, 196–197, 205, 400, 403, 411, 416–417, 426, 428–434, 444, 459
Grabner, 362
Grawitz, 62–63, 67, 83, 118
Grecia, 366
Greiser, 71–72, 99, 177–178
Gröditz, 439
Gross-Rosen, 319, 396, 455
Grünfeld, 427–428, 435
Grupo Económico de la Industria Productora de Acero, 409
Grupos de Asalto, 384
Grupos de Tareas, 3, 5, 8, 34, 341, 361, 384
guerra total, 195
gueto, 315, 323, 341, 343–346, 348, 354–355, 358, 380, 387
Gusen, 330, 397

H

Hacha, 263
Haffner, 263
Hagen, 90, 121
Handloser, 45–47, 62, 73, 79–80, 84–85, 88–89, 91, 94, 120–121, 142, 145
Hans Franck, 264
Hans Groben, 259
Hans Lörner, 311, 319, 347, 388
Harpen, 416, 419, 424, 426
Hartley Shawcross, 28
Heidelberg, 28
Heinkel, 174, 185, 189, 215, 394
Henry Ford, 386
Hertogenbosch, 349
Heydrich, 51, 101, 316–318, 340
Himmler, 46, 51, 54, 63–66, 70–72, 75–76, 89, 95–97, 99–100, 114, 118, 124–125, 127–128, 130–131, 134, 137–138, 144, 159, 164, 173, 185, 192–193, 267–269, 314–318, 323, 328, 335, 339, 343–344, 348–349, 369–370, 373–375, 377–378, 380–382, 387, 391, 394, 396, 404, 412, 416, 432–433, 435, 437, 449–450, 453
Hippke, 62, 197
Hitler, 3–4, 33, 45–46, 62, 67, 72, 79, 100, 110–111, 118–120, 142, 154, 159, 166, 173, 175, 197, 200–201, 217, 226, 234–235, 239–242, 244–246, 250, 252, 257, 264, 269, 278, 282–286, 291–293, 295, 304, 314–316, 334, 371, 385, 393, 395, 397, 401, 415–417, 433–434, 445, 450, 452, 455–456, 458
Hoffmann, 362, 397, 413, 419–420, 439
Hofmann, 299, 440
Hohberg, 306–307, 313, 319–320, 347, 385, 391
Holanda, 285, 366, 405, 410, 438, 446
Höss, 341–342, 361–362, 364–366, 368–369, 379
Hoven, 58–59, 61, 63, 72, 89, 91, 94–95, 100, 106, 136–137
Hugo Dietrich, 432
Humboldt, 453
Hungría, 150, 176–177, 184, 214, 323, 366

I

ictericia, 68, 89, 118, 120–122, 124, 126, 128, 130, 132
Ignaz Petschek, 429, 435, 447

Índice Temático Vol. 1

Imperio Alemán, 13, 113, 119, 246, 276
IMT, 1–4, 6–8, 10–11, 13, 15–19, 21–26, 28–29, 31, 34–35, 44–45, 61, 72–73, 106–107, 109–110, 113, 118, 120, 147–148, 153–154, 187, 211, 236, 247, 266–267, 270, 273, 276, 278–279, 313, 318, 342, 379, 382, 412, 418, 425, 434, 437, 439, 441–443, 446–449
industrialistas, 3, 237, 315, 401, 414–416, 425, 434
Inglaterra, 27, 60
instalaciones subterráneas, 179
Italia, 150, 156, 176, 196–197, 202, 355, 397

J

Jack Robbins, 298
Jackson, 1, 3, 41
Jägerstab, 147, 153, 166–167, 169, 176–180, 183–186, 188, 208, 211, 216
James T. Brand, 221
Japón, 156
Joël, 224–225, 236, 242, 253, 256, 266–268, 287–288
John Hay, 27
John J. Speight, 148
Julius Petschek, 429, 431, 436
Junkers, 175, 196–197, 433
jurisdicción universal, 14, 16, 37, 271
Justin W. Harding, 221

K

Kaletsch, 407–408, 410–411, 417, 426–428, 436, 440–441, 445, 447
Kaltenbrunner, 318

Kammler, 169, 177–179, 320
Katzenberger, 229, 259–261, 287
Keitel, 2, 154, 159, 250, 252
Kelsen, 23, 36, 106
Keppler, 412, 415–416, 432–433, 437
Kerrl, 264–265
Kiefer, 303–304, 311, 320, 390
King, 8, 149, 166, 215, 221, 250
Klein, 309, 319–320, 392
Klemm, 225, 240, 285, 288
König, 197
Koppenberg, 433–434
Körner, 153, 432
Krüger, 344, 348, 376
Krupp, 8, 401, 405, 415

L

Lachmann, 362
LaFollete, 8
LaFollette, 221, 262
Lämmle, 263
Landsberg, 4, 120, 227
Latvia, 441, 445
Laurent, 443–445
Lautz, 226, 242, 253, 256–257, 261, 274, 286, 288
Legión Cóndor, 57
Lehmann, 144, 252, 271–272
Leipzig, 141, 223, 413
Leo Alexander, 40, 83, 144
Leonardo Conti, 52, 62
Leyes de Nuremberg, 24, 108, 222, 428
leyes raciales, 24–25
Líder Supremo, 154, 315
Lidice, 379–380
Liebehenschel, 364
lignito, 412, 428, 432, 447
linchamiento, 268, 273
List, 290, 456
Lodz, 323

Londres, 2, 13–15, 19–20, 22, 24, 29–30, 34–35, 40, 266, 431, 447–448
Lord Wright, 11, 15
Lorena, 410, 416, 426, 441, 443–444
Lübeck, 411, 413, 416, 427–428, 435
Lublin, 76, 102, 233, 333, 338, 342–343, 347–348, 375–376, 389, 398
Luftwaffe, 49, 147, 166, 168, 170–172, 179–180, 184–185, 197, 201, 205–206, 212, 216, 314
Luther, 144
Luxemburgo, 410, 438, 446

M

Magee, 290
Majdanek, 341–342, 399
malaria, 66, 78–79, 89, 119, 121–122, 124, 126, 128, 130–133
Mallory B. Blair, 221
Malmedy, 379
MAN, 264, 397
Mann, 36, 101, 141, 143
mano de obra esclava, 150–153, 211, 310, 312, 315, 336, 338, 390, 392, 404, 409–410, 418–419
Marburg, 104, 398
Mariscal del Imperio, 169, 174
Mariscal Imperial, 191–193, 200
Mathausen, 337
Mauthausen, 319–320, 323, 330, 334, 337, 388, 395, 397
Max König, 197
Maxhütte, 407, 413, 417–419, 422–423, 426, 436, 438
Maxwell-Fyfe, 279
McHaney, 44, 75, 314
McHanney, 8, 298
Mengele, 357

Messerschmitt, 174–175, 189, 197
Mettgenberg, 226–227, 240, 253, 286, 288
Metz, 377–378
Milch, 7, 144, 147–154, 163, 165–167, 175–176, 178–179, 184–191, 193–197, 199–200, 205, 207–208, 210–211, 214, 216, 297, 434
Ministerio Imperial de Finanzas, 157
Ministerio Imperial de Justicia, 218, 221–222, 224–226, 229–230, 233–235, 240, 242, 244, 246, 252, 255, 272, 274, 282, 285, 432
Ministerio Imperial del Trabajo, 159
Ministerios, 3, 8, 30, 167, 314
Ministro Imperial de Armamentos, 148, 211
Ministro Imperial de Economía, 6
Ministro Imperial de Justicia, 217, 235, 246–247, 253, 255, 267
Ministro Imperial del Interior, 253
Monowitz, 363
Montgomery, 230
Moscú, 2
Mrugowsky, 53–54, 61, 63, 70, 73, 79, 81, 84, 86, 89–95, 124, 128–130, 133, 144
Müller, 293, 381
Mummenthey, 307–308, 319, 337, 347, 392
Munich, 63, 200, 264, 319, 353–354, 388
Murnane, 430–431
Musmanno, 7, 148, 209, 297
Mussolini, 202

N

nacionales alemanes, 106, 408,

437
nacionalsocialista, 218, 244, 246, 263–264
Natzweiler, 66, 68–69, 80, 99, 131, 133, 336–337
Natzwiler, 121
Natzwiller, 319
náufragos, 76, 87, 135, 451
Naumann, 399
Nebelung, 227, 236, 241, 261, 266–267, 287
necesidad militar, 112, 248, 271, 273, 444
Neuengamme, 339, 371, 394, 398
Neumarkt, 261
noche de los cuchillos largos, 316
Noche y Niebla, 222, 224, 226, 234, 248, 250, 252, 271–274, 285–287, 322
Norbert Barr, 403
Nordhausen, 323
Noruega, 223, 252, 318
NSDAP, 453
nulla poena sine culpa, 140
nullum crimen nulla poena, 108
nullum crimen sine lege, 270, 277–280
Nuremberg, 2–4, 6, 8, 10, 12–18, 20–22, 24–26, 28, 30–32, 34–37, 39–42, 44, 46, 48, 50, 52, 54, 56, 58, 60, 62, 64, 66, 68, 70, 72, 74, 76, 78, 80, 82, 84, 86, 88, 90, 92, 94, 96, 98, 100, 102, 104, 106–108, 110, 112, 114–116, 118, 120, 122, 124, 126, 128, 130, 132, 134, 136, 138, 140–145, 147–148, 150, 152, 154, 156, 158, 160, 162, 164, 166, 168, 170, 172, 174, 176, 178, 180, 182, 184, 186, 188, 190, 192, 194, 196, 198, 200, 202, 204, 206, 208, 210, 212, 214–218, 220, 222, 224, 226–230, 232, 234, 236, 238–240, 242, 244, 246, 248, 250, 252, 254, 256, 258–264, 266, 268, 270, 272, 274, 276–278, 280, 282, 284, 286, 288–290, 292, 294–295, 298, 300, 302, 304, 306, 308, 310, 312, 314, 316, 318, 320, 322, 324, 326, 328, 330, 332, 334, 336, 338, 340, 342, 344, 346, 348, 350, 352, 354, 356, 358, 360, 362, 364, 366, 368, 370, 372, 374, 376, 378, 380, 382, 384, 386, 388, 390, 392, 394, 396, 398, 400, 402, 404, 406, 408, 410, 412, 414, 416, 418, 420, 422, 424, 426, 428, 430, 432, 434, 436, 438, 440, 442, 444, 446, 448, 450, 452–456, 458

O

obediencia debida, 386, 440
Obersalzberg, 46
Oficina Principal de Construcciones y Presupuesto, 319
Ohlendorf, 379, 395, 397–398
Ohlensdorf, 7–8
OKW, 252–253, 411
Operación Reinhardt, 343, 346, 348, 386, 388–389, 391–392
Oranienburg, 174, 185, 189, 200, 337, 387, 394
Orden del Führer, 111, 169
Ordenanza Nº 7, 14, 20–21
organización criminal, 45, 61, 120, 123, 126, 128, 130, 134–136, 139, 219, 236, 266, 309, 313–314, 387, 449
Organización Todt, 176, 179
Öschey, 227–228, 236, 241, 261–262, 266–267, 287–288
Ostindustrie, 335
Otto Ernst Flick, 417
Otto Kranzbuhler, 403
Otto Kranzbühler, 8

P

pacto Briand-Kellogg, 23, 30
Países Bajos, 251
Paperclip, 53, 143
París, 189
Partido Nazi, 14, 47–60, 72, 115, 138, 221–230, 235–236, 241, 263–264, 266–268, 284–287, 298–309, 315–316, 318, 321, 335, 401, 403–404, 407, 412, 415, 418, 427, 433, 451
Pearl Harbor, 250
pena de muerte, 170, 232, 234–235, 243–244, 251, 256, 282, 300, 385
persecución, 28, 31, 71, 231, 274, 280, 285–286
Petersen, 200, 228, 241, 258, 287
Petschek, 404, 411, 416, 428–432, 435–436, 447
pillaje, 237, 244, 441–442
pilotos del terror, 197, 199
Plan Cuatro Años, 411
poder ocupante, 11
pogromo, 27
Pohl, 7–8, 19, 28, 297–300, 310, 315, 319–320, 323, 325–326, 329, 332, 340, 343, 347–348, 352–353, 358–365, 368, 370, 373–374, 380, 385–389, 391, 393, 396–400
Pokorny, 60, 63, 95, 138
Policía de Seguridad, 159–160, 162, 316
Polonia, 16–17, 32, 47, 71–72, 113, 156–157, 194, 214, 234, 248, 257, 267, 272, 312, 341, 352–353, 355, 358, 372, 392, 417, 419
polución racial, 259
Pook, 305, 311, 320, 347, 374, 391
Poppendick, 55, 61, 63, 70, 73, 76, 79, 81, 84, 86, 88–89, 91–95, 130
Postdam, 10, 33, 114
Poznam, 272, 328, 339, 370
Praga, 51, 335
prisionero de guerra ruso, 180, 423
prisionero NN, 253–254
prisioneros de guerra, 3, 54, 92, 96, 107, 115, 129, 140, 151–152, 159–160, 163–165, 170–172, 180–183, 185, 193, 196, 198, 203–205, 208, 211–212, 219, 235, 247, 285, 312–313, 321, 409–410, 414, 418–420, 423, 436–440
prisioneros de guerra rusos, 92, 159, 164–165, 172, 180–183, 193, 208, 211–212, 420, 440
programa de trabajo esclavo, 268, 329, 333, 388, 408–409, 436–438, 440
propiedad pública, 311, 425, 436
propiedades judías, 256, 343, 411, 416, 427–428
proyectiles con veneno, 54
Przemysl, 354–355, 376
pureza racial, 234

Q

Quirin, 14

R

Rascher, 63–66, 73, 75–76, 78, 94, 131, 134
Ravensbrück, 51, 67–68, 81, 84, 118, 121, 124, 129, 143, 333, 347, 387, 396
Rawack, 427–428, 435
Rawlings Ragland, 403
raza aria, 63, 327
raza superior, 41
rearme, 416, 433

reasentamiento, 373
reclutamiento, 167, 208, 418
Regensburg, 171, 211, 422
Reglas de la Guerra Terrestre, 11–12, 276
Regulaciones de La Haya, 10, 151–152, 235, 247, 271, 273, 275–276, 410–411, 438, 441–442, 445–446
Regulaciones de la Haya de 1907, 151–152, 235, 247, 410–411, 438, 441
Regulaciones de La Haya para la Guerra Terrestre, 271, 273
Regulaciones de La Haya sobre la Guerra Terrestre, 271
rehenes, 250
Reinecke, 189
Reinhardt, 343, 346–348, 372–373, 386, 388–389, 391–392, 394, 398, 400
Reinhardt Fond, 347
relaciones sexuales, 158, 161–162, 260
rendición incondicional, 2, 9–11
represalia, 23
responsabilidad penal individual, 276
Revolución Francesa, 29, 31
Rhode, 428
Ribbentrop-Molotov, 113
Richard D. Dickson, 402
Riga, 388, 417, 426–427, 445
Robert Ley, 415
Röchling, 426, 456
Rodas, 27
Röhm, 201, 240, 301, 315–316, 388
Roma, 17–18, 37, 457
Rombach, 411, 426, 435–436, 441–446
Romberg, 57–58, 64, 73–76, 78, 134
Roosevelt, 27
Roques, 144
Rose, 56–57, 63, 79, 89, 91, 132–133, 139, 142, 292
Rosenberg, 162
Rostock, 47–48, 76, 79–80, 84–85, 88–89, 91, 122
Rothaug, 228–229, 236, 241–242, 259–261, 267, 274, 287–288
Rothenberger, 229, 240, 244, 262, 264, 273, 283, 289, 294
RSHA, 318, 368–369, 384
Rudolf Brandt, 61, 63–64, 71–73, 75, 79–81, 84–85, 88–89, 91, 95, 98–99, 106, 126, 131
Rudolf Dix, 403
Ruff, 53, 64, 73, 75–76, 78, 134
Ruhr, 167, 413, 416, 418, 456
Rumania, 27, 49, 133, 214
Rundstedt, 415
Rusia, 27, 156, 177, 189, 214, 257, 312, 379, 388, 404, 426, 441
RVE, 409, 438, 440–441
RVK, 409, 435, 438, 440–441

S

SA, 201, 221, 223, 225, 228, 264, 266, 285, 303–304, 308, 315–316, 407, 433
Sachenhausen, 371
Sachsenhausen, 68, 89, 92, 118, 127, 129, 331, 338, 371
Salzgitter, 400
sano sentimiento del pueblo, 243, 282
saqueo, 232, 282, 425–426, 441–442, 445
Sarre, 426
Sauckel, 153–154, 162, 167, 178, 180, 187–189, 191, 211, 418
Saur, 142, 169–170, 175, 177–180, 186, 188–189, 294, 395
Schaaf, 169
Schacht, 6–7
Schäfer, 58, 86, 88, 135–136, 144,

294
Schebnik, 355
Scheide, 303, 311, 320, 385, 387, 390
Schirach, 26
Schlegelberger, 217–218, 230, 240, 246, 249–250, 252, 256, 269, 283–285, 288, 290
Schlitt, 283–284
Schmelter, 169, 176, 178, 188–189
Schmitt, 289, 294, 458
Schniewind, 154
Schöneberg, 373
Schröder, 48, 62–63, 73, 80–81, 85, 88–89, 91, 122–123
SD, 193–194, 200, 224, 228, 236, 255, 266–267, 287, 316, 321, 336, 341, 376
Seidl, 8, 19, 29, 298, 353, 380
Senado Especial, 241, 261–262, 284
Servatius, 8, 298
Siegen, 405–406
Siemag, 405, 410, 438–439
Siemens, 399–400
Sievers, 55, 58, 63, 65–66, 70, 73, 76, 79–80, 86, 88–89, 91, 94, 98–99, 119, 128, 130–132
Silesia, 176, 272
SIPO, 248, 321, 341
Sobibor, 341–342, 376, 392
solución final, 101, 341, 374, 391
Sommer, 305, 311, 320, 347, 391, 399
Sonnenburg, 225, 286
Speer, 51, 148, 150, 153–154, 166, 168–170, 177–179, 185–186, 188, 191, 211, 216
SS, 3, 19, 24, 35, 42, 45–46, 49–51, 53–55, 57, 59, 61–64, 100–104, 114, 118, 120, 123–128, 130, 134, 137, 139, 142, 144, 153, 165, 169, 176–179, 181–184, 190–191, 194, 202, 215, 221, 223–224, 233–234, 236, 241, 248, 255, 258, 264, 266–268, 287, 297–321, 325, 327, 332, 335–336, 338–348, 350, 356–360, 362, 365–367, 372–382, 384–385, 387–399, 401, 404, 412, 424, 427, 432–435, 437, 439, 449–451
Stalin, 10, 173, 257
Steinbrinck, 404–406, 409, 411–412, 417, 427–428, 432–438, 440–441, 446–447, 449–451
Stimson, 23, 26, 30, 36
Stroop, 344, 346, 380
Stutthof, 333, 336, 338, 391
submarinos, 404, 443
subyugación, 10–11, 113, 275–276
Sudetes, 31, 431
Suiza, 140, 256–257, 377, 417
sulfonamidas, 80–81, 84, 94, 117, 122–124, 126, 128–130, 138–139
Suprema Corte Imperial, 241

T

Tarnopol, 388
Tarnow, 354–355
Telford Taylor, 1, 3, 5–6, 8, 24, 30, 41, 44, 62, 149, 221, 236, 267, 403, 414
territorios del Este, 163, 248, 250, 255, 272, 323
territorios ocupados del Este, 285
Testigos de Jehová, 230, 321
Thierack, 217, 225, 229, 246, 255–256, 261, 263, 267, 285, 294–295
Thomas E. Erving, 403
Thyssen, 405, 415, 417, 433, 458
Tierra Alemana y Talleres de Piedra, 319
tifus, 50, 69, 89–91, 114, 118–124, 126, 128–130, 132–133, 135–136, 420
Tilo, 357

Índice Temático Vol. 1

Todt, 176, 179, 184, 212
Toms, 7, 148–149, 180, 203, 297, 354, 368, 374
toque de queda, 157
trabajo esclavo, 149–150, 152, 188, 208–209, 211–213, 268, 311, 328–331, 333–336, 338, 388, 392, 401, 404, 406, 408–409, 434–440
Tratado de Versalles, 280, 434
tratamiento especial, 160–162, 359
Treblinka, 341–343, 345, 375–377, 380, 382, 392
Tribunal Militar Internacional, 1, 20, 25–26, 314
Tribunal Popular, 218, 223–224, 227–228, 232, 241, 246, 255–258, 261–263, 273
Tribunales Especiales, 223, 232–234, 237, 240–242, 248, 252, 256, 270, 273
Triepel, 270
Truman, 3, 10
Tschenscher, 319–320
Tschentscher, 302, 311, 389
Turquía, 27

U

Ucrania, 388, 404, 417, 441
Unión Soviética, 89, 267, 411, 417, 425–426
URSS, 3, 16–17, 113, 163, 303

V

vacunas, 59, 69, 89–90, 122, 136
Vairogs, 411, 426, 441, 445
Varsovia, 193–194, 315, 323, 343–344, 346, 348, 375–377, 380, 387

Vaticano, 35
Viena, 26, 60
Vögler, 433
Vogt, 302, 319, 347, 389
Volk, 289, 292–293, 307, 319–320, 336, 347, 391–392
Vollmer, 263
von Ammon, 222, 240, 253, 274, 286, 288
von leeb, 19
von Papen, 240
von Ribbentrop, 113
von Schirach, 26
Vorstand, 454

W

Waffen SS, 46, 63, 101–102, 125, 287, 298–305, 307–308, 318, 345, 347, 374, 380, 388
Wagner, 250, 400
Wahl, 22–23
Wannsee, 395
Warlimont, 155
Warthegau, 71
Washington, 43, 393
Wehrmacht, 215, 385, 398, 411
Weimar, 239, 279
Weiss, 405–406, 408–410, 417–418, 420, 426–427, 436, 438–441, 445, 447, 452
Weltz, 60, 63, 65, 73, 75–76, 78, 134
Westfalia, 420
Westpahl, 218, 236
Westphal, 240, 263
Wiesbaden, 458
Wilhelm Keppler, 415
Wintershall, 429, 431
Wolf, 294, 396
Wolff, 375, 380–381
Wosniza, 362
Württemberg, 289
WVHA, 298–312, 315, 318–320,

327–329, 331–334, 336, 338,
342–343, 346–347, 362,
372–374, 388–392

Y

Yamashita, 13, 109–110
Yugoslavia, 4

Z

Zyklon B, 54

ACERCA DEL AUTOR

Este trabajo presenta por primera vez a los lectores hispanoparlantes una transcripción reducida y comentada de los doce juicios que los Tribunales Militares de los E.E.U.U. llevaron a cabo en Nuremberg ,después del juicio principal contra los principales jerarcas nazis. Los doce juicios abarcaron todos los aspectos de la maquinaria nazi.

Alberto L. Zuppi, doctorado magna cum lauda de la Universität des Saarlandes, Alemania, profesor de derecho penal internacional de la Universidad de Palermo en Buenos Aires, Argentina, y del Paul M. Hebert Law Center, de la Universidad del Estado de Luisiana en los E.E.U.U. y autor de varios libros sobre derecho internacional, transcribe, traduce y comenta las actas de los juicios, los principales interrogatorios llevados a cabo por las partes, así como los documentos y probanzas que fueron usados durante los mismos. El valor de esos testimonios y documentos es inestimable para entender el origen, auge y caida del régimen nazi, y aproxima en nuestro idioma, materiales que sirven por igual a los estudiosos de la II Guerra Mundial, a los académicos de la historia y del derecho internacional, a los estudiantes y al público general interesado en el negro capítulo de la historia de la humanidad que representó la Shoa.

Foto por David Nanopoulus

www.ingramcontent.com/pod-product-compliance
Lightning Source LLC
Chambersburg PA
CBHW030611100526
44585CB00032B/186